全国禁毒示范城市创建实务指南

王高喜　编著

華東理工大學出版社
EAST CHINA UNIVERSITY OF SCIENCE AND TECHNOLOGY PRESS
·上海·

图书在版编目（CIP）数据

全国禁毒示范城市创建实务指南 / 王高喜编著. —
上海：华东理工大学出版社，2018.12
ISBN 978-7-5628-5659-7

Ⅰ.① 全… Ⅱ.①王… Ⅲ.①禁毒－工作－中国－指
南 Ⅳ.①D669.8-62

中国版本图书馆CIP数据核字（2018）第269725号

内容提要

2018年国家禁毒办下发《关于开展全国禁毒示范城市创建活动的通知》（禁毒办通〔2018〕9号），全国各地级城市和直辖市区积极申报，有109个城市（区）进入第一批创建名单。在禁毒领域创建示范性城市，涉及范围广、牵涉部门多，既要考评禁毒工作开展的情况，又要考评禁毒工作开展的成效；既要考察当前具体工作，又要考察长期工作效益。

本书从创建示范城市的意义，其他领域示范创建的启发，到禁毒示范城市创建的内容、方法、重点、难点、要点进行分析和示例示范，涵盖禁毒工作的方方面面，细化到文件的格式、台账的建立。此外，本书还列举了在禁毒工作各个方面全国各地有突出做法的事例。

本书具有很高的实操指导价值，无论是对第一批全国禁毒示范创建城市，还是计划下一批或今后申报示范创建的城市，以及各地规范禁毒工作的开展，这都是一本工作指导参考工具书，可供市区县政府领导，街镇乡综治办、禁毒办，村居社区负责禁毒工作和参与禁毒工作的同志，以及政府禁毒职能部门、禁毒委成员单位和专业社会力量参与禁毒的工作人员参考使用。

责任编辑 / 刘　军
装帧设计 / 徐　蓉
出版发行 / 华东理工大学出版社有限公司
地址：上海市梅陇路130号，200237
电话：021－64250306
网址：www.ecustpress.cn
邮箱：zongbianban@ecustpress.cn
印　　刷 / 上海四维数字图文有限公司
开　　本 / 890mm×1240mm　1/16
印　　张 / 29
字　　数 / 362千字
版　　次 / 2018年12月第1版
印　　次 / 2018年12月第1次
定　　价 / 180.00元

目 录

第十二章 关于禁毒示范创建工作和考评的思考 429

第一章
我国体制制度下的示范创优活动

在社会发展的历程中，无论何种国家制度和民族文化，都在学习先进经验中得到发展，社会发展是一个学习的过程。示范创优活动就是通过打造先进的经验，并在这种经验得到验证后，推广到其他地方，形成一种广泛的社会形态。“它山之石，可以攻玉”，示范创优活动在我国发展历史悠久。仅就现代来说，例如20世纪初晏阳初先生在国家政局动荡、自然灾害频发、农村落后、农民温饱无着落的情况下，从乡村切入，以教育为手段，通过乡村建设来复兴农村，希望以农村带动我国当时社会问题的解决。晏阳初先生并没有一开始就大范围地选择推行乡村教育计划，而是经历了两年的实地调查，选择河北定县作为乡村教育建设的实验试点，之后他与志同道合的一批知识分子用3年时间在定县翟城村推行乡村教育计划。1930年代，初晏阳初在定县的乡村教育实践得到当时民政部门的肯定，并将其经验推向全国，先后在全国多个地方建立了试点县。

新中国成立后，我国政府从1995年开始沿用晏阳初先选试点推行、积累经验、而后推向全国的方式，在多个方面进行了示范创建活动，也积累了许多经验，取得了一定的成就。

第一节　我国示范创优活动历史沿革

我国早在20世纪60年代就开展过一场“工业学大庆，农业学大寨，全国学人民解放军”的学习示范运动。1963年底，位于东北松辽盆地的大庆油田经过三年的奋斗完成探测和建设，结束了中国人靠

"洋油"过日子的时代。1964年2月5日，中共中央发出通知，号召全国其他部门学习大庆油田的经验，号召当时的工人阶级发扬"大庆精神"，此后全国工业交通战线兴起了学习大庆经验的运动，大庆也成了中国工业战线的一面旗帜。

而大寨也一度成为中国政治版图上的重要地标，有"农业学大寨"学出"红旗渠"的说法。大寨是山西省昔阳县大寨公社的一个大队，原本是一个贫穷的小山村。农业合作化后，社员们开山凿坡、修造梯田，使粮食亩产增长了7倍。1964年2月10日，《人民日报》刊登了新华社记者的通讯报道"大寨之路"，介绍了他们的先进事迹；发表社论"用革命精神建设山区的好榜样"，号召全国人民，尤其是农业战线学习大寨人的革命精神。此后，全国农村兴起了"农业学大寨"运动，大寨成为中国农业战线的光辉榜样。

至19世纪80年代初，我国在沿海建立了经济特区，充分发挥辐射带动和示范作用，为全国改革开放和现代化建设积累了宝贵经验，在体制改革中发挥了"试验田"和对外开放重要的"窗口"作用，同时在现代化建设中发挥了"示范区"作用，辐射和带动了内地经济的发展。

1995年全国文明城市和中国优秀旅游城市的创建，当年张家港市开展创建文明城市的经验得到中央领导的充分肯定，中央新闻单位集中宣传介绍了张家港的经验，在全国引起热烈反响，全国掀起向张家港学习的热潮。1996年4月，国家旅游局在北京召开了部分城市旅游工作座谈会，拉开了全国旅游城市创优工作的序幕。同年10月，党的十四届六中全会通过《中共中央关于加强社会主义精神文明建设若干重要问题的决议》(以下简称《决议》)，第一次把文明城市与文明村镇、文明行业并称为"三大"群众性精神文明建设创建活动，写进党的《决议》，引起各级党委政府高度重视，创建文明城市活动成为全国各地推动精神文明建设的一个重要抓手，全国掀起以创建文明城市为龙头的群众性精神文明建设活动热潮，优秀旅游城市创建工作也到了深入调研和积极筹备当中。

1997至1999年，中央宣传部、中央文明办先后在全国集中宣传推介了10个城市开展创建文明城市活动的经验，推动了文明城市创建活动掀起新高潮。

1999年9月，即建国50周年前夕，中央文明委命名表彰了首批58个“全国创建文明城市工作先进城市”。2002年10月，中央文明委命名表彰了第二批“全国创建文明城市工作先进城市”，全国创建文明城市活动不断向纵深发展。2003年9月，中央文明委在经过近8年的探索、试点和论证的基础上，正式公布了“全国文明城市”的评选标准，决定在开展两届“全国创建文明城市工作先进城市”评比表彰工作的基础上，适应全面建设小康社会的客观要求，于2005年9月开展首届“全国文明城市”评选表彰活动，这标志着文明城市创建活动进入一个新的阶段。2017年9月14日，中央文明委颁发了《全国文明城市测评体系（试行）》，为全国各相关城市创建全国文明城市提供指导。

在这期间，各种类型的示范城市创建活动也接连不断。

2009年9月，国家发改委和商务部正式批准深圳创建首个国家电子商务示范城市。党的十七大提出了推动文化产业发展，实现文化大发展、大繁荣的重大战略部署。围绕这一部署，国家版权局于2009年出台了《创建全国版权示范城市、示范单位和示范园区（基地）管理办法》，以此来扶持、培育、打造具有鲜明特色的版权示范城市、单位、园区（基地），充分发挥它们在全社会的示范和引导作用，推动文化大发展大繁荣。截至2016年9月，成都、青岛荣获了“全国版权示范城市”荣誉称号。国家版权局同时评选绍兴县中国轻纺城花样版权登记管理保护办公室、安徽省版权交易中心、青岛创意100产业园、南京市徐庄软件产业基地、安徽省版权教育基地、四川大学文化产业研究中心、成都高新技术产业开发区、上海张江高科技园区为全国版权示范单位和示范园区（基地）。这些城市与单位牢牢抓住版权工作这条线，在提升城市创新能力，特别是在促进区域经济、文化、科技和社会全面发展等方面发挥了重要作用，而版权示范系列工程建设工作也成了促进区域经济发展的有力推手。

2009年10月12日，为深入贯彻落实科学发展观，在全国范围内广泛开展了丰富多彩的和谐社区建设示范单位创建活动，为提高居民群众生活水平和生活质量、促进改革发展稳定作出了重要贡献。为表彰先进，树立典型，推动和谐社区建设深入持久发展，民政部决定命名北京市西城区等188个城区（市）为全国和谐社区建设示范城区（市）、北京市东城区东华门街道等253个街道为全国和谐社区建设示范街道、北京市丰台区丰台街道永善社区等500个社区为全国和谐社区建设示范社区。2010年，国家旅游局推行旅游标准化工作的启动仪式在青岛举行，青岛老船夫被推荐为首批标准化示范单位。2012年12月17日，国家发展改革委批复《贵阳建设全国生态文明示范城市规划（2012—2020年）》。

2013年8月，国家质检总局授予深圳市和成都市为全国质量强市示范城市。2014年，按照国务院食品安全委员会统一部署，国家食品安全示范城市创建试点工作于2014年正式启动。截至目前，全国已有67个城市分三批参加了创建试点工作。按照《国家食品安全示范城市评价与管理办法（暂行）》（食安办〔2016〕18号）的有关规定，第一批试点城市经过近三年的创建，通过了省级层面初评推荐和国家层面的公示评议，具备国家食品安全示范城市命名资格。经国务院食品安全委员会同意，命名河北省石家庄市、唐山市、张家口市，山东省济南市、青岛市、潍坊市、烟台市、威海市，湖北省武汉市、襄阳市、宜昌市，陕西省西安市、宝鸡市、杨凌示范区、韩城市共15个城市为“国家食品安全示范城市”。[1]

2014年6月14日，国务院发布《社会信用体系建设规划纲要（2014—2020年）》（国发〔2014〕21号），2014年12月16日国家发改委发布《社会信用体系建设规划纲要（2014—2020年）任务分工》。2015年8月，国家发展改革委和中国人民银行联合发文，将沈阳、青岛、南京、无锡、宿迁、杭州、温州、义乌、合肥、芜湖、成都等11个城市列入首批全国创建社会信用体系建设示范城市，用改革创新的办法积极推进，以创建社会信用体系建设示范城市为重要载体，务实开展示范创建工作，进一步推动我国社会信用体系建设。

2017年3月，国家“发改委”“住建部”《生活垃圾分类制度实施方案》经国务院同意，要求对部分城市先行强制生活垃圾分类，宜昌被确定为全国第一批生活垃圾分类示范城市。

截至2018年6月，全国创建各种类型的示范城市已有十来种。

第二节　我国各类示范创优活动

一、全国文明城市

全国文明城市，简称文明城市，是指在全面建设小康社会中市民整体素质和城市文明程度较高的城市。“全国文明城市”称号是反映我国城市整体文明水平的最高荣誉称号。全国文明城市是我国所有城市品牌中含金量最高、创建难度最大的一个，是反映城市整体文明水

1　连玉明.贵阳建设全国生态文明示范城市报告［M］.北京：当代中国出版社，2014.

平的综合性荣誉称号，是目前国内城市综合类评比中的最高荣誉，也是最具价值的城市品牌。

二、全国食品安全示范城市

国家食品安全示范城市是按照国务院食品安全委员会办公室于2014年部署开展的国家食品安全示范城市创建行动工作方案要求，根据《国家食品安全示范城市评价管理办法》和《国家食品安全示范城市标准》，经过初评、推荐、第三方机构综合评议，确定的食品安全示范城市。

为督促落实食品安全党政同责和“四个最严”，鼓励地方政府发挥首创精神，探索食品安全治理制度方法，示范带动全国食品安全治理水平提升，国务院食品安全委员会办公室于2014年部署开展国家食品安全示范城市创建行动，选取河北省、山东省、湖北省、陕西省作为试点省份，探索开展创建工作。

创建工作开展以来，各地按照创建活动工作方案要求，积极开展工作，取得明显成效。根据《国家食品安全示范城市评价管理办法》和《国家食品安全示范城市标准》，相关省份食品安全委员会经省级层面初评，推荐河北省石家庄等15个城市作为国家食品安全示范城市。2016年，国务院食品安全委员会办公室委托中国国际工程咨询公司作为第三方机构，牵头组建由专家、媒体、行业协会、律师、消费者代表等各方参加的综合评议委员会，对上述城市创建工作有关情况进行了综合评议。

2017年4月10日，国家食品药品监督管理总局公示首批国家食品安全示范城市综合评议结果。经第三方机构综合评估，石家庄、张家口、唐山、济南、青岛、烟台、潍坊、威海、武汉、襄阳、宜昌、西安、宝鸡、杨凌示范区、韩城共计15市（区）被推选为首批国家食品安全示范城市。

三、全国社会信用体系建设示范城市

城市是推进社会信用体系建设的重要载体。根据《国务院关于印发社会信用体系建设规划纲要（2014—2020年）的通知》(国发〔2014〕21号）有关部署，2015年8月国家发展改革委和中国人民银行联合发文，将沈阳、青岛、南京、无锡、宿迁、杭州、温州、义乌、合肥、芜湖、成都等11个城市列入首批全国创建社会信用体系建设示范城市，用改革创新的办法积极推进，以创建社会信用体系建设示范城市为重要载体，务实开展示范创建工作，进一步推动我国社会信用体系建设。

2016年4月6日，国家发展改革委、中国人民银行联合印发《国家发展改革委中国人民银行关于同意北京市海淀区等32个城市（城区）创建社会信用体系建设示范城市（城区）工作方案的复函》(发改财金［2016］769号)，批复了32个城市创建全国第二批社会信用体系建设示范城市工作方案，第二批创建社会信用体系建设示范城市包括北京市海淀区，内蒙古自治区呼和浩特市、乌海市，辽宁省大连市、鞍山市、辽阳市，黑龙江省绥芬河市，上海市浦东新区、嘉定区，江苏省苏州市，浙江省台州市，安徽省安庆市、淮北市，福建省福州市、厦门市、莆田市，山东省潍坊市、威海市、德州市、荣成市，河南省郑州市、南阳市，湖北省武汉市、咸宁市、宜昌市、黄石市，广东省广州市、深圳市、珠海市、汕头市、惠州市，四川省泸州市等32个城市（城区)。

截至目前，创建信用体系建设示范城市共43个。2018年1月9日，国家发展改革委办公厅、中国人民银行办公厅明确杭州市、南京市、厦门市、成都市、苏州市、宿迁市、惠州市、温州市、威海市、潍坊市、义乌市、荣成市等12个城市为首批社会信用体系建设示范城市。

信用是城市经济社会发展的重要基石。在全国开展社会信用体系建设示范城市创建工作，有效调动了城市的积极性，有力推动了信用建设的落地生根，发挥了模范带头作用，取得了显著的阶段性成效，成为推进城市信用体系建设的重要抓手。下一步，国家发展改革委、人民银行将对示范城市进行总结提升和跟踪考察，对创建城市加强督促指导和调研评估，同时鼓励更多城市参与示范创建，进一步提升全国城市信用体系建设水平。

四、全国和谐社区建设示范城市

全国和谐社区建设示范城区是由中华人民共和国民政部以基层社会管理体制改革创新为引领，以建立新型社区治理和服务体系为目标，以规范化、标准化建设为动力，以增强社区自治和服务功能为重点所评选出的城市单位。

在各地自查申报、省级考察推荐的基础上，经第三方独立评审和民政部部长办公会议研究，民政部确定江苏省南京市等14个城市为全国和谐社区建设示范城市、北京市东城区等140个城区为全国和谐社区建设示范城区、北京市东城区东花市街道等200个街道为全国和谐社区建设示范街道、北京市东城区崇文门外街道新怡家园社区等1 000个社区为全国和谐社区建设示范社区。

五、中国优秀旅游城市

1995年3月，国家旅游局印发《关于开展创建和评选中国优秀旅游城市活动的通知》。1996年4月，国家旅游局在北京召开了部分城市旅游工作座谈会，拉开了全国创优工作的序幕。经过1997年的深入调研和积极筹备，1998年，国家旅游局出台了《中国优秀旅游城市检查标准（试行）》和《中国优秀旅游城市验收办法》。同年，经国务院、中央文明办同意，国家旅游局成立创建中国优秀旅游城市指导委员会，为创优工作顺利开展提供了有力的组织保障。2003年，国家旅游局颁布了修订后的《中国优秀旅游城市检查标准》，为创优工作确立了科学依据。“创优”工作主要有申报、创建、自检、初审、验收、批准命名六个步骤；“创优”的国家检查标准有20个大类，176个小项，总分1 000分。截至2010年末，全国共有337座城市通过验收（不含中国港澳台地区）。

六、全国质量强市示范城市

全国质量强市示范城市是由国家质检总局主办，为贯彻落实国务院颁布的《质量发展纲要（2011—2020年）》关于“广泛开展质量强省（区、市）活动”和实施“地区间质量对比提升”的要求，全面提高质量管理水平，推动建设质量强国，促进经济社会又好又快发展，是进一步动员全社会重视和加强质量工作而开展的一项活动。

按照《争创“全国质量强市示范城市”活动指导意见》的规定，国家质检总局统一领导争创“全国质量强市示范城市”。各省（区、市）人民政府或质量兴省（区、市）领导小组负责组织推动本地区城市争创“全国质量强市示范城市”活动。各省级质量技术监督局会同直属检验检疫局在本省质量兴省领导小组的领导下，负责宣传、动员、组织和协调工作，组织开展对申报城市的检查、考核、推荐、监督等工作，并向本省人民政府或质量兴省（区、市）领导小组提出推荐的建议。

七、全国版权示范城市

全国版权示范城市，是指能够有效实施著作权法律法规，版权保护措施得力，市场运作规范，版权产业在其经济发展中占有重要地位，版权创造、运用、保护、管理能力强，在全国具有示范效应的城市（不含直辖市）。

八、全国生态文明示范区

生态文明示范区旨在通过建设形成符合主体功能定位的开发格

局，资源循环利用体系初步建立，节能减排和碳强度指标下降，资源产出率、单位建设用地生产总值、万元工业增加值用水量、农业灌溉水有效利用系数、城镇（乡）生活污水处理率、生活垃圾无害化处理率等处于前列，城镇供水水源地全面达标，森林、草原、湖泊、湿地等面积逐步增加、质量逐步提高，水土流失、沙化、荒漠化、石漠化土地面积明显减少，耕地质量稳步提高，物种得到有效保护，覆盖全社会的生态文化体系基本建立，绿色生活方式普遍推行，最严格的耕地保护制度、水资源管理制度、环境保护制度得到有效落实，生态文明制度建设取得重大突破，形成可复制、可推广的生态文明建设典型模式。

党的十八大要求把生态文明建设放在突出地位，融入经济建设、政治建设、文化建设、社会建设各方面和全过程。十八届三中全会要求紧紧围绕建设美丽中国，深化生态文明体制改革，加快建立生态文明制度。

2013年12月，国家发改委等六部委下发了《关于印发国家生态文明先行示范区建设方案（试行）的通知》，以推动绿色、循环、低碳发展为基本途径，促进生态文明建设。

2014年3月10日，国务院正式印发《关于支持福建省深入实施生态省战略加快生态文明先行示范区建设的若干意见》，福建成为十八大以来，国务院确定的全国第一个生态文明先行示范区。

九、国家电子商务示范城市

国家电子商务示范城市是指电子商务应用较为普及，电子商务年度交易总额较高的城市。其目的是降低能耗，发展绿色经济。

2009年9月，国家发改委和商务部正式批准深圳创建首个国家电子商务示范城市。按照规划，深圳力争花3年的时间，使电子商务应用较为普及，电子商务年度交易总额超过3 000亿元。创建国家电子商务示范城市，是深圳加快国际化、现代化步伐，提升区域经济实力和在全球产业格局中的竞争力的战略举措，是深圳作为改革开放“试验田”，肩负“先行先试”的历史使命，探索中国特色电子商务发展之路的重要实践，是深圳实现科学发展的必然选择。

2011年11月16日，国家发改委在深圳召开“国家电子商务示范城市、国家物联网云计算试点示范、国家创新能力建设”授牌表彰大会。北京、天津、上海、重庆等21个城市（后增加到23个）被授予“国家电子商务示范城市”牌匾。这23个城市包括：北京市、天津市、上海市、重庆市、青岛市、宁波市、厦门市、深圳市、哈尔滨市、武汉市、广州市、成都市、南京市、长春市、杭州市、福州市、郑州市、昆明市、银川市、南宁市、吉林市、苏州市、汕头市。

2014年3月20日，国家发改委和财政部、商务部等部门联合下发通知，为贯彻落实《国务院关于促进信息消费扩大内需的若干意见》（国发〔2013〕32号）中关于加快推进电子商务示范城市建设的工作部署，按照国家发展改革委等13部门办公厅《关于进一步促进电子商务健康快速发展有关工作的通知》（发改办高技〔2013〕894号）的有关要求，经研究并评议论证，同意东莞市、义乌市、泉州市、莆田市、徐州市、长沙市、株洲市、温州市、贵阳市、宜昌市、赣州市、常州市、济南市、台州市、潍坊市、呼和浩特市、西安市、揭阳市、烟台市、芜湖市、无锡市、石家庄市、南昌市、沈阳市、洛阳市、兰州市、合肥市、桂林市、襄阳市、太原市等共30个城市创建国家电子商务示范城市。

2017年1月5日，国家发展改革委等7部门联合下发通知，同意大连市、包头市、海口市、西宁市、乌鲁木齐市、邯郸市、葫芦岛市、大庆市、菏泽市、郴州市、绵阳市、铜仁市、玉溪市、宝鸡市、陇南市、吴忠市、五家渠市等17个城市创建国家电子商务示范城市。

第三节　理论与意义探讨

一、榜样作用

古人云："见贤思齐焉"，是说看到贤德之人要思考与其一样，即贤者有驱使别人向他学习的作用。在生活中，要"见贤思齐"，首先要有"贤"——榜样，即楷模，值得学习的人或事物。榜样影响人的思想，榜样影响人的行为，榜样影响人的成长，树立一个正确的好榜样，能对一个人的一生产生积极的影响，从而产生榜样效应。所谓榜样效应，是指具有代表性的先进人物或事物，影响和激励人们所产生的效果。

全国各种示范城市的创建就是为各种类型城市的创建释放榜样能量。这些示范城市是全国各地各类城市创建的标杆，是进行城市建设的榜样。榜样对城市文明创建有激励、引领作用，其榜样能量必然成为各类城市创建的内在能量，成为各类城市创建的内在动力。创建示范城市的过程必然积累诸多经验；管理示范城市的过程，必然形成各种做法。这些宝贵经验的做法是各类城市创建的财富，可以很好地启迪各类城市创建的具体工作，甚至有些经验和做法，可以拿来就用。因此，示范城市就是全国各地创建各种类型城市的"活教材""试验田"。示范城市作为一个模范，积累的经验能量能够成为全国各地城市创建具体实践的促动能量。

二、竞争作用

竞争能将人的知识、智慧、技能、体力和精力等充分地发掘出来，并能推向极致，是社会发展和个人成功的动力，具有巨大的激励力量。纵观人类历史，可以说就是一部竞争的历史。也正因为竞争，人类才有了当今发达的科技、经济和文化。现代社会更是充满了竞争，竞争无处不在，无时不在。国家与国家、民族与民族、区域与区域、企业与企业、团体与团体、学校与学校、个人与个人等都存在竞争。

竞争作为一种社会性刺激，会对个体或群体产生一系列心理需要和行为活动。竞争可以帮助人们克服惰性，唤起动机。竞争有利于激发人的潜能。竞争能帮助人们认识自己的优势与缺点，帮助人们客观地评价自己，扬长补短。

示范城市的创建也是城市之间竞争意识的激发手段。在全国那么多城市中选择很少一部分作为某项工作的示范城市，对该市而言，既是一种荣誉，也是一种肯定和鼓励。很多城市都会争取这项荣誉和肯定，就会产生城市之间或者各省之间的相互竞争现象，相互竞争则是提高工作效率非常有效的方法，所以创建全国示范城市是利用竞争作用，来提高各省市对某项工作的重视程度和执行力度的方法。

三、对城市的推动作用

创建示范可以对城市产生强大的社会效益，具体来说，创建全国示范城市可以提高城市在经济发展中的对外吸引力和竞争力，提升一座城市的集体荣誉感，提高城市信誉度，美化城市形象，增加城市知名度，也可以提高人们对城市的满意度，激发人们维护城市形象的热情，对城市产生认同感和自豪感，增强城市的向心力、凝聚力。所以，创建示范城市对于对内增强凝聚力、向心力，对外提高竞争力、辐射力，内强素质、外树形象，具有极为重要的推动作用。

四、社会福祉

创建示范是以点带面，将某项工作的成功经验从试点城市推广到全国的一种手段，最终目的是能在全国范围内开展好工作，解决社会问题，改善人民生活，给社会大众带来福祉。例如从1995年开始的全国文明城市的创建，刚开始从创建市来推广城市文明的建设，到后来全国推广城市文明的建设，使我国大大小小的城市将城市文明的建设作为一项重要工作，带给人民一个文明的社会生活环境；再例如全国质量强市示范城市的创建，质量是人们在生活中买卖各种物品和服务时非常重视的一个因素，创建质量强市示范城市，无疑是从国家层面推广对质量的重视和追求，可以从整体上提高生产商和经营商对质量的重视及要求，也能从整体上提高人们生活中各种物品和服务的质量。因此，创建示范的目的是改善人民生活，带来社会福祉。本书所讲的全国禁毒示范城市的创建也是如此，即以促进全国禁毒工作的发展，为人们创建更加安全的社会生活环境为最终目的。

第二章 开启全国禁毒工作示范城市创建活动

第一节 禁毒形势倒逼示范创建

一、我国当前毒情形势

（一）我国毒品滥用形势

我国通过开展一系列持续的禁毒工作，有效遏制了毒品问题对社会发展的危害，目前保持稳定、可控的状态。但毒品滥用问题依然严峻。据国家禁毒办发布的《中国毒品形势报告》（2015年—2017年）显示近三年我国滥用毒品人数（2015年—2017年）呈现以下四个特征。一是吸毒人数总体在增长，增速减缓。全国登记吸毒人数显示：2015年为234.5万人，2016年为250.5万人，2017年达到255.3万人。二是查获有吸毒行为的人次总体下降。已查获的有吸毒行为的人次显示：2015年为106.2万人次，2016年为100.6万人次，2017年为87万人次。三是登记新增吸毒人数连续三年下降。登记新增吸毒人数显示：2015年为53.1万人，2016年为44.5万人，2017年为34万人。四是滥用合成毒品人数已过半。截至2017年底，滥用合成类毒品人数已经占全年滥用各种毒品人数的60%，高达153.8万人。[1]

（二）我国毒品原植物种植情况

我国毒品原植物种植种类主要是罂粟和大麻，种植区域主要集中在四川、云南等地，其他地区零星分布。多年以来，我国毒品原植物种植呈现由零星分布到基本禁绝的状态。2015年，我国破获非法种

1 数据来源：2016中国毒品形势报告［R］.国家禁毒委员会办公室，2016；2017中国毒品形势报告［R］.国家禁毒委员会办公室，2017.

植毒品原植物案件6 169起，查处违法犯罪人员6 500余人，共发现铲除非法种植罂粟289亩、306.1万株，发现铲除大麻1 882亩、148万株。到2016年，我国禁毒办开始使用卫星遥感和无人机等科技手段及设备，组织实施“天目—16”铲毒行动，破获非法种植毒品原植物案件5 578起，抓获违法犯罪嫌疑人5 345名，发现铲除非法种植罂粟84亩、116万株，发现铲除非法种植大麻147亩、139万株。[1]从2016年的发现和铲除毒品原植物数量来看，我国毒品原植物种植基本得到禁绝。

（三）我国毒品制造情况

近年来，我国毒品制造越发猖獗，经过国内毒品打击和治理，毒品制造受到遏制，但形势依然严峻。《2017中国毒品形势报告》显示，2017年，我国禁毒部门破获597件制毒案件，缴获23.3吨毒品，同比2016年分别上涨1%和18.8%；捣毁制毒窝点317个，同比下降近27.6%；破获易制毒物品犯罪案件388件，缴获易制毒化学品高达2 384吨，同比分别上涨39.6%和50.5%。[2]国内制毒势头得到遏制，部分地区出现“断炊效应”。

（四）我国毒品运输贩卖情况

我国每年花费大量的人力、财力、物力投入到打击毒品运输、贩卖的工作中来，但毒品运输、贩卖情况依然不容乐观。我国毒品运输贩卖呈现数量多，利用网络和物流贩运发展快、跨省外流贩毒活跃、跨国境贩毒增多、贩毒渠道总体以“陆海空”为主的特点。

毒品贩运案件频发。2017年，我国打击毒品贩运案件高达10.2万件，缴获各类毒品49.9吨，抓获涉毒犯罪嫌疑人11.5万人。毒品

1 数据来源：2015中国毒品形势报告［R］.国家禁毒委员会办公室，2015；2016中国毒品形势报告［R］.国家禁毒委员会办公室，2016.

2 数据来源：2017中国毒品形势报告［R］.国家禁毒委员会办公室，2017.

贩运利用互联网和物流快递贩运迅猛发展，跨国贩运也增多，“陆海空”仍是主要贩运渠道。毒品犯罪分子利用网络和物流贩运毒品迅猛发展。近年来，互联网成为贩毒人员勾联交易的平台，毒品犯罪分子通过网络发布、订购、销售毒品和制毒物品，再通过网络招募“马仔”运毒，利用快递物流和各种在线支付的方式，实现交易买卖双方不见人。2017年，我国破获快递物流贩毒案件1 499件，抓获犯罪嫌疑人1 789人，缴获毒品12.1吨，缴获毒品同比上升180%，形势严峻。[1]

跨省外流贩毒活跃。2017年，全国禁毒部门共抓获跨省外流贩毒人员约3万人，流出地主要为四川、湖南、广西、贵州、湖北等地，流入地主要为广东、云南、浙江、福建、江苏、上海等地区。部分毒贩外流至“金三角”地区，与境外毒枭组成跨国犯罪团伙，策划向中国境内贩毒。

跨国境贩毒增多。2017年，我国抓获外籍贩毒嫌疑人1 470人。这些人多受缅北、西非、南美等地国际贩毒集团雇佣，充当进入我国的运毒工具。另有一些港台毒枭和华裔不法分子充当贩毒幕后指挥者，通过网络远程招募贩毒分子，将毒品走私贩运至大陆。

目前，我国贩毒渠道总体以“陆海空”为主。2017年，我国缴获毒品以陆路运输为主，共缴获各类毒品48.3吨，占全国总缴获毒品量的一半以上；其次为海上贩毒，共缴获7吨毒品和4吨制毒原料；航空运输2016年增长迅速，缴获毒品570千克，同比增长58.9%；铁路贩毒增长也较为迅速，缴获各类毒品2.2吨，同比增长63%。[2]

二、我国当前毒品问题

（一）毒品引发公共卫生问题

我国毒品滥用助推了艾滋病及其他传染病的传播。我国登记在

1 数据来源：2017中国毒品形势报告［R］.国家禁毒委员会办公室，2017.

2 数据来源：2017中国毒品形势报告［R］.国家禁毒委员会办公室，2017.

册的毒品滥用人数在2017年达到255.3万人，且吸毒人数仍在逐年上升，毒品引发的公共卫生事件不容忽视。以氯胺酮为例，这是一种服用后导致出现幻觉、刺激性欲的合成毒品，被青少年所“喜爱”，常用于在娱乐场为寻求刺激所用。因此，该类毒品也常引发混乱的性交行为，尤其是群性交行为，继而引发艾滋病及其他传染病的感染和流行，给社会带来严重的公共卫生问题。根据北京大学中国药物依赖研究所对氯胺酮的一项研究显示，712名滥用氯胺酮的吸毒者中有40.3%的人曾因服用氯胺酮而产生过性冲动行为，由此可见氯胺酮对传染性疾病的传播具有巨大的助推作用。[1]

（二）毒品引发社会治安问题

吸毒不仅损害人体健康，消耗社会财富，而且引发冲突、暴力等伤害事件，给社会治安带来严重的问题。我国每年都有因吸毒而导致精神异常的伤人、杀人等恶性事件及犯罪事件。据国家禁毒部门统计，在我国2015年破获的刑事案件中因吸毒引发的刑事案件有17.4万件，占全国刑事案件总数的14%，其中因吸毒引发的侵害他人财产的“两抢一盗”案件有7.2万件，涉毒犯罪案件7.4万件，杀人强奸等恶性案件716件，吊销毒驾人员驾驶证14.6万件。[2]2016年，我国破获的涉枪贩毒案件多达446起，分布全国29个省区市，数量多、范围广、危害大。[3]2017年，我国抓获非涉毒类刑事犯罪嫌疑人中的吸毒人员更是达到了15.2万人，占总数的10.3%。[4]毒品对社会治安的影响每年都在发生着变化，在过去及未来的一段时间内，打击毒品犯罪、维持社会治安是我们全民禁毒工作的重要内容。

1　刘志民.氯胺酮滥用及其导致的公共卫生和社会问题［J］.中国药物依赖性杂志，2016（1）.

2　数据来源：2015中国毒品形势报告［R］.国家禁毒委员会办公室，2015.

3　数据来源：2016中国毒品形势报告［R］.国家禁毒委员会办公室，2016.

4　数据来源：2017中国毒品形势报告［R］.国家禁毒委员会办公室，2017.

（三）毒品引发社会矛盾问题

毒品引发的社会矛盾多种多样。从国家层面讲，有社会治安问题、公共卫生问题、社会风气问题、社会歧视等多种问题，相互交织。毒品引发的大量社会矛盾与我国构建和谐社会、平安中国相矛盾，每年国家都花费大量资金用于毒品打击、预防教育、戒毒康复工作。从个人层面讲，毒品引发的吸毒人员家庭矛盾相对突出。大部分吸毒人员会导致家庭关系破裂，难以维系，并且对于主干家庭和核心家庭还会产生一系列赡养或者抚养等问题。如果家中有儿童或者青少年，其伤害将会更加难以预料。

（四）毒品危害青少年健康成长问题

毒品对人的生理和心理均会造成不同程度的危害，青少年正处在身心快速发展的阶段，具有不稳定性，属于易感染人群。在生理上，青少年由于身体各项机能正处在发育阶段，吸食毒品会导致其记忆力下降、吸收营养能力减弱、免疫力下降等多种危害。在心理上，由于青少年正处在塑造人格和价值观的关键时期，他们吸食毒品后，容易产生意志消沉、心理扭曲，甚至是变态心理，极易引发违法犯罪活动。由于毒品对青少年的危害巨大，为减少毒品对青少年的危害，我国在2015年发布的《全国青少年毒品预防教育规划（2016—2018）》中将10岁—25岁的青少年作为重点对象来构建预防教育体系。

三、我国当前治理毒品问题的策略和措施

（一）联合国毒品治理策略与我国禁毒政策

随着毒品在全球的蔓延，毒品治理成为全球共同面临的问题。国际上对毒品的治理策略也逐渐发生着变化，目前国际对毒品问题的诊断定位有法律模式、疾病模式和娱乐模式三种。基于此，国际社会对毒品的管制经历了减少供给、减少危害、减少需求和自我控制四种策略的探索。减少供给策略是基于法律模式采取的司法惩戒性禁毒策

略，减少危害和减少需求是依据疾病模式作出的维护公共健康原则的选择，自我控制是出自娱乐模式，鼓励自行戒毒康复。

近年来，伴随着毒情的发展和变化，国家相继颁布了《中华人民共和国禁毒法》《戒毒条例》《关于加强社区戒毒社区康复工作的意见》（禁毒办通〔2013〕5号）等一系列法律法规和政策，不断完善毒品治理措施，紧跟禁毒工作的时代步伐。我国的禁毒策略是在打击的基础上开展预防教育和戒毒康复工作。全国各地在党和国家的领导下相继开展制毒专项打击、“堵源截流”、“两打两控”等专项工作。在毒品预防教育方面，创建全国青少年禁毒预防教育实践基地、建立禁毒教育专项大纲、开展禁毒教育专业课程、组织各种禁毒教育宣传活动等。在戒毒康复方面，鼓励全国各地积极探索各地戒毒康复模式，深入推进社区戒毒社区康复工作发展。

（二）全面广泛开展禁毒预防教育

我国近年来全面广泛开展禁毒预防教育工作，特别是针对青少年的禁毒预防教育更是全面扎实地铺展开来。青少年是祖国的未来，开展青少年毒品预防教育有助于青少年健康成长。为了向中小学生普及预防艾滋病教育、毒品预防教育和环境教育的知识，我国教育部早在2003年就印发了《中小学生预防艾滋病专题教育大纲》《中小学生毒品预防专题教育大纲》《中小学生环境教育专题教育大纲》，要求进一步做好预防艾滋病、毒品预防和环境教育工作。为了进一步开展青少年禁毒预防教育，教育部、公安部、国家禁毒办在2011年联合下发了《关于建立中小学毒品预防教育社会实践基地的通知》，要求各地教育部门和相关禁毒部门通力合作，发挥自身优势，共同建立中小学毒品预防教育社会实践基地，自此我国毒品预防教育在青少年中深入开展起来。为了进一步遏制新吸毒人员滋生的势头，国家禁毒办联合多部门在2015年联合下发了《全国青少年毒品预防教育规划

（2016—2018）》，明确指出要进一步提升学校毒品预防教育工作水平，实现青少年群体毒品预防教育全覆盖，拓展应用毒品预防教育的社会资源，力争通过三年建立完善的青少年毒品预防教育体系。

（三）全面打击毒品违法犯罪活动

党的十八大以来，习近平总书记强调要强化重点整治，严厉打击各类毒品犯罪活动，坚决遏制毒品问题蔓延的势头。我国连续开展了多项毒品打击工作，坚决打击国内毒品犯罪活动。近年来我国制毒违法犯罪活动猖獗，2015年，禁毒部门开展了联合打击制毒犯罪“4·14”的专项行动，实行跨区域合作，创新全链条打击模式。2018年，针对国内制毒犯罪、贩毒犯罪和制毒物品流失、吸毒人员肇事肇祸这四类突出问题，国家禁毒部门开展了“禁毒2018两打两控”专项行动，我国禁毒打击工作在保证常态打击的基础上根据毒情形势的变化，及时调整禁毒打击策略，不断完善禁毒打击体系，有效保证了禁毒工作全面有序的开展，有效遏制了国内毒品犯罪的势头。

（四）全面开展戒毒康复救治

随着我国禁毒工作的深入开展，逐渐形成了打击、预防、戒毒康复的毒品治理工作体系。而戒毒康复环节是毒品治理的最后一个环节，做好戒毒康复工作事关禁毒工作的大局、社会稳定和人民福祉。为了提升戒毒康复管理水平，落实戒毒治疗、康复指导、就业安置、救助服务措施，减少毒品危害，我国在2013年制定了《关于加强社区戒毒社区康复工作的意见（禁毒办通〔2013〕5号）》。为进一步帮助戒毒康复人员更好地融入社会，获得就业机会，维护社会和谐稳定，国家禁毒办联合11部门在2014年提出了《关于加强戒毒康复人员就业扶持和救助服务工作的意见》，明确提出了完善就业政策、加强职业技能培训等具体指导意见。在深入开展社区戒毒社区康复工作的基础上，我国社区戒毒社区康复工作取得明显成效，但仍存在发展不平衡、机构不健全、人员不充实、工作不得力等问题，加之我国毒品问题日益蔓延，尤其是合成毒品滥用人群数量快速增长，戒断困难等问题日益凸显，我国戒毒康复工作任务繁重，严重影响了公共安全和治安稳定。国家禁毒办联合11部门制定了《全国社区戒毒社区康复工作规划（2016—2020年）》，计划通过五年建立集生理脱毒、心理康复、就业扶持、回归社会于一体的戒毒康复模式。

（五）全力降低毒品造成的危害

毒品危害包含因吸毒、制毒、贩毒产生的直接危害和各种间接危害，大致可以分为三类。[1]一是毒品滥用危害人的生命健康。吸毒损害人的生理机能，破坏人的免疫系统，严重影响人的身心健康。我国每年有大量的人员死于吸毒过量和因吸毒感染的各种疾病。二是毒品犯罪危害社会公共安全。因吸毒引发的抢劫、盗窃、绑架等行为严重危害社会安定。三是毒品亚文化的危害。因吸毒造成人的价值观扭曲和社会风气不正等问题，对社会危害深远。

党和国家高度重视毒品减害工作，为降低毒品危害，中共中央、国务院下发了《关于加强禁毒工作的意见》，将禁毒工作作为国家安全战略、平安中国和法治中国建设的重要内容。根据党的十九大精神，国家禁毒办召开全国禁毒工作会议，全面部署全国禁毒工作，坚定不移地打赢禁毒人民战争。

我国在毒品打击方面先后开展了百城禁毒专项行动、“两打两控”活动，建立并完善“4.14”打击制毒机制、“5.14”堵源截流机制。在毒品预防教育方面，国家开展了“6.27”禁毒预防教育工程，创办全国禁毒教育示范实践基地，开办“全民禁毒宣传月”等宣传教育活动。在治理方面，大力推进全国社区戒毒社区康复工作，制定《全国

1　赵成正，翟海峰，刘彦红，等.中国的降低毒品危害研究：文献分析［J］.中国药物依赖性杂志，2006（4）.

社区戒毒社区康复工作规划（2016—2020年）》，力争通过五年，全面形成社区戒毒社区康复工作体系。我国各地戒毒医疗部门更是积极开展各项研究，帮助吸毒人员控制、消除毒瘾，恢复健康。

第二节　部分地区已经取得的先进经验

一、打击毒品违法犯罪先进经验

近年来毒品犯罪呈现低龄化、隐蔽化、智能化的特点。在打击毒品违法犯罪方面，广东省佛山市经过几年的探索，形成了强有力的组织领导团队，建立了全链条打击预防体系，取得了丰富的先进经验。佛山市坚持"'人无我有，人有我优'，大兵团合成作战、大数据信息研判、全链条打击、市内跨区域作战、异地联合作战、跨省战略合作"的打击方针，实施"大情报"警务战略，应用"大数据"分析研判机制开展分析研判工作，深度挖掘运用涉毒线索，实现了"抓一个、查一片、端一网"的目标。经过多次轮番扫毒行动，拔除了一大批毒品犯罪链条，彻底铲除了大量制贩毒窝点，有效遏制了毒品犯罪活动。佛山公安在毒品犯罪"全链条"打击效能排名中连续三年实现稳居全省前列。

二、毒品预防教育先进经验

在全国开展毒品预防教育工作中，各地利用自身优势资源，纷纷开展毒品预防教育工作，呈现百花齐放的局面。其中，广东省佛山市利用本市优势资源，充分发挥当地资源，制定并实施《全民禁毒工程实施方案（2017—2019年）》（佛委办〔2017〕41号），走在了我国毒品预防教育工作的前列。根据方案内容，佛山市积极推进毒品预防教育工作，计划在两年内建设完成300所以上在校学生毒品预防教育示范学校。通过开展毒品预防教育工作，实现18岁以下未成年人涉毒违法犯罪人数占涉毒违法犯罪总人数的比例不高于0.3%，全民毒品预防教育基础知识知晓率超过95%，毒品预防教育工作满意率超过95%，在校学生每年接受禁毒课程教育不少于4课时，无毒学校占比不低于99%等目标。

为实现禁毒预防教育目标，佛山市实行任务分工，建立健全组织机构，组建工作小组；严格落实课程、课时、教案任务，保证每年禁毒教育专题课时不少于4课时；组织培训师资队伍，一期培训组织本市100所禁毒示范学校骨干教师前往曲靖开展专项禁毒教育培训，二期培训邀请曲靖禁毒预防教育专家来佛山对200所区级示范学校的禁毒队伍进行培训；组织开展教育活动，各创建学校利用每年“6·26”国际禁毒日、开学和毕业典礼等时机开展禁毒教育活动；建立宣传教育场地，全市300所创建学校依据省级示范学校展厅面积不少于100平方米，市、区示范学校不少于50平方米或禁毒长廊不少于30米的标准建设开展毒品预防教育的场地或展室；注重突出自选创新，鼓励培育特色毒品预防教育亮点项目；创建帮教服务团队，建立本区涉毒青少年心理干预和帮教服务团队，开展“一对一”的心理干预和帮教服务；落实经费保障标准，各区人民政府按照每所学校平均8万元的标准落实经费。佛山市经过开展一系列的禁毒预防教育工作，探索出了自己的毒品预防教育经验，走在了国内毒品预防教育工作的前列。

三、戒毒康复先进经验

目前我国采取自愿戒毒、社区戒毒、强制隔离戒毒、社区康复等多种措施并行的戒毒康复工作体系。全国的戒毒康复工作面临的问题不尽相同，都处在积极探索的状态。各地的戒毒康复工作经验也各有不同，例如比较有名的有广东省佛山市开展的“提前介入，无缝衔接”戒毒康复治疗模式；贵州省贵阳市打造的提供人性化关怀帮助的戒毒康复新模式；上海探索出的社区戒毒社区康复工作中的篆刻艺术疗法等。[1]

四、降低毒品危害先进经验

降低毒品危害是国际禁毒斗争三大策略“减少供给、减少需求、减少危害”之一。结合国际减少毒品危害的各种经验，我国的减少毒品危害工作范围已扩大到公共卫生、社会治安、预防教育等社会综合治理等多方面。

在减少毒品带来的公共卫生危害方面，佛山市在全市建立了专业的戒毒康复社会工作机构，依托本市美沙酮门诊，为戒毒人员提供了“一对一”戒毒康复服务，帮助吸毒人员进行生理心理脱毒。佛山市禁毒办依托本市行政管理等方面的优势，引入北大科研团队，建立了环境分子诊断和毒情监测中心，对新精神活性物质滥用进行预警监测和快速检测，以服务禁毒工作，保障公共卫生安全。

在减少毒品带来的社会治安问题方面，佛山市禁毒部门严打毒品犯罪活动。佛山市禁毒办先后开展了“两打两控”专项禁毒工程、打击制毒专项活动、“堵源截流”专项活动，形成了全链条打击毒品违法犯罪活动，有效减少了佛山市因毒品问题带来的社会治安问题。

在毒品预防教育方面，佛山市积极组织创建毒品预防教育示范学校。佛山市组织教师进行禁毒教育培训，建设了300所省、市、区禁毒教育示范学校，校内建设禁毒预防教育宣传场所。保证每年4课时的禁毒教育，重点落实“八个一”，即“一本教材、一张光碟、一节课程、一次活动、一封家书、一支队伍、一个场地、一个机构”的工作要求，保障毒品预防教育深入有效开展。

1 雷海波，费梅苹．企业家精神与社区戒毒康复社会工作创新//苏智良，陈恒．都市文化研究（第16辑）[C]．上海：上海三联书店，2017.

第三节　禁毒工作水平需要全方位整体提升

一、仍然存在认知不足的问题

当前禁毒工作中存在的认知不足问题主要体现在禁毒理念和禁毒相关专业知识方面，这些认识不足给禁毒工作带来了相当大的麻烦和争议。例如，部分地区存在禁毒理念落后，重打击，轻社会化治理；有些地区对禁毒预防教育的重视不足，开展落实工作不到位。禁毒相关的专业知识不足有多种，例如对毒品的种类范围把握困难，对摇头丸是否属于甲基苯丙胺毒品等在实践中难以把握；毒品鉴定技术不规范，给执法部门带来了不小的困扰；毒品数量认定意见不一致，多部门之间认识不统一等。

二、仍然存在重视不够的问题

目前我国禁毒工作在全国范围内大力开展，部分地区由于对禁毒工作重视不够，导致毒品打击、预防教育、戒毒康复工作发展不均衡，地区人员配备不足，禁毒工作存在短板，开展效果参差不齐。例如，某地禁毒工作相关人员因对禁毒工作重视不够，导致我国“8·31”工程推进缓慢，影响社区戒毒社区康复工作的深入开展。某地由于对禁毒预防教育工作的重视程度不够，导致当地青少年毒品预防教育知识掌握不扎实，青少年吸毒增长势头遏制效果不明显等不良现象。

三、仍然存在手段不多的问题

目前我国禁毒工作的主要办法是开展毒品打击、毒品预防教育、社区戒毒康复治疗的工作策略。针对具体工作过程中仍存在大量的各种大小问题，目前我国禁毒工作管理办法尚无法一一解决。例如，对外籍毒犯的国籍确认较为困难，由于毒品嫌犯国籍不明，出现了大量无国籍犯罪嫌疑人，而批捕无国籍犯罪嫌疑人征得省外办理的同意较为困难，这就给审查批捕工作带来新的问题。网络毒品交易监控困难，尤其是暗网交易，高隐蔽性导致的监控打击难度较大。

四、仍然存在效果不佳的问题

毒品问题是一个综合性的复杂问题。毒品危害巨大，毒品犯罪特征复杂，禁毒部门涉及广泛，因此在毒品治理过程中遇到的问题不易被解决。我国禁毒工作过程中存在的效果不佳体现在多方面，不同地区可能有不同的效果不佳问题，归纳起来，主要有禁毒组织领导不扎实、学校毒品预防教育工作成效不明显、社区戒毒社区康复工作存在不足、执法打击突出问题没有得到根本解决等问题。

第四节　评选全国禁毒工作示范城市的基本要求

一、组织领导

《中华人民共和国禁毒法》规定，我国禁毒工作实行政府统一领导、有关部门各负其责、社会广泛参与的工作机制。国务院设立国家禁毒委员会，负责组织、协调、指导全国的禁毒工作。县级以上各级人民政府根据禁毒工作的需要可以设立禁毒委员会，负责组织、协调、指导本行政区域内的禁毒工作。县级以上各级人民政府应当将禁毒工作纳入国民经济和社会发展规划，并将禁毒经费列入本级财政预算。

从《中华人民共和国禁毒法》的规定来看，地方政府推动禁毒工作的开展，无论从人、财、物，还是工作统筹，都需要地方党委政府工作人员对禁毒工作的统筹领导和高度重视。因此，创建全国禁毒工作示范城市需要考察申报创建城市对创建工作本身的组织领导情况。此项工作分为四项考核，共15分。

（一）强化组织领导

考核的内容为：以市委或市政府名义召开会议，研究部署推动禁毒示范创建工作。本项计3分，市委市政府主要领导出席会议的，每次加1分，市委市政府其他领导参加会议的，每次加0.5分。

（二）领导批示指示

考核内容为：市委市政府领导对禁毒示范创建工作作出批示指示。本项计3分，市委市政府主要领导作出批示的，每次加1分；市委市政府其他领导作出批示的，每次加0.5分。

（三）成立领导小组

考核的内容为：成立创建领导小组，成立创建工作专班，制定创建工作方案，并认真贯彻执行。本项计5分，成立由市委市政府主要领导担任负责人的创建领导小组的，加1分，成立由市委市政府其他领导担任负责人的创建领导小组的，加0.5分；成立创建工作专班的，加1分；制定创建工作方案的，加1分；创建方案所提目标措施如期完成的，加2分。

（四）出席创建活动

考核的内容为：市委市政府领导出席禁毒示范创建活动（含全民禁毒宣传月活动）。本项计4分，市委市政府主要领导出席活动的，每次加1分；市委市政府其他领导出席活动的，每次加0.5分。

二、构建全覆盖毒品预防体系

为控制我国新增吸毒人群数量，遏制其增长势头，中共中央、国务院印发《关于加强禁毒工作的意见》（以下简称《意见》），该《意见》指出到2020年，要实现全民禁毒意识普遍增强，新吸毒人员滋生速度明显减缓。为达到这一目标，《意见》要求要深入开展毒品预防教育工作，重点借助学校渠道，普及禁毒预防知识，建立学校、家庭、社区相衔接的毒品预防体系。因此构建全覆盖毒品预防教育体系是建设禁毒示范城市的重要内容之一。此项工作分为5项考核，共20分。

（一）禁毒知识知晓率

考核的内容为：全民禁毒知识知晓率超过95%。本项计4分，本地委托第三方进行评估并提交报告，超过95%（含）得4分。

（二）群众满意度

考核的内容为：禁毒工作群众满意度超过95%。本项计5分，本地委托第三方进行评估并提交报告，超过95%（含）得5分。

（三）禁毒专题课程

考核的内容为：中小学校落实禁毒专题课程不少于4课时。本项计4分，国家禁毒办督导检查或随机抽查4所学校材料，每有1所学校不合格，即扣1分，扣完为止。

（四）数字化平台应用

考核的内容为：本地学校、在校学生（小学5年级至高中2年级、中等职业学校）在全国青少年毒品预防教育数字化平台注册比例分别达到80%以上。本项计4分，每有1项达标加2分。

（五）禁毒教育基地

考核的内容为：下辖县区全部建立至少1个禁毒教育基地（直辖市创建区建立至少1个）。本项计3分，每有1个县区未建立，扣1分，扣完为止。

三、构建全网络戒毒管控体系

《戒毒条例》明确规定了我国戒毒工作采取自愿戒毒、社区戒毒、强制隔离戒毒、社区康复等多种措施的戒毒工作体系。2013年禁毒办下发《关于加强社区戒毒社区康复工作的意见》，从戒毒康复体系建设方面对专职人员配备和管理、社区戒毒社区康复执行率、戒毒康复人员管控率和戒断巩固率和复吸率等指标提出了优化要求。2015

年国家禁毒办联合11个部门，共同制定了《全国社区戒毒社区康复工作规划（2016—2020年）》，明确规定了我国社区戒毒康复工作的具体目标，为我国构建全网络戒毒管控体系提供了重要指导。此项工作分为六项考核，共20分。

（一）吸毒人员查处

考核的内容为：吸毒人员查处数量、新发现吸毒人数占比。本项计5分，本年度查处吸毒人员数量，高于近三年的最高值得3分，高于近三年平均值得1.5分，低于近三年平均值不得分。本年度新发现吸毒人员数占本年度查处人次数的比例，高于50%的得2分，高于40%的得1分，低于40%不得分。

（二）强制隔离戒毒

考核的内容为：强制隔离戒毒人员送戒率、病残吸毒人员送治率。本项计4分，其中“送戒率＝本期新责令强制隔离人数/本期查获有吸毒史人数”，按全国排名分为5档，第一档计2分，每低一档扣0.5分。“送治率＝本期实际送戒入所的病残吸毒人数/全部病残吸毒人数”，按全国排名分为5档，第一档计2分，每低一档扣0.5分。

（三）吸毒人员网格化管理

考核的内容为：吸毒人员网格化服务管理。本项计2分，在综治部门或住建部门等划分的网格中，100%将吸毒人员作为重点人员纳入管理的，得1分，50%以上网格纳入的，得0.5分，其余不得分；制定吸毒人员网格化服务管理工作的实施意见的，得1分。

（四）自愿戒毒

考核的内容为自愿戒毒就诊率。本项计2分，“自愿戒毒就诊率＝本期在自愿戒毒医疗机构（含美沙酮维持治疗门诊）的就诊人数/本地区现有吸毒人数”，按全国排名分为5档，第一档2分，每低一档扣0.5分。

（五）社区戒毒社区康复机构人员建设情况

考核的内容为：工作机构建设合格情况、专职工作人员配备情况。本项计3分，以街道（乡镇）为单位成立的社区戒毒社区康复办公室建设合格率，按全国排名分为5档，第一档2分，每低一档扣0.5分。专职工作人员配备情况按照20∶1配齐专职工作人员的得1分，按照30∶1配齐工作人员的得0.5分，不足30∶1的不得分。

（六）社区戒毒社区康复执行情况

考核的内容为：社区戒毒社区康复报到率、社区戒毒社区康复执行巩固率。本项计4分，两个指标各自按全国排名分为5档，第一档2分，每低一档扣0.5分。

四、构建全链条缉毒打击体系

《中华人民共和国禁毒法》颁布以来，我国禁毒工作持续全面开展，目前我国毒品打击效果主要体现在执法打击效果、禁毒专业队伍打击效能、毒品目标案件办案质量、涉毒资产查处效能等方面。因此，创建全国禁毒示范城市，离不开对这些指标的考评。此项工作分为四项考核，共计20分。

（一）缉毒执法打击效果

考核的内容为：百名吸毒人员对应抓获人数。本项计10分，百名吸毒人员对应抓获毒品犯罪嫌疑人数达到全国中等水平以上的，最高得10分，其他依次换算得分（百名吸毒人员对应抓获人数在全国中等水平以下的，或者新发现吸毒人员同比上升且抓获人数同比下降的，该项均不得分。全国中等水平，即全国所有城市数据从大到小排列的中位数）。

（二）禁毒专业队伍打击效能

考核的内容为：公安禁毒专业队伍抓获人数和缴毒数。本项计4分，公安禁毒专业队伍抓获毒品犯罪嫌疑人数和缴毒数（含毒品、毒品原植物和易制毒化学品，下同）分别占“战果”总量的比例为禁毒专业队伍打击效能。以前三年全国平均水平为参照，设定禁毒专业队伍打击效能的基准线为：抓获毒品犯罪嫌疑人数占“战果”总量的30%，缴毒数（按比例折算后）占“战果”总量的45%。达到基准线的各得最高分为2分，打击效能在基准线以下的按比例换算得分。该项考核分值最高计4分，无“战果”计0分。

（三）毒品目标案件办案质量

考核的内容为：破获部级目标案件质量。本项计3分，破获部级目标案件的个案质量平均分，要求达到全国地市级单位的前100名（共有335个地市级单位）。低于100名的不得分，100名以上的，最高得3分，其他依次换算得分。

（四）涉毒资产查处效能

考核的内容为：开展涉毒资产查处工作和破获涉毒洗钱案件。本项计3分，开展涉毒资产调查，扣押、冻结、查封相关资产并成功提交检察院，资产价值折合人民币100万元以上的，每案1分，100万元以下20万元以上的每案0.5分。破获涉毒洗钱案每案1分，破获窝藏、转移、隐瞒毒脏案及掩饰、隐瞒毒品犯罪所得案等毒品下游犯罪每案0.5分。以上同一案件不重复计分，以各城市提供的考评年度检察院公诉书或法院判决书认定情况为评分依据。该项最高得3分。

五、构建全环节禁毒监管体系

我国《关于加强禁毒工作的意见》明确指出要建立非列管易制毒化学品、新精神活性物质及其他非药用物质的监管追责制度，建立健全易制毒化学品流失追溯制度、麻醉药品和精神药品药用类与非药用类分类列管制度，加强对麻醉药品和精神药品生产、运输、经营、使用等环节的监管。这些制度的建立健全为我国构建全环节禁毒监管体系奠定了重要基础。此项工作分为六项考核，共15分。

（一）基础情况掌握

考核的内容为：基础情况掌握。本项计3分，辖区内易制毒化学品从业单位底数清、情况明，易制毒化学品管理制度健全有效，生产、经营、购买、运输、仓储、使用、进出口等各环节规范有序。

（二）日常监管工作

考核的内容为：负责易制毒化学品监管的职能部门建立日常动态检查监管机制。本项计3分，对易制毒化学品许可开展事中事后检查，购买、运输许可及时核销；进出口双向核查机制落实到位。根据案件系统核查，因监管不力导致流入非法渠道的，第一类、第二类、第三类易制毒化学品每案分别扣1分、0.5分、0.3分，扣完为止。

（三）流失追溯情况

考核的内容为：建立易制毒化学品流失追溯制度，对流入制毒渠道或非法生产制毒物品的易制毒化学品开展来源倒查。本项计2分，查清流失环节并对相应企业予以处罚的不扣分，否则，每案扣0.5分，扣完为止。

（四）发挥行业协会作用和加强企业内部自律

考核的内容为：设立易制毒化学品行业协会，发挥应有作用；易制毒化学品企业内控制度健全，措施有力，设立易制毒化学品信息员，履行相应管理及举报可疑交易等职责。本项计2分，成立易制毒化学品企业行业协会加0.5分，开展企业等级管理、定期培训、设立安全员、规范企业内部管理、按照协会章程要求召开会议等有一项加0.1分，最高得1分。设立信息员队伍加0.5分，信息员常态化开展培训宣传，及时报告易制毒化学品违法犯罪可疑情况加0.5分，最高得1分。此项最高得2分。

（五）药用精神药品和麻醉药品监管

考核的内容为：按照《麻醉药品和精神药品管理条例》的规定，麻醉药品和精神药品生产、运输、经营、使用各环节管理规范，未发生流失问题。本项2分，外地公安机关主侦案件发现的涉及本地药用类精麻药品从合法渠道流失的，每发现1起扣0.2分，扣完为止；本地主动破获药用类精麻药品案件较少，而药用类精麻药品滥用人数较多，比例低于1：100的，最高扣0.5分，其他依次换算扣分。

（六）非药用精神药品和麻醉药品监管

考核的内容为：非药用精神药品和麻醉药品日常监管机制健全，管控措施有实效，辖区内相关生物、医药、化工企业情况明，底数清；核磁共振波谱仪管控到位。本项计3分，掌握辖区生物医药化工企业底数并录入管理系统，加1分。外地公安机关主侦发现的涉及本地非法生产非药用精麻药品案件，每发现1起扣1分，扣完本项得分为止。本地公安机关主侦发现的涉及本地非法生产非药用精麻药品案件，每发现1起加1分。此项最高得3分。

六、构建全方位毒情监测体系

2016年国家禁毒办在京召开座谈会，专题研究讨论建立完善科学客观的毒情评估和禁毒工作绩效考评体系。会议强调要充分运用科技手段，提高评估考核的科学性、客观性、合理性和公平性，对毒情进行多领域、多角度的评估考核。这为我国建设禁毒示范城市提供了毒情评估依据。此项工作只有一项考核，共5分。

开展毒情评估。考核的内容为：组织开展毒情分析评估工作。本项计2分，制定本地毒情评估办法的，加2分；考核的内容为：开展本地毒品价格监测。本项计1分，撰写年度监测报告的，加1分；考核的内容为：撰写毒情调研报告，集中反映本地突出毒品问题、毒品来源、价格变化、滥用危害以及隐性吸毒人员规模。本项计2分，全年撰写综合类、专题类毒情调研报告，每篇加0.5分。

七、禁毒保障

2014年，中共中央、国务院印发的《关于加强禁毒工作的意见》，强调要做好禁毒保障工作，鼓励社会资金加入。各地区各有关部门要建立与毒情形势和禁毒任务相适应、职能配置完善、岗位设置科学的禁毒机构和队伍。由此可见，在创建禁毒示范城市的过程中，经费保障和基础设施是必不可少的内容。此项工作分为两项考核，共计5分。

（一）经费保障

考核的内容为：将禁毒经费纳入财政预算并足额保障。本项计3分，市级财政纳入预算，得1分；全部县级财政纳入预算，得2分，80%以上县级财政纳入预算，得1分，80%以下的，不得分。

（二）基础设施

考核的内容为：已建成的毒品检查站、禁毒情报中心（站）、毒品实验室等禁毒基础设施情况。本项计1分，达到3个的，得0.5分，达到5个的，得1分；考核的内容为：新建的毒品检查站、禁毒情报中心（站）、毒品实验室等禁毒基础设施情况。本项计1分，考评年度取得本级发展改革部门立项批复，每取得1个，得0.5分。

八、一票否决项

开展创建全国禁毒示范城市是我国为推动禁毒工作开展，根据好中选优的原则来评选禁毒示范城市的，所以对于一些与创建禁毒示范城市相违背的严重情况则被视为是一票否决项。在创建过程中出现下面任意一项，则被视为不符合全国禁毒示范城市标准。

（一）在校中（职）小学生吸毒

如果发生在校中（职）小学生吸毒案事件，则取消参评示范城市资格。在校中（职）小学生吸毒案事件是指在全国禁毒部门查获的案件中，存在中（职）小学生吸毒人员的。

（二）吸毒人员肇事肇祸

如果发生影响较为恶劣的吸毒人员肇事肇祸案事件，则取消参评示范城市资格。影响较为恶劣的吸毒人员肇事肇祸案事件是指因吸毒导致发生重大案事件致他人死亡、重伤的或致使公共财产遭受重大损失构成犯罪的，或肇事肇祸引起国家禁毒委领导高度关注并有批示的吸毒人员肇事肇祸案事件。

（三）脱管失控吸毒人员滋事

如果发生脱管失控吸毒人员引起的重大违法犯罪案件，则取消参评示范城市资格。脱管失控吸毒人员引起的重大违法犯罪案件是指超期未报到或严重违反社区戒毒社区康复协议的脱管失控吸毒人员发生寻衅滋事等违法行为构成犯罪的，或滋事行为引起国家禁毒委领导高度关注并有批示的脱管失控吸毒人员引起的违法犯罪案件。

（四）非法种植

如果发生大规模非法种植毒品原植物案件，则取消参评示范城市资格。大规模非法种植毒品原植物案件是指被国家禁毒办发现的，非法种植罂粟或大麻数量构成犯罪的，或发生多个案件合计非法种植罂粟达到0.5万株或大麻5万株以上的，或因非法种植问题引起国家禁毒委领导高度关注并有批示的非法种植案件。

（五）制毒案件

如果发生制毒案件或者制造制毒物品案件，则取消参评示范城市资格。制毒案件或者制造制毒物品案件是指发生以外地为主侦破的涉及本地的制毒案件或者制造制毒物品案件，本地配合不力或者故意隐瞒情况，未按照全链条要求进行延伸打击的制毒案件或者制造制毒物品案件。

（六）重点整治

如果下辖县区存在国家级重点整治地区的，则取消参评示范城市资格。国家级重点整治地区是指被国家禁毒委员会纳入挂牌整治、通报警示、重点关注名单的。

九、参考因素

考虑到在创建禁毒示范城市过程中队伍建设的重要性和部分城市的创建特色，特设置酌情加分项，具体分数请参考《2018年全国禁毒示范城市创建工作测评细则》，以下是可酌情加分的参考因素。

（一）队伍建设

考核的内容为：队伍建设。市级设立公安禁毒支队情况，县级设立禁毒大队或中队情况，全市（直辖市创建区）禁毒民警比例情况；市级县级禁毒办设有专职工作人员情况。评分标准：市级（直辖市创建区）设立禁毒支队的，县级全部设立禁毒大队或中队的，得0.5分；全市（直辖市创建区）禁毒民警占全部民警比例高于全国平均水平的，得0.5分。市级（直辖市创建区）禁毒办设有专职工作人员，县级禁毒办全部设有专职工作人员的，得1分。

（二）典型经验

考核的内容为：具有典型做法、特色工作、创新举措，并形成经验。评分标准：在示范创建工作中，推出具有本地鲜明特色的做法、创新工作举措、形成典型经验的，评定时予以酌情考虑加分。

备注：1. 每个项目提交一份说明报告（500字左右，撰写组织领导方面的说明报告，将工作或活动进行提炼总结，用简洁、明了的语言清晰地进行书面表达该项的总体情况）。2. 国标总分为100分。参考因素为加分项。

第三章 强化创建活动的组织领导工作

2018年国家禁毒办下发的《全国禁毒示范城市创建工作考评细则》，分别围绕组织领导、构建全覆盖毒品预防体系、构建全网络戒毒管理体系、构建全链条缉毒打击体系、构建全环节禁毒监管体系、构建全方位毒情监测体系、禁毒保障七大工作方面展开考评。内容囊括了禁毒工作“打、防、管、控、戒”五大环节，而组织领导与禁毒保障两方面占了五分之一的分值，由此可见，重成效之余，此次考评非常重视申报城市在创建工作中的组织领导能力。

本次创建工作是以“地级市”为单位，故强化组织领导能力的关键应在于如何凝聚市、县、乡多级政府力量。各级党委、政府作为本次创建工作的领导核心，要充分发挥党政引领作用，打破过去相关部门各自为战、零敲碎打的工作局面，统筹协调各方资源，助力禁毒工作的整体发展。创建活动是一项系统性、全局性、基础性的工作，为使创建活动取得预期效果，申报城市应明确创建活动的总体目标，加强党政领导，压实工作责任，主动督导自查，把握工作进程，推动创建活动规范有序的开展。

第一节 全面落实禁毒工作机制

良好的工作机制，是推动工作开展的原动力，能保障禁毒工作科学可持续发展。2007年出台的《中华人民共和国禁毒法》，不仅为全面加强禁毒工作提供了有力的法律保障，还确立了我国“政府统一领导、有关部门各尽其责、社会广泛参与”的禁毒工作机制。该机制的确立，既直观地反映了我国对禁毒工作的重视程度，亦凸显了中国禁毒工作的特点。

2017年修改后的《中国共产党章程》提到“中国共产党的领导是中国特色社会主义最本质的特征，是中国特色社会主义制度的最大优势。”坚持中国共产党对各级政府的领导，是做好一切工作的根本保证。中国共产党对国家和社会生活的领导主要是政治领导、思想领导、组织领导。其中，政治领导是根本，思想领导是灵魂，组织领导是保证。党章中还提出了“党必须按照总揽全局、协调各方的原则，在同级各种组织中发挥领导核心作用。”我们可以想象，在我国政治体制庞大、组织机构繁多的现状下，任何一项工作若是缺少统一的方向，各自埋头苦干，无异于闭门造车。只有坚持党的全面领导原则，才能保证禁毒工作的全方位落实。

目前，国家禁毒委员会的41个成员单位，涉及“党政军民学”各方面，其中，属于中央政府行政机构的成员单位就有29个之多(见图3-1)。同理，在地方政府中，禁毒委员会成员也是包含各个职能部门，如公安、司法、民政、教育、卫计、人力资源和社会保障等主要职能部门，以及农业、商务、旅游、邮政、应急办等相关职能部门。但各部门只对政府负责，互为平级关系。政府下设禁毒委员会，正是为了打通各部门系统间的合作壁垒，强化领导能力。禁毒工作犹如建楼盖房，各职能部门就是准备就绪的工人们，党委负责出设计蓝图，政府负责领导部署，禁毒委员会负责统筹分工，这样大楼才能盖得牢、盖得高。

我国与毒品斗争数十载，付出了数不清的心血，也取得了一定的阶段性成效。在这场禁毒战争中，部分地方在党委、政府的正确领导下，开始转变作战思维，探索出不少宝贵经验，如社区戒毒社区康复工作的“上海模式”、网格化管理工作的“宜昌经验”。但毒品问题已

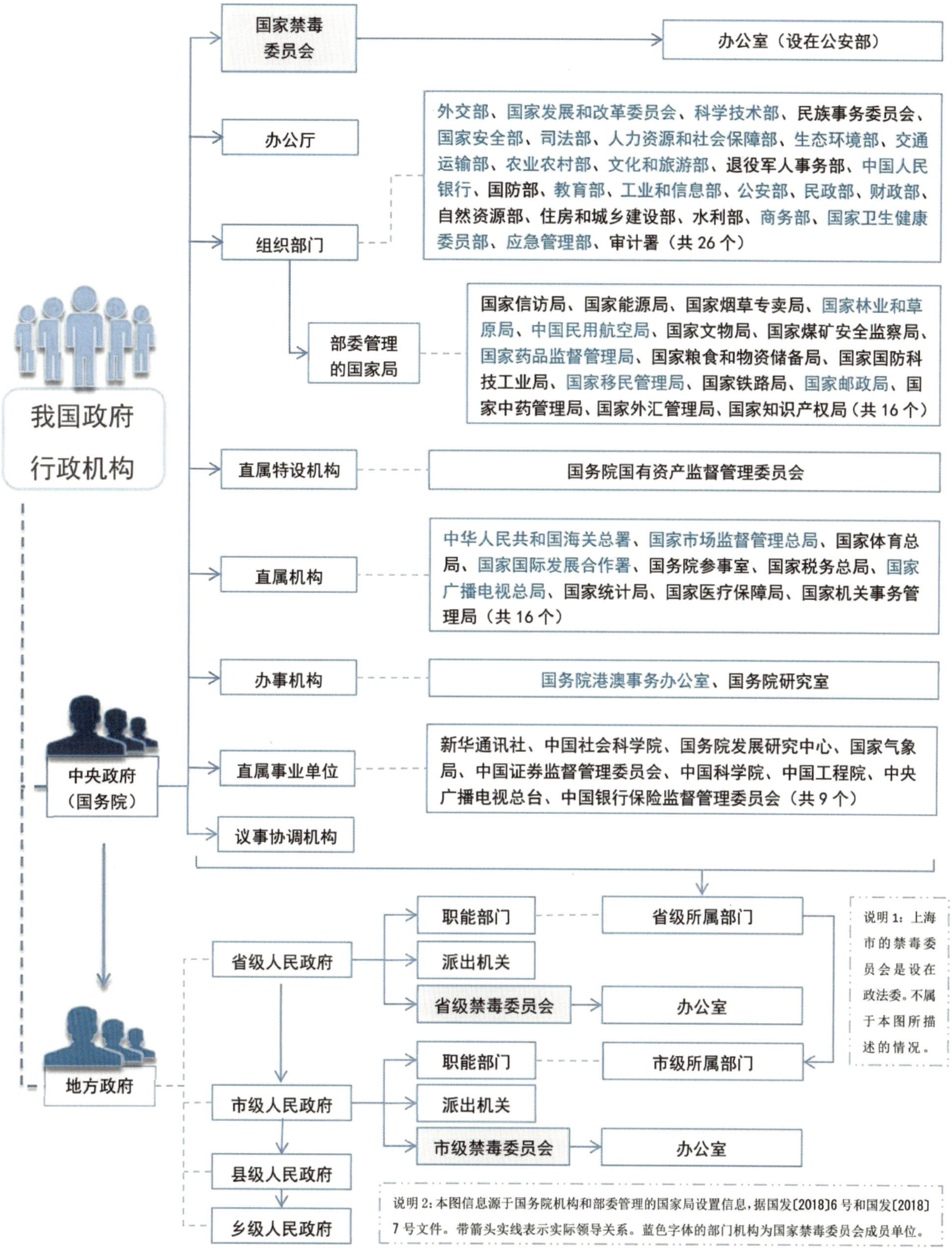

图3-1 我国行政体系架构

定性为严重的世界性社会问题，危害着国家经济、社会治安、国民健康等多个方面。在肯定成效的同时，我们更需要坚持不懈，走“预防为主，综合治理，禁种、禁制、禁贩、禁吸”的路线。毒品问题的治理，不是单靠某一职能部门就能完成的，碎片化的成效不能从根本上解决毒品问题。在党委、政府的统一领导下，禁毒工作机制采取“一核多元”的措施，根据禁毒工作的各个环节需求，组织联动相关职能部门共同参与，才能达到多管齐下、全面提高治理能力的目的。禁毒工作参与主体的多元化，决定着明确任务，各尽其责的重要性。地方党委、政府应通过建章立制，明确职责、责任到人，保证做到“环环相扣、协助配合”。

加强禁毒工作，是为了保障人民群众健康幸福，维护国家长治久安。禁毒工作的出发点是群众利益，工作要求是群众满意，各职能部门在开展禁毒工作时，应多倾听群众意见，了解群众需求，学会借助群众力量，才能形成更大的工作合力。群众路线是中国共产党的根本工作路线，也是党根本的领导作风和工作方法。政府在部署、开展禁毒工作期间，要坚持一切为了群众，解群众所危，急群众所急，减少毒品对群众的侵害；坚持依靠群众，做好禁毒宣传工作，提高群众防毒、识毒、拒毒的能力。《中华人民共和国禁毒法》中规定，禁毒是全社会的共同责任，公民有履行禁毒的义务。各地党委、政府要激发群众履行禁毒义务的自觉性，积极引导社会力量参与禁毒工作，配合政府打击毒品犯罪，从自身做起拒绝毒品。在群众路线的支持下，禁毒工作才能迸发出源源不断的活力。

第二节　严格压实工作责任制

2008年开始施行的《中华人民共和国禁毒法》中提出了“县级以上地方人民政府根据禁毒工作需要，可以设立禁毒委员会，负责组织、协调、指导本行政区域内的禁毒工作”的规定，但并没有对地方党委、政府、各级禁毒委员会的工作职责，及他们的从属关系作明确规定。缺乏明确的职责规定与监督问责机制，导致了部分地方政府对禁毒工作不够重视，组织领导不到位，经费保障不落实等问题，如社区戒毒社区康复工作往往是地方禁毒工作中的一个薄弱环节，徘徊在重打击、轻预防，越打越多的死胡同中。

2014年，国家禁毒委员会印发了《禁毒工作责任制》(以下简称《责任制》)，进一步明确了禁毒工作责任人的职责，建立了考评与问责制度，切实增强了各级党委、政府、禁毒委员会做好禁毒工作的责任感，紧迫感和使命感。

一、各级党委、政府禁毒工作职责

为充分体现"政府统一领导"的工作机制特点，《责任制》从高位出发，规定"各级党委、政府主要领导是禁毒工作第一责任人，对本行政区域禁毒工作负总责"。各地党委、政府应将禁毒工作纳入重要议事日程，定期听取工作汇报，加强机构与工作队伍建设工作，落实安排经费保障，建立禁毒工作考评和责任追究制度，做好"掌舵手"的角色。

二、各级禁毒委员会禁毒工作职责

《责任制》规定：各级禁毒委员会负责全面组织、协调、指导开展本行政区域禁毒工作。各级禁毒委员会需根据上级禁毒委员会工作部署，制订工作计划与目标，定期向上级禁毒委员会与本级党委、政府汇报工作情况，明确本级委员会成员单位职责，指导下级禁毒委员会落实工作措施，建立禁毒考评体系和成员单位述职讲评制度，做好宣传、监督工作。

成员单位需根据本级禁毒委员会制定的职责任务分工，制订工作方案，指导本单位开展禁毒工作，并定期向本级禁毒委员会汇报工作情况。

参照国家禁毒委员会做法，各级禁毒委员会均下设办公室，作为日常办事机构，负责执行本级禁毒委员会的各项决定。各级禁毒委员会办公室需针对本行政区域毒情形势，研究拟定工作目标，提出问题与困难，提请本级禁毒委员会研究部署；建立高效的工作联动与督导考核制度，推动、督促本级禁毒委员会成员单位完成工作任务；建立经费保障制度，加强工作基础设施建设；积极动员、指导社会力量参与禁毒工作。

三、进一步压实工作责任的建议

（一）制订印发本行政区域的禁毒工作责任制

各级禁毒委员会可根据国家禁毒委与上级禁毒委的要求，结合地方实际，制订并印发禁毒工作责任制，明确本级禁毒委员会领导、成员单位代表及办公室组成人员名单，规定委员会、各成员单位及办公室工作职责。

（二）签订禁毒工作责任书

禁毒委员会可与领导个人、成员单位等签订禁毒工作责任书，根据每年禁毒工作的部署计划，责任书中列明其职责及年度任务，进一步压实工作责任，加强工作使命感与任务紧迫性。年底考评时，禁毒委员会可考虑开展执行禁毒工作责任书先进个人或单位评选活动。

（三）禁毒工作督查常态化

各级禁毒委员会应结合当地的禁毒考评体系，以半年或季度为期，定期开展对下级禁毒委员会的督查工作，建立禁毒工作督查制度，确保督查工作规范化、常态化。禁毒委员会可通过督查把握工作开展的情况，加强短板建设，发现因领导不重视、责任未落实、措施缺失的，应严肃依法追究禁毒工作责任。

第三节　理清各环节的统筹协调工作

上文已经提及，禁毒工作涉及社会生活的多方面、多环节，基本可分为：毒品预防、戒毒管治、缉毒打击、毒品管制与毒情监控五大板块。国家禁毒委员会成员单位达41个，地市级禁毒委员会成员单位少则也达30多个，各级禁毒委员会在压实工作责任的同时，要做好统筹协调工作，调动政府、成员单位及社会可利用的资源，根据各方资源制订任务计划，指导各部门单位开展禁毒工作。

一、毒品预防的统筹协调工作

在毒品预防工作上，《关于加强禁毒工作的意见》中提出，要“建立由各级禁毒部门牵头、党委宣传部门协助、有关部门齐抓共管、社会各界广泛参与的全民毒品预防教育工作体系”。毒品预防教育面向全体公民，主要以10岁至25岁青少年为重点，宣传的渠道众多、宣传的形式各异，如何才能打好毒品预防教育的“组合拳”，完成国家禁毒委与上级禁毒委的任务，取得真切成效，是需要各级禁毒委员会思考的问题。根据宣传受众的群体特征，禁毒委员会应有针对性调动相关资源开展工作，如开展“进校园”宣传时，可统筹调动当地政府、禁毒办、教育局、团委等力量；开展“进厂企”宣传时，可统筹调动禁毒办、人力资源社会保障局、妇联、工会等力量；开展“进社区”宣传时，则可统筹调动禁毒办、综治办、妇联等力量。党委宣传部、文广新局、网信办应配合禁毒办做好舆论导向与宣传氛围营造工作。

二、戒毒管治的统筹协调工作

在戒毒管治工作上，《戒毒条例》提出要“建立戒毒治疗、康复指导、救助服务兼备的工作体系”。目前，我国戒毒治疗措施主要是自愿戒毒、社区戒毒、强制隔离戒毒与社区康复。针对社区戒毒社区康复与强制隔离戒毒措施，禁毒委员会应通过禁毒办组织协调公安部门、司法部门、综治办等部门严格落实吸毒人员管控措施；针对自愿戒毒或药物维持治疗工作，还需组织卫计部门参与。开展康复指导时，禁毒委员会还应考虑引导社会组织力量，参与戒毒康复人员管理与帮扶工作中，强化队伍力量。开展救助服务时，禁毒委员会需组织协调当地政府、人力资源社会保障局、民政局、财政局、妇联、工会等资源。

三、缉毒打击的统筹协调工作

在缉毒打击工作上，我国一直保持对毒品犯罪的严打态势，随着毒品犯罪手法的层出不穷，狡猾的犯罪分子利用物流行业与互联网的便利性，进行多渠道拆货、跨境贩售制毒原料或成品。毒品犯罪涉及的其他犯罪行为也屡见不鲜。禁毒委员会需充分协调公安部门、海关、邮管局、铁路公司等力量，从严治理。

四、毒品管制与毒情监控的统筹协调工作

在毒品管制工作上，各地需加强易制毒化学品和麻醉药品、精神药品管理，建立相应的管理与问责制度。该项工作涉及毒品（麻醉药品）原植物，麻醉药品，精神药品，易制毒化学品的生产、运输、经营、购买、使用等环节，禁毒委员会应协同联动公安部门、安监局、交通局、市场监督管理局、林业局、安监局、交通局、海关、下级禁毒办共同监管。

毒情监控工作可由公安部门负责，通过案件、情报分析，做好毒情监测与分析评估工作，形成毒情定期通报制度，为打击工作提供协助。

第四节　考评事项及重点难点

一、考评事项

本章考评事项共分为：强化组织领导、领导批示指示、成立领导小组、出席创建活动四个版块。

（一）强化组织领导。各地党委、政府应把禁毒工作摆上重要议事日程，研究商议禁毒示范创建的工作方案，统筹部署示范创建工作的阶段性分工，把握推动示范创建的工作进程。各地应以市委或市政府名义召开会议，商讨禁毒示范创建工作的整体事宜，提高组织领导力。按考评细则要求，市委市政府主要领导至少出席3次关于研究、部署、推动禁毒示范创建工作的相关会议；若市委市政府其他领导出席，则至少需出席6次。

（二）领导批示指示。各地党委、政府领导应提高对关于禁毒示范创建工作的请示或报告的重视程度，认真审阅、慎重作出批示指示，引导示范创建工作有序开展。各地党委、政府主要领导是禁毒工作第一责任人，应主动担当，作出指导性批示。按考评细则要求，市委市政府主要领导至少3次对禁毒示范创建工作作出批示指示；若市委市政府其他领导作出批示，则至少需要6次。

（三）成立领导小组。为进一步落实禁毒工作责任，注重创建实效，强化党政引领，各地党委、政府应成立创建工作领导小组，由市委市政府主要领导担任创建领导小组负责人才能得1分，否则只算0.5分。采用“专班负责制”，地方禁毒委员会可成立创建工作专班，下设办公室与工作组，由办公室负责组织协调，工作组负责具体落实、推进工作，从而达到把创建的各项工作分解到人的目的，使事事有人管、人人有事管，工作有人落实、效果有人监督。成立创建工作专班得1分。工作专班应根据各地制定的创建工作方案，协同联动，认真贯彻执行。制订创建工作方案得1分，按方案开展创建工作得2分。

各地制订创建工作方案时，应坚持问题导向，着力补齐短板，可操作性要强，针对需要全面部署的事项，可列出指导思想、主要目标、工作内容、实施步骤、方法措施、具体要求等。

（四）出席创建活动。各地党委、政府领导应积极出席禁毒示范创建活动与全民禁毒宣传月活动，坚持依靠群众，群防群治，让人民群众切身感受到示范创建工作的成效和毒品形势的积极变化；利用党和政府的号召力，动员全民参与，调动社会各界力量配合，助力创建工作稳步进行。按考评细则要求，市委市政府主要领导至少出席4次关于禁毒示范创建或全民禁毒宣传月的活动；若市委市政府其他领导出席，则至少需出席8次。

二、重点难点

禁毒工作是一项繁杂的系统工程，千丝万缕，必须在党委、政府的统一领导下，有计划、有统筹，逐步完善发展。做好禁毒工作，关键在于提高各级党委、政府的重视程度。

（一）提高领导认识，争做优秀参谋手

我国毒品问题仍面临境外毒品渗透加剧，境内制毒贩毒猖獗，制毒化学品走私严重，吸毒人群不断扩大，毒品危害日趋严重等威胁，每年因毒品造成的直接损失高达数千亿元人民币。禁毒工作若存在缺失，不仅影响社会治安的和谐稳定，还会阻碍地方经济发展。各级禁毒委员会应主动定期如实汇报工作情况，不隐瞒、不避重就轻，让党委政府领导了解毒品问题的严重性，提高对毒品问题的认识，为领导出台各项禁毒决策信息提供支持。在禁毒宣传月、重大宣传活动期间，各级禁毒办应主动邀请党委政府领导深入基层调研指导禁毒工作，出席参与各类宣传活动，让党委政府直观了解禁毒部门开展工作

的现状及面临的实际困难。

（二）落实以责任制为核心的考评管理体系

以《禁毒工作责任制》为基础，严格落实各级、各部门的责任，由各级党委、政府“一把手”担任禁毒工作第一责任人，制定严格的考核办法与奖惩制度，争取将禁毒工作成效纳入政府平安建设考评、综合治理考评内容中。本级党委和政府加强对下级党委、政府的常规检查、不定期抽检与年中考核工作。严格执行禁毒工作问责制度，对于未完成重大禁毒工作任务、考评不达标、问题严重、措施乏力的地方党委和政府，进行通报批评、“戴帽整治”，该级党委、政府负责人不可提拔或重用。

（三）指导社会力量，打造亮点引关注

各级禁毒委员会及其办公室要学会转被动为主动攻势，广泛动员社会力量，鼓励推动成立地方禁毒志愿者协会、禁毒协会或基金会，拓宽工作保障渠道，强化工作队伍能力。禁毒办可通过该类社会组织，集结社会智慧、资源，打造禁毒公益活动品牌，勇创示范典型，吸引地方党委、政府的关注，调动各级党委政府参与禁毒工作的积极性、主动性，争取其对禁毒工作的支持。

第五节　本章台账建立

本章主要考察各地市委市政府对全国禁毒示范城市创建工作的重视程度与带头作用。考察内容包括关于部署推动禁毒示范创建工作会议的召开情况，市委市政府领导对该工作的批示指示，创建工作的领导小组与工作专班组成情况，是否制订有关创建方案并认真执行，市委市政府领导是否积极出席创建工作相关活动。各地需根据考评细则要求，结合本地实际，整理台账内容。

图3-2　一级子目录

一、一级子目录

以考评细则中“项目”一栏的内容作为一级目录标题内容，即本章台账一级子目录为“组织领导”（见图3-2）。一级子目录应当作为封面，粘贴在文件盒正面。设计封面时，字体可选宋体、楷体等常用字体，配色搭配应大方雅致，避免过于花哨，注意添加地方创建工作小组或创建工作办公室落款。封面也可附上地方禁毒委员会logo或具有地方特色的图案，图案不宜过多，一个即可。

二、二级子目录

制定二级子目录时，各地要以考评细则中“小项内容”一栏的内容作为二级目录标题内容。为体现地方在创建工作上的积极性与全面性，除“小项内容”外，如地方打造了与之相关的本地亮点工程或工作创新之处，亦可加入考评细则中发至下属各行政区，通知将相关工作内容整理成台账，作为具有本地特色的二级子目录内容。简单来说，我们可以将考评细则中的国家考核标准定为“国标”，地市创立的本地考核标准定为“市标”。即本章二级子目录可定为：

（一）国标

1. 强化组织领导；

2. 领导批示指示；

3. 成立工作小组；

4. 出席创建活动。

（二）市标

强化督导考评。

二级子目录应做成标签插放在文件盒侧面的标签插袋中。设计二级子目录，字体可选宋体、黑体等常用字体，也需附上地方禁毒委员会logo或具有地方特色的图案，图案不宜过多，一个即可，标签保持整洁大方，突出文字（见图3-3）。

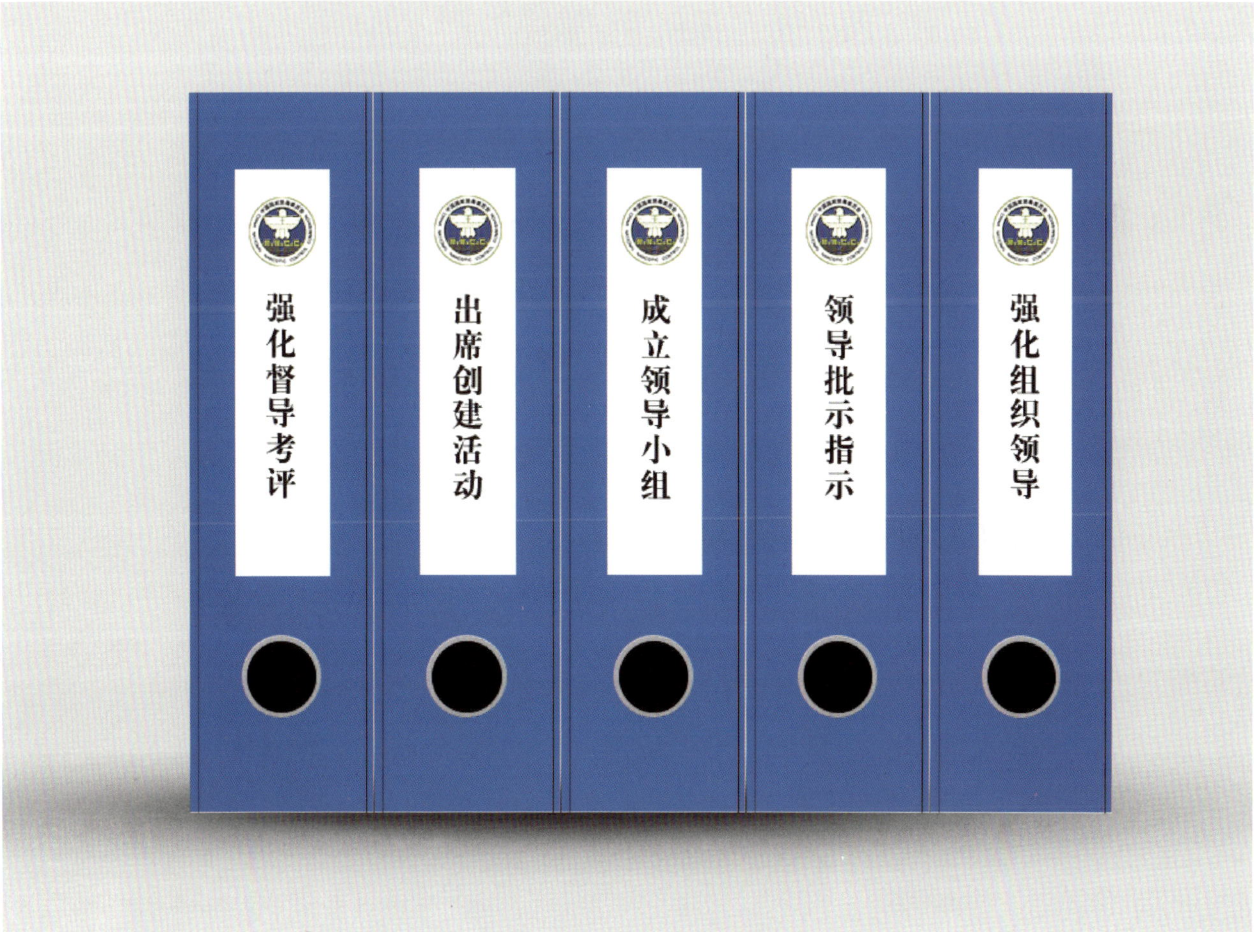

图3-3　二级子目录

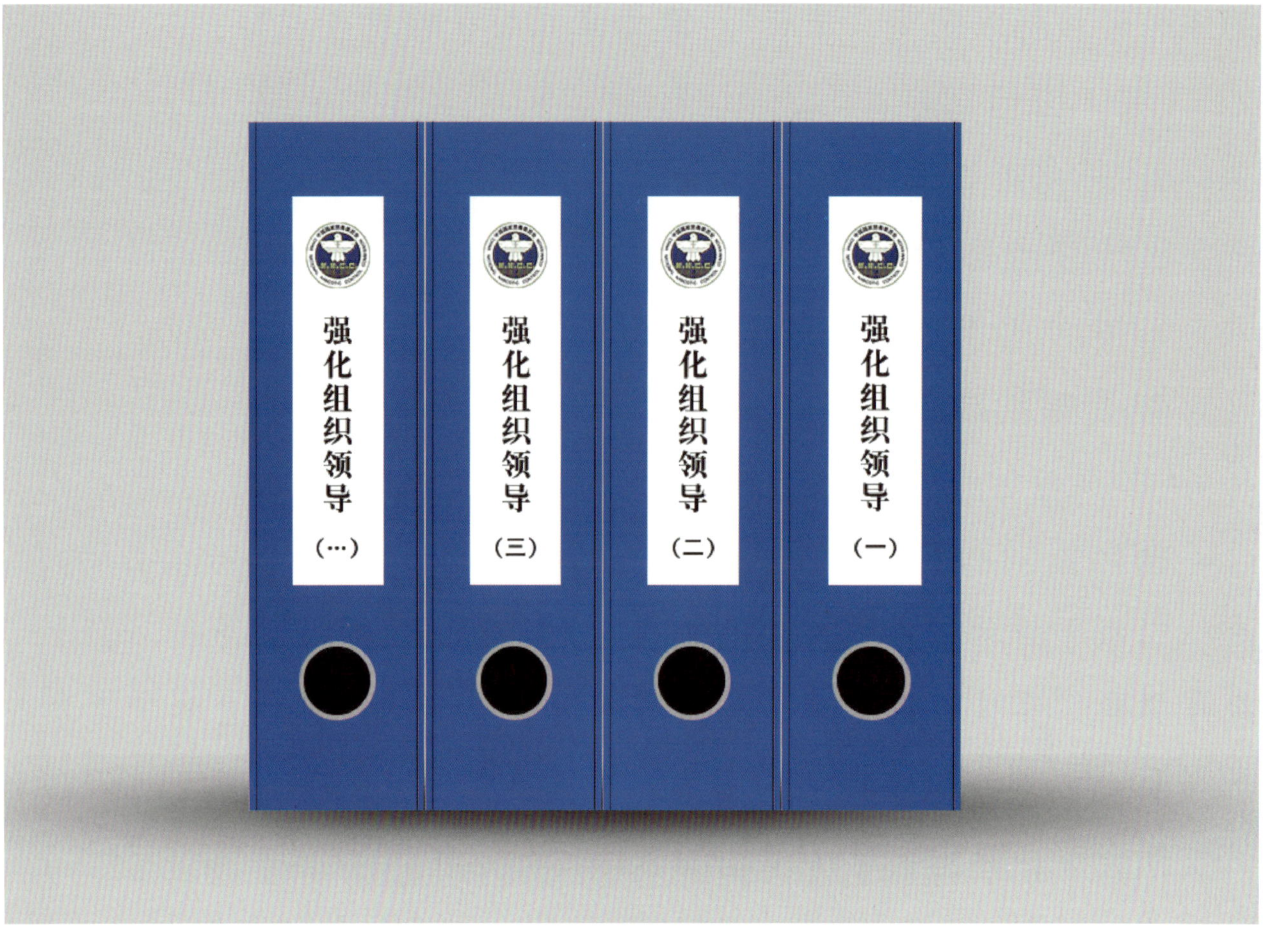

图3-4 “强化组织领导”子目录

正常情况下，单个二级子目录的台账资料需两个或多个文件盒用于存放。因此在设计二级子目录时，还需根据实际台账资料的多与少，分类做好安排，如二级子目录“强化组织领导”可制作成“强化组织领导（一）”“强化组织领导（二）”“强化组织领导（……）”等多个标签（见图3-4）。

三、三级子目录及台账内容示例

为充分展示各地创建工作措施与成效，文件盒中所放的佐证材料需完整全面，囊括所有的工作细节。为方便检查翻阅，应根据所放的台账材料文件名制作三级目录，放置于文件盒内。面对创建工作开展过程积累下来繁杂的台账资料，如何分类放置才能让人一目了然呢？这里简单介绍三种方法，各地可结合实际选其一对台账资料进行分门别类。

一是按文件性质分类，即将台账资料分为通知规范类、工作方案类、统计图表类、动态简讯类、工作图片类等，适用于周期长的常规性工作，如社区戒毒社区康复工作。二是按活动事件分类，即把台账资料按单个活动事件分类，一个活动事件所涉及的台账资料存放一个文件盒，适用于周期短的特殊性工作，如开展打击工作中的各种扫毒行动。三是按创建工作考评细则中的打分方法分类，根据考评的具体内容与打分方法要求，分类准备各小项相关台账材料，如考评细则中第一个小项“强化组织领导”，可将台账内容按打分要求分类“主要领导出席”与“其他领导出席”两类（图3–5）。

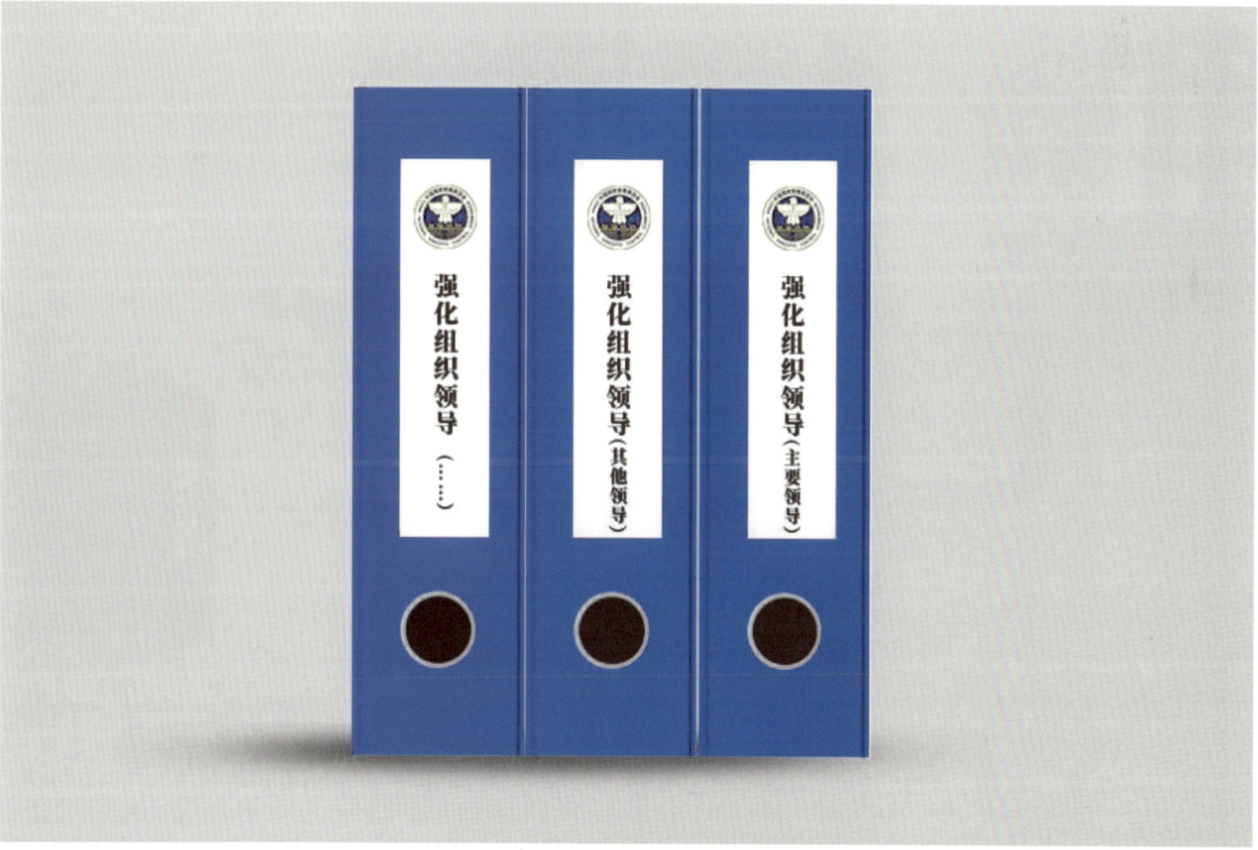

图3–5　台账资料（一）

三级子目录则需对应该文件盒中的台账资料，用表格形式清晰罗列盒中台账的文件名及页码。三级子目录应放在台账资料上面，或插在文件盒内侧左边的插袋中。本章涉及的三级子目录具体台账内容要求及示例如下文所示。

（一）强化组织领导

该项考察市委或市政府就禁毒示范创建工作召开会议的情况，其中市委市政府主要领导出席会议的计1分，其他领导出席的计0.5分，该项总分值为3分。因此，在准备台账资料的时候，需准备的资料包括以市委或市政府名义召开会议研究和部署，推动禁毒示范创建工作的文件、简报、图片、会议纪要、领导讲话等材料（见图3-6）。

PS：该项总分值为3分，要取满分即主要领导至少参与3次市委市政府召开关于研究、部署、推动禁毒示范创建工作的会议或其他领导至少参与6次相关会议。

图3-6　台账资料（二）

该小项台账资料可按创建工作考评细则中的打分方法进行分类，其三级子目录及台账资料示例如图3-7、3-8。

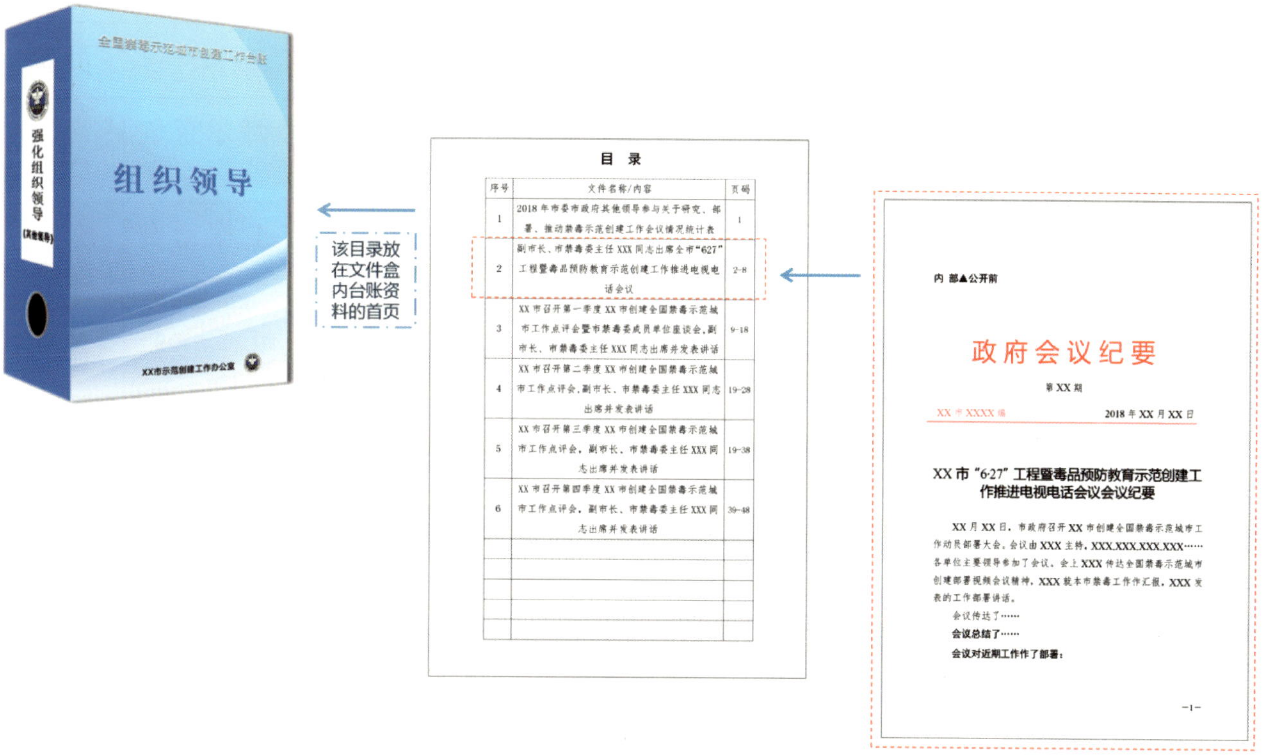

图3-7　台账资料（三）

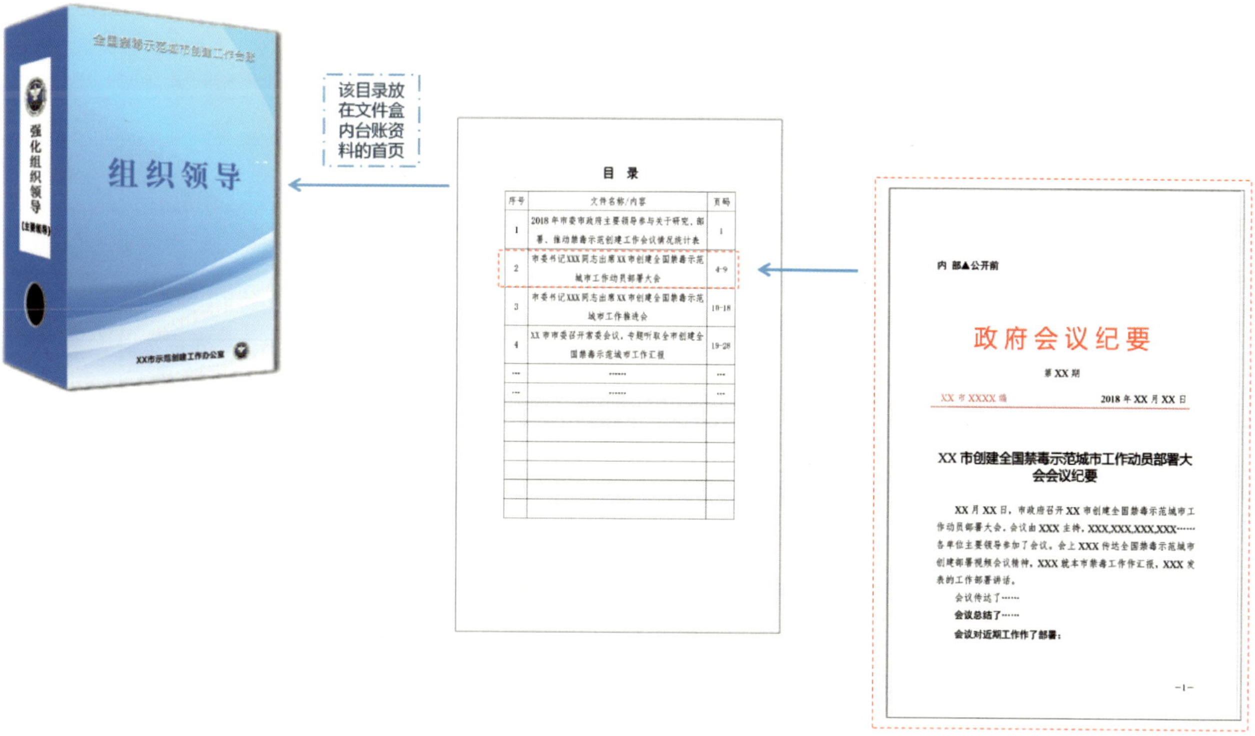

图3-8　台账资料（四）

“强化组织领导（主要领导）”的三级子目录示例如表3-1。

表3-1　三级子目录（一）

目　录

序号	文件名称/内容	页码
1	2018年市委市政府主要领导参与关于研究、部署、推动禁毒示范创建工作会议情况统计表	1
2	市委书记×××同志出席××市创建全国禁毒示范城市工作动员部署大会	2–9
3	市委书记×××同志出席××市创建全国禁毒示范城市工作推进会	10–18
4	××市市委召开常委会议，专题听取全市创建全国禁毒示范城市工作汇报	19–28
…	……	…

“强化组织领导（其他领导）”的三级子目录示例如表3-2。

表3-2 三级子目录（二）

目 录

序号	文件名称/内容	页码
1	2018年市委市政府其他领导参与关于研究、部署、推动禁毒示范创建工作会议情况统计表	1
2	副市长、市禁毒委主任×××同志出席全市“6·27”工程暨毒品预防教育示范创建工作推进电视电话会议	2-8
3	××市召开第一季度××市创建全国禁毒示范城市工作点评会暨市禁毒委成员单位座谈会，副市长、市禁毒委主任×××同志出席并发表讲话	9-18
4	××市召开第二季度××市创建全国禁毒示范城市工作点评会，副市长、市禁毒委主任×××同志出席并发表讲话	19-28
5	××市召开第三季度××市创建全国禁毒示范城市工作点评会，副市长、市禁毒委主任×××同志出席并发表讲话	29-38
6	××市召开第四季度××市创建全国禁毒示范城市工作点评会，副市长、市禁毒委主任×××同志出席并发表讲话	39-48
…	……	…

（二）领导批示指示

该项考察内容为市委市政府领导对禁毒示范创建工作的批示指示情况，其中市委市政府主要领导作出批示的计1分，其他领导批示的计0.5分，该项总分值为3分。因此，在准备台账资料的时候，需整理包括市委市政府主要领导及其他领导对禁毒示范创建工作作出批示指示的文件、动态、图片等资料（见图3-9）。

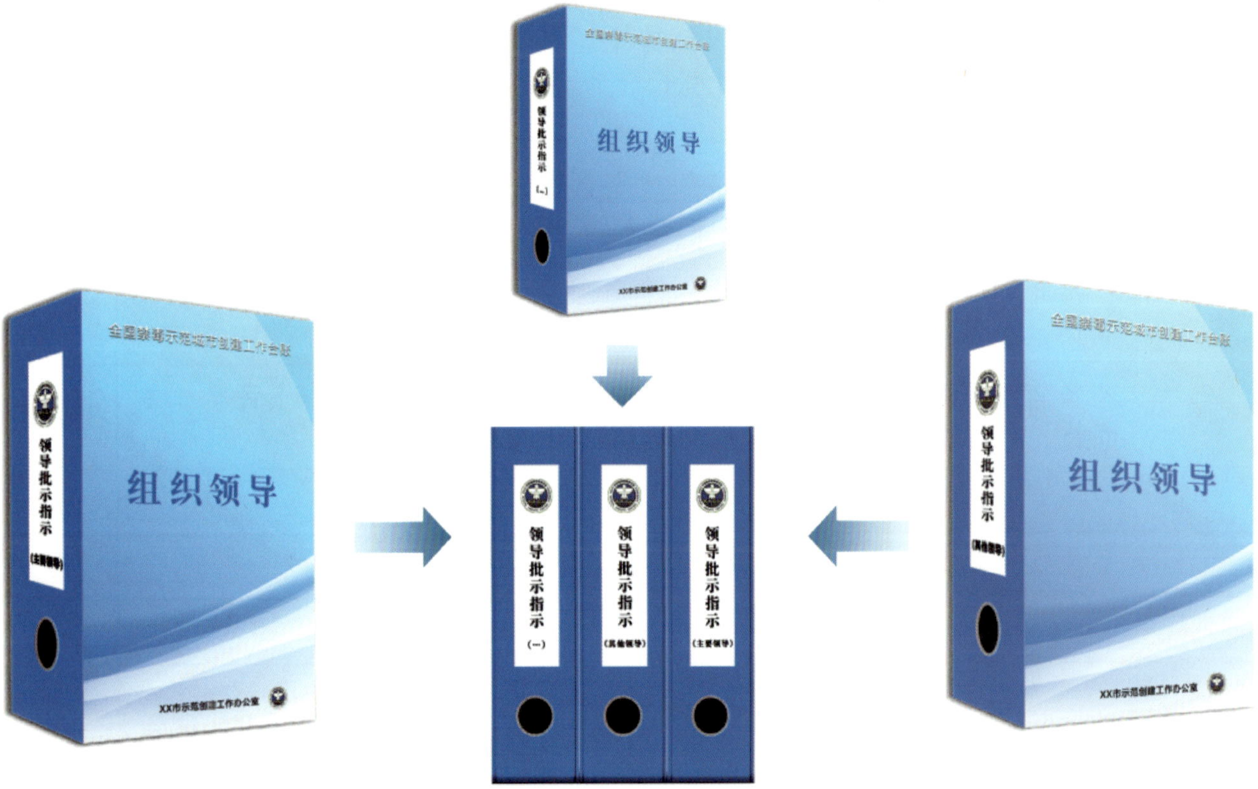

PS：该项总分值为3分，要取满分即市委市政府主要领导至少对禁毒示范创建工作作出3次批示指示或其他领导至少作出6次批示指示。

图3-9　台账资料（五）

与上文相似，该小项台账资料可按创建工作考评细则中的打分方法进行分类，分为主要领导批示与其他领导批示两类，其三级子目录及台账资料示例如图3-10、3-11。

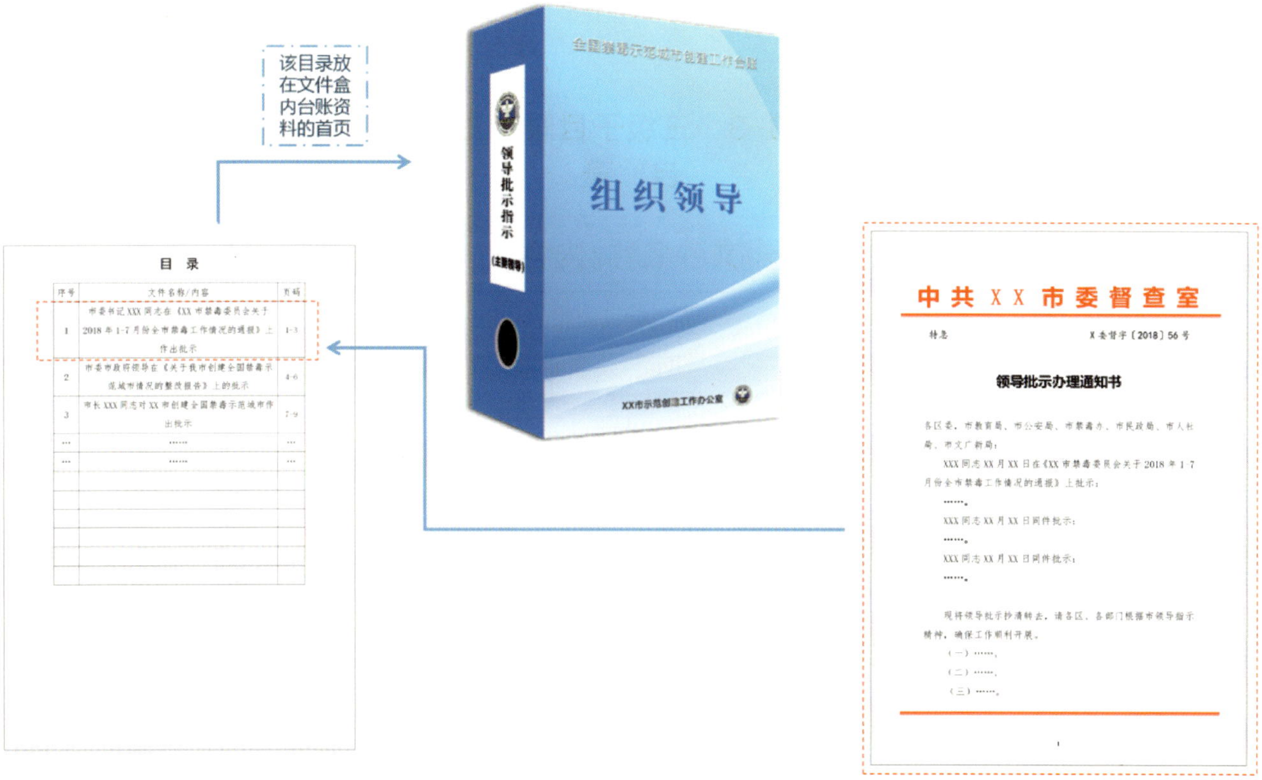

图3-10　台账资料（六）

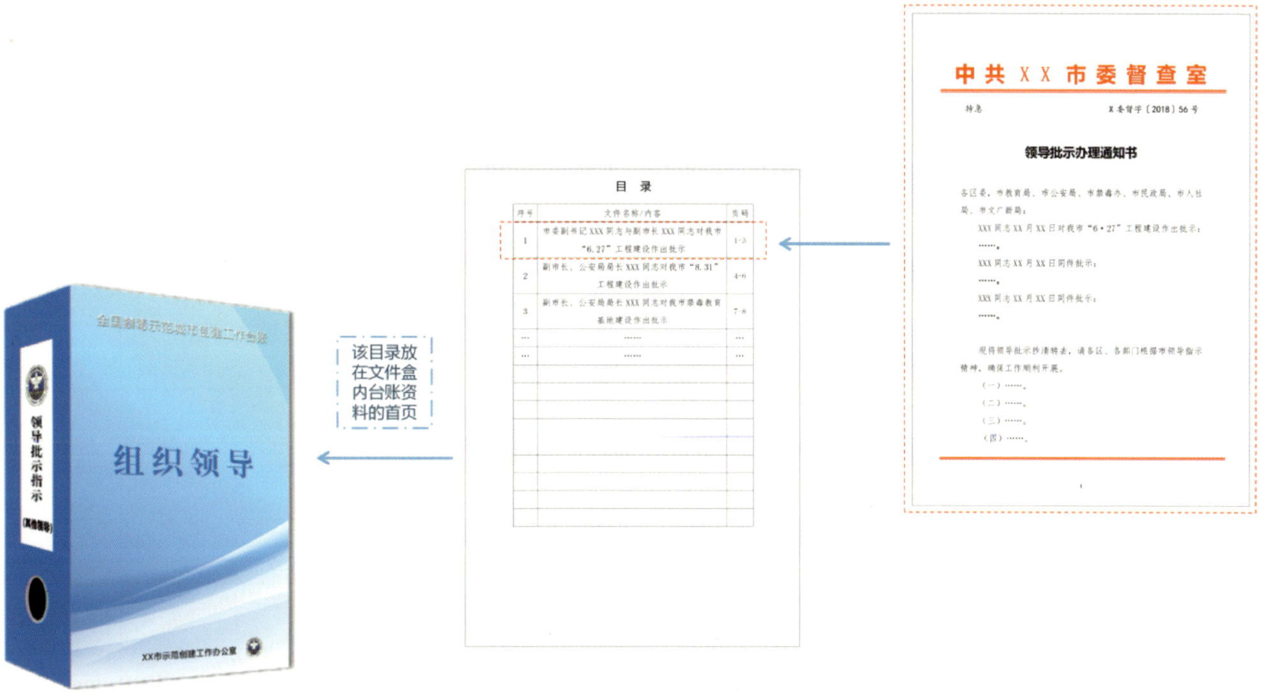

图3-11　台账资料（七）

“领导批示指示（主要领导）”的三级子目录示例如表3-3。

表3-3　三级子目录（三）

目　录

序号	文件名称/内容	页码
1	市委书记×××同志在《××市禁毒委员会关于2018年1—7月份全市禁毒工作情况的通报》上作出批示	1-3
2	市委市政府领导在《关于我市创建全国禁毒示范城市情况的整改报告》上的批示	4-6
3	市长×××同志对××市创建全国禁毒示范城市作出批示	7-9
…	……	…

“领导批示指示（其他领导）”的三级子目录示例如表3-4。

表3-4　三级子目录（四）

目　录

序号	文件名称/内容	页码
1	市委副书记×××同志与副市长×××同志对我市“6·27”工程建设作出批示	1-3
2	副市长、公安局局长×××同志对我市“8·31”工程建设作出批示	4-6
3	副市长、公安局局长×××同志对我市禁毒教育基地建设作出批示	7-8
…	……	…

（三）成立创建小组

主要考察各地市就创建工作是否有创建领导小组与工作专班，是否制订工作方案并落实执行，该项总分值为5分。成立由市委市政府主要领导担任负责人的创建领导小组的，计1分，成立由市委市政府其他领导担任负责人的创建领导小组的，计0.5分；成立创建工作专班的，计1分；制订创建工作方案的，计1分；创建方案所提目标措施如期完成的，计2分。应注意的是，该项若想得满分，则创建工作领导小组的负责人必须由市委市政府主要领导担任。因此，在准备佐证材料的时候，需收集如下资料。

1. 由市委市政府领导担任负责人的创建领导小组、成立创建工作专班的通知等规范性文件；

2. 开展示范创建日常工作的文件、创建方案；

3. 能展示创建工作方案完成度的相关文件、动态简报等；

4. 相关会议照片、领导小组或工作专班部署工作的图片。

该小项台账资料可继续按创建工作考评细则中的打分方法进行分类，分为“领导小组”“创建专班”“创建方案”“执行情况”四大类。创建工作执行情况台账资料涉及内容众多，包括了实施创建工作方案的方方面面，务求真实、全面体现方案的每一步落实措施与过程。由于包括工作开展过程中的各式文件图表，因此应再细分为如下4点（见图3-12）。

1. 执行情况一（通知公文类）；

2. 执行情况二（工作方案类）；

3. 执行情况三（报告总结类）；

4. 执行情况四（工作动态类）。

PS：该项总分值为5分，其中成立创建工作专班计1分，制订创建工作方案计1分，如期完成创建方案所提目标措施计2分。成立由市委市政府主要领导担任负责人的创建领导小组的，加1分，成立由市委市政府其他领导担任负责人的创建领导小组的，加0.5分，要取满分必须由市委市政府主要领导担任创建领导小组负责人。

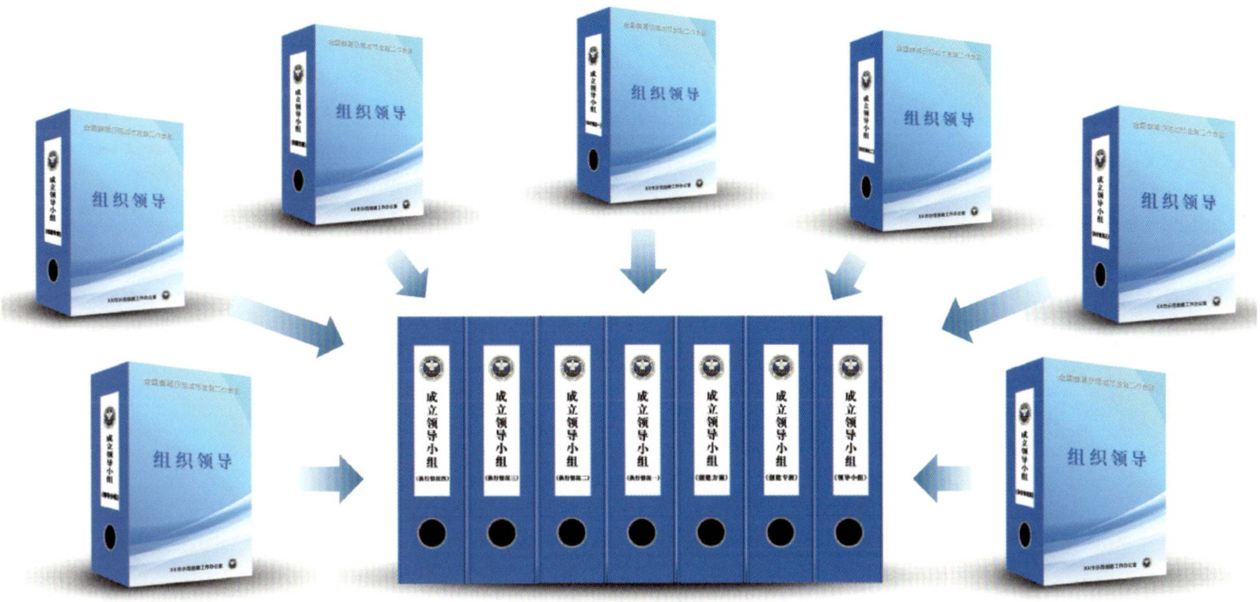

图3-12　台账资料（八）

其三级子目录及台账资料示例如图3-13、3-14、3-15、3-16。

目　录

序号	文件名称/内容	页码
1	《关于成立XX市全国禁毒示范城市创建领导小组的通知》	1-4
2	XX市创建全国禁毒示范城市工作小组名单	5
3	文件呈批表	6-7
4	市委市政府主要领导XXX同志担任创建领导小组负责人的简讯	8-9
…	……	…
…	……	…

XX市人民政府办公室

不公开　　X府办函〔2018〕XXX号

关于成立XX市创建禁毒示范城市工作领导小组的通知

各区人民政府，市政府有关各部门、直属各机构：

做好禁毒示范城市创建组织实施工作，推动创建活动规范、有序开展，取得实效，有效辐射和带动全市禁毒工作整体向前发展，坚定不移地把禁毒人民战争引向深入，根据《XX市创建全国禁毒示范城市工作方案》要求，经研究，决定成立XX市创建禁毒示范街道工作领导小组，成员如下：

组　长：XXX（职务）
……
副组长：XXX（职务）
XXX（职务）
……
成　员：XXX（职务）
XXX（职务）
XXX（职务）
……

图3-13　台账资料（九）

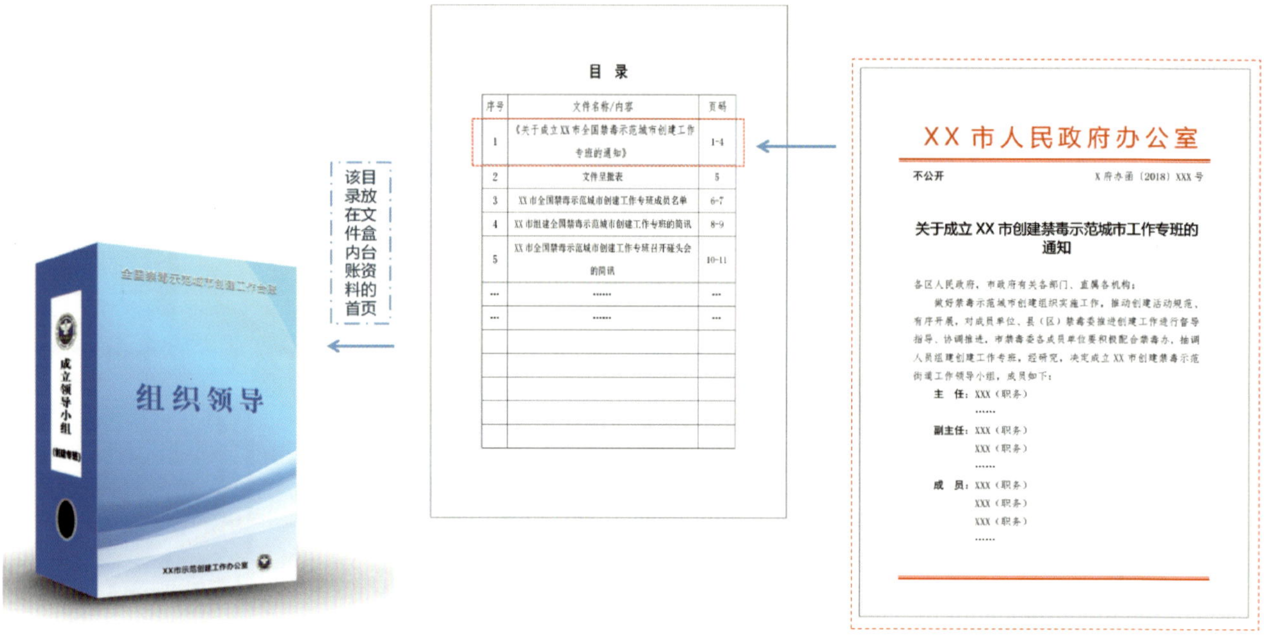

图3-14　台账资料（十）

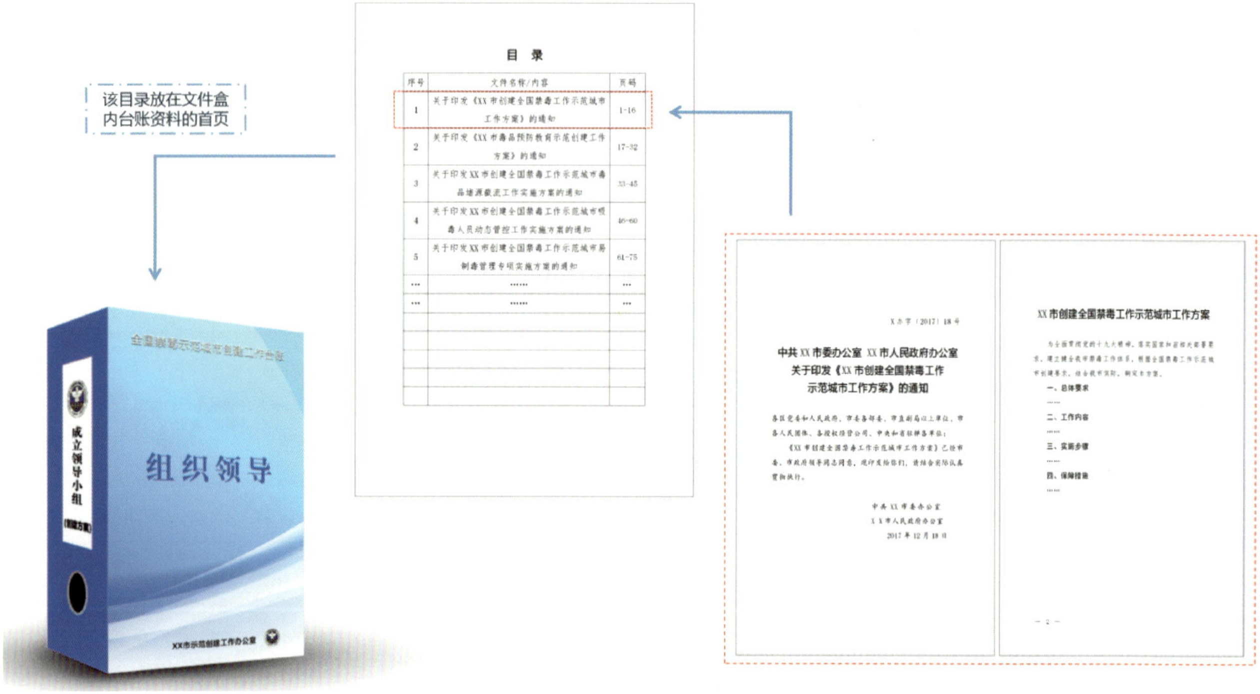

图3-15　台账资料（十一）

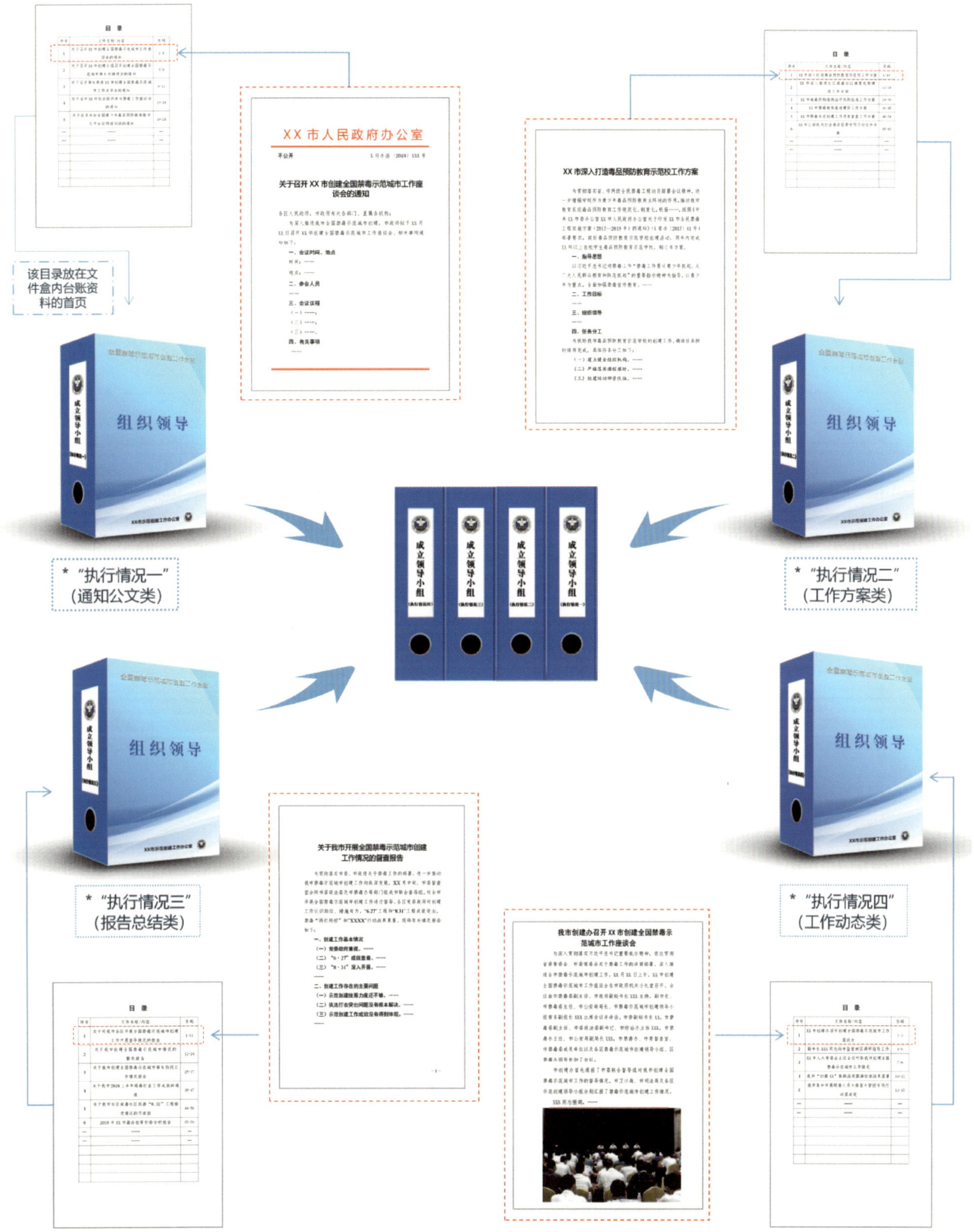
该目录放在文件盒内台账资料的首页
XX 市人民政府办公室
关于召开 XX 市创建全国禁毒示范城市工作座谈会的通知
XX 市深入打造毒品预防教育示范校工作方案
组织领导
成立领导小组
* "执行情况一"（通知公文类）
* "执行情况二"（工作方案类）
* "执行情况三"（报告总结类）
* "执行情况四"（工作动态类）
关于我市开展全国禁毒示范城市创建工作情况的督查报告
我市创建办召开 XX 市创建全国禁毒示范城市工作座谈会
目 录

图3-16　台账资料（十二）

“成立领导小组（领导小组）”的三级子目录示例如表3-5。

表3-5　三级子目录（五）

目　录

序号	文件名称/内容	页码
1	《关于成立××市全国禁毒示范城市创建领导小组的通知》	1-4
2	××市创建全国禁毒示范城市工作小组名单	5
3	文件呈批表	6-7
4	市委市政府主要领导×××同志担任创建领导小组负责人的简讯	8-9
…	……	…

“成立领导小组（创建专班）”的三级子目录示例如表3-6。

表3-6 三级子目录（六）

目 录

序号	文件名称/内容	页码
1	《关于成立××市全国禁毒示范城市创建工作专班的通知》	1-4
2	文件呈批表	5
3	××市全国禁毒示范城市创建工作专班成员名单	6-7
4	××市组建全国禁毒示范城市创建工作专班的简讯	8-9
5	××市全国禁毒示范城市创建工作专班召开碰头会的简讯	10-11
…	……	…

“成立领导小组（创建方案）”的三级子目录示例如表3-7。

表3-7 三级子目录（七）

目 录

序号	文件名称/内容	页码
1	关于印发《××市创建全国禁毒工作示范城市工作方案》的通知	1-16
2	关于印发《××市毒品预防教育示范创建工作方案》的通知	17-32
3	关于印发××市创建全国禁毒工作示范城市毒品堵源截流工作实施方案的通知	33-45
4	关于印发××市创建全国禁毒工作示范城市吸毒人员动态管控工作实施方案的通知	46-60
5	关于印发××市创建全国禁毒工作示范城市易制毒管理专项实施方案的通知	61-75
…	……	…

“成立领导小组（执行情况一）”的三级子目录示例如表3–8。

表3–8　三级子目录（八）

目　录

序号	文件名称/内容	页码
1	关于召开××市创建全国禁毒示范城市工作座谈会的通知	1–4
2	关于召开××市创建小组召开创建全国禁毒示范城市第N次推进会的通知	5–8
3	关于召开第N季度××市创建全国禁毒示范城市工作点评会的通知	9–12
4	关于召开××市社会组织参与禁毒工作座谈会的通知	13–18
5	关于派员参加全国青少年毒品预防教育数字化平台应用培训班的通知	19–24
…	……	…

"成立领导小组（执行情况二）"的三级子目录示例如表3-9。

表3-9　三级子目录（九）

目　录

序号	文件名称/内容	页码
1	××市深入打造毒品预防教育示范校工作方案	1-10
2	××市深入推进社区戒毒社区康复机构建设工作方案	11-18
3	××市戒毒药物维持治疗机构批准工作方案	19-30
4	××市禁毒教育基地建设工作方案	31-45
5	××市禁毒示范创建工作进度督查工作方案	46-54
6	××市公安机关打击毒品犯罪专项行动总体方案	55-63
…	……	…

"成立领导小组（执行情况三）"的三级子目录示例如表3-10。

表3-10 三级子目录（十）

目 录

序号	文件名称/内容	页码
1	关于对我市各区开展全国禁毒示范城市创建工作开展督导情况的报告	1-11
2	关于我市创建全国禁毒示范城市情况的整改报告	12-24
3	关于我市创建全国禁毒示范城市第N阶段工作情况报告	25-37
4	关于我市2018上半年缉毒打击工作成效的通报	38-47
5	关于我市社区戒毒社区抗毒"8·31"工程推进情况的月通报	48-56
6	2018年××市毒品犯罪形势分析报告	57-70
…	……	…

“成立领导小组（执行情况四）”的三级子目录示例如表3-11。

表3-11　三级子目录（十一）

目　录

序号	文件名称/内容	页码
1	××市创建办召开创建全国禁毒示范城市工作座谈会	1-3
2	副市长×××同志到市监管病区调研指导工作	4-6
3	××市人大常委会主任会议听取我市创建全国禁毒示范城市工作情况	7-9
4	我市“扫毒××”集群战役圆满收官战果显著	10-12
5	我市集中开展吸毒人员大排查大管控专项行动显成效	13-15
…	……	…

（四）出席创建活动

该项考察市委市政府领导对禁毒示范创建活动的重视情况，其中市委市政府主要领导出席活动计1分，其他领导出席计0.5分，该项总分值为3分。因此，在准备台账资料的时候，需要准备包括市委市政府领导出席禁毒示范创建活动的简报、文件、图片、领导讲话等文件资料。以统计表格的形式，概括描述2018年市领导出席创建活动的情况，出席活动次数、具体时间、活动主题。该小项台账资料亦可按创建工作考评细则中的打分方法进行分类，分为主要领导出席与其他领导出席两类，其三级子目录参考模板如图3-17。

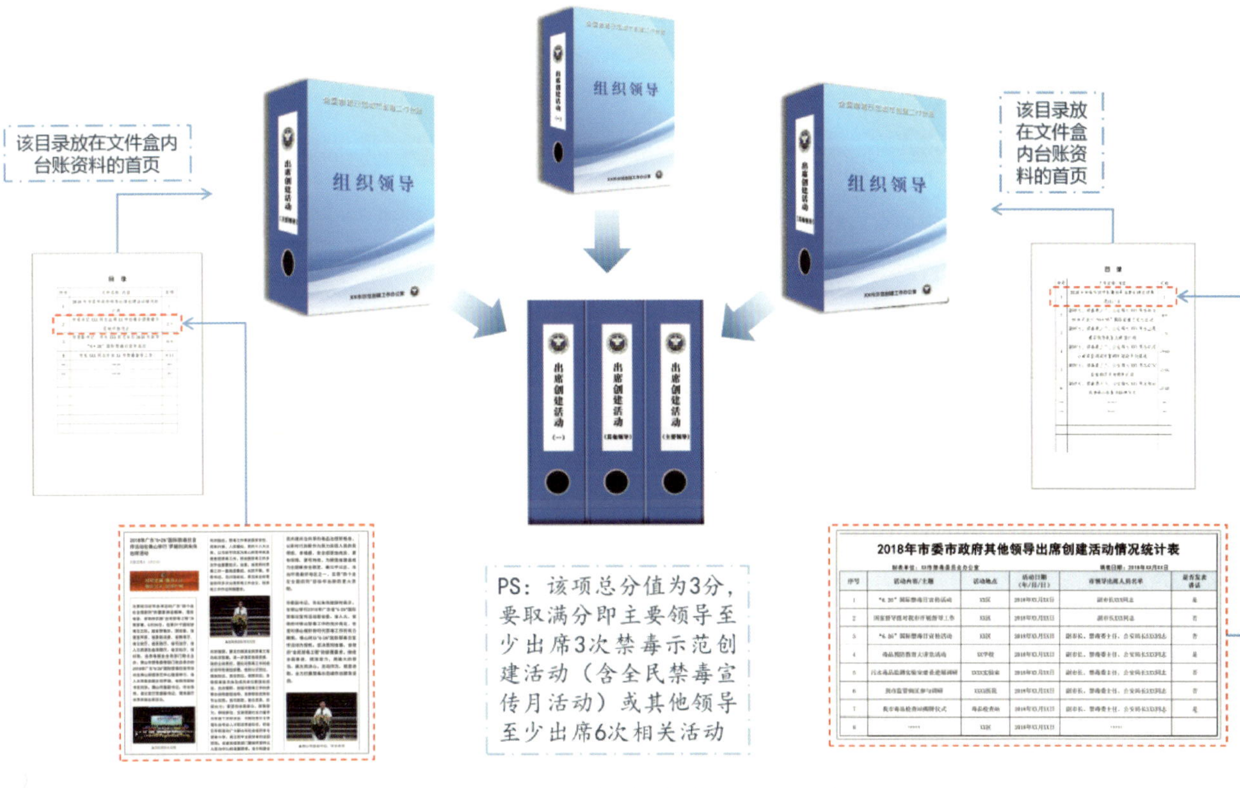

图3-17　台账资料（十三）

“出席创建活动（主要领导）”的三级子目录示例如表3-12。

表3-12 三级子目录（十二）

目 录

序号	文件名称/内容	页码
1	2018年市委市政府领导出席创建活动情况统计表	1
2	市委书记×××同志出席××市创建全国禁毒示范城市推进会	2-5
3	市委副书记、市长×××同志参与2018年我市“6·26”国际禁毒日宣传活动	6-8
4	市长×××同志参加××市禁毒督导工作	9-11
…	……	…

“出席创建活动（其他领导）”的三级子目录示例如表3-13。

表3-13 三级子目录（十三）

目录

序号	文件名称/内容	页码
1	2018年市委市政府其他领导出席创建活动情况统计表	1
2	副市长、禁毒委主任、公安局局长×××同志参与2018年我市“6·26”国际禁毒日宣传活动	2-6
3	副市长、禁毒委主任、公安局局长×××同志出席毒品预防教育大讲堂活动	7-9
4	副市长、禁毒委主任、公安局局长×××同志到污水毒品监测实验室调研建设进展情况	10-12
5	副市长、禁毒委主任、公安局局长×××同志到市监管病区参与调研活动	13-14
6	副市长、禁毒委主任、公安局局长×××同志参加我市毒品检查站揭牌仪式	15-18
…	……	…

（五）强化督导考评

该项为市标内容，主要突出地方对日常禁毒工作与创建工作的自查情况。因此，在准备台账资料的时候，可准备已建立的成员单位履职禁毒工作定期述职评讲制度和年度工作评估制度，市和区禁毒委每年对各区和成员单位履职情况进行评估，通报本地并报同级党委政府的文件；市和区禁毒委员组织成员单位带队检查督导，推动各级党委政府真正将中央、省、市的禁毒工作决策部署落到实处的规范文件或督导活动简讯及图片。其三级子目录与台账示例如图3-18。

图3-18　台账资料（十四）

"强化督导考评"的三级子目录示例如表3-14。

表3-14　三级子目录（十四）

目　录

序号	文件名称/内容	页码
1	关于对各区禁毒工作开展联合督导的通知	1-3
2	关于对我市各区开展第×季度全国禁毒示范城市创建工作开展督导情况的报告	4-16
3	××市禁毒委员会成语单位履职禁毒工作定期述职评讲制度	17-19
4	××市禁毒委员会年度工作评估制度	20-23
…	……	…

第六节　地方经验

在强化组织领导工作上，广东省佛山市多次召开禁毒示范创建工作相关会议，市委市政府领导部署创建工作开展，听取创建工作情况汇报。例如，2018年5月25日，佛山市委召开常委会议，专题听取佛山市创建全国禁毒示范城市工作汇报。会议由市委书记鲁毅主持，副市长、市禁毒委主任、市公安局局长邓建伟汇报佛山禁毒示范创建工作。鲁毅同志强调，国家禁毒办将佛山纳入禁毒示范城市创建名单，既是压力更是动力，全市各级、各部门特别是各级禁毒部门要高位推动、赶超一流，确保年底顺利通过国家禁毒办的验收。一是要加强禁毒工作领导。形成“各级党委政府主责，禁毒委成员单位主动、工作机制主推、广大群众主动参与”的禁毒工作新格局。二是继续抓好重点工程推进。进一步推进社区戒毒社区康复“8·31工程”和青少年毒品预防教育“6·27工程”。三是着力解决毒品突出问题。始终保持“零容忍”态度，依托禁毒情报大数据，将涉毒犯罪与涉黑涉恶犯罪结合起来打击，继续提升打击效能。对病残吸毒人员要实现应收尽收，坚决防止患病伤残吸毒人员继续危害社会。四要不断加快禁毒基础建设。各级政府要进一步强化禁毒基础建设的财政保障，加强禁毒基础设施建设、禁毒基础信息化建设、禁毒社会组织建设、禁毒人才队伍建设，全面推动禁毒人民战争不断向纵深发展。6月13日，佛山市召开创建全国禁毒示范城市工作推进会。市委书记鲁毅要求全市各级党委、政府和禁毒部门把创建全国禁毒示范城市作为今年全市禁毒工作的中心任务和奋斗目标，全力推进创建活动深入扎实顺利开展，奋力开创新时代全市禁毒工作的新局面。

在领导批示指示工作上，例如“贵州省黔东南州禁毒工作暨创建全国禁毒示范城市动员会”举行，州委书记、州禁毒委第一主任刘文新作批示。刘文新在批示中指出，近年来，贵州认真贯彻执行党中央、国务院、省委和省政府系列决策部署，以前所未有的决心和力度打响了禁毒人民战争，形成了强大攻势，积累了有益经验，取得了积极战果，有力促进了社会和谐稳定和群众安居乐业。为此，州委向各级各部门特别是禁毒战线的同志们表示衷心的感谢！有毒必除、除毒务尽，不获全胜、决不收兵。希望大家继续保持铁一般的意志、铁一般的决心、铁一般的手段，自觉从坚决打好防范化解重大风险攻坚战的高度出发，以贵州创建全国首批禁毒示范城市创建为契机，与纵深推进“扫黑除恶”专项斗争、加快建设平安黔西南等重点任务深度结合，进一步压紧各级各部门各方面各环节禁毒工作责任，进一步优化作战思路和坚持精准打法，进一步发动全社会力量共同参与，坚决同毒品斗争到底，坚决把毒品消灭干净，坚决让毒品彻底绝迹，继续为决战脱贫攻坚、决胜同步小康营造安全稳定的社会环境，使全州各族群众的幸福感、获得感、安全感更加充实，更有保障，更可持续。

在成立领导小组工作上，贵州省贵阳市自上而下推动，成立全市创建全国禁毒示范城市工作领导小组，市委书记、市长任组长，领导小组下设办公室和青少年毒品预防教育、社区戒毒社区康复、毒品违法犯罪打击、禁毒监管、宣传氛围营造、毒情监测和重点整治六个专项工作组。市委办公厅、市政府办公厅印发《贵阳市创建全国禁毒示范城市实施方案》，提出构建“五大体系”，推动“四个变化”，确保“五个不发生”和实现“四升四降”的具体目标。此外，贵阳市还出台下发《贵阳市2018年全覆盖毒品预防教育宣传方案》《贵阳市全链条缉毒打击暨“禁毒2018两打两控一收治”专项行动工作实施方案》《贵阳市开展全网络戒毒管控工作实施方案》《2018年贵阳市制毒物品全环节管控工作实施方案》《贵阳市构建全方位毒情监测体系实施方案》等一系列工作方案。

在出席创建活动工作上，各地可多组织形式多样、内容新颖的创建宣传活动，调动当地群众的参与积极性，提高创建工作的知晓度。例如在《中华人民共和国禁毒法》实施纪念日，福建省龙岩市2018年“全民禁毒宣传月”暨“全国禁毒示范城市”创建系列宣传活动在龙岩侨中小洋校区启动。市委常委、政法委书记毛高良，市人大常委会副主任邓振春，市政府副市长、禁毒委常务副主任、公安局局长张斌，市政协副主席赖双奇，市政府副秘书长、禁毒办主任林庆昌，奥运冠军、龙岩市禁毒宣传形象大使何雯娜，市禁毒委成员单位领导，各县（市、区）禁毒办代表，公安民警代表，龙岩学院、闽西职业技术学院、龙岩技师学院、龙岩卫校禁毒志愿者服务队，龙岩华侨职业中专学生代表，新罗城区7个街道干部群众代表，“红土义警”禁毒宣传骑行队代表以及媒体记者代表等共1 500余人参加了启动仪式。在仪式上，由奥运冠军、龙岩禁毒宣传形象大使何雯娜宣读龙岩市创建全国禁毒示范城市倡议书。

第四章
构建全覆盖毒品预防体系

自古“上医治未病”。预防就是以“治未病”为直接目的。现在，人们越来越理性地认识到，医疗卫生服务不仅仅是用药品与设备来向疾病做斗争，如果能够唤起人们的自我保健意识并提高自我保健能力，健康水平则可以大幅度提高。预防重于治疗，这一观点对禁毒工作同样适用。“减少供应、降低需求、降低危害”是联合国毒品问题的治理战略，而预防工作是降低毒品需求乃至禁毒工作极其重要的一环，可以说，毒品预防教育是禁毒工作的治本之策，做好毒品预防教育是事半功倍之举。

在我国，由于人口众多，禁毒工作又极其复杂，禁毒宣传教育工作的难度系数非常之大，为做好毒品预防教育工作，2015年国家禁毒委员会办公室、中宣部、教育部等14个部门联合制定了《全国青少年毒品预防教育工作规划（2016—2018）》，全面启动青少年毒品预防教育“6·27”工程，以10岁至25岁的青少年为重点、以学校为主要阵地，力争通过3年努力，构建完善的青少年毒品预防教育工作体系，使青少年禁毒意识明显增强，新滋生吸毒人数明显下降。

第一节　创建内容

一、禁毒知识知晓率和群众满意度

禁毒知识知晓率超过95%和群众满意度超过95%，是全国禁毒示范城市创建的要求，需要本地委托第三方进行评估并提交报告，评估方法就是社会调查法。

（一）相关概念

1. 禁毒知识知晓率

所谓禁毒知识知晓率，是指公众对毒品及其危害的认知情况、公众对当地政府禁毒宣传工作的知晓程度。

2. 群众满意度

群众满意度是指群众对公共服务质量和公共服务效果的综合主观评价，这里的群众满意度特指群众对当地禁毒预防教育工作的质量和效果的综合主观评价。

3. 社会调查

著名社会学家风笑天将社会调查定义为运用问卷或访问的方法，系统、直接地从被调查者那里收集资料，并通过分析这些资料来认识社会现象的过程或活动。从定义出发，他指出社会调查的四个特征：第一，是一种系统的认识活动；第二，采用问卷和访问两种方法收集资料；第三，直接获取信息；第四，既包括资料的收集工作，又包括资料的分析工作[1]。

（二）如何开展社会调查

1. 社会调查承担者

（1）政府的研究部门

政府的研究机构或者政府组织调查队开展的社会调查，具有执行力强、效率高等特点。我国绝大多数大型的社会调查都是由政府的调查研究部门承担开展的。

（2）高校、科研院所

由高校或者科研院所承担的社会调查，具有专业性强、价值中立等特点，如中山大学社会调查中心等。

---

1 风笑天：《社会研究方法》. 北京：中国人民大学出版社（第四版），2013.

（3）独立的社会调查机构

作为被委托者的独立社会调查机构，能够有效保证调查报告内容的客观性和公正性，既有非营利性社会组织，也有营利性的商业公司。著名的商业调查公司如麦肯锡等。

2. 社会调查方法与步骤

第一步，选题。选题是整个社会调查过程的起点。课题选择的如何，对社会调查的质量有着极大的影响。课题不仅决定着调查研究的内容和方向，同时也体现着社会调查的层次和水平，所以选题时应当采用必要的查阅文献资料、咨询相关专家或者召开选题会等方法。选题要注意以下三个标准：① 重要性。即调查课题所具有的意义或价值。② 创造性。即调查课题所具有的独特性与创新性。创新性的问题指的是在研究思路、研究角度、研究方法、依据的理论、研究对象、研究内容等某一方面或某几方面与前人研究不同、独到的地方。③ 可行性。即完成调查课题所要求具备的主客观条件。部分选题是由调查机构自行开展研究，多数选题则是调查机构接受了政府部门或公司的委托而开展研究。

第二步，计划。紧扣选定的主题，参照相关资料，提出不同层次的问题，并确定系统的调查项目。例如要研究小城镇建设的问题，就要提出其必要性和所需条件等问题，每个问题又包含了若干小问题。

第三步，设计指标。指标就是用一定的数量和单位来描述调查对象，如某地区的人口和人均收入等，要用各种数量指标和质量指标从各方面完整地揭示调查对象的本质特征，保证其纵向和横向的可比性。

第四步，拟定提纲。用提纲的形式将以上的准备确定下来，对所提出的问题和项目加以精选，使其系统、完整。

第五步，选择适当的调查方式和方法。

常用的调查方式有普遍调查、典型调查、个案调查三种。① 普遍调查，即对调查对象的每个部分每个分子毫无遗漏地逐个调查。② 典型调查，即选择一个或若干个具代表性的单位作全面、系统、周密的调查。③ 个案调查，即对社会的某个个人、某个人群或某个事件、某个单位所作的调查。

常见的调查方法有问卷调查法、文献调查法、观察法、访问调查法、集体访谈、蹲点调查法六种。① 问卷调查法：是调查者运用统一设计的问卷向被选取的调查对象了解情况或征询意见的调查方法。研究者将所要研究的问题编制成问题表格，以邮寄、当面作答或者追踪访问方式进行填答，从而了解被试者对某一现象或问题的看法和意见，所以又称问题表格法。② 文献调查法：调查者搜集各种文献资料、摘取有用信息的方法。③ 观察法：调查者根据调查目的、运用自己的感觉器官或借助科学观察工具，有计划地对处于自然状态下的社会现象进行直接感知的方法。④ 访问调查法：调查者通过口头交谈等方法直接向被调查者了解社会情况或探讨社会问题的调查方法。⑤ 集体访谈法：调查者邀请若干被调查者，通过集体座谈方式了解社会情况或探讨社会问题的调查方法。⑥ 蹲点调查法：调查者深入到一个或几个调查地点持续一段较长的时间，通过全面、深入观察和体验，了解和认识调查对象本质及其发展规律、探索解决社会问题的途径方法。

第六步，培训与准备。请有关专家对调查人员进行必要的培训，包括调查态度和调查技能的培训。此外，还应该注意筹备必要的资金和物质条件，做好与被调查单位的接洽工作，并争取有关单位的支持，保证调查工作的顺利开展。

第七步，开展调查，收集资料。

第八步，资料分析。在调查结束之后，要对所得资料进行统计分析和理论分析，所采用的资料分析方法主要是定性分析法和定量分析法。

定性分析法主要是类属分析和情境分析。类属分析指的是在资料中寻找反复出现的现象以及可以解释这些现象的重要概念的过程。在这个过程中，具有相同属性的资料被归入同一类别，并且以一定的概念命名。情境分析指的是将资料放置于研究现象所处的自然情境之中，按照故事发生的时序对有关事件和人物进行描述性的分析。这是一种将整体先分散然后再整合的方式，首先看到资料的整体情形，然后将资料打碎、进行分解，最后将分解的部分整合成一个完整的、放置在一个真实情境中的故事。情境分析强调对事物作整体的和动态的呈现，注意寻找将资料连接成一个叙事结构的关键线索。

定量分析法主要是描述统计。描述统计是将研究中所得的数据加以整理、归类、简化或绘制成图表，以此描述和归纳数据的特征及变量之间关系的一种最基本的统计方法。描述统计主要涉及数据的集中趋势、离散程度和相关强度，最常用的指标有平均数、标准差、相关系数等。

第九步，撰写社会调查报告。

3. 如何撰写社会调查报告

（1）确定主题

主题是调查报告的灵魂，对调查报告写作的成败具有决定性的意义。因此，确定主题要注意：报告的主题应与调查主题一致；要根据调查和分析的结果，重新确定主题；主题宜小且宜集中；与标题协调一致，避免文题不副。

（2）取舍材料

对经过统计分析与理论分析所得到的系统完整的“调查资料”，在组织调查报告时仍需精心选择，不可能也不必都写进报告，要注意取舍。选择材料要注意：① 选取与主题有关的材料，去掉无关的、关系不大的、次要的、非本质的材料，使主题集中、鲜明、突出；

② 注意材料点与面的结合，材料不仅要支持报告中的某个观点，而且要相互支持，形成面上的“大气”；③ 在现有的材料中，要比较、鉴别、精选材料，选择最好的材料来支持作者的观点，使每一材料都能“以一当十”。

（3）布局和拟定提纲

这是调查报告构思中的一个关键环节。布局就是指调查报告的表现形式，它反映在提纲上就是文章的“骨架”。拟定提纲的过程实际上就是把调查材料进一步分类、构架的过程。构架的原则是：“围绕主题，层层进逼，环环相扣”。提纲或骨架的特点是它的内在的逻辑性，要求必须纲目分明，层次分明。调查报告的提纲有两种，一种是观点式提纲，即将调查者在调查研究中形成的观点按逻辑关系逐一列写出来。另一种是条目式提纲，即按层次意义表达上的章、节、目，逐一地写成提纲。当然，也可以将这两种提纲结合起来制作提纲。

（4）调查报告的行文阶段

要根据已经确定的主题、选好的材料和写作提纲，有条不紊地行文。在写作过程中，要从实际需要出发选用语言，灵活地划分段落。一般社会调查报告的内容应该包括：社会问题的提出、研究问题的意义、研究对象、研究方法的说明，研究方案的设计、资料收集的过程、资料分析的过程、调查结果和结论的总结，以及结论的理论分析和讨论。

（5）调查报告定稿阶段

社会调查报告起草好以后，要认真修改。主要是对报告的主题、材料、结构、语言文字和标点符号进行检查，加以增、删、改、调。在完成这些工作之后，才能定稿向上报送或发表。

4. 知晓率和满意度调查指标

（1）知晓率调查指标

① 公众对毒品认识（各种类型的毒品、常见的毒品包装的认识、

新型毒品与传统毒品区别、毒品的特征）；

② 对毒品危害的认识（对身体危害、家庭危害、社会危害）；

③ 毒品成瘾性的认识；

④ 吸毒引发的传染性疾病的认识；

⑤ 对禁毒法律的认识、对吸毒行为面临处理结果的认识、对我国戒毒措施的认识；

⑥ 对初次吸食的影响因素的认识：朋友、家人、方式、场所、自己好奇；

⑦ 防毒、拒毒方法的认识和掌握；

⑧ 对吸毒行为的态度、对吸毒相关说法的态度。

（2）满意度调查指标

① 禁毒预防教育方式的评价；

② 禁毒预防教育强度的评价；

③ 禁毒预防教育内容的评价；

④ 群众期望实现程度的评价；

⑤ 对禁毒预防教育工作质量（效果）的评价；

⑥ 总体满意度的评价。

（三）知晓度和满意度调查案例

1. ××省禁毒知识知晓率调查案例

（1）题目：青少年毒品预防教育情况调查——基于A省在校生样本的分析（朱晓莉，陈晓云，黄泽政，陈峰，张林）；

（2）调查对象：A省5 433所小学、1 654所初中、551所高中、227所中职、88所普通高等学校的学生；

（3）调查方法：问卷调查法、定量分析法；

（4）调查内容：

① 在校生基本资料；

② 在校生家庭结构及教养风格；

③ 在校生毒品认知度（对毒品种类的认知，对毒品成瘾性的认知，对毒品危害的认知，对吸毒行为的态度，对禁毒法律的认知，对国际禁毒日的知晓率）；

④ 在校生的防毒意识；

⑤ 在校生的拒毒意识；

⑥ 在校生接受毒品预防教育的情况（认识毒品的渠道，是否接受过毒品宣传教育，接受毒品宣传教育的场所、方式、频次）；

（5）部分调查结果（见图4-1）。

2.3.1 对毒品种类的认知

如表2结果显示，4个学龄段学生对毒品种类的认识总体上呈现出年龄越大，认识种类越多的趋势。目前，在校学生所知道的毒品种类从高到低前5位排序依次为：鸦片、海洛因、冰毒、摇头丸、大麻。对以鸦片、海洛因为代表的传统毒品和目前最为流行的冰毒知晓程度在80%以上，对摇头丸的知晓率小学生为74.6%，低于初、高中/中职生和大学生。对于大麻的知晓率，小学生只达到68%，其他学龄段在校生保持在80%～85%之间。小学生、初中生、高中/中职生、大学生对K粉的知晓率仅分别为47.7%、48.9%、58%和51.8%，出乎调查意料之外，此现象应引起重视。在A省近3年查获的吸毒人员使用毒品种类中，K粉仅次于冰毒和海洛因而位列第三，但受访学生对K粉的知晓率低于60%，可见认知不足。更为值得关注的是，"神仙水"、"喵喵"、"浴盐"、止咳水、"阿拉伯茶"等近年新出现的带有迷惑性的精神药物和新精神活性物质的知晓率均低于40%，最低的达5.3%。

2.3.3 对毒品危害的认知

（1）对吸毒产生的身心危害之认知。如图2结果显示，多数学生对吸毒导致的"身体消瘦""精神不好"有较高的认识，初中以上学生均达到80%以上，但小学生仍不到70%；受访学生对吸食合成毒品导致的大脑受损、精神病症状、皮肤溃烂、牙齿变化以及对学习、生活的影响认知度较低，尤其对K粉的危害性认识严重不足，其对应的选项"影响小便"在31%以下，可见相关预防教育内容的缺失。此结果表明，各学龄段学生对吸毒带来的身心危害之认识总体比较肤浅，大部分停留在宣传图片上直观可见的危害症状。值得注意的是，大学生在此项上的认知水平与小学生相当，低于初中生和高中生，可能与此前各地毒品预防教育工作不足有关，导致大学生在其中学学习阶段并未形成对毒品及吸毒问题的正确认识。

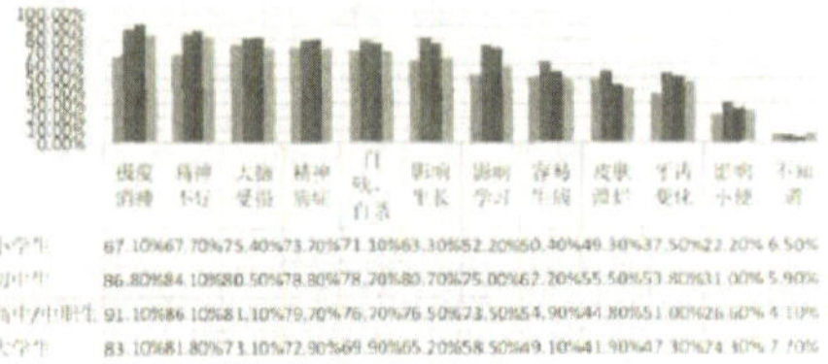

图2 受访学生对吸毒产生的身心危害之认知

图4-1 本案例部分调查结果（原文截图）

资料来源：朱晓莉，等："青少年毒品预防教育情况调查——基于A省在校生样本的分析"，载《中国刑警学院学报》2018年第3期。

2. ××市群众对禁毒工作满意度调查案例

目　　录

概　　述

为深入了解和测评总结2017年××市禁毒工作的成效，发现禁毒工作中存在的问题，科学有效掌握人民群众对毒品知识的认知情况和对禁毒工作的满意程度，市禁毒委员会办公室通过公开招标，由第三方机构××数据统计调研有限公司具体执行，开展了“2017年××市禁毒工作群众满意度测评调查”工作。本次调查通过实地随机拦截访问和召开专题座谈会辅助调查相结合的方式，历时两个月，涉及全市×个区××个街道，共发放调查问卷7 981份。其中，社会人士发放6 452份，学生群体发放1 529份，收集有效问卷7 420份，有效率达92.97%。通过本次测评调查，基本情况如下：

一、社会人士

（一）总体认知：数据测算显示，2017年全区社会人士对识毒、拒毒和防毒的总体认知得分为85.59（总分为100），较去年提高5.49。其中，在各区总体认知得分排名中，前三位分别是××区88.28、××区87.91、××区87.60；后三位分别是××83.45、××区83.04、××81.75。

（二）禁毒满意度：对禁毒工作总体满意度得分90.5（总分为100）。其中，对居住地毒品问题严重程度满意度得分88.5，对当地政府开展禁毒工作整体满意度得分90.5，对当地政府开展禁毒打击涉毒违法犯罪满意度得分90.7，对当地政府开展禁毒宣传教育满意度得分91.1，对当地政府开展吸毒人员管理工作满意度得分90.9，对当地政府开展易制毒化学品和毒品原植物管理满意度得分91.5，对周围……

二、禁毒专题课程

（一）在中小学阶段落实4课时禁毒专题课程的意义

在现今的社会中，个人成长的主要基地是学校，将孩子从家庭引向社会的第一座桥梁也是学校。学校的作用就是有计划、有组织、有目的地向社会各个成员系统传授价值观念、社会规范、生活技能和科学知识。孩子一旦过了学龄期，家庭的影响便由学校取代了，并且上升到主要地位，学校成为社会化中最重要的因素。因此，以学校为基础，落实毒品预防教育“4课时”，加强毒品预防教育工作显得尤为重要。

（二）如何落实中小学禁毒专题课程“4课时”

首先需要出台文件，组织部署由市教育局教研室至少每年安排4个课时毒品预防教育专题课程，可单独开课，也可融入校本课程、班会或团队会中进行。将禁毒元素有机融入语文、历史、化学、生物、思想品德等课程，发挥渗透教学作用。其次是进行师资队伍的培训，青少年毒品预防教育的效果在很大程度上取决于执行教育工作人员的水平和教育方式，因此，落实4个课时的安排之后，需要有可胜任毒品预防教育工作的教师，而学校的教师绝大多数是与毒品无关的专业，这就需要对负责毒品预防教育的教师进行培训，以达到毒品宣传教育的目标。最后还需要落实其他相关政策，比如禁毒教育园地的建成和使用、将毒品预防教育知识融入其他课堂的实践、网上禁毒教育馆的运用等。

以广东省佛山市为例

一是落实课本。市禁毒办下发省、市创建示范学校读本教材，按照每个班两本教材发放。区级创建示范学校读本教材由各区禁毒办统筹解决。各学校要配置一张集图片展览、影视播放、资料查阅于一体的毒品预防教育光盘，要充分利用“无毒青春·健康生活”专题片，以及国家禁毒办、教育部和省禁毒办制作的各类专题教育宣传片，微视频摄影集等，也要积极做好本地区本学校毒品预防教育宣传资料的收集与归类，以作为教学实践与教学交流之用。

二是落实课时。市教育局教研室至少每年安排4课时毒品预防教育专题课程，可单独开课，也可融入校本课程、班会或团队会中进行。将禁毒元素有机融入语文、历史、化学、生物、思想品德等课程，发挥渗透教学作用。

三是落实教案。市禁毒办和市教育局将下发小学、初中、高中三个阶段各一个版本的教案，各创建示范学校结合学校自身的特色，遵循针对性、系统性、知识性、趣味性、直观性、实用性、多样性的原则选择毒品预防教育教材，着重培养学生的健康心理，增强学生的法律意识，使学生切实掌握毒品相关的知识，建立积极健康的生活方式。可学习借鉴我市在全省青少年毒品预防教育课件征集评选活动胜出的优秀课件，结合自身实际修改后使用。此外，鼓励各有关学校立足自我开发毒品预防教育地方或校本教材，比如编写制作毒品预防教育教案、电脑演示课件、宣传手册和宣传折页等，制定两个以上的禁毒教案。[1]

三、数字化平台应用

（一）青骄第二课堂介绍

为深入推进全国青少年毒品预防教育工作，国家禁毒办创新“互联网+禁毒教育”思路，与阿里巴巴集团合作开发建设了具备“教、学、考、评”功能，把宣传教育、课堂教学、评估考核和互动体验融为一体的全国青少年毒品预防教育数字化平台“青骄第2课堂”。青少年毒品预防教育数字化平台以《全国青少年毒品预防教育规划（2016—2018）》和《中共中央国务院关于加强禁毒工作的意见》为依据，根据青少年生理和心理特点，遵循和把握教育规律，将禁毒宣传教育的知识性、普及性和可读性融为一体，以形象直观、趣味益

1《佛山市人民政府办公室关于印发佛山市创建毒品预防教育示范学校工作方案的通知》（佛府办函〔2018〕263号）.

然、寓教于乐等方式开展分级宣传教育。

（二）平台运用方法[1]平台的操作需要从“省级—市级—区级—学校—学生”往下授权操作，所以操作程序需分别作如下说明。

1. 省级管理员操作指引

操作要领：下级部门和人员管理用钉钉管理后台，辖区的效果统计和进度查看在第二课堂，登录用钉钉扫码进入（见图4-2）。

图4-2　钉钉扫码界面

下载、安装、注册、登录钉钉，如有使用，可忽略本步骤。注意登录钉钉手机号要用登记上报手机号，要不然就没有相应的管理权限，上一级部门把权限开放给上报的管理员手机号。

（1）扫码下载安装钉钉

打开https://oa.dingtalk.com页面，钉钉手机版扫码进入管理后台，进入时如果有多个组织架构，一定要选“青骄第二课堂”，如图4-3。

图4-3　“青骄第二课堂”登录界面

1　国家禁毒办.青骄第二课堂操作指引.

（2）添加下级部门和管理员，如图4-4、4-5。

图4-4　手机操作步骤（一）

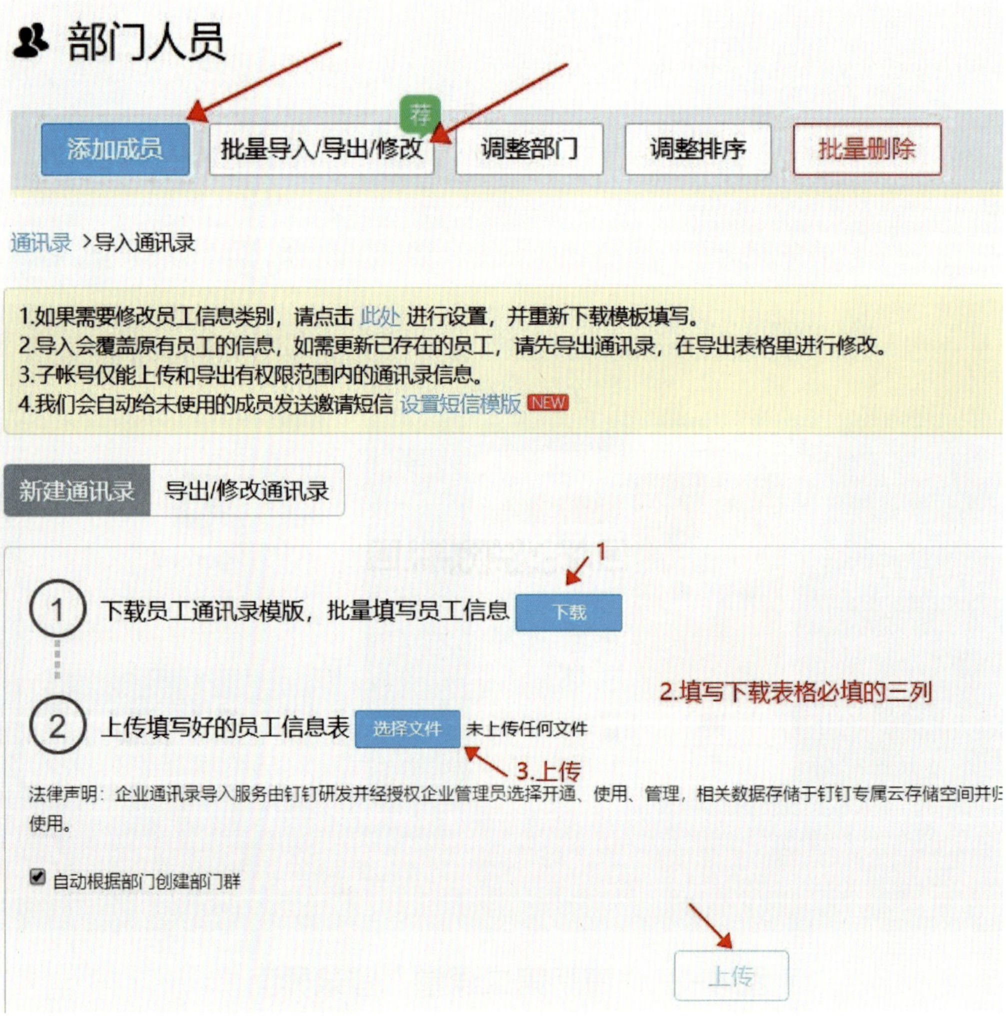

图4-5　手机操作步骤（二）

（3）打开第二课堂管理员登录页面

http://2-class.com/admin_login，钉钉扫码进入管理后台，看辖区的效果统计、进度、课程资源、页面配置等内容见图4-6、4-7、4-8。

图4-6　手机操作步骤（三）

图4-7　手机操作步骤（四）

图4-8　手机操作步骤（五）

（4）手机钉钉扫码登录成功之后→管理后台→查看各种数据信息，如图4-9、4-10、4-11所示。

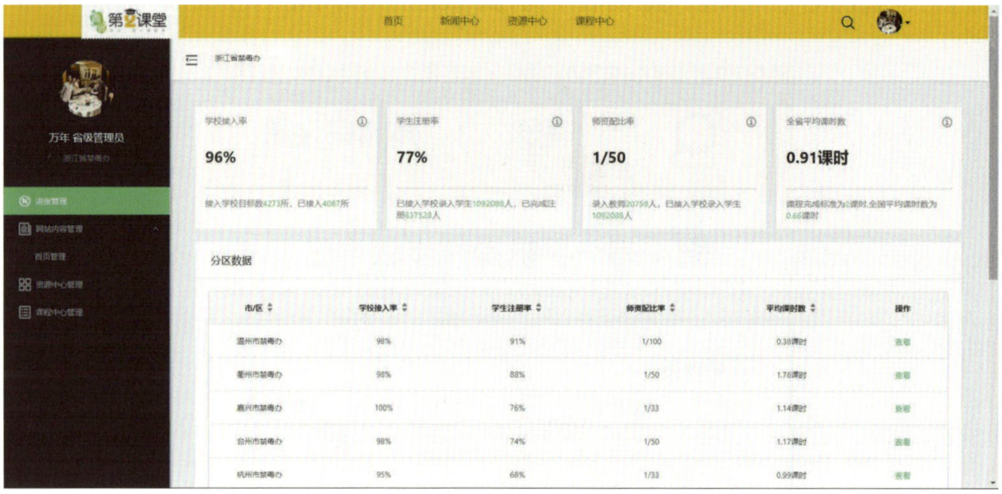

图4-9　手机操作步骤（六）

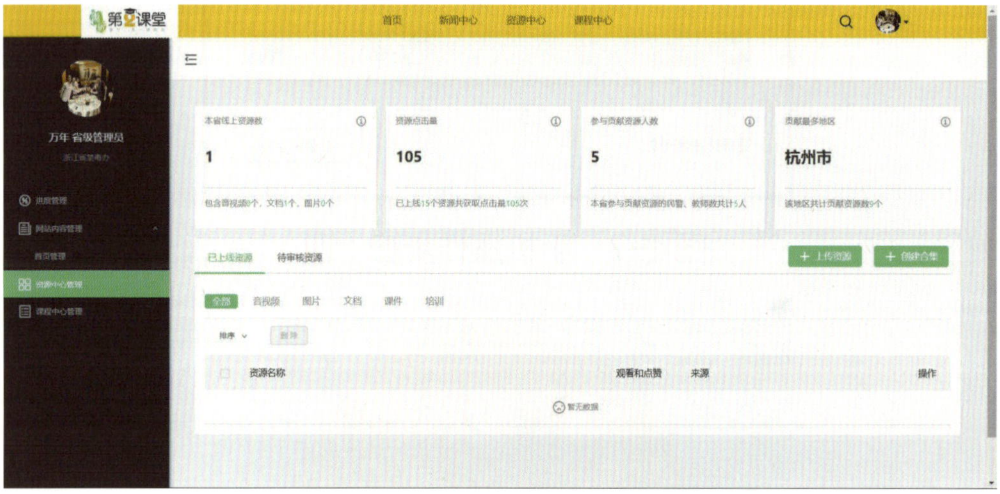

图4-10　手机操作步骤（七）

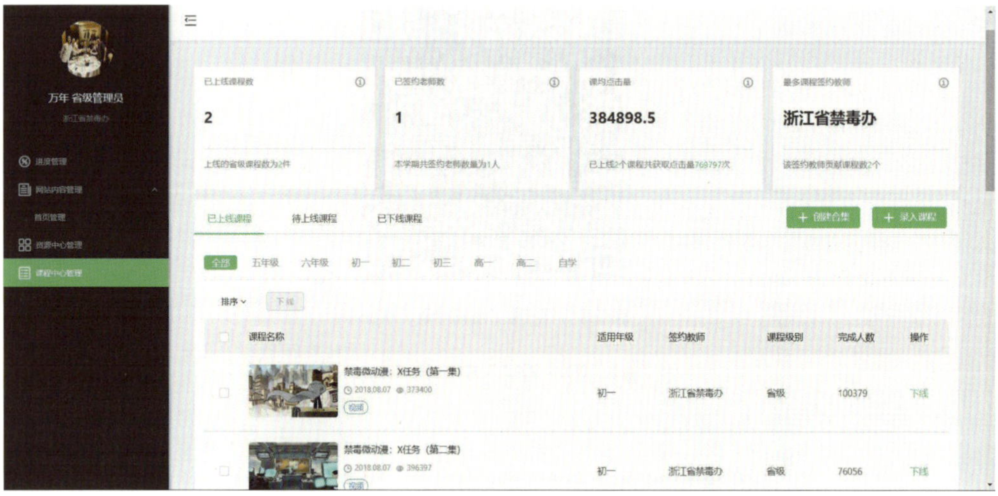

图4-11　手机操作步骤（八）

2. 市级管理员操作指引

操作要领：下级部门和人员管理用钉钉管理后台，辖区的效果统计和进度查看在第二课堂，登录都用钉钉扫码进入（见图4-12）。下载、安装、注册、登录钉钉。注意登录钉钉的手机号要用登记上报的手机号，不然就没有相应的管理权限，上一级部门只把权限开给上报的管理员手机号。

图4-12 钉钉扫码界面

（1）扫码下载安装钉钉

打开https://oa.dingtalk.com页面，钉钉手机版扫码进入管理后台，进入时如果有多个组织架构，一定选“青骄第二课堂”，如图4-13所示。

图4-13 下载安装钉钉

（2）添加下级部门和管理员，步骤如图4-14、4-15所示。

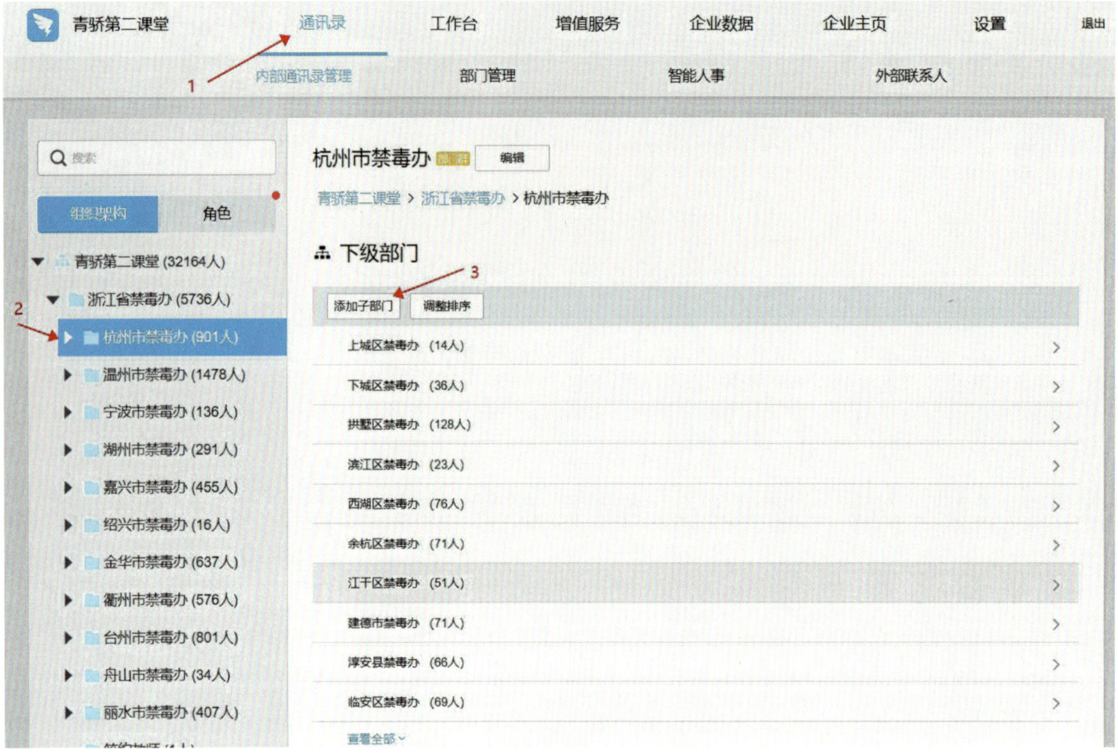

图4-14　手机操作步骤（一）

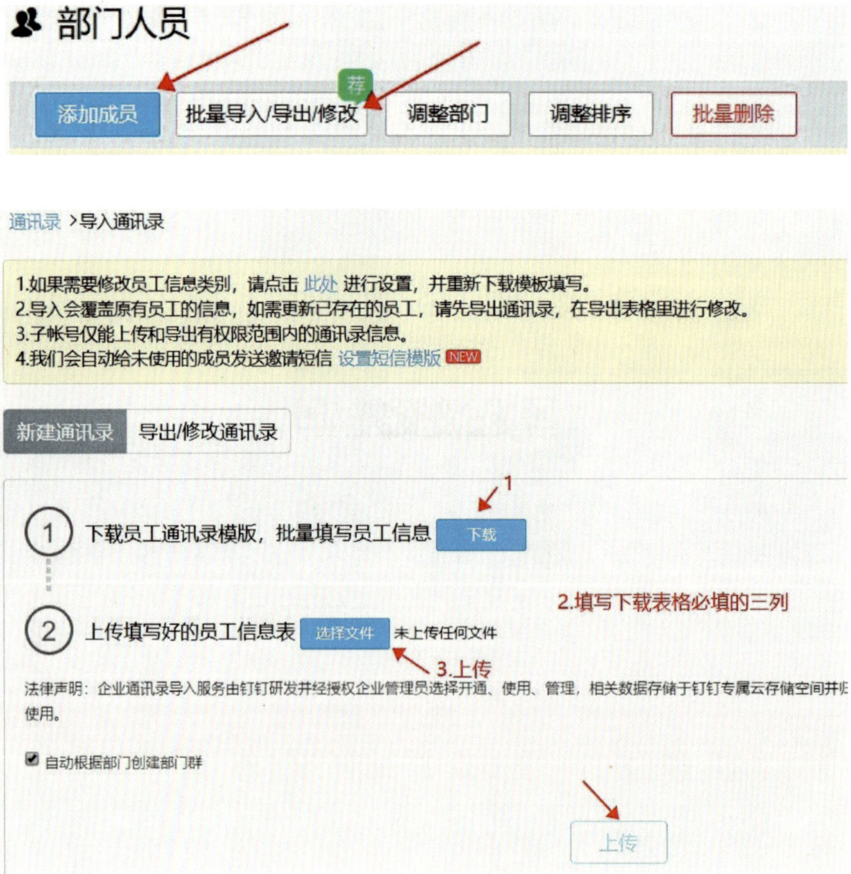

图4-15　手机操作步骤（二）

（3）打开第二课堂管理员登录页面

http://2-class.com/admin_login，钉钉扫码进入管理后台，看辖区的效果统计、进度、课程资源、页面配置等内容（见图4-16、4-17、4-18）。

图4-16　手机操作步骤（三）

图4-17　手机操作步骤（四）

图4-18　手机操作步骤（五）

（4）手机钉钉扫码登录成功之后→管理后台→查看各种数据信息，如图4-19所示。

图4-19　手机操作步骤（六）

3. 县区管理员操作指引

（1）首先扫码下载安装钉钉，进入青骄第二课堂，如图4-20所示。

图4-20　下载安装钉钉

（2）创建学校，设置学校管理员（指定每所学校至少一名管理员老师），步骤如图4-21所示。

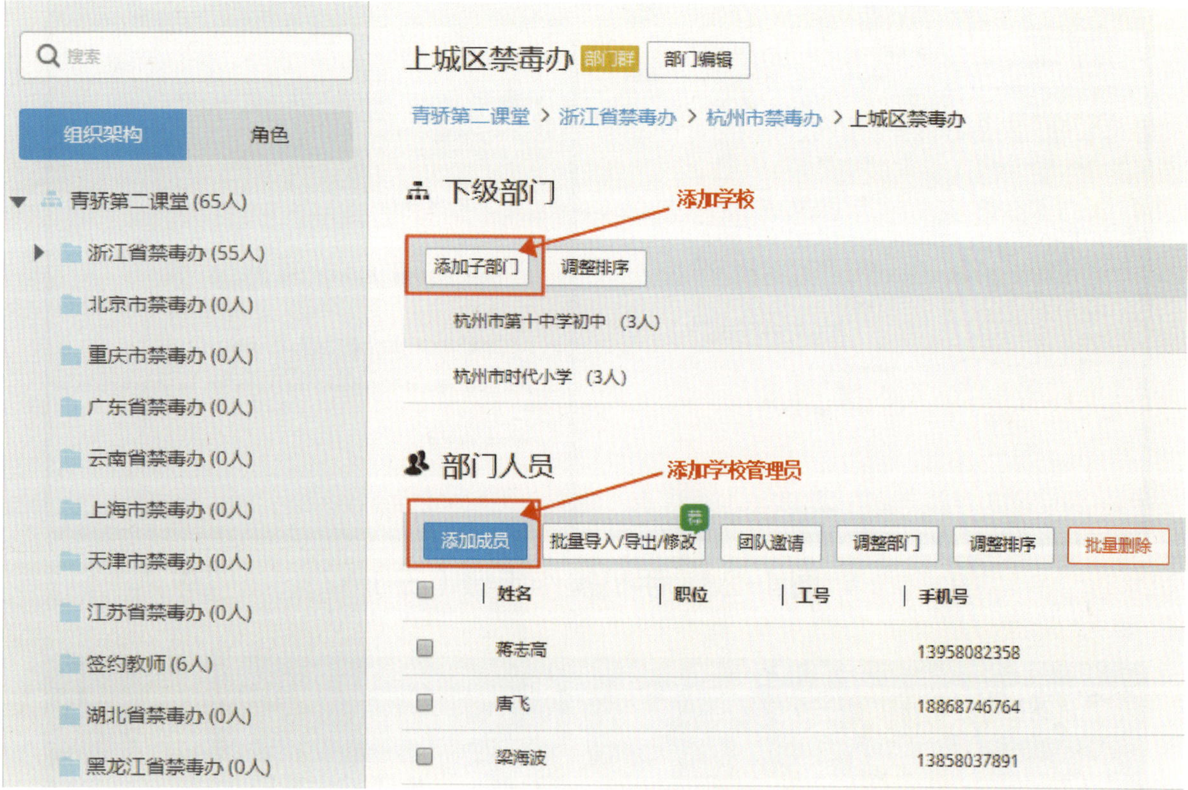

图4-21　手机操作步骤（一）

（3）添加学校，如图4-22所示。

图4-22　手机操作步骤（二）

（4）添加人员，如图4-23、4-24所示。

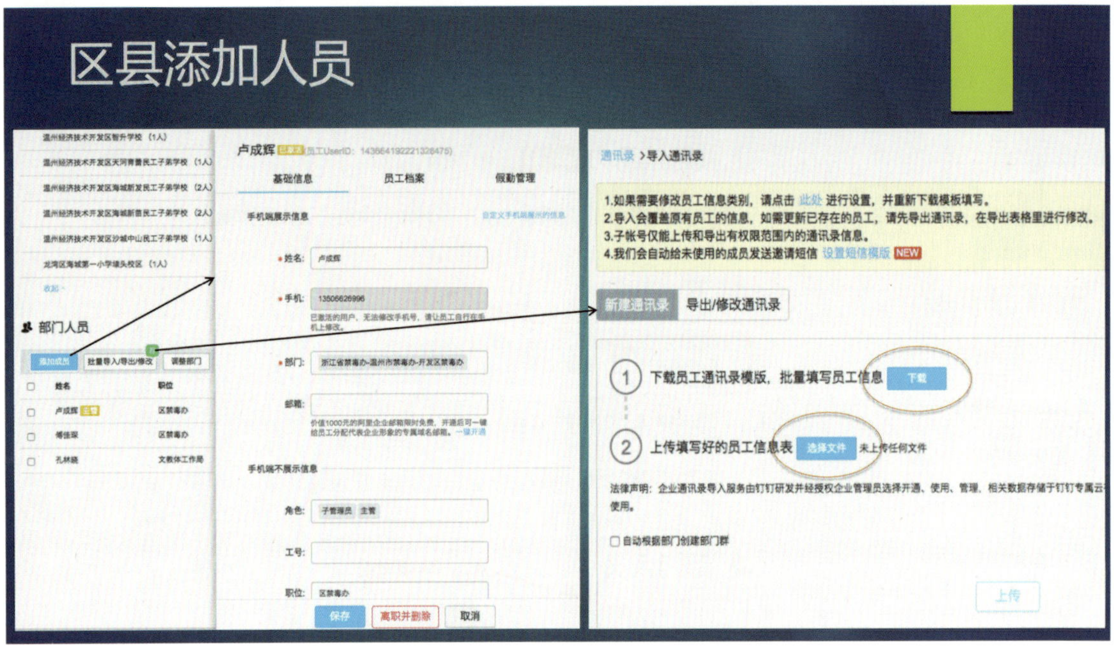

图4-23　手机操作步骤（三）

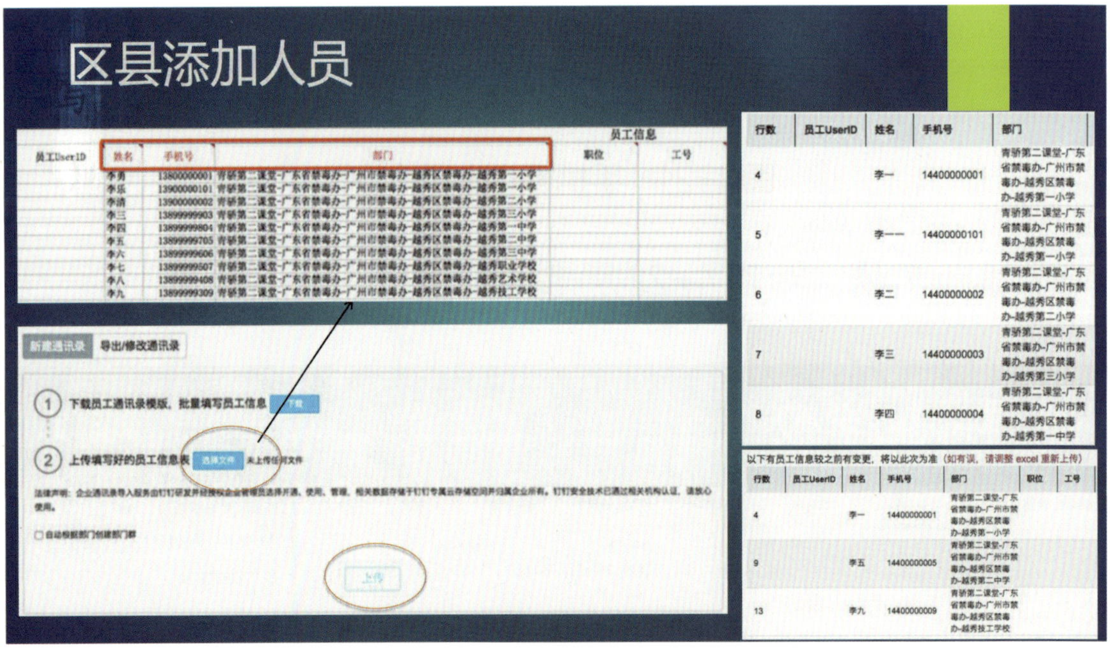

图4-24　手机操作步骤（四）

4. 学校管理员操作指引

学校管理员的主要职责是：批量导入学生和班主任信息，自动生成账号密码，分发使用（学校机器网速慢，要耐心等待，不要多次提交，不要在上传时刷新，否则容易出错，建议错开上网高峰期操作，也可以用自己的高配置笔记本操作；推荐使用谷歌、火狐、猎豹、UC

浏览器，一定不要使用IE）。

（1）钉钉扫码进入网站管理后台（http://2-class.com/），然后登录管理员账号，如图4-25所示。

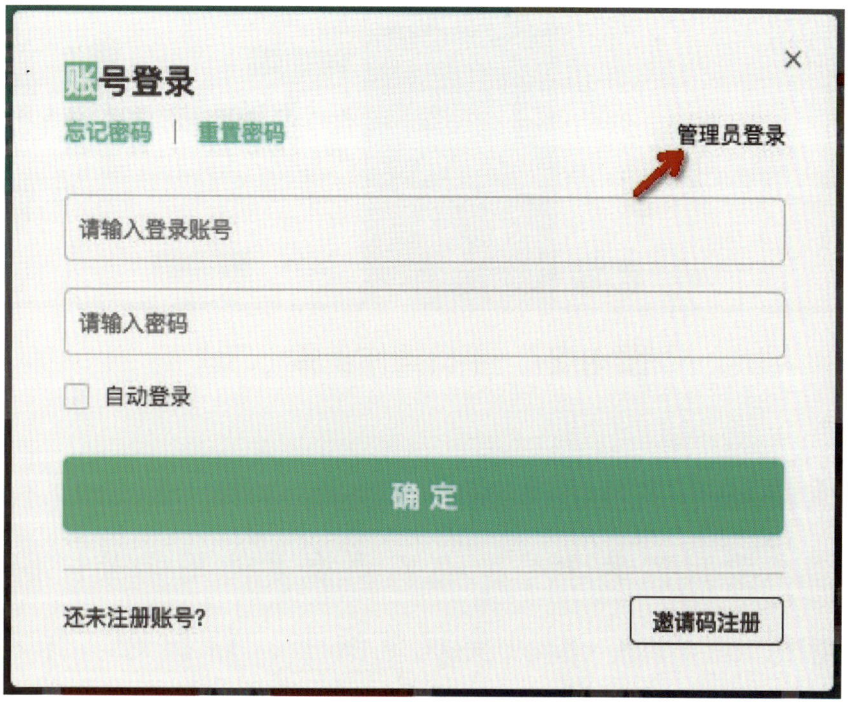

图4-25　进入网站管理后台

（2）进入第二课堂后，点击“学生管理”，添加学生如图4-26、4-27所示。

图4-26　手机操作步骤（一）

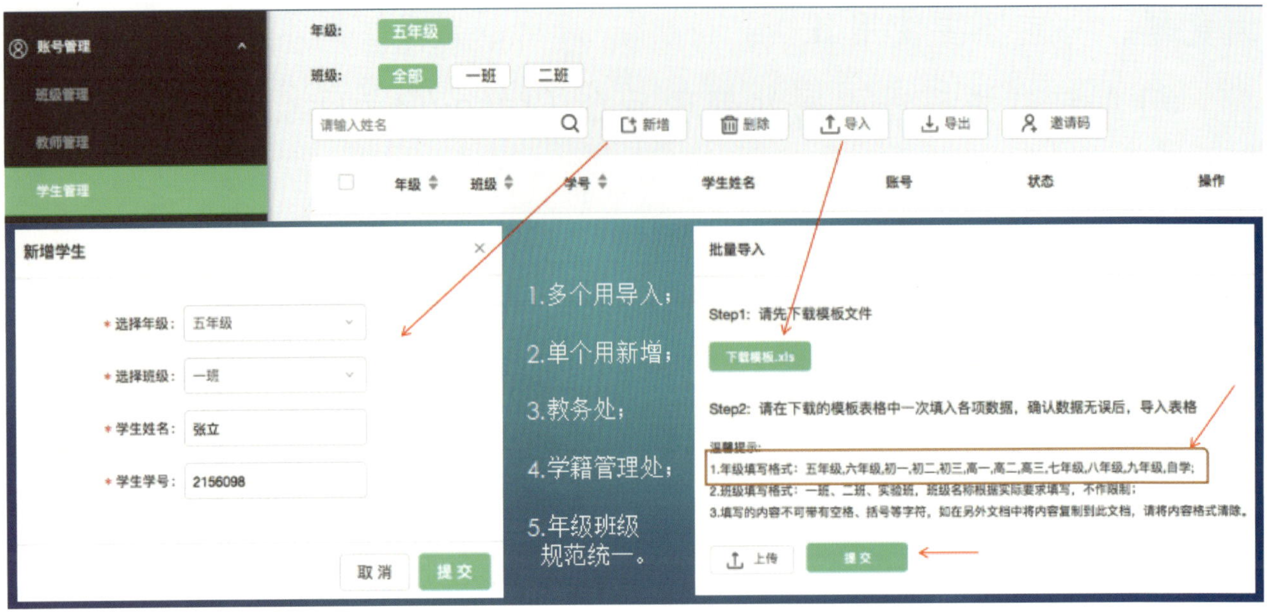

图4-27　手机操作步骤（二）

注：只需要四个字段，系统上不要随意删，删除后不能恢复；学号用真实的，不要用假的学号，也不要重复使用学号，同一个同学不要任意修改学号；年级、班级要规范统一，维护好、保存好本表格。导出时会自动添加完成账号密码，供分发使用。登录修改密码后状态就会从未激活转变为正常，再导出密码需隐藏。已经激活的账号即使人员管理时被删除，学习内容的记录依然都在（见图4-28）。

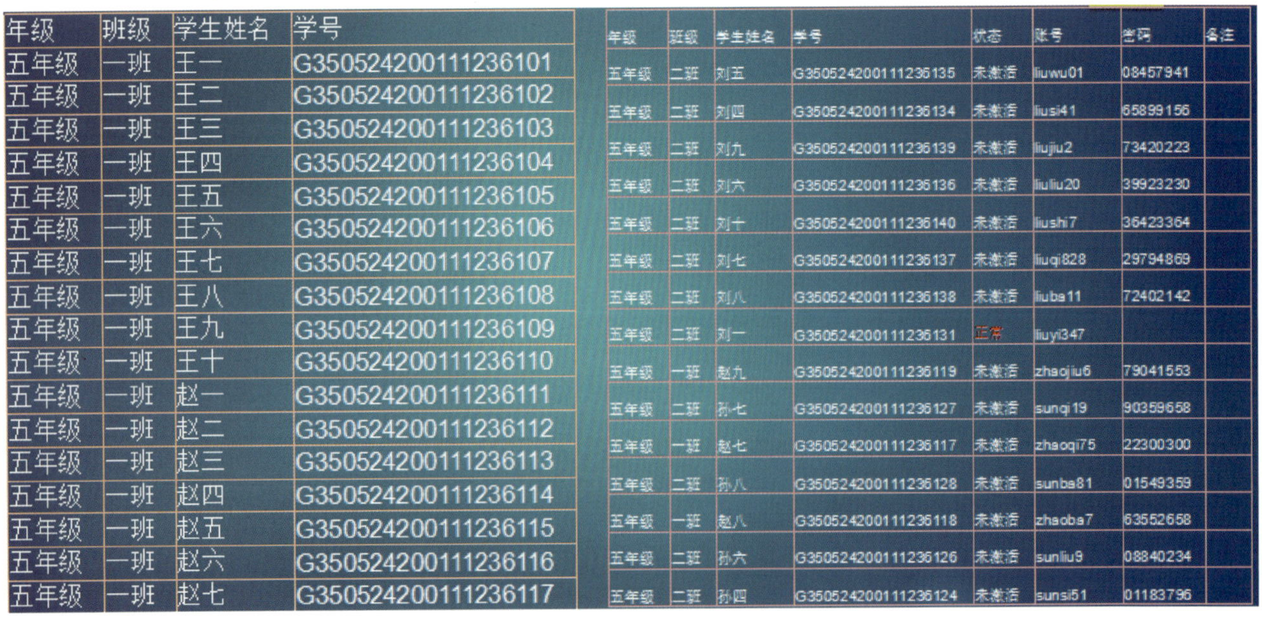

年级	班级	学生姓名	学号
五年级	一班	王一	G35052420011123 6101
五年级	一班	王二	G350524200111236102
五年级	一班	王三	G350524200111236103
五年级	一班	王四	G350524200111236104
五年级	一班	王五	G350524200111236105
五年级	一班	王六	G350524200111236106
五年级	一班	王七	G350524200111236107
五年级	一班	王八	G350524200111236108
五年级	一班	王九	G350524200111236109
五年级	一班	王十	G350524200111236110
五年级	一班	赵一	G350524200111236111
五年级	一班	赵二	G350524200111236112
五年级	一班	赵三	G350524200111236113
五年级	一班	赵四	G350524200111236114
五年级	一班	赵五	G350524200111236115
五年级	一班	赵六	G350524200111236116
五年级	一班	赵七	G350524200111236117

年级	班级	学生姓名	学号	状态	账号	密码	备注
五年级	二班	刘五	G350524200111236135	未激活	liuwu01	08457941	
五年级	二班	刘四	G350524200111236134	未激活	liusi41	65899156	
五年级	二班	刘九	G350524200111236139	未激活	liujiu2	73420223	
五年级	二班	刘六	G350524200111236136	未激活	liuliu20	39923230	
五年级	二班	刘十	G350524200111236140	未激活	liushi7	36423364	
五年级	二班	刘七	G350524200111236137	未激活	liuqi828	29794869	
五年级	二班	刘八	G350524200111236138	未激活	liuba11	72402142	
五年级	二班	刘一	G350524200111236131	正常	liuyi347		
五年级	一班	赵九	G350524200111236119	未激活	zhaojiu6	79041553	
五年级	二班	孙七	G350524200111236127	未激活	sunqi19	90359658	
五年级	一班	赵七	G350524200111236117	未激活	zhaoqi75	22300300	
五年级	二班	孙八	G350524200111236128	未激活	sunba81	01549359	
五年级	一班	赵八	G350524200111236118	未激活	zhaoba7	63552658	
五年级	二班	孙六	G350524200111236126	未激活	sunliu9	08840234	
五年级	二班	孙四	G350524200111236124	未激活	sunsi51	01183796	

图4-28　手机操作步骤（三）

（3）点击“教师管理”，添加班主任教师（工号用身份证号；导入再导出就能生成账号和密码；注意不要重复使用工号；年级、班级要跟导入学生的统一；一个班级一个班主任），如图4-29所示。

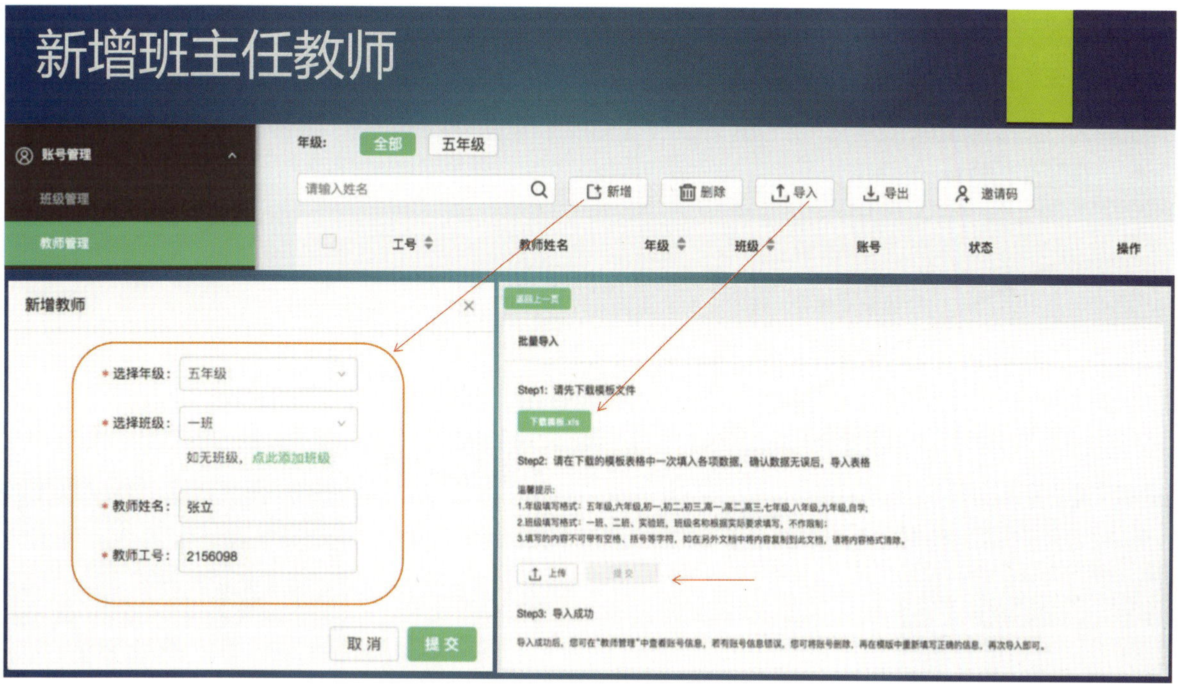

图4-29　手机操作步骤（四）

“下载模板”，然后在模板中编辑输入年级、班级、班主任、工号等信息，然后上传、提交，如图4-30所示。

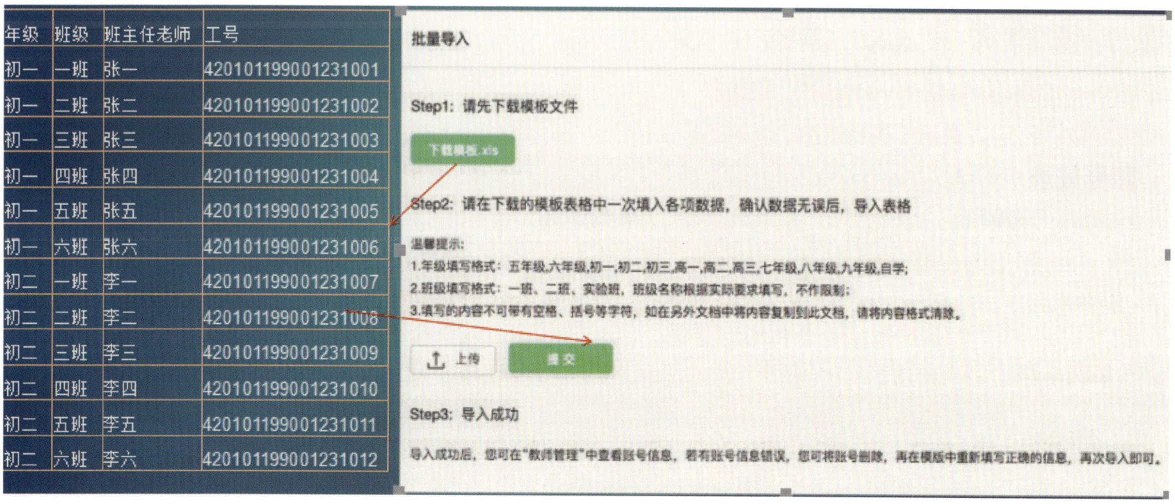

图4-30　手机操作步骤（五）

（4）添加年级班级

点击新增，输入年级和班级，提交即可（学生升年级的，每年可以批量操作一次学生一键升级；若操作错了，可以一键回退；如果批量导入过学生和班主任，系统会自动生成，不用再手动创建，即本步骤省略），如图4-31所示。

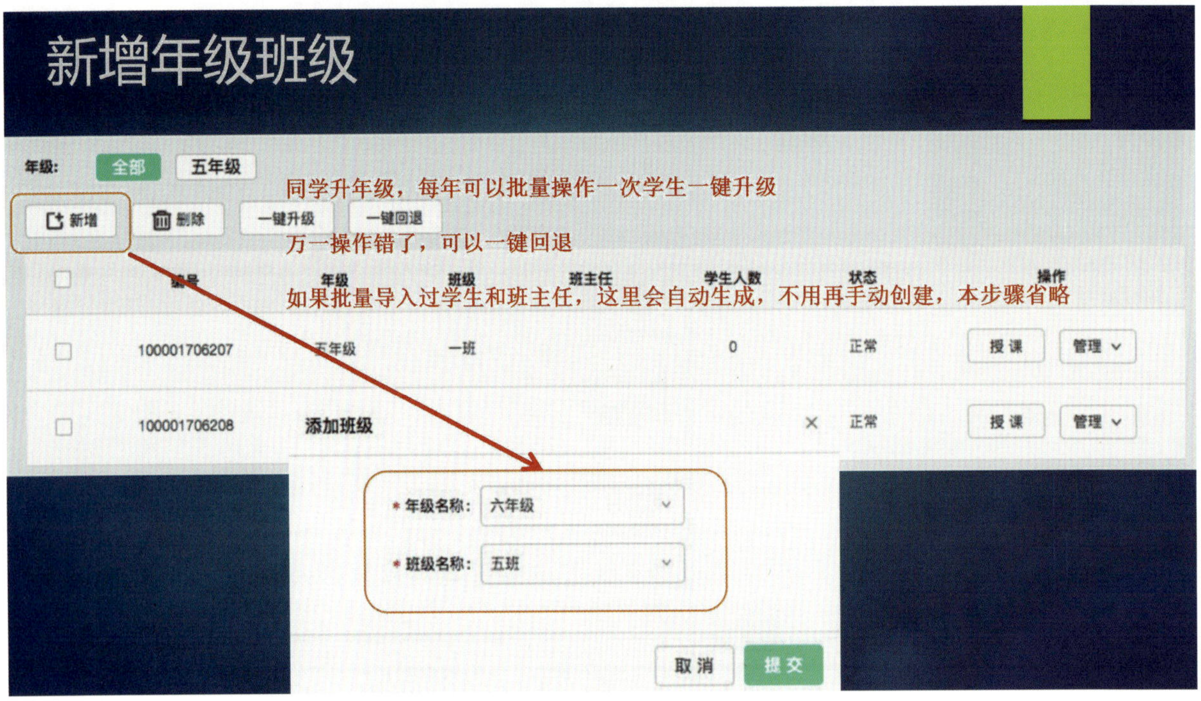

图4-31　手机操作步骤（六）

5. 学生登录使用操作指引

（1）在网页http://2-class.com/中登录，登录之后可在首页修改头像、密码等信息，如图4-32所示。

图4-32　手机操作步骤（七）

（2）点击“我的课程”，进行学习，该页面有每个年级对应的课程，学生点击课程便可学习，同时会统计学生学习进度，禁毒知识竞赛，可以下载学习各种音视频、教材、文档，如图4-33所示。

图4-33　手机操作步骤（八）

（3）学生学习完要求的2个课程之后，可以在线期末考试，有在线奖状以资鼓励；奖状分优秀、良好、合格、不合格四个等级，如图4-34所示。

图4-34　手机操作步骤（九）

四、禁毒教育基地

毒品是全球性的灾难，也是全人类共同的敌人，在禁毒工作中发现很多吸毒者都是因为对毒品缺乏了解而被诱骗吸毒，有的为了“治病”而滥用毒品，导致成瘾而不能自拔。为了教育广大青少年，以达到识毒、戒毒、禁毒的目的，需要一个有效的平台来整合各方面的禁毒工作力量和资源，所以国家禁毒委在《关于印发〈全国青少年毒品预防教育规划（2016—2018）〉的通知》中提出了建立禁毒教育基地，也要求创建全国禁毒示范的城市下辖县区全部建成至少1个禁毒教育基地（直辖市创建区建立至少1个），并作为验收标准（建立禁毒教育基地在总分中占3分，每有一个县区未建立，则扣1分，扣完为止），因此禁毒教育基地承载着历史、现在、将来三点重大的教育意义。

（一）禁毒教育基地构成

禁毒教育基地有两种构成形式，一种是线上禁毒教育基地，是指在通过网络运营的在线禁毒教育基地，目前比较成熟的是曲靖市的网上禁毒教育基地。

另外一种是线下禁毒教育基地，即修建的实体禁毒教育基地。实体的禁毒教育基地一般包括如下几个部门。

禁毒史话区。主要通过图片实物介绍明末清初以及中国近代（新中国）的禁烟禁毒历程，通过虎门销烟、第一次鸦片战争、第二次鸦片战争、三元里抗英、新中国成立以后的禁烟举措等历史事迹展示了我国在禁烟历史中所做出的努力与贡献。

毒情形势区。通过视频及图片介绍当前世界三大毒源地分布情况及特点、中国的毒情形势及毒贩惯用的藏毒方式，使参观者意识到毒情形势的严峻，自觉参与到禁毒宣传活动中。

预防艾滋病宣传教育专区。通过视频图片介绍什么是艾滋病、艾滋病的三大传播途径及日常生活中如何预防艾滋病等知识。

毒品危害区。通过讲述真实案例及实体模型展示介绍毒品对个人、家庭及社会三方面带来的危害。

毒品知识区。首先通过模拟罂粟花种植区的展示介绍毒品是万恶之源。紧接着介绍什么是毒品及传统毒品和新型毒品模型、什么是吸毒以及吸毒的四种方式。

拒绝毒品区。首先通过展示一个小型的模拟娱乐场所，让参观者身临其境地感受在这些地方吸毒现象时有发生，容易沾染上毒品，告诫参观者远离这些不健康的娱乐场所。紧接着介绍拒绝毒品的方法。

遏制毒祸区。首先通过漫画的形式介绍毒贩引诱青少年吸毒的惯用伎俩，让青少年在生活中提高防毒意识。接着是一个小型互动区：通过吸毒前后人的一个鲜明震撼对比，让参观者深刻认识到毒品的危害。最后通过图片案例介绍发生在我们身边的人沾染毒品的原因，告诫参观者毒品害人害己。通过剖析演艺明星沾染毒品的真实案例，告诫大家，一旦沾染毒品个人形象及事业将毁于一旦。

（二）禁毒教育基地建设要求

要以青少年为主要服务人群，逐步建成中央、省级、地市级和县级四级禁毒教育基地。2016年年底前，要建立1所国家级、32所省级禁毒教育基地；2017年年底前，全国300万人口以上大城市各建1所禁毒教育基地；2018年年底前，毒情严重、登记吸毒人员超过5 000人的地市州和超过1 000人的重点县市均要建立禁毒教育基地。各地禁毒、科技、文化部门要利用科技馆、文化宫、少年宫、会展中心等人流集中的场馆，建设禁毒教育园地。街道、乡镇要因地制宜，利用社区文化中心（站）、宣传栏等建立小型禁毒教育园地。鼓励各级各类学校建立禁毒宣传教育橱窗、长廊[1]。

1 参见《关于印发〈全国青少年毒品预防教育规划（2016—2018）〉的通知》。

（三）禁毒教育基地运营

线下实体禁毒教育基地的运营主要以组织参观学习的形式为主，禁毒教育基地展厅生动的图片、文字及具体的实物，可以帮助参观者生动直观地了解禁毒历史、禁毒成果、法律法规、毒品危害等知识，尤其是警示片，以一个个触目惊心的吸毒者的悲惨经历揭示毒品给家庭、社会和民族带来的严重危害。通过参观学习，可以进一步认识禁毒工作的重要性、毒品的危害性，以及打击毒品犯罪的必要性。

线上案例：曲靖市3D数字化网上禁毒教育基地采取传统禁毒教育模式与现代高科技相结合的方式，经云南省禁毒教育培训科研基地、云南师范大学、市禁毒办、宣传部门、教育部门、新闻媒体和毒品预防教育示范学校等各界代表多次共同研讨确定，将教育先进成果通过数字化技术展现在互联网上，是国内建成的首个网络3D数字化禁毒教育基地。

一是集“趣味性、科普性、知识性、互动性、参与性”于一体，内容包括“3D数字展览馆”“远程教育”“禁毒漫画知识”“校园文化”“禁毒志愿者”“涉毒举报”“心理咨询”“禁毒动态”“识毒拒毒”“政策法规”等模块。

二是采用“声、光、电”高科技让人耳目一新，运用最前沿的3D、VR技术，以青少年喜闻乐见的飞碟太空舱形式，科学设计出序厅、识毒厅、防毒厅、拒毒厅、成果厅和希望厅。

三是容“教、学、考”为一体的远程教育模式，顺应信息化时代下更便捷、快速、自主的学习方式的需求，运用“互联网+禁毒教育”的思路，开发设计的“远程教育”模块。“远程教育”模块全面提升了“曲靖经验”形成的各级各类学校的教育读本、课件体系、教学视频，把曲靖禁毒工作者及专家团队精心研发的分教育年龄层级的考试系统在线网络应用。最大限度地满足不同类别、不同层次人员的学习培训需求，为今后曲靖乃至全国各级各类学校开展大规模网上禁毒教育培训和数字化考核管理禁毒工作提供了强大的学习交流平台。

第二节　构建禁毒预防教育体系的重点

坚持形式多样、全面覆盖、注重实效的原则，将禁毒宣传纳入公益宣传范畴，以“可视化”为着力点，对创建工作进行社会宣传，依托“六进”活动实现禁毒知识全覆盖，培育禁毒宣传品牌，实现全民毒品预防教育基础知识知晓率超过95%，社会公众对毒品预防工作满意度超过95%，共享工作成果，坚定不移地把禁毒人民战争引向深入，全力遏制毒品问题发展蔓延，为决胜全面建成小康社会营造和谐稳定社会环境。要达到这些目标需做好以下三个方面的工作。

一、组织架构

强化组织领导是做好禁毒工作的先决条件，在毒品预防教育这一方面，也需以各责任部门的各尽其责、紧密合作为先决条件。

二、禁毒宣传基础工作

紧扣毒品预防科普知识知晓率、公众对创建工作知晓率、确保宣传工作与创建日常工作的紧密联系和统一协调，重点做好以下工作。

（一）编印简报、特刊，投放科普教育图册。市创建全国禁毒工作示范城市工作领导小组办公室统筹，每周编印1期创建专刊，每季度编印1期创建特刊面向国家，省禁毒办，市、区、镇（街）党政机关发放。以图文并茂的方式，针对毒品知识科普、毒品危害揭示、毒品预防方法等内容，编制不少于1万册通俗易懂的毒品预防教育基础知识科普教育图册，向全市村（居）、小区、大型商超、农贸市场、学校、医院、餐饮单位（含主要提供住宿服务的酒店）、娱乐场所、企业、建筑工地、长途车站（火车站）点、公共交通工具、电影院、旅游景点、公园等人群聚集（居）地等宣传重心进行派发，实现高密度覆盖。

（二）高质量推进毒品宣传“六进”活动，大力培育城市品牌。组建毒品预防宣传志愿者团队，策划系列主题活动。借力民俗活动或大型群体性活动开展禁毒宣传；运用多种民众喜闻乐见的形式，打造具有全省影响力的禁毒宣传品牌。市和区协同组织开展毒品预防知识宣传进农村、进社区、进学校、进企业、进家庭、进场所活动，针对不同受众，根据实际不断调整工作方式，以深入浅出的方式使公众更深刻地了解毒品预防的相关知识，落实强化全市禁毒宣传教育。针对留守儿童及失管青少年打造禁毒教育爱心学堂；针对市民发动金点子征集活动；组建市禁毒宣传文艺巡演团队。面向全市群众打造接地气、有效果、多层次、高覆盖的宣传教育网络，提升群众信心，强化群众参与度，全面提高群众对创建工作的知晓率、关注度、支持度及满意度。

（三）专职禁毒师资队伍的建设。禁毒教育工作是毒品预防教育的主要形式，在实际展开禁毒教育活动中，要重视对专业化禁毒教师队伍的打造。禁毒教育工作效果在很大程度上取决于教师的教学水平和教育方式，因此，学校在重视禁毒教育工作的同时，应强调对专业化、系统化、技能化师资队伍的构建，建立积极主动的禁毒展现活动，开展多元化、多样式的行之有效的禁毒教育活动，如宣传讲座、专业培训等，让学生对毒品知识获得感性认识的同时可以增强理性认识，以此提高毒品预防教育效果，有针对性地加强禁毒教育宣传工作。

（四）打造禁毒教育基地（园地），开展市民体验活动。市禁毒办统筹，推进禁毒教育基地（园地）建设，启动市、区、镇（街）三级毒品预防教育宣传基地（园地）建设，并实现联网运作，建立完善多层次禁毒教育基地（园地）体系。使之成为展示毒品预防宣传工作成果和毒品预防科普知识的常态化平台与窗口；邀请两代表一委员、专家学者及部分市民代表等具备一定社会影响力的人群，开展参观体验活动。

（五）不断提高媒体曝光率，发挥官方微信、微博、门户网站等自媒体作用。在本地区主流媒体（含网络媒体）适时发布创建全国禁毒工作示范城市工作规模宣传；在电视、电台、微信公众号每周发布公益广告；充分发挥本地媒体知名栏目群众关注度较高的优势，适时对创建全国禁毒工作示范城市工作亮点进行深度访谈或报道；提升毒品预防宣传参与度，在群众关注度较高的媒体开设互动性较强的栏目，通过趣味性的策划与设计，进一步激发市民参与热情；争取国家级、省级媒体选择恰当时机对创建工作情况进行报道，提高禁毒工作在全国及全省的正面影响力[1]。

三、开展社会调查

委托第三方调查机构，每半年开展一次调查。就市民对毒品预防教育基础知识知晓率及毒品预防教育工作满意度开展摸底调查，了解市民对创建全国禁毒工作示范城市各项工作的满意度水平，及时发现群众不满意或亟待希望解决的问题，为创建宣传工作查漏补缺、提供依据；对创建重点指标重点领域开展专项调查，以提高市民满意度为目标，及时改进工作方式，提升群众对创建工作的支持率。

第三节　本章台账建立

一、一级子目录

以考评细则中“项目”一栏的内容作为一级目录标题的内容，即本章台账一级子目录为“构建全覆盖毒品预防体系”（见图4-35）。一级子目录应当作为封面，粘贴在文件盒正面。设计封面时，字体可选宋体、楷体等常用字体，配色搭配应大方雅致，避免过于花哨，注意添加地方创建工作小组或创建工作办公室落款。封面也可附上地方禁毒委员会logo或具有地方特色的图案，图案不宜过多，一个即可。

1　参见《佛山市创建全国禁毒工作示范城市宣传工作方案》。

图4-35　一级子目录

二、二级子目录

以考评细则中“小项内容”一栏的内容作为二级目录标题内容，即本章二级子目录包括“禁毒知晓率”“禁毒满意度”“禁毒专题课程”“数字化平台”“禁毒教育基地”五大类（见图4-36）。二级子目录应做成标签插放在文件盒侧面的标签插袋中。设计二级子目录，字体可选宋体、黑体等常用字体，也可附上地方禁毒委员会logo或具有地方特色的图案，图案不宜过多，一个即可，标签需保持整洁大方，突出文字。

正常情况下，单个二级子目录的台账资料需要两个或多个文件盒用于存放。因此在设计二级子目录时，还需根据实际台账资料的多与少，分类做好安排，如二级子目录“禁毒知晓率”可制作成“禁毒知晓率（一）”“禁毒知晓率（二）”“禁毒知晓率（……）”等多个标签（见图4-37）。

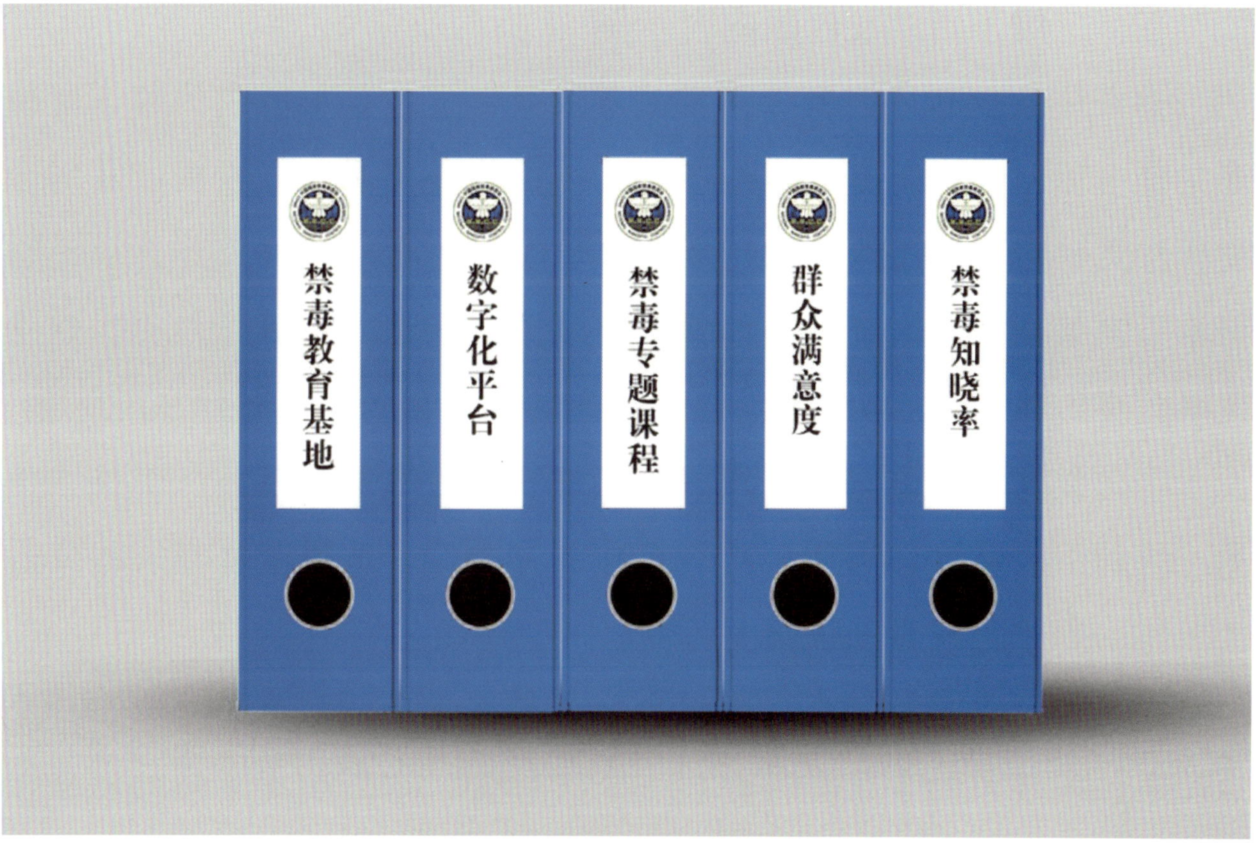

图4-36　二级子目录（一）

图4-37　二级子目录（二）

三、三级子目录及台账内容示例

为充分展示各地创建工作措施与成效，文件盒中所放的佐证材料需完整全面，囊括所有工作细节。为方便检查翻阅，应根据所放的台账材料文件名制作三级目录，放置文件盒内。面对创建工作开展过程积累下来繁杂的台账资料，如何分类放置才能让人一目了然呢？这里简单介绍三种方法，各地可结合实际选其一对台账资料进行分门别类。

一是按文件性质分类，即将台账资料分为通知规范类、工作方案类、统计图表类、动态简讯类、工作图片类等，适用于周期长的常规性工作，如社区戒毒社区康复工作。

二是按活动事件分类，即把台账资料按单个活动事件分类，一个活动事件所涉及的台账资料存放一个文件盒，适用于周期短的特殊性工作，如开展打击工作中的各种扫毒行动。

三是按所辖区域分类，比如某市下辖五个区县，“禁毒教育基地”可分为“禁毒教育基地（××区）”“禁毒教育基地（××县）”“禁毒教育基地（……）”等（见图4-38）。

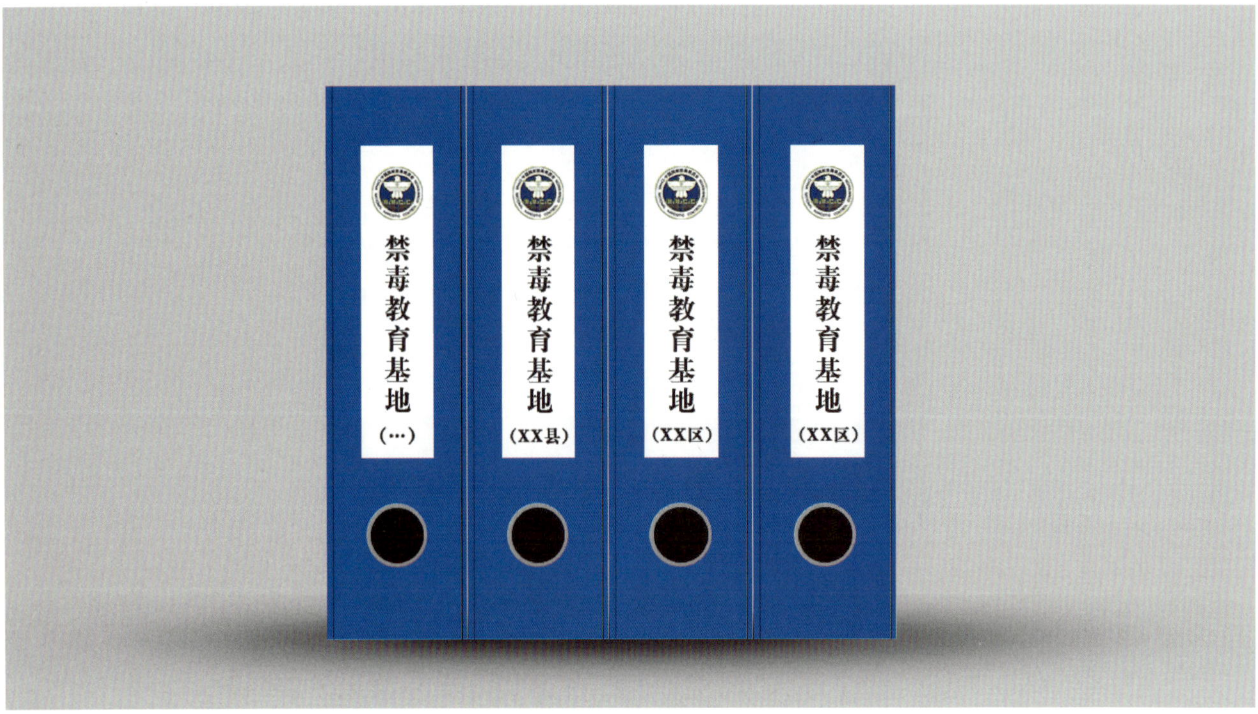

图4-38　三级子目录

三级子目录则需对应该文件盒中的台账资料，用表格形式清晰罗列盒中台账的文件名及页码。三级子目录应放在台账资料上面，或插在文件盒内侧左边的插袋中。

本章涉及的三级子目录其具体台账内容要求及示例如下。

（一）禁毒知晓率

该项考察市委或市政府就全民禁毒知识知晓率的调查情况，本地委托第三方进行评估并提交评估报告，知晓率超过95%的，得4分。需要创建市委托专业机构开展问卷调查，提交评估报告，因此该小项台账资料要收集委托函、调查问卷，以及评估报告等佐证材料。其三级子目录及台账资料示例如图4-39、4-40所示。

图4-39　台账资料（一）

全国禁毒示范城市创建工作台账
禁毒知晓率（一）
构建全覆盖
毒品预防体系
XX市示范创建工作办公室
XX市禁毒工作群众知晓率调查问卷
（2017年10月）
目录
序号 内容 页码
1 禁毒知晓率调查问卷 1-2
2 2015年禁毒知晓率调查报告 2-21
3 2016年禁毒知晓率调查报告 22-39
4 2017年禁毒知晓率调查报告… 40-62
箭头是包含关系，意思是下面的目录和文件属于“禁毒知晓率（一）这个文件盒”，其他箭头同。
目录
序号 内容 页码
1 “6.26”专题宣传活动 1
2 民警大巡讲活动 41
3 “六进”宣传活动 54
4 电视广播宣传 83
5 警报栏目宣传 92
社区6.26国际禁毒日宣传活动方案
全国禁毒示范城市创建工作台账
禁毒知晓率（二）
构建全覆盖
毒品预防体系
XX市示范创建工作办公室

图4-40 台账资料（二）

二级子目录“禁毒知晓率”的三级子目录示例如表4-1、4-2所示。

表4-1 三级子目录（一）

目 录

序号	内 容	页码
1	“6.26”专题宣传活动	1-40
2	民警大巡讲活动	41-53
3	“六进”宣传活动	54-82
4	电视广播宣传	83-91
5	警讯栏目宣传	92
…	……	…

表5-2　三级子目录（二）

目　录

序号	内　　容	页码
1	禁毒知晓率调查问卷	1-2
2	2015年禁毒知晓率调查报告	3-21
3	2016年禁毒知晓率调查报告	22-39
4	2017年禁毒知晓率调查报告	40-62
…	……	…

（二）群众满意度

该项考察内容为市委市政府就群众对禁毒工作满意程度的调查情况，本地委托第三方进行评估并提交报告，群众满意度超过95%（含）的，得5分。需由创建市委托专业机构开展满意度调查，并提交评估报告。因此，该项在准备台账资料的时候，需整理委托函、调查方案审核、调查问卷、满意度调查评估报告等佐证材料，其三级子目录及台账资料示例如图4-41、4-42所示。

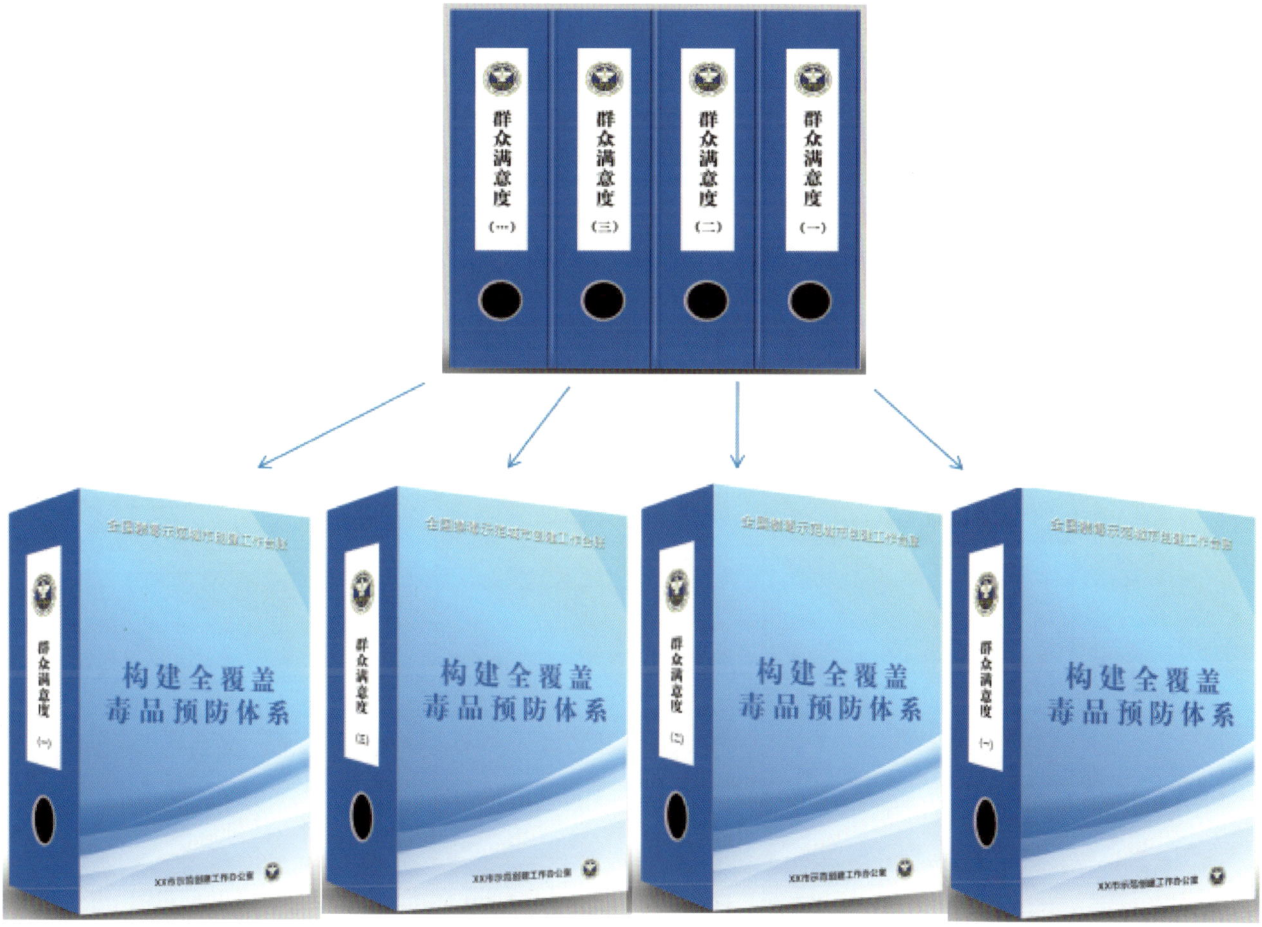

图4-41 台账资料（三）

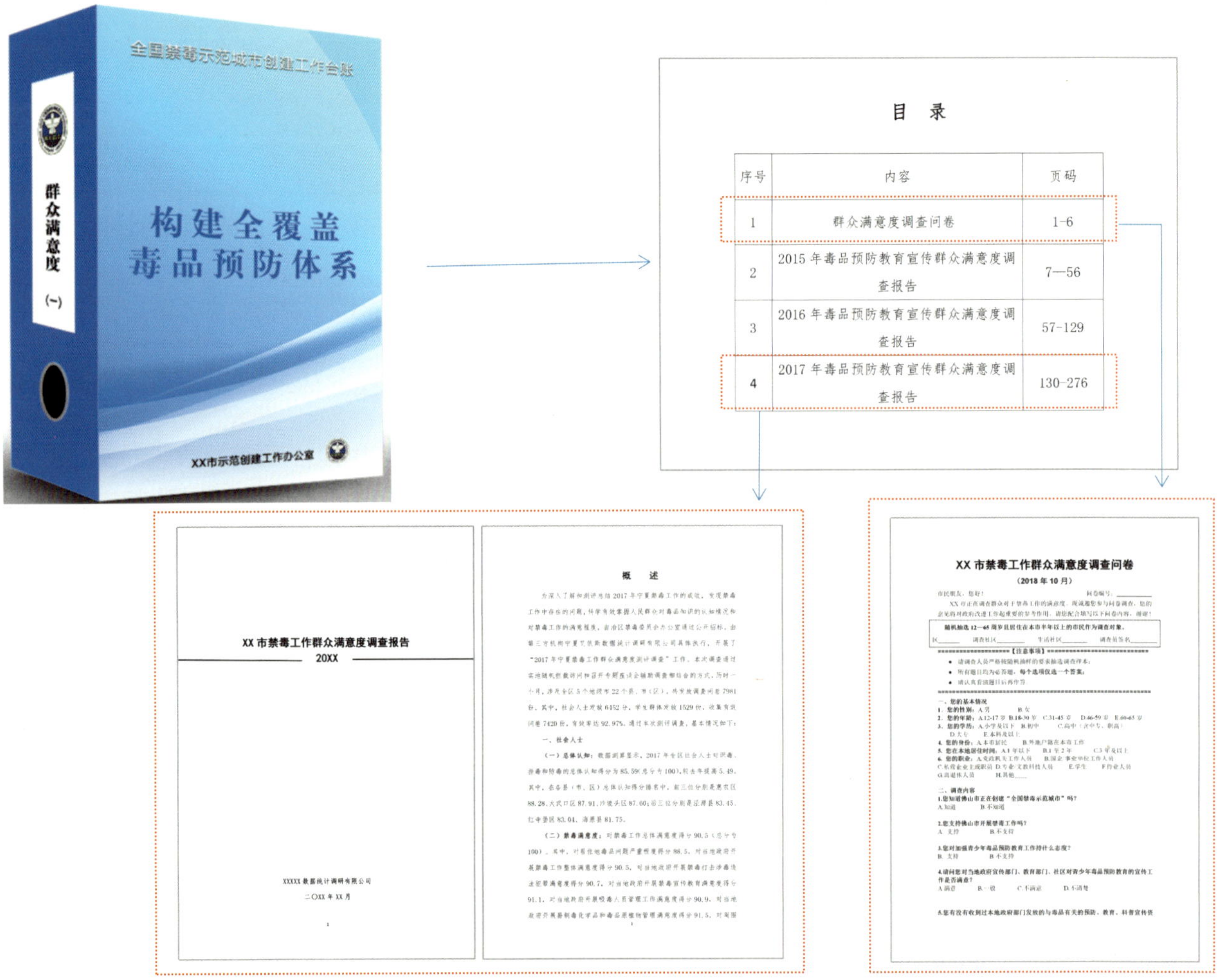
全国禁毒示范城市创建工作台账
群众满意度（一）
构建全覆盖
毒品预防体系
XX市示范创建工作办公室
目 录
序号 内容 页码
1 群众满意度调查问卷 1-6
2 2015年毒品预防教育宣传群众满意度调查报告 7—56
3 2016年毒品预防教育宣传群众满意度调查报告 57-129
4 2017年毒品预防教育宣传群众满意度调查报告 130-276
XX市禁毒工作群众满意度调查报告
20XX
概 述
XX市禁毒工作群众满意度调查问卷
（2018年10月）

图4-42 台账资料（四）

二级子目录“群众满意度”的三级子目录示例如表5-3。

表5-3　三级子目录（三）

目　录

序号	内　　容	页码
1	群众满意度调查问卷	1-6
2	2015年毒品预防教育宣传群众满意度调查报告	7-56
3	2016年毒品预防教育宣传群众满意度调查报告	57-129
4	2017年毒品预防教育宣传群众满意度调查报告	130-276
…	……	…

（三）禁毒专题课程

主要考察各地市就中小学校禁毒专题4课时的落实情况，国家禁毒办督查检查或随机抽查4所学校的材料，若有一所不合格，扣1分，扣完为止，该项总分为4分。因此，该项在准备台账资料时，需要整理教学大纲、落实课程情况的有关文件、通知、统计表格，实景图片等佐证材料，其三级子目录及台账资料示例如图4-43、4-44。

图4-43　台账资料（五）

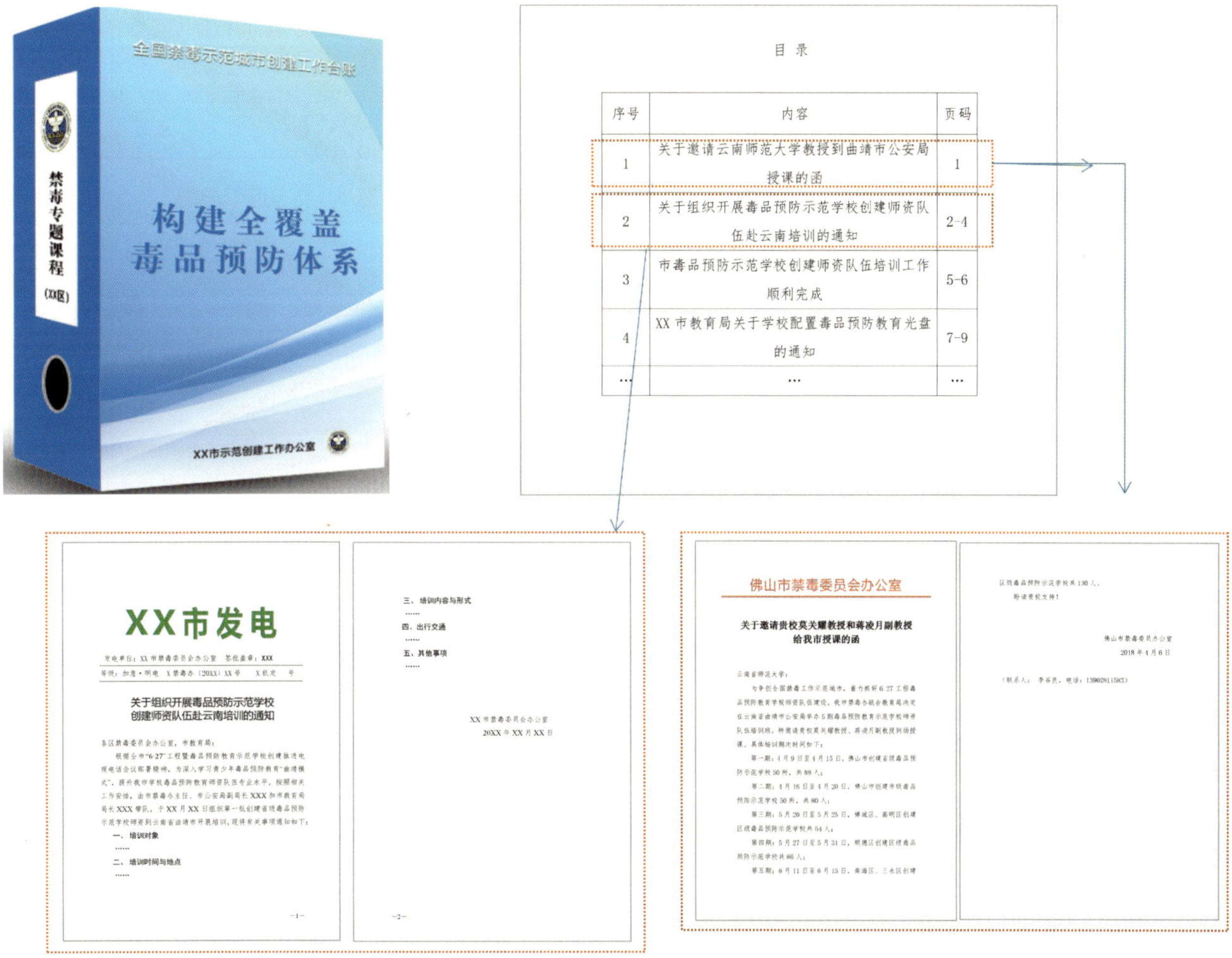

序号	内容	页码
1	关于邀请云南师范大学教授到曲靖市公安局授课的函	1
2	关于组织开展毒品预防示范学校创建师资队伍赴云南培训的通知	2-4
3	市毒品预防示范学校创建师资队伍培训工作顺利完成	5-6
4	XX市教育局关于学校配置毒品预防教育光盘的通知	7-9
…	…	…

图4-44 台账资料（六）

二级子目录“禁毒专题课程”的三级子目录示例如表5-4、5-5。

表5-4　三级子目录（四）

目　录

序号	内　　　　容	页码
1	××市教育局关于印发学校毒品预防教育教学大纲及教案的通知	1-2
2	××市学校毒品预防教育教学大纲及教案	3-21
3	××市教育局关于组织开展全省青少年毒品预防教育课件征集评选活动的通知	22-24
…	……	…

表5-5　三级子目录（五）

目　录

序号	内　　容	页码
1	关于邀请云南师范大学教授到曲靖市公安局授课的函	1
2	关于组织开展毒品预防示范学校创建师资队伍赴云南培训的通知	2-4
3	市毒品预防示范学校创建师资队伍培训工作顺利完成	5-6
4	××市教育局关于学校配置毒品预防教育光盘的通知	7-9
…	……	…

（四）数字化平台

该项考察学生注册全国青少年毒品预防教育数字化平台的情况，本地学校的在校学生（小学5年级至高中2年级，含中等职业学校）在全国青少年毒品预防教育数字化平台注册比例分别达到80%以上，该项总分为4分，本地学校和在校学生每达到一项得2分。因此该项在准备台账资料时需要整理如统计表格、规范文件、动员会、有关通知、网站统计数据等反映注册比例数据统计工作的佐证材料，其三级子目录参考模板如图4-45、4-46。

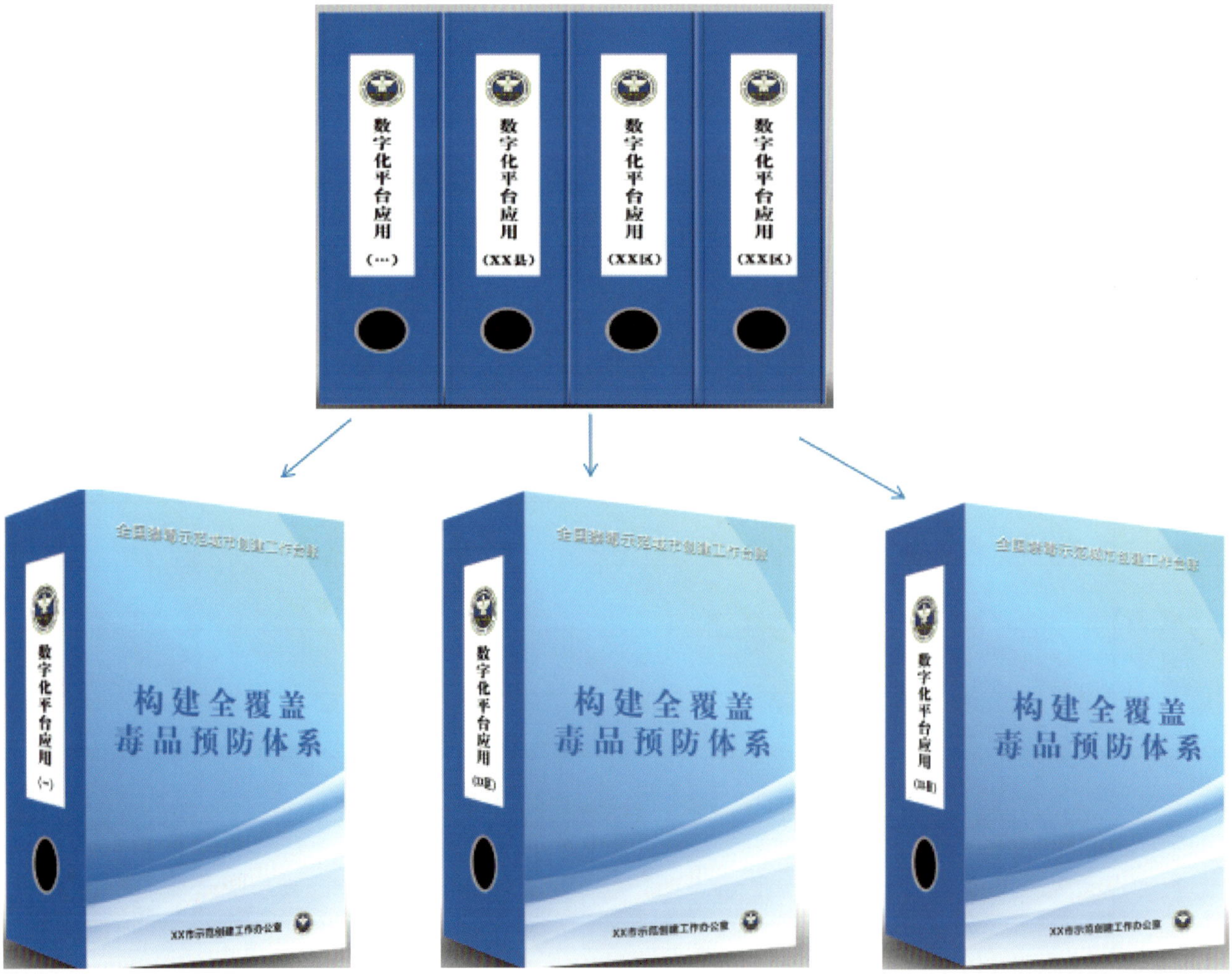

图4-45　台账资料（六）

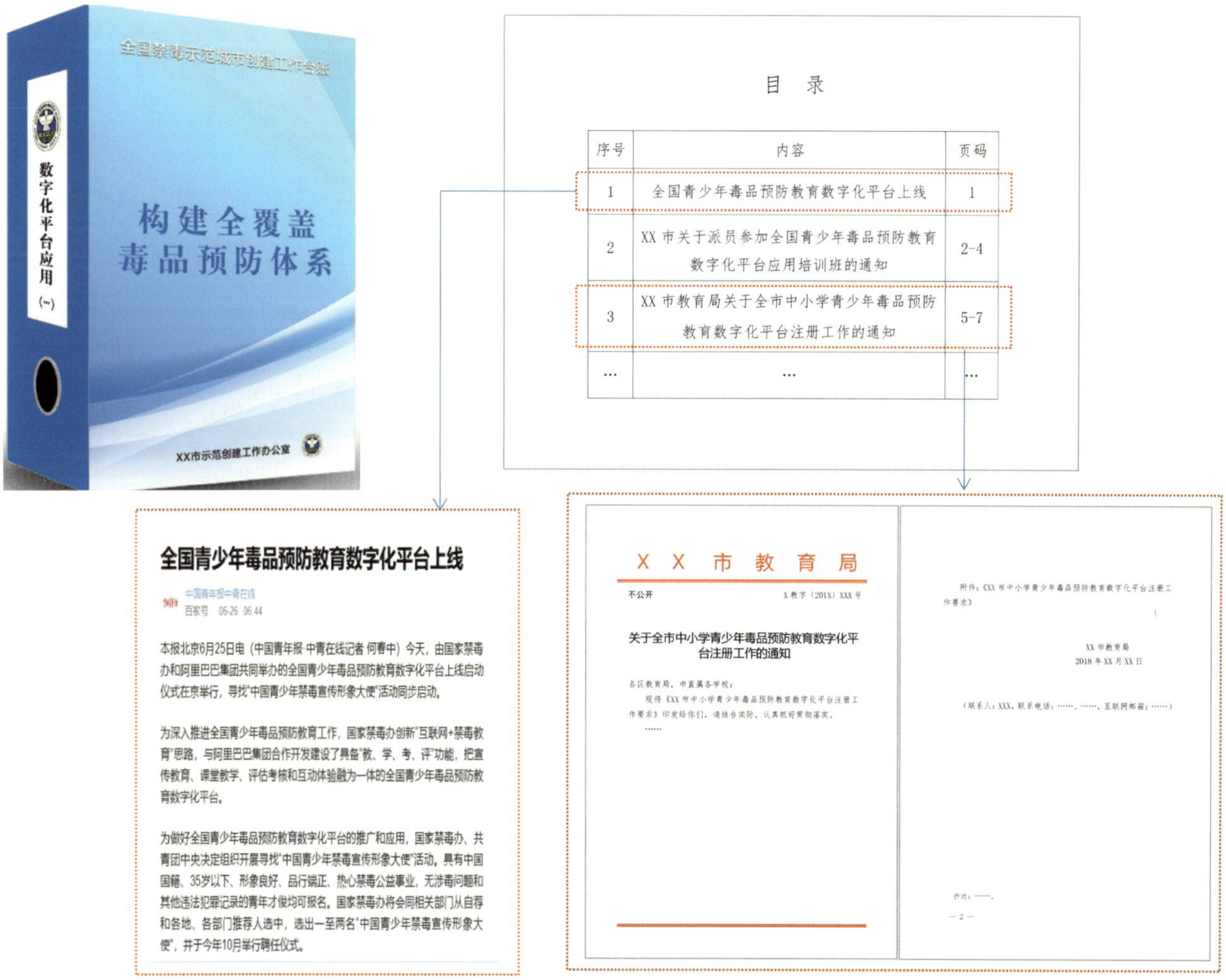

全国禁毒示范城市创建工作台账
数字化平台应用（一）
构建全覆盖毒品预防体系
XX市示范创建工作办公室
目　录
序号 | 内容 | 页码
1 | 全国青少年毒品预防教育数字化平台上线 | 1
2 | XX市关于派员参加全国青少年毒品预防教育数字化平台应用培训班的通知 | 2-4
3 | XX市教育局关于全市中小学青少年毒品预防教育数字化平台注册工作的通知 | 5-7
… | … | …
全国青少年毒品预防教育数字化平台上线
中国青年报中青在线
百家号 06-26 06:44
本报北京6月25日电（中国青年报·中青在线记者 何春中）今天，由国家禁毒办和阿里巴巴集团共同举办的全国青少年毒品预防教育数字化平台上线启动仪式在京举行，寻找"中国青少年禁毒宣传形象大使"活动同步启动。
为深入推进全国青少年毒品预防教育工作，国家禁毒办创新"互联网+禁毒教育"思路，与阿里巴巴集团合作开发建设了具备"教、学、考、评"功能，把宣传教育、课堂教学、评估考核和互动体验融为一体的全国青少年毒品预防教育数字化平台。
为做好全国青少年毒品预防教育数字化平台的推广和应用，国家禁毒办、共青团中央决定组织开展寻找"中国青少年禁毒宣传形象大使"活动。具有中国国籍、35岁以下、形象良好、品行端正、热心禁毒公益事业，无涉毒问题和其他违法犯罪记录的青年才俊均可报名。国家禁毒办将会同相关部门从自荐和各地、各部门推荐人选中，选出一至两名"中国青少年禁毒宣传形象大使"，并于今年10月举行聘任仪式。
X X 市 教 育 局
不公开
X教字〔201X〕XXX号
关于全市中小学青少年毒品预防教育数字化平台注册工作的通知
各区教育局、市直属各学校：
现将《XX市中小学青少年毒品预防教育数字化平台注册工作要求》印发给你们，请结合实际，认真抓好贯彻落实。
……
附件：《XX市中小学青少年毒品预防教育数字化平台注册工作要求》
XX市教育局
2018年XX月XX日
（联系人：XXX，联系电话：……、……，互联网邮箱：……）

图4-46　台账资料（七）

二级子目录“数字化平台”的三级子目录示例如表5-6、5-7。

表5-6　三级子目录（六）

目　录

序号	内　　容	页码
1	全国青少年毒品预防教育数字化平台上线	1
2	××市关于派员参加全国青少年毒品预防教育数字化平台应用培训班的通知	2-4
3	××市教育局关于全市中小学青少年毒品预防教育数字化平台注册工作的通知	5-7
…	……	…

表5-7 三级子目录（七）

目 录

序号	内 容	页码
1	××市××区组织开展关于全国青少年毒品预防教育数字化平台应用培训的通知	1-6
2	××区××小学2017年度数字化平台注册情况汇报	7-9
3	××区××中学6月份数字化平台注册情况汇报	10-13
…	……	…

（五）禁毒教育基地

该项考察创建市禁毒教育基地建立的情况，国家禁毒办要求创建市下辖县区全部建立至少1个禁毒教育基地（直辖市创建区建立至少1个），该项总分为3分，每有1个县区未建立，扣1分，扣完为止。因此，该项在准备台账资料时，需整理全市各区禁毒教育基地筹建相关文件、场地、资金、筹建过程中的动态、简报、实景图片等相关佐证材料，其三级子目录参考模板如图4-47、4-48。

图4-47　台账资料（八）

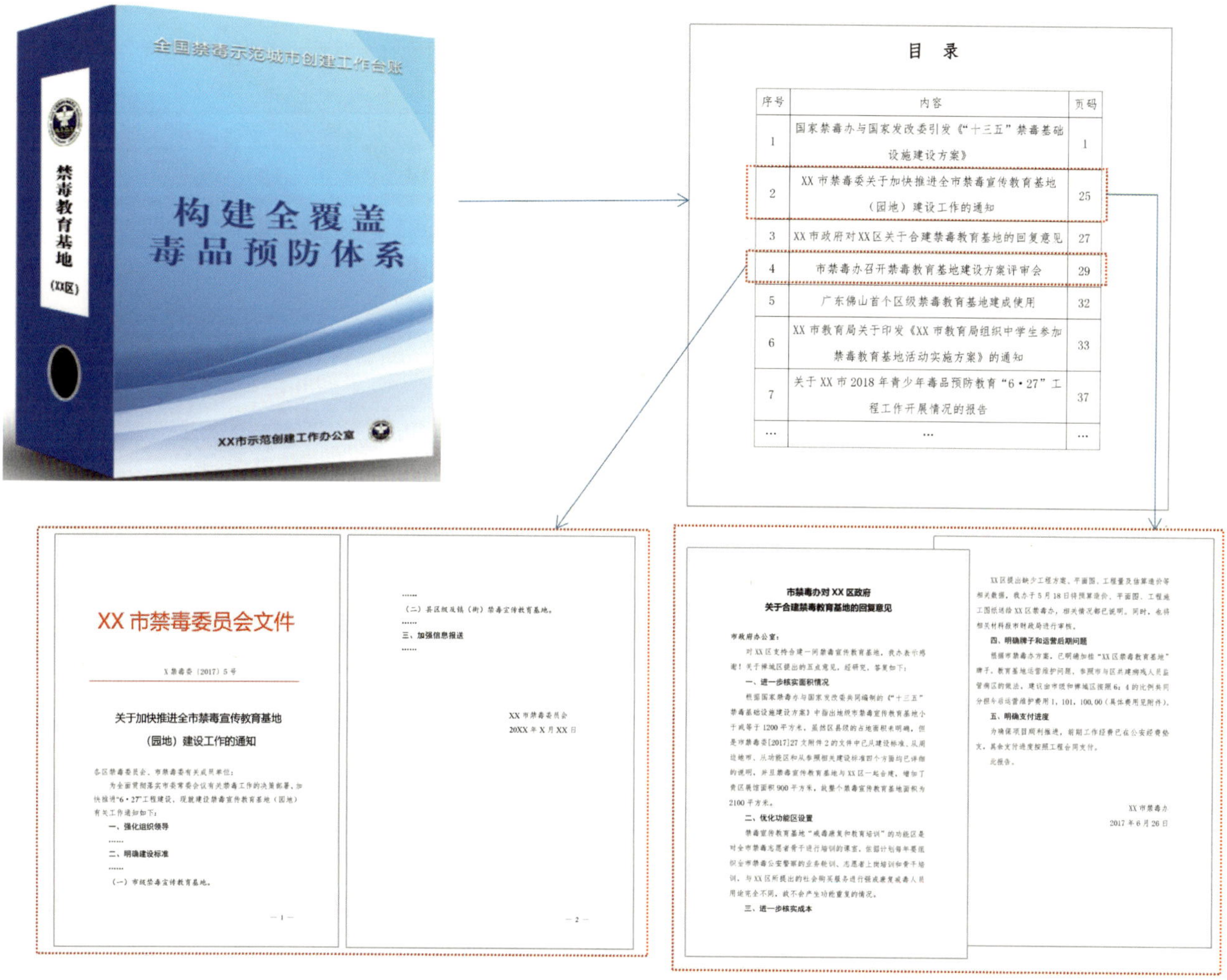

序号	内容	页码
1	国家禁毒办与国家发改委引发《"十三五"禁毒基础设施建设方案》	1
2	XX市禁毒委关于加快推进全市禁毒宣传教育基地（园地）建设工作的通知	25
3	XX市政府对XX区关于合建禁毒教育基地的回复意见	27
4	市禁毒办召开禁毒教育基地建设方案评审会	29
5	广东佛山首个区级禁毒教育基地建成使用	32
6	XX市教育局关于印发《XX市教育局组织中学生参加禁毒教育基地活动实施方案》的通知	33
7	关于XX市2018年青少年毒品预防教育"6·27"工程工作开展情况的报告	37
…	…	…

XX市禁毒委员会文件

X禁毒委〔2017〕5号

关于加快推进全市禁毒宣传教育基地（园地）建设工作的通知

各区禁毒委员会、市禁毒委有关成员单位：

为全面贯彻落实市委常委会议有关禁毒工作的决策部署，加快推进"6·27"工程建设，现就建设禁毒宣传教育基地（园地）有关工作通知如下：

一、强化组织领导

……

二、明确建设标准

……

（一）市级禁毒宣传教育基地。

— 1 —

……

（二）县区级及镇（街）禁毒宣传教育基地。

……

三、加强信息报送

……

XX市禁毒委员会

20XX年X月XX日

— 2 —

市禁毒办对XX区政府
关于合建禁毒教育基地的回复意见

市政府办公室：

对XX区支持合建一间禁毒宣传教育基地，我办表示感谢！关于禅城区提出的五点意见，经研究，答复如下：

一、进一步核实面积情况

根据国家禁毒办与国家发改委共同编制的《"十三五"禁毒基础设施建设方案》中指出地级市禁毒宣传教育基地小于或等于1200平方米，虽然区县级的占地面积未明确，但是市禁毒委[2017]27文附件2的文件中已从建设标准、从周边地市、从功能区和从参照相关建设标准四个方面均已详细的说明，并且禁毒宣传教育基地与XX区一起合建，增加了贵区展馆面积900平方米，故整个禁毒宣传教育基地面积为2100平方米。

二、优化功能区设置

禁毒宣传教育基地"戒毒康复和教育培训"的功能区是对全市禁毒志愿者骨干进行培训的课室，依据计划每年要组织全市禁毒公安警察的业务轮训、志愿者上岗培训和骨干培训，与XX区所提出的社会购买服务进行强戒康复戒毒人员用途完全不同，故不会产生功能重复的情况。

三、进一步核实成本

XX区提出缺少工程方案、平面图、工程量及估算造价等相关数据，我办于5月18日将预算造价、平面图、工程施工图纸送给XX区禁毒办，相关情况都已说明。同时，也将相关材料报市财政局进行审核。

四、明确牌子和运营后期问题

根据市禁毒办方案，已明确加挂"XX区禁毒教育基地"牌子。教育基地运营维护问题，参照市与区共建病残人员监管病区的做法，建议由市级和禅城区按照6：4的比例共同分担今后运营维护费用1，101，100.00（具体费用见附件）。

五、明确支付进度

为确保项目顺利推进，前期工作经费已在公安经费垫支，其余支付进度按照工程合同支付。

此报告。

XX市禁毒办

2017年6月26日

图4-48　台账资料（九）

二级子目录“禁毒教育基地”的三级子目录示例如表5-8、5-9。

表5-8　三级子目录（八）

目　录

序号	内　　容	页码
1	国家禁毒办与国家发改委印发《“十三五”禁毒基础设施建设方案》	1
2	××市禁毒委关于加快推进全市禁毒宣传教育基地（园地）建设工作的通知	2-25
3	××市政府对××区关于合建禁毒教育基地的回复意见	26-27
4	市禁毒办召开禁毒教育基地建设方案评审会	28-29
…	……	…

表5-9　三级子目录（九）

目　录

序号	内　容	页码
1	广东佛山首个区级禁毒教育基地建成使用	1
2	××市教育局关于印发《××市教育局组织中学生参加禁毒教育基地活动实施方案》的通知	2-4
3	关于××市2018年青少年毒品预防教育“6·27”工程工作开展情况的报告	5-13
…	……	…

第四节　地方经验

一、佛山经验

（一）高规格制订方案

根据省公安厅、省教育厅、省人社厅联合印发《广东省千所省级毒品预防教育示范学校创建工作方案（2017—2019年）》的要求，为深入贯彻落实省在茂名市召开的千所毒品预防教育示范学校推进会精神，进一步增强学校作为青少年毒品预防教育主阵地的作用，佛山市在2018年4月4日印发《佛山市创建毒品预防教育示范学校工作方案》（佛府办函〔2018〕263号），提出力争用二年的时间，创建全市300所省、市、区三级毒品预防教育示范学校。至2018年底，创建省、市示范学校各50所，要全面达到省毒品预防教育示范学校创建标准。至2019年底，创建区级毒品预防教育示范学校200所，创建标准参照省市示范学校执行。此方案的印发落实了市“6·27工程”的主体责任、明确了工作进度、保障了经费落实，为各项工作全面快速开展打下了坚实基础。

（二）高起点动员部署

为进一步推进全市青少年毒品预防教育“6·27”工程和毒品预防教育示范学校创建工作，2018年3月7日，佛山市禁毒办召开全市“6·27”工程暨毒品预防教育示范学校创建推进电视电话会议部署工作，副市长、市禁毒委主任、公安局局长邓建伟，市禁毒委副主任、市政府副秘书长赖紫宁，市教育局局长商学兵，市人社局副局长李明国在主会场参加了会议，市区两级禁毒、教育、财政部门领导，全市所有中小学、职业学校共计641所学校校长分别在主会场和各区分会场参加会议。会议明确了组织架构，市成立毒品预防教育示范学校创建工作领导小组，由副市长、市禁毒委主任、公安局局长邓建伟任组长，市禁毒办主任姚喜蓉、市教育局局长商学兵、市人力资源和社会保障局局长钟飞健任副组长，市禁毒办专职副主任梁敦挺、市教育局副调研员陈赞虎、市人力资源和社会保障局副局长李明国为成员。领导小组下设办公室（简称“市创建办”），市禁毒办专职副主任梁敦挺兼任办公室主任。各区参照市的做法，均已成立创建工作领导小组。

（三）高水平培训师资

为打造佛山市禁毒师资专业队伍，市公安局和各区分局从办公经费中专项拿出近200万元，组织全市300所创建示范学校德育校长和骨干教师到云南曲靖市进行为期一周的毒品预防专题培训。

一是精准施训，覆盖面广。为科学安排好此次创建示范学校禁毒师资培训工作，根据副市长、市禁毒委主任、公安局局长邓建伟工作部署，2018年1月市禁毒办组织市、区两级禁毒、教育部门先行赴云南省曲靖市学习考察毒品预防教育工作，为全市毒品预防教育示范学校培训列出学习任务表。至2018年6月底，全市300所创建省、市、区毒品预防教育示范学校的校长、骨干教师共440人均已完成师资培训。

二是精心策划，内容丰富。本次培训，市禁毒办邀请国家禁毒委员会办公室专家库成员、云南省禁毒教育培训科研基地首席专家莫关耀教授，云南师范大学蒋凌月副教授及曲靖市禁毒办专家，分别讲授了当前禁毒形势、毒品知识及危害、学校毒品预防教育新理念、青少年毒品预防教育等课程，学员实地参观了曲靖毒品预防教育示范基地和示范学校。五期培训班学习紧张有序，既有理论学习，又有实践教学，学员经过系统探讨禁毒工作知识，了解当前禁毒工作严峻形势，参考曲靖市禁毒教育工作经验，进一步认清形势、提高认识，为推进全市毒品预防示范学校创建工作打下坚实基础。

三是以点带面，成果显著。在培训过程中，各区参训学员均能积极融入课堂，主动参与思考，认真撰写心得体会，灵活运用培训所学结合实际为本校毒品预防教育工作献言献策。同时，为彰显优秀，最大限度发挥样板学校和受训教师的经验和带头作用，市禁毒办联合市教育局还表彰了一批毒品预防教育先进学校和毒品预防教育先进工作者，希望通过模范引领，以点带面，强化推进，真正实现毒品预防教育“佛山模式”。

（四）高层次打造园地

为高标准落实省、市有关毒品预防教育示范创建学校禁毒场地建设的要求，市禁毒办、市教育局分别补助佛山一中、佛山市华材职业学校和佛山市实验学校三所市一级样板学校每所学校20万元，共计120万元用于毒品预防示范样板学校建设。其中佛山一中自筹资金150多万元，加上市禁毒办和市教育局补助40万元建设一个数字化室内禁毒教育园地。在此基础上，全市各区也将参照市的做法，由区政府落实每间学校8万元的经费，在本区范围的小学、初中、高中各选取一间以上建设示范样板学校，并在2018年年底国家验收示范创建城市之前完成。

（五）高标准落实经费

根据《佛山市创建毒品预防教育示范学校工作方案》（佛府办函〔2018〕263号）的精神，全市300所创建毒品预防教育示范学校按照8万元一所的标准落实，共计2 400万元，由市、区两级财政共同承担，于2018年6月中旬市政府常务会专题通过。各区参照市的做法，均落实了不少于8万元一所示范学校创建经费。

二、宁夏经验

宁夏自治区禁毒委坚持以贯彻落实《全国青少年毒品预防教育三年规划》为主线，借助“互联网+禁毒教育”全新思维，密织“校园网、宣传网、保障网”三大网络，打造宁夏毒品预防教育“e驱动、微传播、大统筹”的创新品牌，实现了毒品预防教育全覆盖的目标，取得了广大人民群众对禁毒工作满意度达到90.1%，青少年对毒品认知率达到96.4%、对毒品危害知晓率达到97%，新吸毒人员增幅由高峰期的30%下降到7.5%，青少年吸毒人数占比从67%下降至55%的显著成效。

（一）e驱动打造精准化全覆盖校园网

根据各年龄段学生特点，运用“互联网+”思维和方法，建立了多渠道、有差别、分层级的毒品预防教育体系。研发建设覆盖全区大、中、小学的“宁夏学校毒品预防教育数字化平台”，并与宁夏教育资源公共服务平台对接，实行统一用户认证。平台设置在线课堂、虚拟展馆、评估监督等功能模块。在线课堂模块根据不同年级特点，设置针对性的禁毒课程、配套课件、随堂评测、考核试卷等内容以及海量素材展示功能，极大丰富了学校毒品预防教育内容。虚拟展馆模块依托三维全景技术和现代音频技术，突破了实体展馆空间和内容上的限制，使各校师生通过互联网即能真实感受展馆及展品，并能在线参与各种互动体验，极大增强了禁毒宣传的吸引力和实效性。评估监督模块通过对注册用户的登录点击量、学习时长、网上答题等数据进行统计分析，进而科学且准确掌握各地区、各学校、各班级毒品预防教育工作落实情况和学生掌握毒品知识情况，并将网上考试测评结果作为检验毒品预防教育教学质量的依据，作为学生毕业成绩。该平台的投入运行，实现了宁夏回族自治区学校毒品预防教育的信息化、现代化，有效解决了长期制约学校毒品预防教育的无师资、无教材、无课时等瓶颈性问题。目前，平台注册学校2 404所、学生66万人，注册率达97%和71%，学生自学率达80万人次，平台日均同时在线3 000余人。同时，在校园内建立免费无线网络，在学生登录界面设置禁毒宣传内容，打造青铜峡市第六中学、银川市第九中学“校园禁毒图书角”示范样板，并在全国禁毒图书角现场会上进行观摩推广，全区所有县区全部建成具备数字阅览功能的标准化禁毒图书角。通过建立多渠道、有差别、分层级的毒品预防教育体系，实现了全区校园和在校学生毒品预防教育全覆盖，持续巩固了“校园无毒品，学生不吸毒”的成果。

（二）微传播搭建矩阵化全时空宣传网

通过布建点、线、面相互融合，相互衔接，相互补充的宣传网络，确保实现“零死角”目标。宁夏各市、县、区通过独立设置或依托当地展览馆，博物馆，文化宫等方式，全部建成面向公众开放的禁毒教育基地，接待人数120万人次。城市社区、行政村、中心广场、交通站点、旅游景点和学校全部设立禁毒宣传长廊，专栏或橱窗。

在自治区科技馆建成集声光电为一体的宁夏禁毒科普教育基地，累计参观人数已超百万人次。借助宁夏智慧城市建设契机，充分运用移动互联网，在公交车和学校等人员密集场所投放免费无线网络，推送禁毒公益广告，让青少年在上网、娱乐、乘车等闲暇之际，随时随地了解毒品知识。在青少年易涉毒的重点区域场所，通过城市临街电子屏、视频联播机定期推送禁毒宣传警示标语，在KTV、网吧开机登录界面、桌面屏保统一设置禁毒公益广告、建立禁毒影视资料库，统一安装青少年毒品预防教育和防范新型毒品系列宣传图文，设立禁毒宣传角。充分运用新媒体的传播优势，创建宁夏禁毒网站、微信、微博等平台。宁夏禁毒微信公众号覆盖人群突破50余万人次，忠实粉丝超过14万余人，点击阅览量超过200万人次。先后在宁夏禁毒微信和网站开办“6·27在行动”“示范省区创建”专栏，累计刊发全区学校建设“6·27工程”稿件100余篇。区、市、县三级禁毒部门还将宣传触角延伸到“今日头条”并建成全区头条矩阵，全区千名禁毒专职工作人员建立各类微信群100余个，覆盖近万名服务对象。电视、广播、报刊、电影院线、新闻网站等媒体安排专门时段和版面刊播禁毒公益广告，实现全媒体多元化、矩阵化、常态化传播。针对青少年喜好特点，组织开展全区禁毒微视频大赛、禁毒公益广告大赛，通过开展网络报名、网上投票、网上评比，极大地激发了广大青少年的参与和创作热情。对评选出的优秀禁毒微视频、公益广告，配发区、市、县电视台，各大网络和微信平台展播。通过大众传播、群体传播、人际传播的方式，使无所不在的微传播汇聚成了家喻户晓的大宣传。

（三）大统筹构建常态化全方位保障网

自治区党委和政府把禁毒工作作为事关全局、事关发展、事关稳定的“一把手工程”和平安宁夏建设的“头号任务”，在全区上下形成了齐抓共管的思想共识，构建起了党政主导主责的工作格局，打响了持久攻坚的禁毒人民战争，推动了青少年毒品预防教育工程。自治区党委、政府专门听取禁毒工作形势分析和工作汇报，专题研究制约禁毒工作的瓶颈性、机制性、保障性难题，制定出台自治区进一步加强禁毒工作意见、禁毒人民战争实施方案、创建全国禁毒示范省区工作方案、禁毒工作领导责任追究办法，并把禁毒工作纳入自治区效能考核，加大毒品预防教育考核权重，通过第三方测评重点考核人民群众对禁毒工作满意度和禁毒知识知晓率；自治区人大、政协专题调研青少年涉毒问题和吸毒人员初吸情况，督导督办毒品预防教育工作等重点提案议案；自治区禁毒委多次约谈禁毒工作后进地区、重点高校，督促各地、各部门把禁毒工作特别是青少年毒品预防教育工作放在心上、抓在手上、见到实效上。

三、曲靖模式

“3D技术让毒品预防教育的动画、视频、图片更生动逼真，卡通漫画形式的网页非常有趣，由此学习禁毒知识不再枯燥，让我们更直观地认识到毒品危害，内心深受震撼。”云南省曲靖市网上禁毒教育基地自2017年6月26日上线运行以来，吸引了大批在校学生的关注。该平台运用了3D、VR技术，以青少年喜闻乐见的飞碟太空舱形式，设计出数字三维展馆、远程教育、禁毒漫画知识、有奖涉毒举报等模块，有效激发青少年的学习兴趣，带动其主动参与禁毒。

近年来，曲靖市以实施“不让毒品进校园”活动为契机，通过夯实预防基础、创新教学模式、全面宣传发动等措施，开启了一张学校、家庭、社会“三位一体”全时空，无死角的校园“防毒网”，全市校园无毒品、学生无吸毒，学生接受禁毒知识教育面及在校学生无涉毒行为均达100%，青少年涉毒违法犯罪持续下降。

（一）夯实预防教育基础，杜绝毒品进校园

曲靖地处滇、黔、桂、川四省区接合部，有3条重要的出省通道，是云南“堵源截流”的最后一道防线。曲靖境内有各级各类学校3 036所，在校学生140万人，毒品预防教育工作形势严峻。

2011年以来，曲靖市充分发挥公安、禁毒、教育等部门的作用，把学校作为毒品预防教育的主战场，紧紧围绕“不让毒品进校园”活动，深入开展学校毒品预防教育，让学生自觉远离毒品、抵制毒品。

曲靖市委、市政府多次召开会议，印发实施“不让毒品进校园”项目试点活动方案，及时成立领导组、专家组、督导组、教育科学研究组，层层签订责任书。各级财政安排学校毒品预防教育专项经费预算达1 000余万元，确保活动顺利开展。同时，整合公安、教育等方面的资源优势，开展禁毒教育宣传，把禁毒教育与思想品德教育、法制教育结合起来，充分利用板报橱窗、学校网站、电子显示屏等平台开展毒品预防教育。

在此基础上，他们邀请毒品预防教育专家开展市、县、乡镇各级学校全覆盖的三级师资培训，培养了一支6 000余人的毒品预防教育师资队伍，确保学校毒品预防教育课时每学期小学4课时、初中6课时、高中4课时、中等职业学校4课时、大学2课时的课程安排，做到教学计划、教材、课时、师资“四落实”。

（二）创新预防教育模式，提升学生拒毒意识

曲靖公安机关联合多部门建成3D数字化网上禁毒教育基地，采用声、光、电等科技手段设计出包括3D数字展览馆、远程教育、禁毒漫画知识、校园文化、涉毒有奖举报、心理咨询、禁毒志愿者等模块。其中，远程教育模块集教、学、考为一体，把全市各学校的禁毒预防教育读本、课件体系、教学视频及专家团队精心研发的分教育年龄层级考试系统形成网络在线应用，满足不同类别、不同层次人员的学习培训需求。禁毒志愿者模块实现了志愿者团队活动的线上申报、发起、组织与管理。涉毒有奖举报模块实现了图片证据快速上传功能，为有效打击涉毒违法犯罪提供了多元化的举报渠道。

为确保毒品预防教育效果，曲靖市禁毒委邀请省内高校专家，结合不同年龄段学生的心理特点，编写出版了小学、中学、中等职业学校、大学4个版本的《毒品预防教育读本》，并同步研发毒品预防多媒体教材。小学版采用诱导式，课程中穿插小故事、小游戏、小讨论和儿歌；中学版采用当前比较流行的“小贴士”语言，介绍识毒防毒拒毒知识；中等职业学校版设置了同龄的“大眼镜同学”卡通形象，以实验和案例的方式介绍毒品的危害；大学版则注重“知识卡”的运用和理性分析。

各学校通过体验式、融入式、互动式等教学方法，不断提升禁毒教育效果。课内，老师把毒品预防教育知识穿插到各类课程的教学中，把讲台变成舞台，让学生在自编自导的情景剧或小品中扮演角色，在无形中灌输禁毒知识，让学生积极参与教学互动；课外，通过文艺演出、微电影、校园广播网站等载体开展毒品预防教育，适时组

织开展师生签名、禁毒知识竞赛等活动。

（三）全面宣传发动，实现校园“双零”目标

“同学们，面对毒品要坚决说‘不’，永远不要尝试第一口……”曲靖公安机关以校园宣传为主阵地，定期到校园开展禁毒宣传。民警针对小学生好奇心强、理解能力较弱的特点，通过通俗易懂的语言和真实生动的动画卡通图片，使他们懂得日常生活中如何识别毒品；针对中学及以上的青少年，通过播放禁毒宣传片、禁毒知识讲座、发放宣传资料、禁毒宣传征文等多种形式开展宣传。

曲靖公安机关还联合辖区学校，采取家校联动的方式，通过召开家长会、发短信等形式，向家长宣传毒品预防教育知识，组织开展“我和爸妈同拒毒”等活动，构建学校引导学生、学生带动家长、家长联系社会的毒品预防教育网络，学生家长禁毒知识知晓率达100%。

2017年以来，曲靖市各级公安机关联合禁毒部门、辖区各类学校，联合组织开展毒品预防宣传教育，发放宣传资料，全市学校实现“零吸毒、零毒品”目标。

第五章 构建全网络戒毒管控体系

禁毒工作要达到“控增量”的目标，靠的是“防”，要做到“去存量”，则要靠“控”。《中华人民共和国禁毒法》与《戒毒条例》出台后，我国革新了过去的戒毒模式，提出了一套集自愿戒毒、社区戒毒、强制隔离戒毒、社区康复于一体的新型综合戒毒管控模式。仔细阅读“构建全网络戒毒管控体系”部分的评分细则，我们不难发现，这一部分细则就是考察申报城市的戒毒康复人员管控帮扶情况。

第一节 创建内容

一、吸毒人员查处

为加强吸毒人员的查处工作，有力保护公民的人身权、财产权与人格权。该考评点包括“吸毒人员查处数量”与“新发现吸毒人数占比”两部分，总分为5分，其中“吸毒人员查处数量”占3分，“新发现吸毒人数占比”占2分。

（一）吸毒人员查处数量

此处需查明近三年的查处吸毒人员数量，查处吸毒人员数最多的那一年数值为最高值，平均值等于近三年查处吸毒人员总数除以3后的数值。以2018年为例，近三年是指2015年、2016年、2017年。

以近年来全国查获有吸毒行为人员人次数举例，2015年全国查获106.2万人次，2016年全国查获100.6万人次，2017年全国查获87

万人次。由此算出，最高值为106.2万，平均值为97.93万，即2018年度查获人数高于106.2万人次，则得3分；若查获人数高于97.93万人次且低于106.2万人次则得1.5分；若查获人次低于97.93万人次则不得分（见图5-1）。

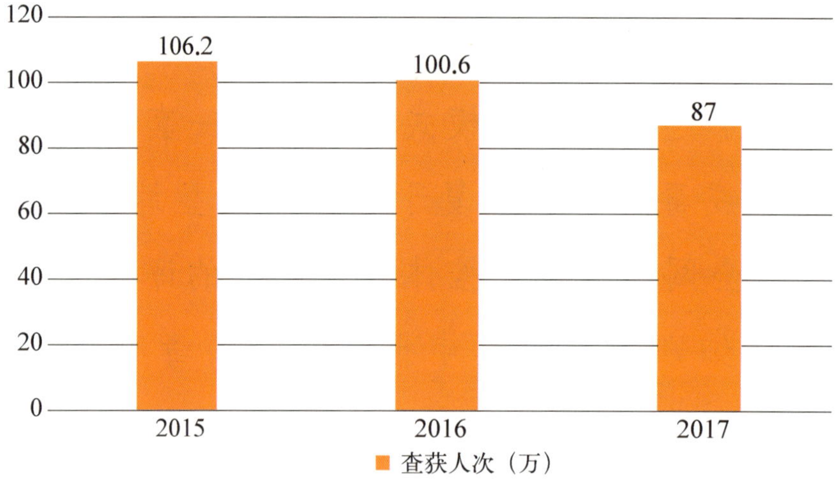

图5-1　2015—2017年全国查获有吸毒行为人员人次数

（二）新发现吸毒人数占比

根据考评细则要求，可知："新发现吸毒人数占比=本年度新发现吸毒人员数/本年度查处人次数×100%"。新发现吸毒人数占比高于50%的可得2分，高于40%的得1分，低于40%则不得分。

以2017年全国查处数为例，查看《2017年中国毒品形势报告》可知，被查获的87万人次中，登记新发现吸毒人员34万人，占2017年度查处人次数的39%。同理，通过查看2015与2016年的中国毒品形势报告可计算出2015与2016年的新发现吸毒人数占比分别为50%和44%。假设A市本年度新发现吸毒人数占比为50%，B市为44%，C市为39%，即此项A市可得2分，B市得1分，C市不得分（见图5-2）。

二、强制隔离戒毒

强制隔离戒毒作为传统的管控措施，具有强大的震慑力，对于有

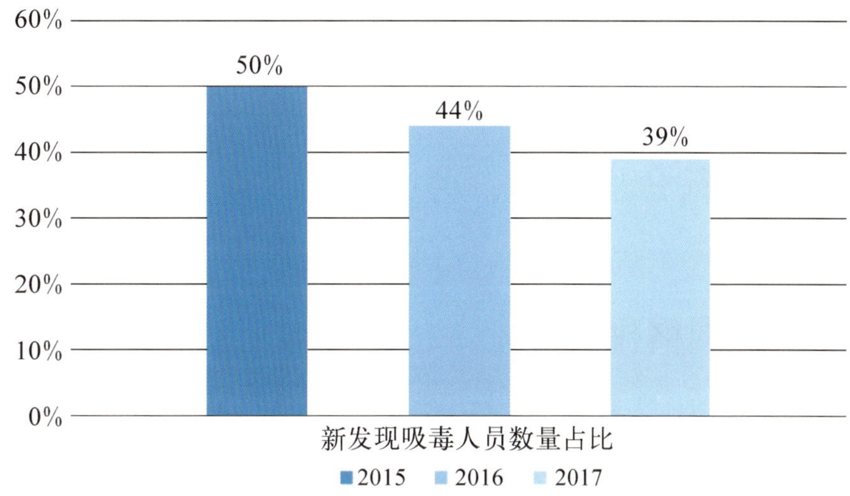

图5-2　2015—2017年全国新发现吸毒人数占比

效遏制毒品问题发展蔓延，减少毒品社会危害，促进社会和谐稳定起到重要作用。该考评点包括“强制隔离戒毒人员送戒率”与“病残吸毒人员送治率”两部分，总分为4分，其中“强制隔离戒毒人员送戒率”占2分，“病残吸毒人员送治率”占2分。

（一）强制戒毒人员送戒率

在《关于进一步加强和规范强制隔离戒毒工作的意见》（禁毒委通［2013］7号）中指出，各级公安机关应严格依照《中华人民共和国禁毒法》《戒毒条例》有关决定，进一步规范强制隔离戒毒的法律适用，决定程序，制作、送达法律文书等执法工作。对符合强制隔离戒毒适用条件的人员，应当依法作出强制隔离戒毒决定，坚决杜绝“以罚代戒”“降格处理”现象。对被决定强制隔离戒毒的人员，要依法执行，切实提高强制隔离戒毒的执行率。

根据考评细则要求，可知：“送戒率＝本期新责令强制隔离人数/本期查获有吸毒史人数×100%”，按全国送戒率高低进行分档排名，共分5档，第一档得2分，每低一档扣0.5分。

（二）病残吸毒人员送治率

病残吸毒人员涣散于社会面，将严重危害社会治安，严重影响人民群众的安全感，地方应严肃落实病残吸毒人员收治工作，维护法律严肃性和执法公信力。根据考评细则要求，可知："送治率＝本期实际送戒入所的病残吸毒人数/病残吸毒人员总人数×100%"，按全国送治率高低进行分档排名，共分5档，第一档得2分，每低一档扣0.5分。

三、吸毒人员网格化管理

《全国社区戒毒社区康复工作规划（2016—2020）》中要求，各级综治组织、禁毒部门要按照《关于开展全国吸毒人员网络化服务管理试点工作的通知》（禁毒办通［2015］85号）的要求，把社区戒毒社区康复工作纳入网格化社会管理服务体系。根据考评细则要求，在综治部门或住建部门等划分的网格中，100%将吸毒人员作为重点人员纳入管理的，得1分，50%以上网格纳入的，得0.5分，其余不得分；制定吸毒人员网格化服务管理工作的实施意见得1分。

四、自愿戒毒

自愿戒毒是指吸毒人员主动前往具有戒毒治疗资质的医疗机构自愿进行医疗戒毒，主要为生理脱毒。在《戒毒条例》中，将药物维持治疗纳入自愿戒毒范畴。符合参加戒毒药物维持治疗条件的戒毒人员，由本人申请，并经登记，可以参加戒毒药物维持治疗。登记参加戒毒药物维持治疗的戒毒人员的信息应当及时报公安机关备案。在我国，药物维持治疗目前是指美沙酮维持治疗（MMT）。在日常工作中，应注意做好药物维持治疗人员管理工作，减低脱失率。

按考评细则规定，"自愿戒毒就诊率＝（自愿戒毒医院就诊人数＋美沙酮维持治疗门诊人数）/本地区现有吸毒人数×100%"，按全国送戒率高低进行分档排名，共分5档，第一档得2分，每低一档扣0.5分。

五、社区戒毒社区康复机构人员建设情况

自"8·31"工程实施以来，我国多地普遍制定了社区戒毒社区

康复办事机构建设规范，上海、江苏、浙江、山东、宁夏基本实现了基层办事机构全覆盖。各地通过统一招聘、政府购买等方式配备禁毒社工，据不完全统计，2016年全国社区戒毒社区康复办事机构已配备专职社工2.7万名、兼职社工5.4万名。该考评点包括“工作机构建设合格情况”与“专职工作人员配备情况”两部分，总分为3分，其中“工作机构建设合格情况”占2分，“专职工作人员配备情况”占1分。

（一）工作机构建设标准

社区戒毒社区康复是一项长期性的工作，解决工作场所是做好社区戒毒社区康复工作的基础。各地应对照国家、省、市各级相关标准要求，逐一对照检查社区戒毒社区康复办公室建设合格情况。按全国禁毒示范城市创建工作考评细则规定，“合格率=以街道（乡镇）为单位成立的合格的社区戒毒社区康复办公室数/以街道（乡镇）为单位成立的社区戒毒社区康复办公室总数×100%”，按全国建设合格率高低进行分档排名，共分5档，第一档得2分，每低一档扣0.5分。

（二）专职工作人员配备情况

《关于加强社区戒毒社区康复工作的意见》（禁毒办通［2013］5号）要求，乡（镇）人民政府、城市街道办事处应当至少配备1名专职或兼职干部，具体负责社区戒毒社区康复工作。根据工作实际需要，按照辖区每30名实有吸毒人员原则上至少配备1名专职工作人员的比例，配齐社区戒毒社区康复专职工作人员，专门从事社区戒毒社区康复人员管理和服务工作。辖区实有吸毒人员不足30名的，也应当至少配备1名专职工作人员。县级以上人民政府可以通过政府购买服务、提供公益性岗位、落实事业编制等方式，统一招聘社区戒毒社区康复专职人员和专业社会工作者，落实工资报酬、福利待遇和社会保险，加强业务培训，提升专业社会工作服务能力，确保专职人员队伍的稳定性和工作的持续性。广东省印发的《关于加强全省社区戒毒社区康复工作的通知》（粤禁毒办［2016］124号）对人员配备作出更细化的要求，禁毒工作人员配置标准以户籍吸毒人员为基数，每30名户籍吸毒人员配置1名禁毒工作人员。重点整治县（市、区）禁毒社会工作人员中具备社工学历或社工资格证书的专职社工人数不低于10%。

根据考评细则要求，申报城市按照户籍吸毒人数20：1配齐专职工作人员的得1分，按30：1配齐专职工作人员的得0.5分。假设A市户籍吸毒人数为3 000人，配备150名或以上专职工作人员，得1分；配备专职工作人员人数高于或等于100名，且少于150名的，得0.5分；少于100名的，不得分。

考评检查时，申报城市需准备的专职工作人员证明材料大致如下：

1. 劳动合同；

2. 社保扣缴证明；

3. 工资流水单及资金来源证明；

4. 若是政府购买服务的项目人员，需准备招投标文件、项目合同等。

六、社区戒毒社区康复执行情况

时至今日，社区戒毒社区康复作为我国一种重要的戒毒模式，已实施9年有余，也取得一定的成效。2017年9月国家禁毒委员会、公安部部署开展全国社区戒毒社区康复脱失人员“清零行动”以来，各地禁毒办积极发挥组织、协调、指导作用，在各有关部门的密切配合下，截至2017年10月底，全国共排查管控脱失社区戒毒社区康复人员15.7万人，占脱失总量的94.6%，取得明显成效，社区戒毒社区康复执行工作得到进一步落实。该考评点包括“社区戒毒社区康复报到率”与“社区戒毒社区康复执行巩固率”两部分，总分为4分，其中“社区戒毒社区康复报到率”占2分，“社区戒毒社区康复执行巩固率”占2分。

（一）社区戒毒社区康复报到率

根据考评细则要求，可知："报到率=社区戒毒社区康复已报到人数/应执行社区戒毒社区康复总人数×100%"，按全国报到率高低进行分档排名，共分5档，第一档得2分，每低一档扣0.5分。

（二）社区戒毒社区康复执行巩固率

在日常工作中，我们计算巩固率，会设定一个时间段，但本次考评细则中并没明确规定该巩固率的时间长度是多少。本着高要求、高标准的原则，此处建议分别算出一年、两年、三年的执行巩固率，以方便检查人员开展考评工作。根据考评细则要求，可知："巩固率=社区戒毒社区康复N年内不脱失人数/应执行社区戒毒社区康复总人数×100%"，N分别取1、2、3三个数值。按全国巩固率高低进行分档排名，共分5档，第一档得2分，每低一档扣0.5分。

第二节　重点难点

吸戒毒人员管控工作涉及内容较多，本章重点在于社区戒毒社区康复工作如何落地生根，做到"有场地、有队伍、有成效"。此外，病残吸毒人员收治与自愿戒毒工作一直是不少地方政府无从入手、头疼困惑的问题，收治方式、收治场地、医疗保障等问题，让病残吸毒人员成了烫手的山芋，难管却不能不管。本节将结合部分地区经验做法，分析上述重点与难点工作如何应对。

一、社区戒毒社区康复工作管理

自《戒毒条例》颁布以来，社区戒毒社区康复工作已实施多年，但是普遍地区对该项工作的开展与管理缺乏经验，工作落实进度缓慢。社区戒毒社区康复人员复吸率居高不下，社会面管控不到位，逐渐被边缘化等问题，使他们成为社会治安中的不稳定因素。《全国社区戒毒社区康复工作规划（2016—2020年）》实施以来，对该项工作起了非常大的推动作用。社区戒毒社区康复的确立推广，充分说明我国禁毒工作重视人性化管理，是社会进步的重要标志。

（一）社区戒毒社区康复工作的基本任务

根据《戒毒条例》的规定，县级、设区的市级人民政府公安机关可对吸毒成瘾人员责令执行为期3年的社区戒毒。而具体的社区戒毒措施则是由乡（镇）人民政府、城市街道办设立的社区戒毒工作小组落实。参与社区戒毒的吸毒人员需自觉履行社区戒毒协议，定期接受检测等义务。相对而言，社区戒毒专职工作人员需为吸毒人员提供职业技能培训、法律知识教育及其他帮助戒除毒瘾的措施。吸毒人员若严重违反社区戒毒协议或不接受检测3次以上，将被执行强制隔离戒毒。社区戒毒的确立，从法律层面完善了分类管理、宽严结合的戒毒体制，既减轻了强制隔离戒毒工作的压力，也让吸毒人员能在社区接受戒毒康复，更便于链接政府与社会资源对其开展管控。

解除强制隔离戒毒人员需接受为期不超过3年的社区康复，以巩固戒毒成效，逐步回归社会。药物依赖和毒品成瘾者是慢性脑病患者[1]，戒毒康复人员不再只是一个违法之人，更是一个病人。从强制隔离戒毒所出来后，他们很多只是戒掉了生理上的毒瘾，出所后的他们，需要学习如何抵制外界诱惑、如何找回自信、如何回归社会。社区康复专职工作人员则需要根据个体的不同，为戒毒康复人员提供心理治疗、就业帮扶、生活援助等服务。

（二）现阶段社区戒毒社区康复工作存在的问题

1. 部分地区工作观念陈旧，光有“牌子”，措施难以落地

部分地区政府对于禁毒工作的观念陈旧，仍是采取“重打击成效，

1 杨良.中国社区戒毒和社区康复模式理论与实践［J］.中国药物滥用防治杂志，2014（3）.

轻管控帮扶”的工作方法，不重视社区戒毒社区康复工作的保障与部署。有人认为开展该项工作，每年财政支出将会增加一笔不少的花费。在管理工作上，我们更应该看这项工作的效益将会如何，看这笔钱花得值不值。王清亮教授与刘志民教授曾对上海市社区戒毒（康复）的效果及其成本做过一项调查，结果显示：2008—2010年，戒断3年及以上人数持续增加，新发现海洛因滥用者人数总体呈下降趋势。抽样调查的8个社区在2010年开展社区戒毒（康复）的经济投入为968.6万元，产生的经济效益为5 173.5万元，成本—效益比值为1 ：5.3，即在社区戒毒（康复）上每投入1元，可节约毒品问题导致的社会和个人经济支出5.3元。[1]由此可见，社区戒毒社区康复工作的社会效益与经济效益均显著，是减少毒品危害、维护社会和谐稳定的可取之道。

有些地方的社区戒毒社区康复工作领导小组成立后，并没有落实责任分工，在某一办公室把“社区戒毒社区康复办公室”的牌子一挂，便算是完成任务。社区戒毒社区康复是一项长期性的工作，其成效也不是一蹴而就的，解决工作场所是做好社区戒毒社区康复工作的基础。该项工作有其特殊性，服务的人群是吸毒人员，需为其开展访谈、心理咨询等服务工作，对场所环境有一定的要求，不能简单理解为“一间房、一张桌、两张椅”就是办公场所。缺乏专门办公设施，会给工作的落实开展带来一定的困扰。

2. 工作队伍质素难以满足“社戒社康”工作需求

社区戒毒社区康复工作涉及心理咨询治疗，职业技能培训，就医、就学援助等多领域内容，对专职工作人员的要求较高。我国多地虽组建了社区戒毒社区康复工作专职工作队伍，但由于该工作在我国起步晚，人才相对缺乏，薪酬待遇偏低，导致队伍不稳定、人员流动

1　王清亮，刘志民.上海市社区戒毒（康复）的效果及其成本—效益评价［J］.中国药物依赖性杂志，2013（1）.

性大。有些地方选择购买社工服务，引进专业社工参与社区戒毒社区康复工作。但社工服务分多个领域，禁毒戒毒工作领域只存在于极少数高校中，培养的社工人才供不应求。

3. 工作合力尚未形成，社区效能尚未充分发挥

在引进社工服务的社区，往往会遇到相关部门不积极配合，遇问题相互推诿的尴尬情形。社工作为社会力量，引入禁毒工作，是推动禁毒工作往社会化发展的一大步。但部分相关职能部门仍存有“禁毒是公安的事”的惰性思维，社工在开展家访、帮扶救助时，常常为一件事跑多趟，不愿意配合，怕麻烦，递交的资料迟迟没有回音，使得工作开展困难重重。

（三）社区戒毒社区康复工作管理的对策建议

1. 工作办事机构建设规范化

在《全国社区戒毒社区康复工作规划（2016—2020）》中提到“社区戒毒社区康复工作领导小组负责组织开展社区戒毒社区康复工作，推动乡（镇）人民政府、城市街道办事处为社区戒毒社区康复工作提供办公用房、活动场所等工作环境，落实办公设备、办公经费等必备条件。”本规划还明确要求，各省禁毒委员会要结合自身，研究制定社区戒毒社区康复办公室建设标准，指导、督促各地落实到位。地方政府应根据国家与省级相关标准要求，结合地方条件，制定地方社区戒毒社区康复办公室建设标准，统一规范办公室功能室划分、上墙内容、办公设备等内容，实现建设标准化、工作规范化，解决工作场所等基础性问题。

2. 组建专职工作队伍，强化职业素质

组建专职工作队伍，是落实社区戒毒社区康复工作的基础。强化队伍职业素质，是保障工作质量的必要措施。县级以上人民政府可以通过政府购买服务、提供公益性岗位、落实事业编制等方式，统一招聘社区戒毒社区康复专职人员和专业社会工作者，落实工资报酬、福利待遇和社会保险。

目前，专职工作人员大体分为两类群体：禁毒专干和禁毒社工。

禁毒专干是指各乡镇人民政府、城市街道办事处通过公开招聘，专职从事社区戒毒社区康复工作非事业编人员，大多以劳务派遣的形式派遣到指定的工作地点。其职责大体包括如下几点。

（1）了解掌握社区毒情形势，负责对本社区吸毒人员进行日常管理。

（2）深入开展禁毒宣传，组织对本社区重点场所，高危人群的毒品预防教育。

（3）组织开展入户调查工作，详细掌握吸毒人员的基本情况、现实表现、家庭状况和思想动态。

（4）负责做好对吸毒人员的谈话、帮教工作，及帮教档案的收集、管理和使用。

（5）与社区戒毒人员签订社区戒毒协议，组织实施社区戒毒，为社区戒毒人员提供帮助、服务和监督。

（6）做好社区戒毒信息收集、数据统计和上报工作。

禁毒社工是指具有一定禁毒戒毒和社会工作理论知识和实务的方法，在一定时期内对服务对象提供心理咨询辅导、戒毒康复指导、就业帮扶、资源链接和行为督促的非政府机关专业化人员；通常以政府购买服务的形式，派驻到指定工作地点。其职责如下。

（1）提供戒毒康复服务。调查了解戒毒康复人员行动趋向、生活状况、社会关系、现实表现等情况，开展戒毒康复人员心理社会需求评估；为戒毒康复人员提供心理咨询和心理疏导、认知行为治疗、家庭关系辅导、自我管理能力和社会交往能力提升等专业服务；帮助戒毒康复人员调适社区及社会关系，营造有利于戒毒康复的社会环境。开展有利于戒毒康复人员社会功能修复的其他专业服务。

（2）开展帮扶救助服务。为戒毒康复人员链接生活、就学、就业、医疗和戒毒药物维持治疗等方面的政府与社会资源。组织其他专业力量和志愿者为戒毒康复人员及其家庭提供服务，协助解决生活困难，提升生计发展能力，改善社会支持网络，促进其社会融入。

（3）参与禁毒宣传教育。参与组织禁毒宣传活动、普及毒品预防和艾滋病防治等相关知识、宣传禁毒政策和工作成效，增强公民禁毒意识，提高公民自觉抵制毒品的能力。倡导禁毒社会工作理念，减低并消除社会歧视与排斥。

（4）协助开展有关禁毒管理事务。协助开展吸毒人员排查摸底工作；协助建立相关档案资料，做好工作台账，对工作对象的戒毒康复情况进行定期评估。协助做好强制隔离戒毒人员出所衔接，督促、帮助社区戒毒社区康复人员和戒毒药物维持治疗人员履行协议，努力减少现实危害。发现社区戒毒社区康复人员拒绝报到或严重违反协议的、参加戒毒药物维持治疗人员严重违反治疗规定的，向乡镇（街道）禁毒工作机构报告，协助收集提供有关材料。

各级禁毒办可联系民政部门、高校、社会组织等力量，定期对专职工作人员开展业务技能培训，提升专业社会工作服务能力，培养队伍骨干，确保专职人员队伍的稳定性和工作的持续性。

3. 坚持依法管理与科学管理

时刻明确工作目标，2019年社区戒毒社区康复执行率要达90%以上，到2020年则要保持在97%以上。专职工作人员要依法做好社区戒毒社区康复人员的跟踪帮管工作，积极与公安部门沟通获取人员信息，逐一走访落实。专职工作人员要如实告知吸戒毒人员关于社区戒毒（康复）协议内容，与其需履行的义务。依法开展走访教育，检测通知等工作，确保其可控可管。对已引入社工服务的地方，应充分发挥社工群体的特长，对社区戒毒社区康复人员开展有针对性的专业帮扶，让他们真正明白政府用心，积极配合接受社区戒毒社区康复措施，提高执行巩固率。

建立无缝对接出所工作机制。对解除强制隔离戒毒人员开展出所无缝对接工作，专职人员前往强制隔离戒毒所接其回户籍所属办公机构，可直接办理报到手续，既能确保其不脱失，也可及时避免法律文书缺失或找不到人的情况，大大提高了社区戒毒社区康复的执行率。公安、司法、综治部门需共同参与无缝对接出所工作机制，确定各方的工作联系人，规范出所衔接流程。

二、病残吸毒人员收治管理

（一）病残吸毒人员收治的必要性

依法开展强制隔离戒毒工作，是教育挽救吸毒人员、治理毒品滥用问题、萎缩毒品消费市场、减少毒品社会危害、净化社会环境的重要举措。但是，各地方均不同程度受场所条件、医疗能力、执法水平等因素影响和制约，一些患有艾滋病、心脏病、尿毒症、传染病等严重疾病和吞食异物自伤自残的吸毒成瘾严重人员没有入所执行强制隔离戒毒，导致大量病残吸毒人员涣散于社会面，严重危害社会治安、影响人民群众安全感，严重损害法律严肃性和执法公信力。

针对病残吸毒人员送戒难、戒治难问题，《关于进一步加强和规范强制隔离戒毒工作的意见》（禁毒委通［2013］7号）表示，地方应争取党委、政府和有关部门的支持，加大戒毒经费和卫生医疗力量投入，在强制隔离戒毒所开辟收治病残吸毒人员的专门区域，或者在现有强制隔离戒毒场所中确定一所专门收治病残吸毒人员的场所，或者依托医疗卫生机构，探索建立专门收治病残吸毒人员的区域，努力解决好这一困扰戒毒工作的老大难问题。国家禁毒办等八部委印发的《关于加强病残吸毒人员收治工作的意见》（禁毒办通［2015］87号）提出了四点意见：一是加快建立专门收治病残吸毒人员的区域、场所和医疗机构（病区和中心），着力提升戒毒医疗服务能力；二是严格依法对病残吸毒人员进行强制收戒治疗，积极提供帮扶救助服务；三是加强对病残吸毒人员专门收治场所和区域的管理，完善各项管理制度；四是切实加强对病残吸毒人员收治工作的组织领导，不断完善保障机制。

（二）当前病残吸毒人员的收治困境

1. 医疗资源困境

目前，医疗服务能力与强制隔离戒毒人员医疗服务需求矛盾十分突出。精神异常的吸毒人员日渐增多，不仅是由吸食毒品所导致，也可能是患者本身就存在精神疾病，导致管理、处置难度较大。各类传染病人较多，部分吸毒人员自恃患有传染病，不服从管教，给场所带来较大的监管压力及安全隐患。司法行政强制隔离戒毒系统中具有执业资质的医务人员少，人员编制控制严，相对于社会医院的医务岗位，不具备吸引力，人才引进难。但是场所内医疗工作的任务并不轻松，人手不足的压力日渐递增。

以浙江省省属某强制隔离戒毒所为例：2017年1月至6月中旬，该所医院共接收戒毒人员门急诊9 146人次，巡诊查看4 092人次，各项体液检测检验3 756人次，放射检查1 537人次，B超检查709人次，手术78例，收治戒毒人员至病残专区5人次，转送至所外住院病人12人次，办理所外就医（变更戒毒措施）18例，该所医院仅有医务民警29人。[1]

再看四川省的困境，全省司法行政强制隔离戒毒系统中具有执业资质的医务人员仅100多名，其中高级、中级职称的人数更是屈指可数。这样一支队伍需承担多个单位的工作量，平均下来每个单位的能力和水平可想而知。[2]

1 贾东明，姚永清，沈阳.浙江省病残吸毒人员收治管理状况研究［J］.河南司法警官职业学院学报，2018（2）.

2 张闵，张卫国，曾虎，谢磊，张丽华.病残吸毒人员集中收治中相关医疗问题分析及对策探索［J］.中国药物滥用防治志，2018（3）.

2. 工作保障困境

《戒毒条例》第31条规定“强制隔离戒毒人员患严重疾病，不出所治疗可能危及生命的，经强制隔离戒毒场所主管机关批准，并报强制隔离戒毒决定机构备案，强制隔离戒毒场所可以允许其所外就医。所外就医的费用由强制隔离戒毒人员本人承担”。由此可以看出，戒毒人员的严重疾病治疗费用没有纳入财政保障，需要其本人承担。大量的病残吸毒人员由于长期吸食毒品导致家庭生活困难、无法承担严重疾病的治疗费用，而各地由于经济发展不平衡，导致财政在保障病残吸毒人员治疗费用方面参差不齐。[1]

3. 安全风险困境

病残吸毒人员收治场所主要收治对象为社会危害大，患有艾滋病等严重传染病及自伤自残的吸毒人员。此类人员由于长期吸毒毒品，存在一定的精神疾病及抗拒收押暴力倾向，导致当前病残吸毒人员收治场所存在极大的所内疾病交叉感染风险和执法安全风险。另外，受所内医疗条件的限制，极易出现病残人员的死亡事件，容易引起病残吸毒人员家属上访、媒体炒作等。

（三）病残收治工作的管理办法建议

目前，国内不少地区在病残吸毒人员收治工作上做了不少探索，主要有以下三种做法。

1. 改造现有的强制隔离戒毒场所，建立专门收治病残吸毒人员的强制隔离戒毒所。

2. 建立专门的病残吸毒人员收治医疗机构，依托医疗卫生机构资源，改建收治病残吸毒人员的特殊医疗机构，用于收治患严重疾病、所外就医以及强制隔离戒毒所不具备医疗条件的病残吸毒人员。

1 周秀银.病残吸毒人员收治困境分析［J］.中国刑警学院学报，2017（6）.

3. 在现有的强制隔离戒毒所开辟专门区域，专门收治病残吸毒人员，是如今主要的病残吸毒人员收治形式。

三、自愿戒毒工作监督与管理

（一）当前我国自愿戒毒医院发展的瓶颈

1. 立法上的尴尬

《中华人民共和国禁毒法》首次赋予了自愿戒毒的合法地位，对医疗机构的资质、治疗活动的要求、治安处罚的豁免等事项做了详细规范。《戒毒条例》在《中华人民共和国禁毒法》确认自愿戒毒合法性的基础上，进一步确立了更为积极的立场，明确“国家鼓励吸毒成瘾人员自行解除毒瘾”，并规定了医疗机构协议戒毒的手段和应当履行的义务。尽管《中华人民共和国禁毒法》与《戒毒条例》对于自愿戒毒实践中出现的营利性异化、约束力薄弱、执法避风港等风险给予了充分估计，也完善了相应的制度设计予以规制。但是，自愿戒毒措施的立法干预是一项系统工程，既需要慎重考查整个戒毒体系的协调和衔接，也需要认真反思自愿戒毒本身的价值和定位。一方面，自愿戒毒与强制隔离戒毒措施之间的天然紧张关系仍缺乏必要的规范，强制隔离戒毒措施的扩大适用也是导致自愿戒毒萎缩趋势的原因之一。另一方面，由于行政权力过度深入，与自愿戒毒关于充分利用社会医疗资源的价值理念相悖，出现“一管就死，一放就乱”的恶性循环。[1] 由于强制隔离戒毒以吸毒成瘾严重或社区戒毒为前提，又缺乏与自愿戒毒之间的转化机制，“对自愿接受戒毒治疗的吸毒人员，公安机关对其原吸毒行为不予处罚”的规定，使得自愿戒毒与强制性戒毒措施发生适用混同，给吸毒人员逃避执法留下了投机空间，吸毒人员可以利用此漏洞，通过申请自愿戒毒而逃避强制隔离戒毒和行政拘留处罚。

1 靳澜涛．我国自愿戒毒制度的失范与规范［J］．四川民族学院学报，2017（3）．

2. 经营负担重

《中华人民共和国禁毒法》中要求戒毒治疗不得以营利为目的。戒毒治疗的药品、医疗器械和治疗方法不得做广告。但是，自愿戒毒医疗机构基本上都是民营机构，自负盈亏，这便是在维持发展的同时要求兼顾社会效益和公共利益。收治人数的多少，便决定了自愿戒毒医疗机构的盛衰。调查研究发现，平均一个病人一个疗程1万到1.5万元人民币的收费标准，一张床位支出一个月平均为一万元。当前，自愿戒毒医疗费用并没有纳入医保报销范畴，需要由参与自愿戒毒的吸毒人员完全负担，这样的收费对于大部分吸毒人员来说都是难以承担的。以一般的小规模戒毒科室为例，一个月大概是11万至12万元的支持，必须收满20个在床病人才能维持收支平衡。[1]收治人数不乐观，法律法规设限，使得自愿戒毒医疗机构发展举步维艰。

3. 医护人员短缺

相对于普通医院的医务人员，禁毒医护人员群体承受着更大的挑战，待遇却不是更好。戒毒医疗机构与自愿戒毒人员或其家属签订的是自愿戒毒协议，严格来说没有强制力，医生能获取的处置权限用于面对这群特殊的病人，可以说力不从心。医护人员在开展医疗服务的同时，还需处理因病人情绪暴躁、恶语相向带来的负面情绪。医生晋升需在精神科的大体制下遴选，暂无单独的晋升机制。如此种种，导致戒毒医生队伍人员流失严重。

（二）现阶段美沙酮维持治疗推广的障碍

美沙酮维持治疗脱失率高在我国并不罕见，服药依从性显著降低，且一直未能得到有效的改善，阻碍了美沙酮维持治疗的健康可持续发展，现时主要面临的障碍有以下几个方面。

1 徐曦昊.现阶段“自愿戒毒制度”的缺陷与修正——以陕西省为例［J］.法制与社会，2017（6）.

1. 美沙酮有其局限性

美沙酮本身的成瘾潜力决定了它有滥用的可能，及其由此带来的其他社会问题和可能的非法流失问题；“维持”的标准，“维持”对象的选择，以及维持剂量、维持时间等具体技术问题，应建立在科学、合理的基础上。否则，不但达不到预期效果，而且可能对当事者本人和社会带来负面作用和影响；美沙酮不能解决所有问题，对于其他麻醉品（如大麻）及精神药品（如苯丙胺类）滥用问题是解决不了的。[1] 查看近几年的中国毒品形势报告便可发现，吸食非阿片类的新型毒品人数占比呈上升趋势，阿片类毒品吸食人数比例开始下降。

2. 对美沙酮存在认知误区

首先，因美沙酮能消除戒断症状，部分服药人员会认为美沙酮与海洛因无异。服药人员会认为“美沙酮也是毒品，是毒品就会上瘾”。“美沙酮等同于毒品”的想法，让服药人员在服药期间对脱失、漏服、偷吸、美沙酮和海洛因交叉使用等错误行为不以为然。

其次，获得美沙酮的途径相对简单且合法，有的服药人员把美沙酮当成普通药品，并依据自己主观感觉决定是否服用与服用时间，戒断症状消失后甚至自行决定停服。因此，有的会选择在戒断症状严重时服用美沙酮一段时间，当症状消除后便停服。有的服药人员会夸大自己的病情，欺骗医生望能加大剂量，或听信同伴经验确定服药时间、剂量。在这样反复性自决、用量不科学的情况下，美沙酮维持治疗往往都以失败告终。

此外，还有部分服用人员听信“美沙酮对身体也是有害的”“冰毒能戒美沙酮”等谬论。张亚海等对美沙酮维持治疗稳定期的病人开展调查并发现：仍有74%的病人认为美沙酮对身体有害，72%认为有

1 刘志民.关于“美沙酮维持”的一些思考［J］.中国药物依赖性杂志，2001（2）.

副作用，20%认为美沙酮不能完全替代海洛因，8%认为冰毒可以完全代替美沙酮，12%认为冰毒可以戒掉海洛因。[1]这些数据表明，戒毒人员对美沙酮、海洛因、冰毒的认知存在着一定的偏差，这些偏差非常容易导致对自己行为的放任。

3. 戒毒动机不足，影响服药依从性

戒毒动机是戒毒者内在的促动力量，参加美沙酮维持的一个基本前提就是吸毒者必须有戒毒康复的主观意愿，戒毒动机强弱对个体戒毒行为导向和维持影响非常大。然而，戒毒人员的戒毒动机千差万别、波动很大，非常容易受到心理或社会上各种因素的干扰。长期吸食海洛因人员，会习惯性地合理化自己吸食海洛因的愿望和行为，倾向于刻意夸大美沙酮的毒副作用，从而对漏服、偷吸或者美沙酮和海洛因交叉使用等失范行为不重视，甚至自我放纵，因而很难坚持参与美沙酮维持治疗。

（三）如何加强自愿戒毒人员的管控工作

1. 开展“医—社”合作，自愿戒毒与社区戒毒社区康复相衔接

自愿戒毒医院的疗程有限，患者结束治疗后，并不代表能完全回归正常生活，此时若能与当地社区戒毒社区康复资源相连接，由社区戒毒社区康复专职工作人员为其提供心理咨询、技能培训、行为矫治等帮扶，不仅能降低复吸可能性，更能完成“生理脱毒—心理脱毒—回归社会”这一系列工作。院方可以组织资深工作人员定期对患者进行回访，并指导社区专职工作人员开展基础医疗知识培训。反之，社区戒毒社区康复专职工作人员沉淀在社区，服务于社区，比公安人员更容易接触到隐性吸毒人员。当专职工作人员能掌握自愿戒毒资源时，可对有需要的戒毒人员提供转介服务，待治疗结束后再为其提供

1 张亚海，徐筠，李龙辉，刘悦. 长期美沙酮维持治疗病人对美沙酮、海洛因和冰毒认知调查［J］. 中国药物滥用防治杂志，2014（6）.

社区戒毒社区康复服务。自愿戒毒措施必须与其他戒毒措施相衔接，单打独斗的局面，只能让自愿戒毒成为鸡肋。地方禁毒委可牵头，组织公安部门、卫生部门、自愿戒毒医疗机构、社区戒毒社区康复工作办公室定期召开多方会议，沟通就诊人员信息，逐步搭建起“医—社”合作机制，在提高就诊率的同时，也借助社区戒毒社区康复工作队伍的力量加强对就诊人员的管理。

2. 专职工作人员定期驻点美沙酮维持治疗门诊

我国大多数美沙酮维持治疗门诊只有医生、护士若干人，能力有限，但药物维持治疗人员与普通吸毒人员一样，还可能存在心理、生活等各种需求。各地可尝试安排禁毒社工或专干每周定期驻点美沙酮门诊，通过建档、访谈等形式，可以从非医学的角度了解服药人员的需求，科普美沙酮药物维持治疗的正确知识，配合医学角度的生理脱毒，为服药人员提供有针对性的“社会—心理综合服务”，提高服药人员的治疗依从性，同时改善服药人员的心理状态，重塑其社会支持网络，强化其戒毒动机，建构起帮助服药人员实现“生理—心理—社会”的全面康复服务体系。社工可担任咨询者、教育者、使能者、协调者等多种角色，与门诊医生分工明确又互相配合，各自发挥专业特长，提供更优质的服务。社工或专干定期开展驻点工作，能正确掌握服药人员信息，提供专业服务之余还可以起到叮嘱其按时服药的作用，若发现有无故连续7天或以上未服药者，可立即开展家访并通知公安机关，既减轻医生的管理压力，也能在一定程度上降低脱失率。

第三节　本章台账建立

构建全网络戒毒管控体系考察内容是针对禁毒工作中管控帮扶措施的落实情况展开的，既重视地方的依法查处、依法管控的能力，也看重地方对吸毒人员开展帮扶救助的能力。认真阅读考评细则要求，该章主要考察地方“8·31”工程的实施情况。建议各地结合实际情况，适当增添“市标”台账内容，进一步丰富该章台账资料，充分展现地方在社区戒毒社区康复工作上取得的突出成效。

一、一级子目录

图5-3　一级子目录

二、二级子目录

本章二级子目录包括六类（见图5-4）：

1. 吸毒人员查处；
2. 强制隔离戒毒；
3. 吸毒人员网格化管理；
4. 自愿戒毒；
5. 社区戒毒社区康复机构人员建设情况；
6. 社区戒毒社区康复执行情况。

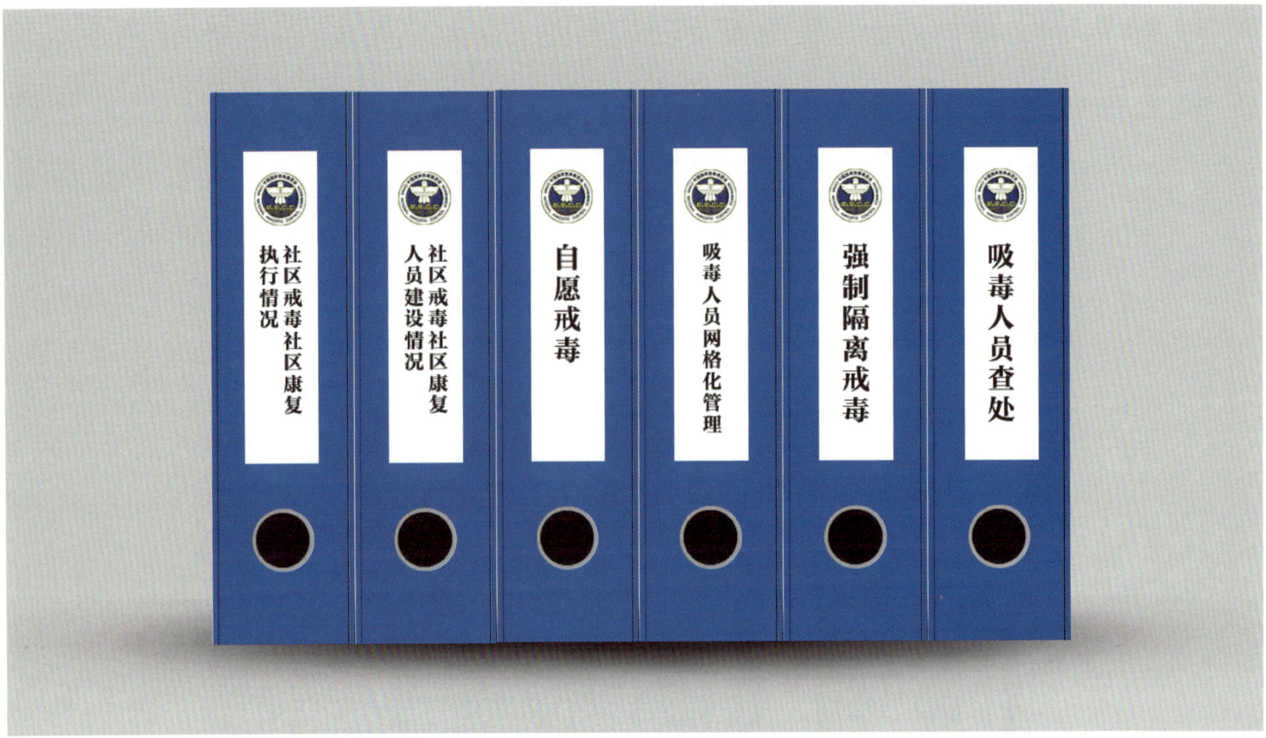

图5-4　二级子目录

三、三级子目录及台账内容示例

本章涉及的三级子目录其具体台账内容要求及示例如下。

（一）吸毒人员查处

该项考察的是各地公安对吸毒人员查处的工作成效，该项总分值为5分。本年度吸毒人员查处数需与近三年查处数进行对比，本年度新发现吸毒人数占比需符合考评细则要求才能得分。针对“吸毒人员查处数”，各地在准备台账资料的时候，需要提供能准确显示近三年吸毒人员查处数量对比情况，以及最近三年吸毒人员查处工作有关材料（辖区各类统计报表、文件通知、方案等规范性文件）。针对“新发现吸毒人数占比”，各地在准备台账资料的时候，需要提供显示本年度新发现吸毒人员数占本年度查处人次数的比例情况的数据，和辖区内各区县本年度新发现吸毒人员及查处人次有关的数据统计报表。

该小项台账内容可按创建工作考评细则中的具体内容打分要

求进行分类，分为查处数量与新发现占比两类，然后每一类再根据台账资料文件性质细分为通知方案类和图表数据类等小类，即分为：

1. 吸毒人员查处数（一）；

2. 吸毒人员查处数（二）；

3. 吸毒人员查处数（…）；

4. 新发现人数占比（一）；

5. 新发现人数占比（二）；

6. 新发现人数占比（…）。

该项三级子目录及台账资料示例如图5-5、5-6、5-7。

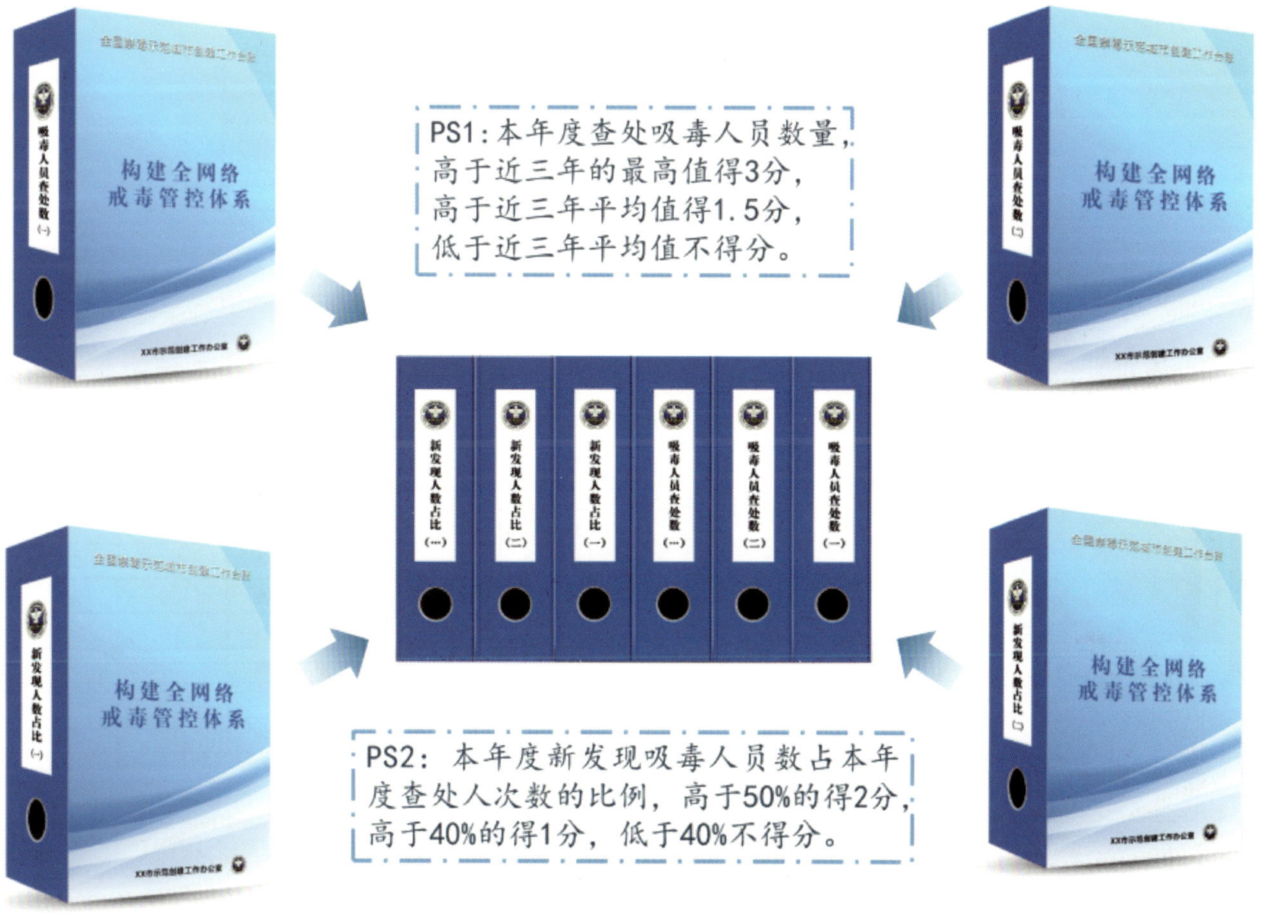

图5-5　台账资料（一）

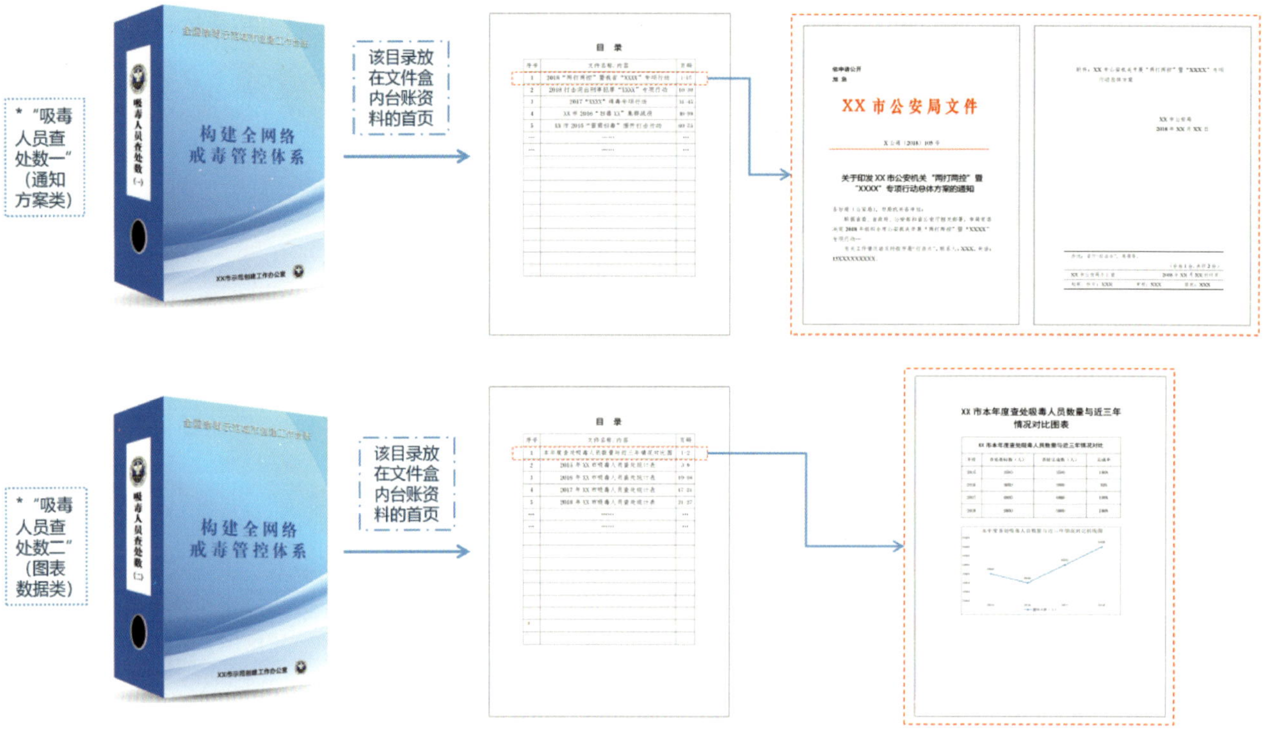

图5-6　台账资料（二）

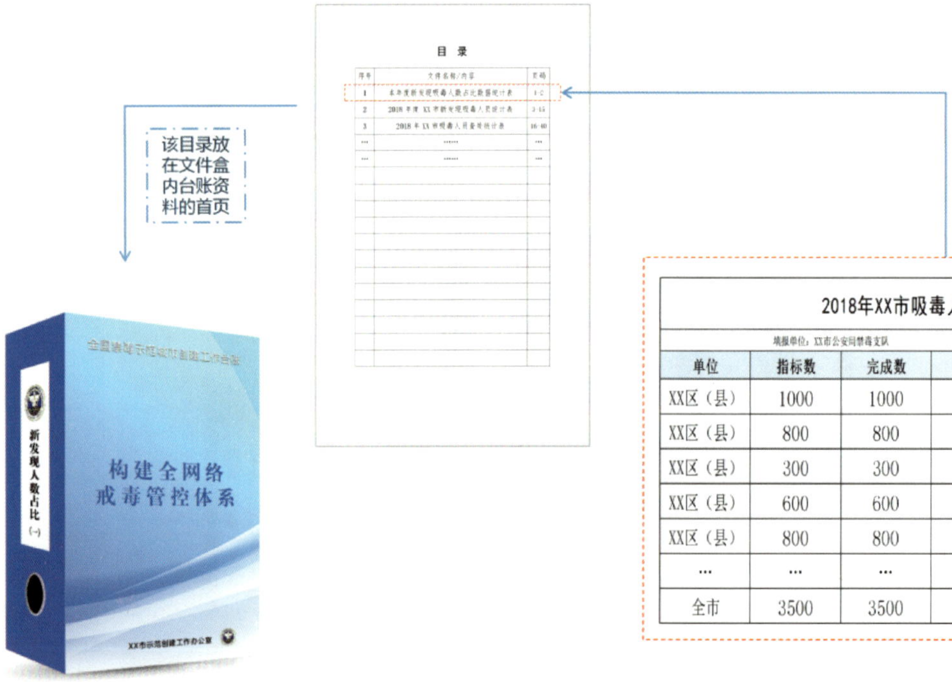

2018年XX市吸毒人员查处统计表

填报单位：XX市公安局禁毒支队　　填报日期：2018年XX月XX日

单位	指标数	完成数	完成率	新发现吸毒人员数	新发现人数占比
XX区（县）	1000	1000	100%	500	50%
XX区（县）	800	800	100%	400	50%
XX区（县）	300	300	100%	150	50%
XX区（县）	600	600	100%	300	50%
XX区（县）	800	800	100%	400	50%
…	…	…	…	…	…
全市	3500	3500	100%	1750	50%

图5-7　台账资料（三）

“吸毒人员查处数（一）”的三级子目录示例如表5-1。

表5-1　三级子目录（一）

目　录

序号	文件名称/内容	页码
1	2018“两打两控”暨我省“××××”专项行动	1-15
2	2018打击突出刑事犯罪“××××”专项活动	16-30
3	2017“××××”缉毒专项行动	31-45
4	××市2016“扫毒××”集群战役	46-59
5	××市2015“雷霆扫毒”围歼打击行动	60-75
…	……	…

“吸毒人员查处数（二）”的三级子目录示例如表5-2。

表5-2　三级子目录（二）

目　录

序号	文件名称/内容	页码
1	本年度查处吸毒人员数量与近三年情况对比图	1-2
2	2015年××市吸毒人员查处统计表	3-9
3	2016年××市吸毒人员查处统计表	10-16
4	2017年××市吸毒人员查处统计表	17-21
5	2018年××市吸毒人员查处统计表	22—27
…	……	…

“新发现人数占比（一）”的三级子目录示例如表5-3。

表5-3　三级子目录（三）

目　录

序号	文件名称/内容	页码
1	本年度新发现吸毒人数占比数据统计表	1-2
2	2018年度××市新发现吸毒人员统计表	3-15
3	2018年××市吸毒人员查处统计表	16-40
…	……	…

“新发现人数占比（二）”的三级子目录示例如表5-4。

表5-4　三级子目录（四）

目　录

序号	文件名称/内容	页码
1	2018“两打两控”暨我省“××××”专项行动	1-15
2	2018打击突出刑事犯罪“××××”专项活动	16-30
3	2017“××××”缉毒专项活动	31-45
4	××市2016“扫毒××”集群战役	46-59
5	××市2015“雷霆扫毒”围歼打击行动	60-75
…	……	…

（二）强制隔离戒毒

该项考察各地责令、执行强制隔离戒毒以及病残吸毒人员收治工作情况，其中强制隔离戒毒人员送治率计2分，病残吸毒人员送治率计2分，该项总分值为4分。各地在准备佐证材料的时候，需整理强制隔离戒毒人员送戒情况数据，与本期实际送戒入所的病残吸毒人数与全部病残吸毒人数数据比例等统计图表材料。若地方在病残吸毒人员收治工作方面，成效突出，应考虑增添本地区制定的病残吸毒人员认定办法、收治工作台账；病残吸毒人员收治工作机制规范文件；病残吸毒人员档案和日常管控台账；病残吸毒人员收治场所运营费用、病残吸毒人员救治费用的财政预算申请文件等。

该小项台账内容可按创建工作考评细则中具体内容的打分要求进行分类，并增添工作亮点部分，可分为国标和市标。

国标：

1. 强戒送戒率；

2. 病残送治率。

市标：

1. 病残收治亮点（一）；

2. 病残收治亮点（二）。

其三级子目录及台账资料示例如图5-8。

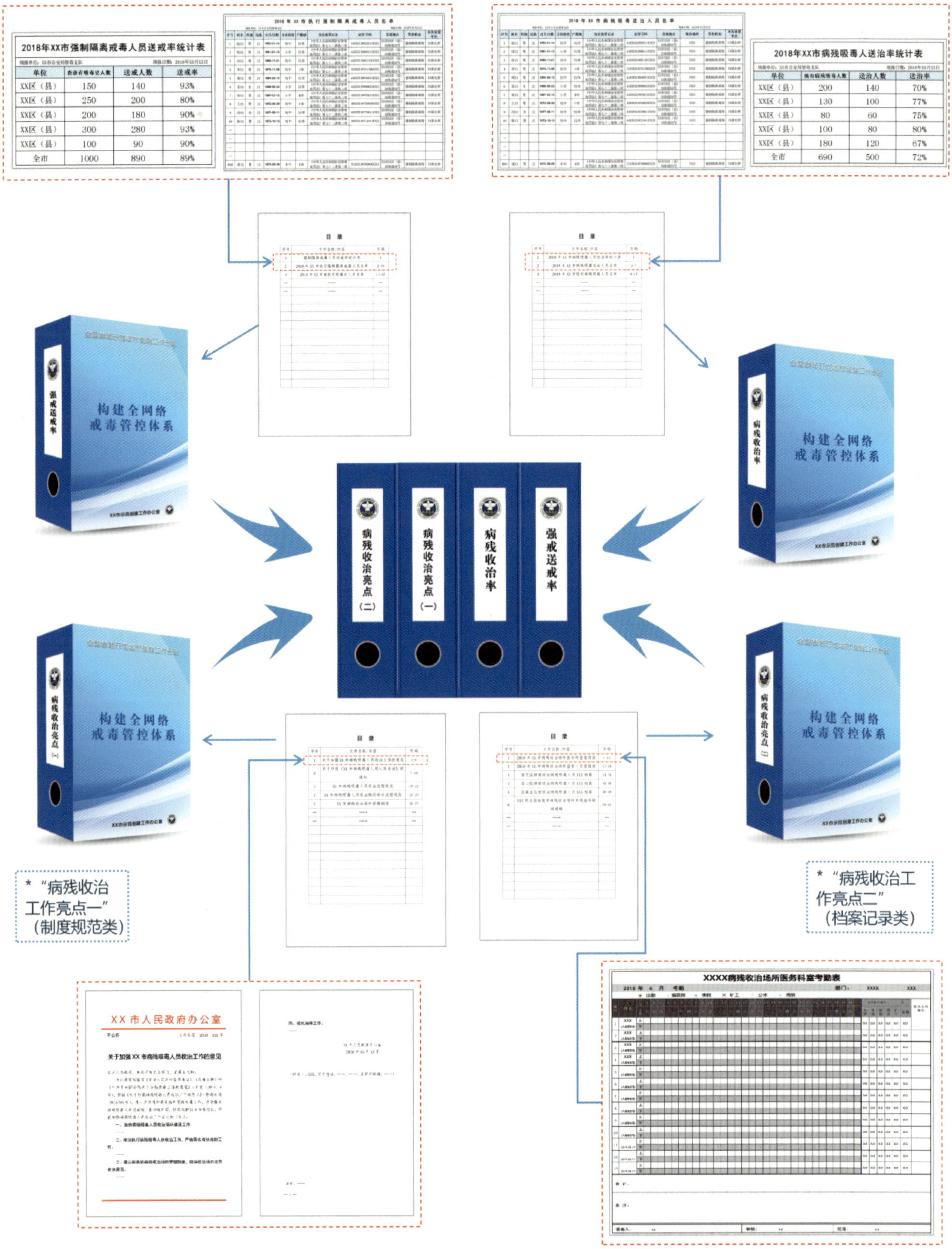

图5-8　台账资料（四）

“强戒送戒率”的三级子目录示例如表5-5。

表5-5　三级子目录（五）

目　录

序号	文件名称/内容	页码
1	强制隔离戒毒人员送戒率统计表	1
2	2018年××市执行强制隔离戒毒人员名单	2-10
3	2018年××市查获有吸毒史人员名单	11-25
…	……	…

“病残收治率”的三级子目录示例如表5-6。

表5-6　三级子目录（六）

目　录

序号	文件名称/内容	页码
1	2018年××市病残吸毒人员送治率统计表	1
2	2018年××市病残吸毒送治人员名单	2-7
3	2018年××市现有病残吸毒人员名单	8-15
…	……	…

“病残收治亮点（一）”的三级子目录示例如表5-7。

表5-7　三级子目录（七）

目　录

序号	文件名称/内容	页码
1	关于加强××市病残吸毒人员收治工作的意见	1-6
2	关于印发《××市病残吸毒人员认定办法》的通知	7-18
3	××市病残吸毒人员收治流程规范	19-22
4	××市病残吸毒人员收治期间转诊流程规范	23-25
5	××市病残收治场所管理制度	26-27
…	……	…

“病残收治亮点（二）”的三级子目录示例如表5-8。

表5-8　三级子目录（八）

目　录

（三）吸毒人员网格化管理

该项考察各地开展吸毒人员网格化服务管理工作的情况，其中100%将吸毒人员纳入管理的计1分，制定了吸毒人员网格化服务管理工作实施意见的计1分，该项总分值为2分。各地在准备台账资料的时候，除准备地方吸毒人员网格化服务管理工作的实施意见外，还需整理对吸毒人员分类管理和动态管控，将吸毒人员纳入网格化管理服务体系有关工作情况、动态、实景图片等佐证材料（由公安部门提供）；整理当地组织协调各级政法、综治力量对吸毒人员分类管理和动态管控，将吸毒人员纳入网格化社会管理服务体系，防范吸毒人员肇事肇祸的网格化管理工作方案、有关工作部署、通知、文件、推动该项工作的会议纪要、工作动态、实景图片等材料（由综治部门提供）；提供配合公安机关开展吸毒人员登记工作开展情况的有关方案、制度、工作动态、推进该项工作的相关措施、规章、实景图片等材料（由卫计部门提供）；住建部门提供发现、积极举报毒品违法犯罪线索，并协助公安、工商、文化等部门做好涉毒场所的检查、查缉工作的有关方案、制度、工作动态、推进该项工作的相关措施、规章、实景图片等材料。

因网格化管理工作涉及禁毒委多个成员单位，因此该小项台账内容可按台账资料所属部门分类，如市级规范类、公安部门类、综治部门类、卫计部门类、住建部门类等，可分为：

1. 吸毒人员网格化管理（市级规范）；

2. 吸毒人员网格化管理（公安文件）；

3. 吸毒人员网格化管理（综治文件）；

4. 吸毒人员网格化管理（卫计文件）；

5. 吸毒人员网格化管理（住建文件）。

其三级子目录及台账资料示例如图5–9。

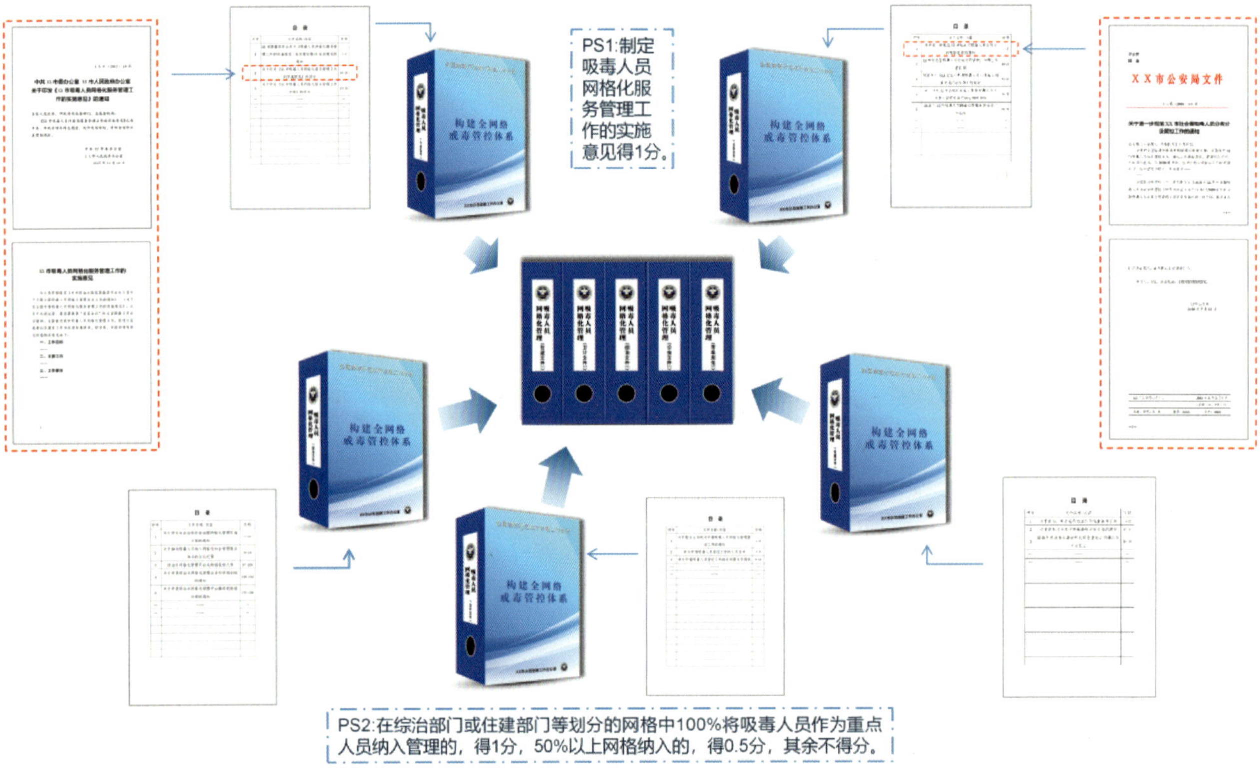

图5–9　台账资料（五）

"吸毒人员网格化管理（市级规范）"的三级子目录示例如表5-9。

表5-9　三级子目录（九）

目　录

序号	文件名称/内容	页码
1	××市禁毒委员会关于《吸毒人员网格化服务管理工作的实施意见（征求意见稿）》征求意见的通知	1-9
2	关于印发《××市吸毒人员网格化服务管理工作的实施意见》的通知	10-23
3	关于印发《××市吸毒人员网格化服务管理工作方案》的通知	24-35
…	……	…

“吸毒人员网格化管理（公安文件）”的三级子目录示例如表5-10。

表5-10　三级子目录（十）

目　录

序号	文件名称/内容	页码
1	关于进一步规范××市社会面吸毒人员分类分级管控工作的通知	1-15
2	××市社会面吸毒人员分类分级管控工作质量倒查机制	16-32
3	转发关于《××省集中开展吸毒人员大摸底大排查专项行动方案》的通知	33-45
4	关于印发××市公安机关集中开展吸毒人员大排查大管控专项行动方案的通知	46-59
5	2018年××市吸毒人员网格化管理走访排查工作总结	60-70
…	……	…

"吸毒人员网格化管理（综治文件）"的三级子目录示例如表5-11。

表5-11　三级子目录（十一）

目　录

序号	文件名称/内容	页码
1	关于印发社会治安综合治理网格化管理实施方案的通知	1-14
2	关于推动吸毒人员纳入网格化社会管理服务体系的会议纪要	15-16
3	综治办网格化管理平台采购招投标文件	17-128
4	关于开展综治办网格化管理业务知识培训班的通知	129-132
5	关于开展综治办网格化管理平台操作技能培训班的通知	133-136
…	……	…

"吸毒人员网格化管理（卫计文件）"的三级子目录示例如表5-12。

表5-12　三级子目录（十二）

目　录

序号	文件名称/内容	页码
1	关于配合公安机关开展吸毒人员网格化管理登记工作的通知	1-6
2	参与开展吸毒人员登记工作的人员名单	7-8
3	参与开展吸毒人员登记工作的走访图片及简讯	9-12
…	……	…

"吸毒人员网格化管理（住建文件）"的三级子目录示例如表5-13。

表5-13　三级子目录（十三）

目　录

序号	文件名称/内容	页码
1	关于提供、举办毒品违法犯罪线索资料汇总	1-12
2	关于协助开展我市涉毒场所走访检查的通知	13-17
3	协助开展我市涉毒场所走访检查的工作简讯及图片汇总	18-26
…	……	…

（四）自愿戒毒

该项考察各地吸毒人员参与自愿戒毒（含美沙酮药物维持治疗门诊）的情况。根据地方本期参与自愿戒毒（含参与药物维持治疗）的就诊人数与现有吸毒人数的比例，按全国排名分档计分，该项总分值为2分。各地在准备台账资料时，需联同卫计部门统计整理本期在自愿戒毒医疗机构（含美沙酮维持治疗门诊）的就诊人数与本地区现有吸毒人数数据比例情况的图表；整理加强对自愿戒毒医疗机构医务人员和强制隔离戒毒场所执业医师的业务指导和监督管理，组织开展戒毒治疗医务人员培训，积极稳妥地扩大海洛因成瘾者社区药物维持治疗工作的工作方案、规章制度、有关工作部署、通知、文件、推动该项工作的会议纪要、工作动态、实景图片等材料。该小项台账内容按文件性质分类，分为数据图表类、制度规范类、日常工作类等，具体如下：

1. 自愿戒毒（数据图表）；

2. 自愿戒毒（制度规范）；

3. 自愿戒毒（日常工作）；

4. 自愿戒毒（……）。

其三级子目录及台账资料示例如图5-10、5-11、5-12、5-13。

图5-10　台账资料（六）

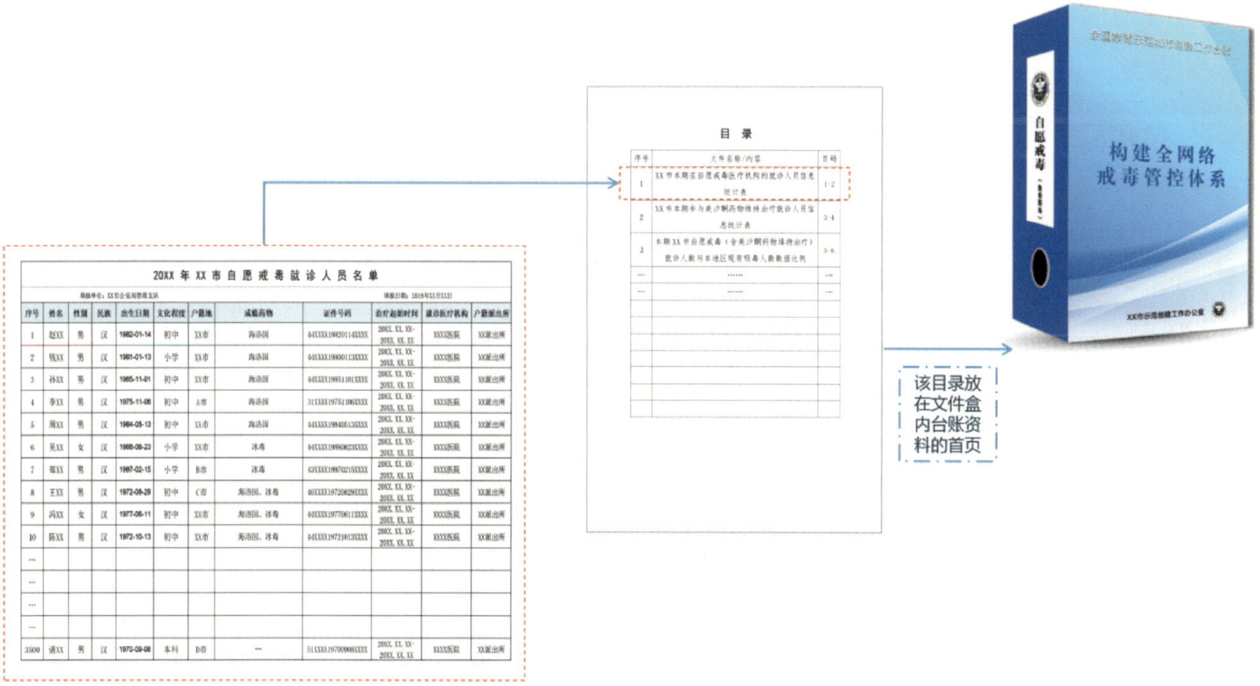

20XX 年 XX 市自愿戒毒就诊人员名单

填报单位：XX市公安局禁毒支队　　填报日期：2019年XX月XX日

序号	姓名	性别	民族	出生日期	文化程度	户籍地	成瘾药物	证件号码	治疗起始时间	就诊医疗机构	户籍派出所
1	赵XX	男	汉	1982-01-14	初中	XX市	海洛因	64XXXX19820114XXXX	20XX.XX.XX-20XX.XX.XX	XXXX医院	XX派出所
2	钱XX	男	汉	1981-01-13	小学	XX市	海洛因	64XXXX19810113XXXX	20XX.XX.XX-20XX.XX.XX	XXXX医院	XX派出所
3	孙XX	男	汉	1985-11-01	初中	XX市	海洛因	64XXXX19851101XXXX	20XX.XX.XX-20XX.XX.XX	XXXX医院	XX派出所
4	李XX	男	汉	1975-11-06	初中	A市	海洛因	31XXXX19751106XXXX	20XX.XX.XX-20XX.XX.XX	XXXX医院	XX派出所
5	周XX	男	汉	1984-05-13	初中	XX市	海洛因	64XXXX19840513XXXX	20XX.XX.XX-20XX.XX.XX	XXXX医院	XX派出所
6	吴XX	女	汉	1988-06-23	小学	XX市	冰毒	64XXXX19880623XXXX	20XX.XX.XX-20XX.XX.XX	XXXX医院	XX派出所
7	郑XX	男	汉	1997-02-15	小学	B市	冰毒	63XXXX19970215XXXX	20XX.XX.XX-20XX.XX.XX	XXXX医院	XX派出所
8	王XX	男	汉	1972-08-29	初中	C市	海洛因、冰毒	60XXXX19720829XXXX	20XX.XX.XX-20XX.XX.XX	XXXX医院	XX派出所
9	冯XX	女	汉	1977-06-11	初中	XX市	海洛因、冰毒	64XXXX19770611XXXX	20XX.XX.XX-20XX.XX.XX	XXXX医院	XX派出所
10	陈XX	男	汉	1972-10-13	初中	XX市	海洛因、冰毒	64XXXX19721013XXXX	20XX.XX.XX-20XX.XX.XX	XXXX医院	XX派出所
…											
…											
…											
…											
3500	诸XX	男	汉	1970-09-08	本科	D市	…	51XXXX19700908XXXX	20XX.XX.XX-20XX.XX.XX	XXXX医院	XX派出所

目　录

序号	文件名称/内容	页码
1	XX市本期在自愿戒毒医疗机构的就诊人员信息统计表	1-2
2	XX市本期参与美沙酮药物维持治疗就诊人员信息统计表	3-4
3	本期XX市自愿戒毒（含美沙酮药物维持治疗）就诊人数与本地区现有吸毒人数数据比例	5-6
…	……	…
…	……	…

图5-11　台账资料（七）

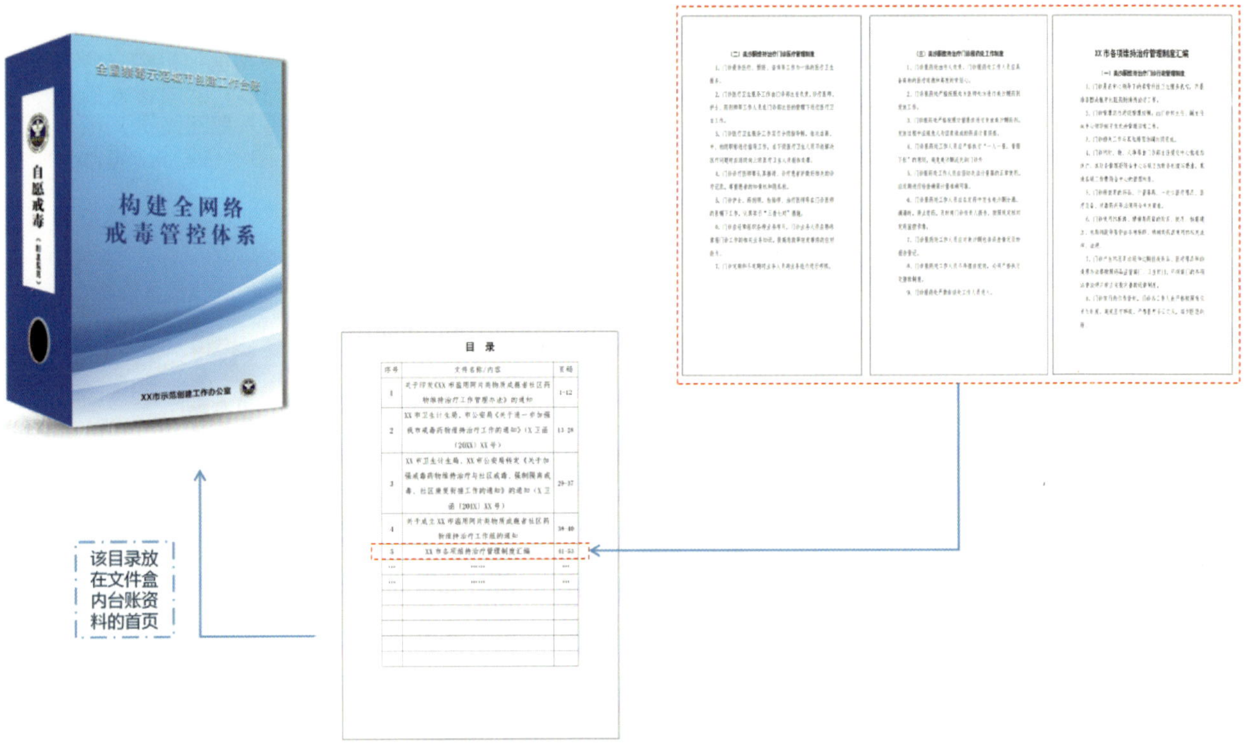

图5-12　台账资料（八）

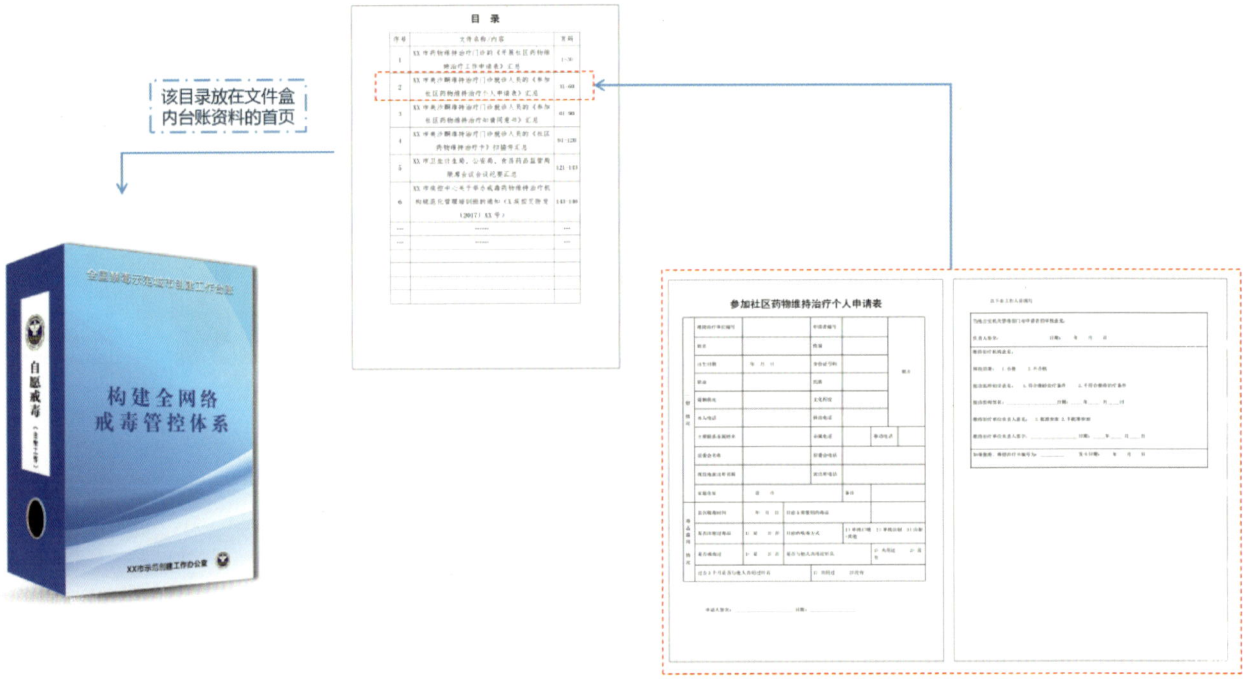

图5-13　台账资料（九）

“自愿戒毒（数据图表）”的三级子目录示例如表5-14。

表5-14　三级子目录（十四）

目　录

序号	文件名称/内容	页码
1	××市本期在自愿戒毒医疗机构的就诊人员信息统计表	1-2
2	××市本期参与美沙酮药物维持治疗就诊人员信息统计表	3-4
3	本期××市自愿戒毒（含美沙酮药物维持治疗）就诊人数与本地区现有吸毒人数数据比例	5-6
…	……	…

“自愿戒毒（制度规范）”的三级子目录示例如表5-15。

表5-15 三级子目录（十五）

目 录

序号	文件名称/内容	页码
1	关于印发《××市滥用阿片类物质成瘾者社区药物维持治疗工作管理办法》的通知	1-12
2	××市卫生计生局、市公安局《关于进一步加强我市戒毒药物维持治疗工作的通知》(×卫函〔20××〕××号)	13-28
3	××市卫生计生局、××市公安局转发《关于加强戒毒药物维持治疗与社区戒毒、强制隔离戒毒、社区康复衔接工作的通知》的通知(×卫函〔201×〕××号)	29-37
4	关于成立××市滥用阿片类物质成瘾者社区药物维持治疗工作组的通知	38-40
5	××市各项维持治疗管理制度汇编	41-53
…	……	…

“自愿戒毒（日常工作）”的三级子目录示例如表5-16。

表5-16 三级子目录（十六）

目 录

序号	文件名称/内容	页码
1	××市药物维持治疗门诊的《开展社区药物维持治疗工作申请表》汇总	1-30
2	××市美沙酮维持治疗门诊就诊人员的《参加社区药物维持治疗个人申请表》汇总	31-60
3	××市美沙酮维持治疗门诊就诊人员的《参加社区药物维持治疗知情同意书》汇总	61-90
4	××市美沙酮维持治疗门诊就诊人员的《社区药物维持治疗卡》扫描件汇总	91-120
5	××市卫生计生局、公安局、食品药品监管局联席会议会议纪要汇总	121-143
6	××市疾控中心关于举办戒毒药物维持治疗机构规范化管理培训班的通知（×疾控艾防发〔2017〕××号）	144-146
…	……	…

（五）社区戒毒社区康复机构人员建设情况

该项考察各地社区戒毒社区康复工作机构建设与专职人员配备情况，其中工作机构建设合格率按全国排名分档计分，最高计2分；按20：1配齐专职工作人员计1分，总分值为3分。各地在准备佐证材料时，需整理全市以街道（乡镇）为单位成立的社区戒毒社区康复办公室领导小组办公室文件、工作方案文件、工作动态、场地建设、经费投入、人员配置、管理制度、相关图片等佐证材料，并制作以街道（乡镇）为单位成立的社区戒毒社区康复办公室建设合格率统计表。针对考核专职工作人员配备情况的台账，地方需准备专职工作人员配备情况佐证材料，如专职工作人员花名册、劳动合同、社保证明、配备要求文件、管理制度、绩效考核制度、队伍培训情况等文件。

此外，各地可考虑将禁毒工作社会化作为该项亮点，突出广泛动员社会力量参与禁毒工作的成效，在台账中增添禁毒志愿者队伍建设情况与禁毒协会成立运作情况等内容。

该小项台账内容可根据考评细则中具体内容的打分要求进行分类，即“机构建设合格情况”“专职人员配备情况”，与地方亮点内容“社会力量广泛参与”三大类，然后每一类再根据台账资料文件性质继续细分，分为国标和市标。

国标：

1. 机构建设合格情况（制度规范）；

2. 机构建设合格情况（总结报告）；

3. 机构建设合格情况（工作方案）；

4. 机构建设合格情况（简讯图片）；

5. 专职人员配备情况（禁毒专干）；

6. 专职人员配备情况（禁毒社工）；

7. 专职人员配备情况（队伍建设）。

市标：

1. 社会力量广泛参与（社会组织）；

2. 社会力量广泛参与（禁毒志愿者）。

其三级子目录及台账示例如图5-14、5-15、5-16、5-17、5-18、5-19、5-20。

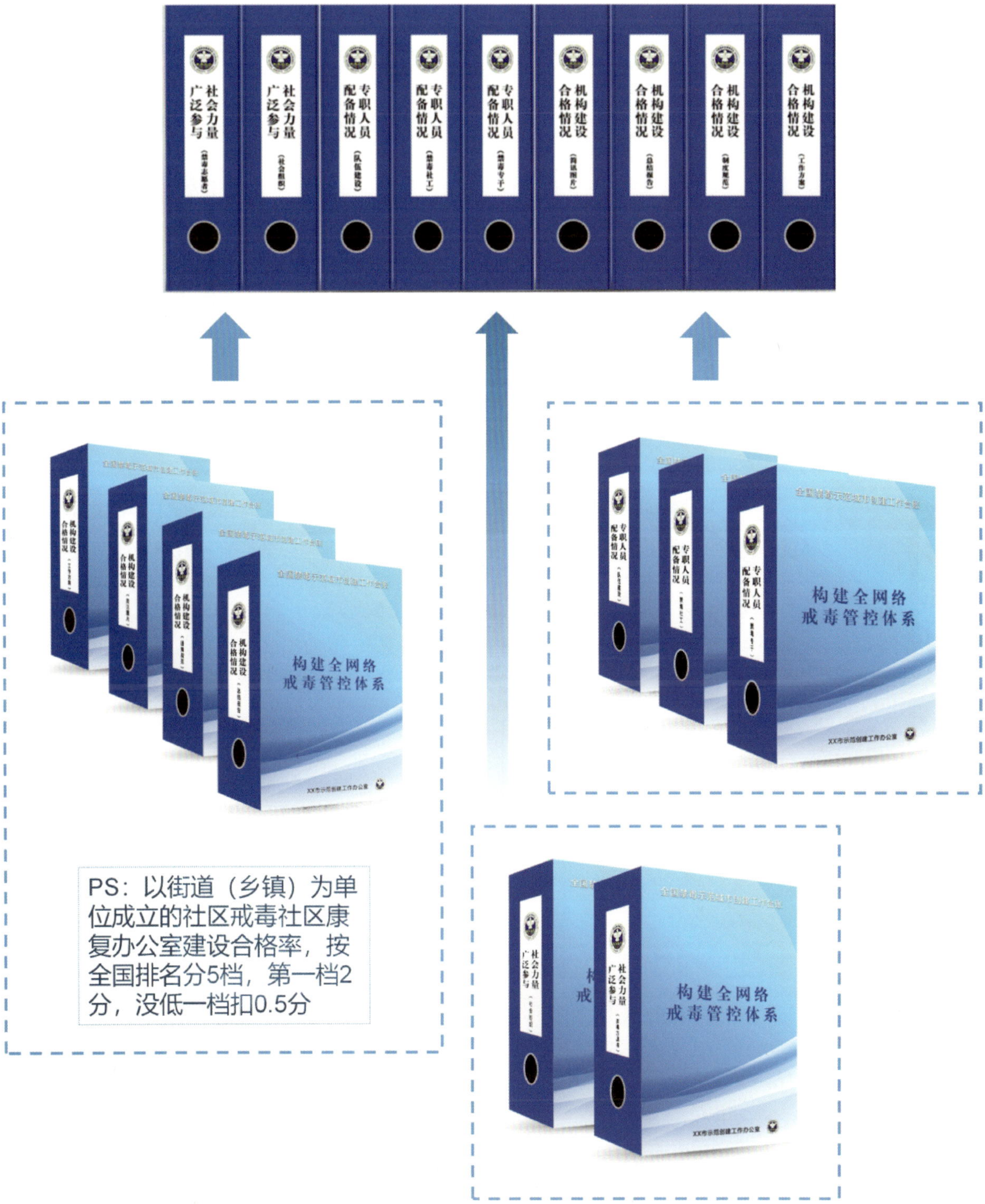

图5-14　台账资料（十）

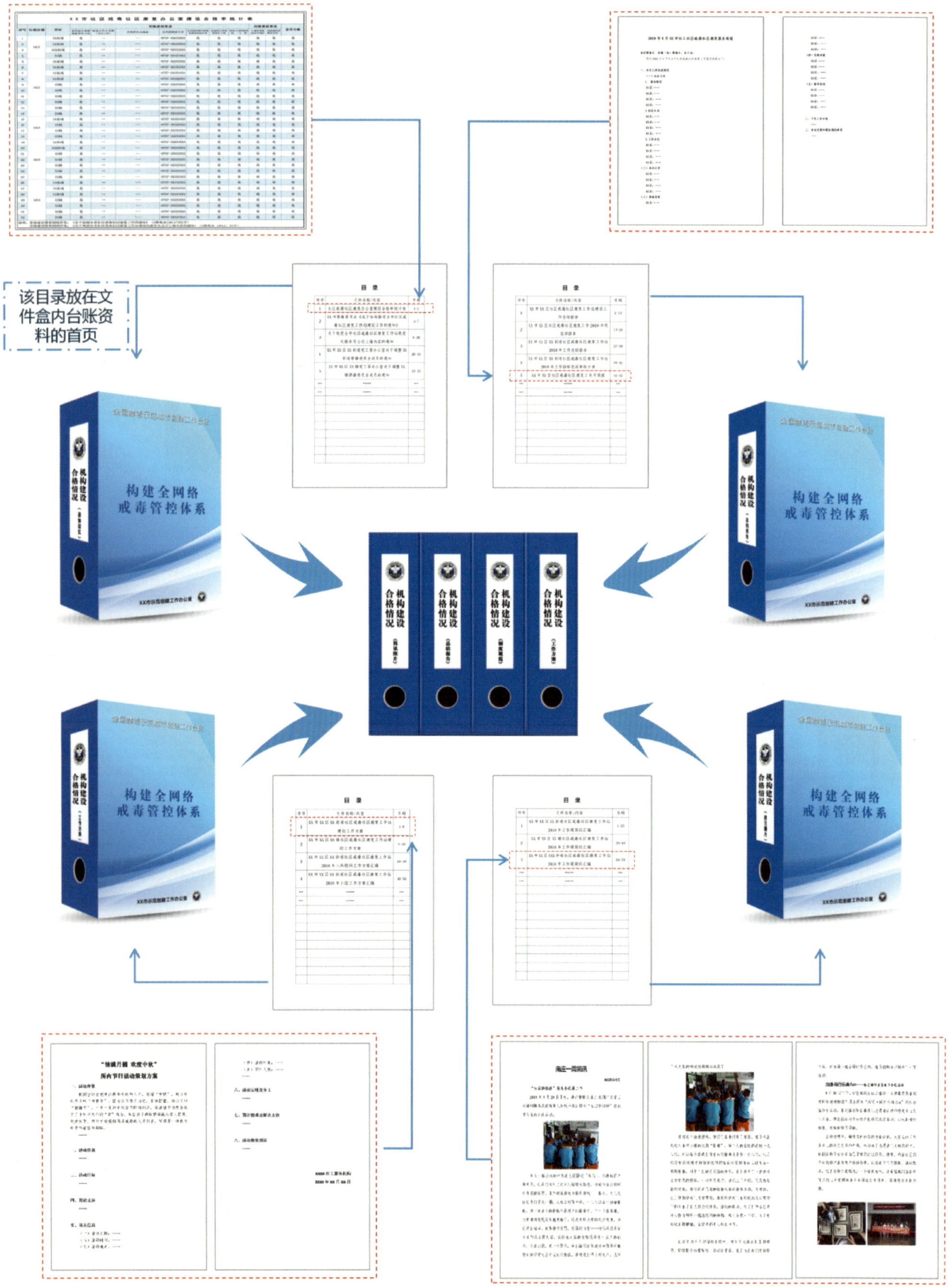

图5-15　台账资料（十一）

图5-16　台账资料（十二）

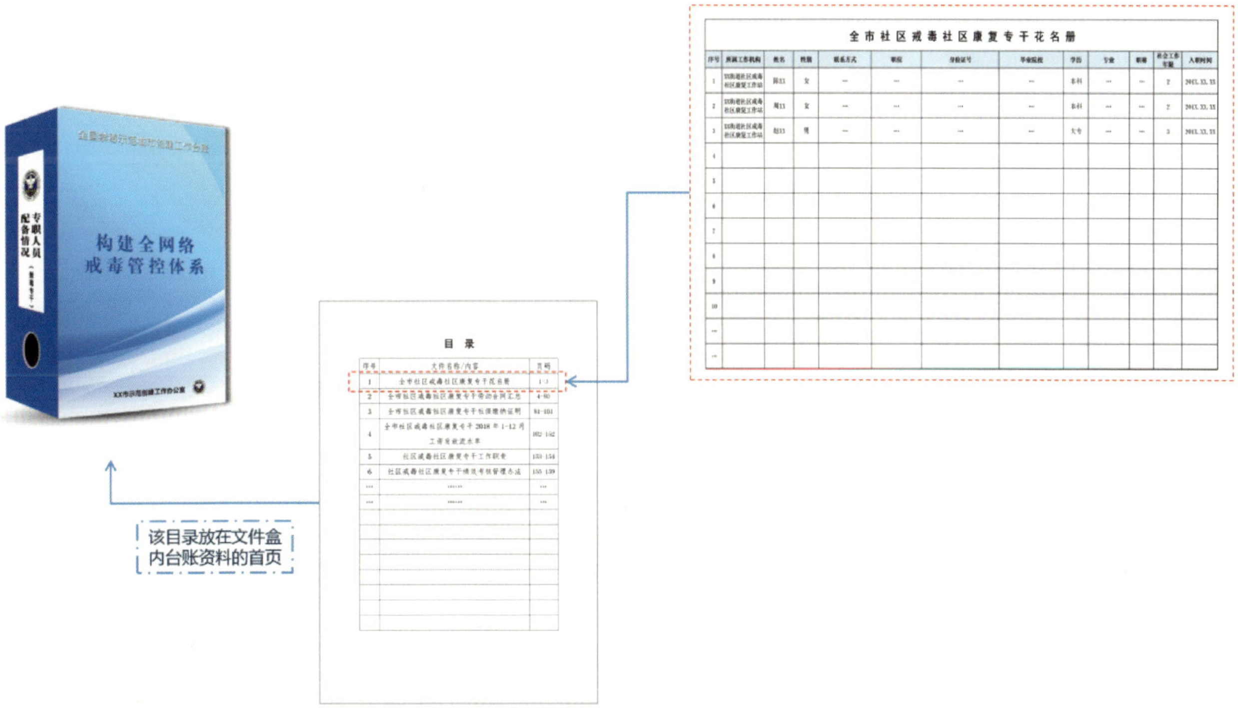

图5-17　台账资料（十三）

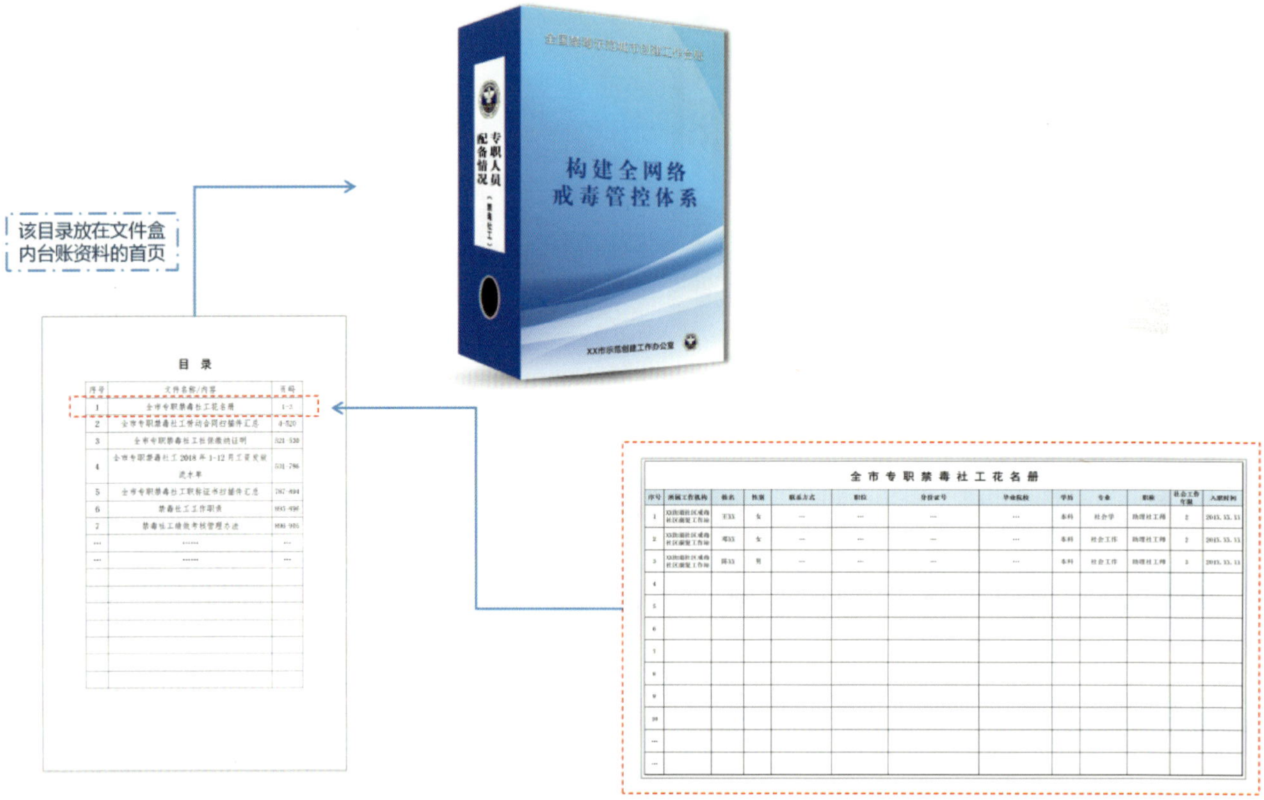

图5-18　台账资料（十四）

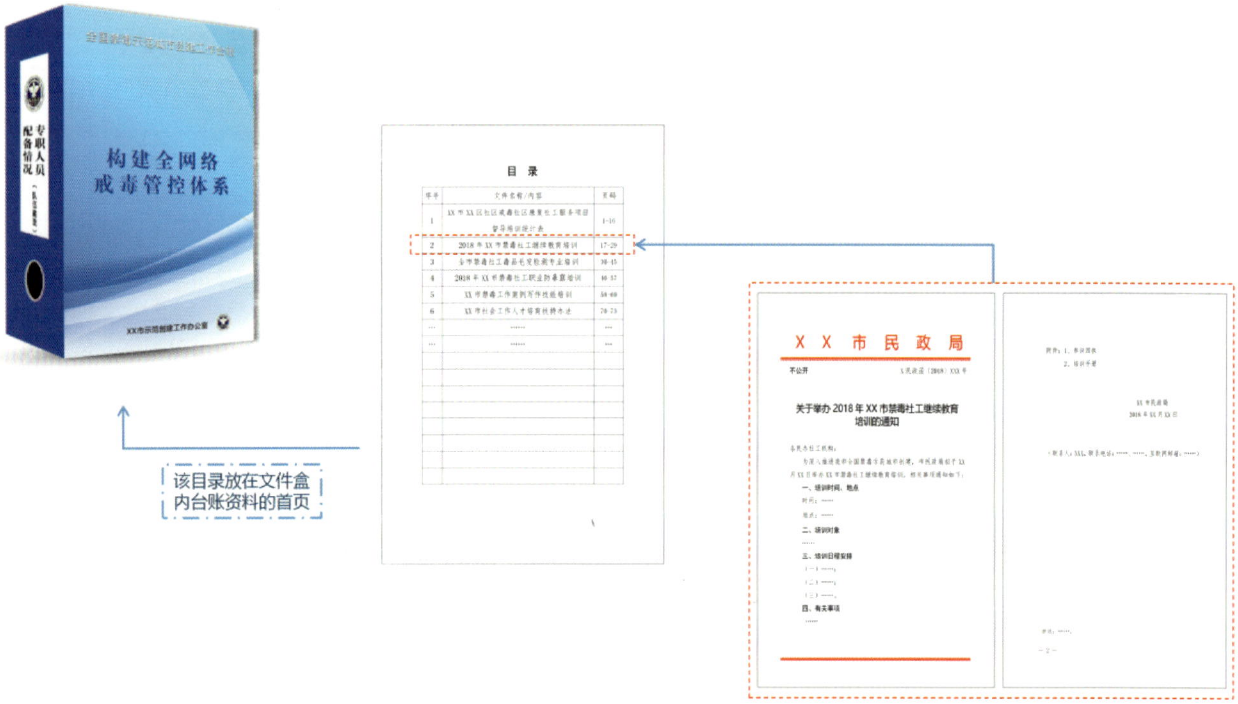

图5-19　台账资料（十五）

该目录放在文件盒内台账资料的首页
构建全网络戒毒管控体系
社会力量广泛参与
XX市社会团体单位会员名册登记表
XX市禁毒志愿者队伍管理制度

图5-20　台账资料（十六）

“机构建设合格情况（制度规范）”的三级子目录示例如表5-17。

表5-17　三级子目录（十七）

目　录

序号	文件名称/内容	页码
1	社区戒毒社区康复办公室建设合格率统计表	1-2
2	××市禁毒委员会《关于加快推进全市社区戒毒社区康复工作站建设工作的通知》	3-7
3	关于规范全市社区戒毒社区康复工作站规范化服务及公示上墙内容的通知	8-20
4	××市××区××街道党工委办公室关于调整××街道禁毒委员会成员的通知	21-22
5	××市××区××镇党工委办公室关于调整××镇禁毒委员会成员的通知	23-25
…	……	…

"机构建设合格情况（总结报告）"的三级子目录示例如表5-18。

表5-18　三级子目录（十八）

目　录

序号	文件名称/内容	页码
1	××市××区社区戒毒社区康复工作站建设工作总结报告	1-14
2	××市××区社区戒毒社区康复工作2018年终总结报告	15-26
3	××市××区××街道社区戒毒社区康复工作站2018年工作总结报告	27-38
4	××市××区××街道社区戒毒社区康复工作站2018年工作指标完成率统计表	39-41
5	××市××区社区戒毒社区康复工作月简报	42-52
…	……	…

“机构建设合格情况（工作方案）”的三级子目录示例如表5-19。

表5-19　三级子目录（十九）

目　录

序号	文件名称/内容	页码
1	××市××区××街道社区戒毒社区康复工作站建设工作方案	1-8
2	××市××区××镇社区戒毒社区康复工作站建设工作方案	9-18
3	××市××区××街道社区戒毒社区康复工作站2018年入所慰问工作方案汇编	19-39
4	××市××区××街道社区戒毒社区康复工作站2018年小组工作方案汇编	40-56
…	……	…

"机构建设合格情况（简讯图片）"的三级子目录示例如表5-20。

表5-20　三级子目录（二十）

目　录

序号	文件名称/内容	页码
1	××市××区××街道社区戒毒社区康复工作站2018年工作周简讯汇编	1-25
2	××市××区××镇社区戒毒社区康复工作站2018年工作周简讯汇编	26-49
3	××市××区×××街道社区戒毒社区康复工作站2018年工作周简讯汇编	50-78
…	……	…

“专职人员配备情况（禁毒专干）”的三级子目录示例如表5-21。

表5-21　三级子目录（二十一）

目　录

序号	文件名称/内容	页码
1	全市社区戒毒社区康复专干花名册	1-3
2	全市社区戒毒社区康复专干劳动合同汇总	4-80
3	全市社区戒毒社区康复专干社保缴纳证明	81-101
4	全市社区戒毒社区康复专干2018年1—12月工资发放流水单	102-152
5	社区戒毒社区康复专干工作职责	153-154
6	社区戒毒社区康复专干绩效考核管理办法	155-159
…	……	…

“专职人员配备情况（禁毒社工）”的三级子目录示例如表5-22。

表5-22　三级子目录（二十二）

目　录

序号	文件名称/内容	页码
1	全市专职禁毒社工花名册	1-3
2	全市专职禁毒社工劳动合同扫描件汇总	4-520
3	全市专职禁毒社工社保缴纳证明	521-530
4	全市专职禁毒社工2018年1—12月工资发放流水单	531-786
5	全市专职禁毒社工职称证书扫描件汇总	787-894
6	禁毒社工工作职责	895-896
7	禁毒社工绩效考核管理办法	897-905
…	……	…

“专职人员配备情况（队伍建设）”的三级子目录示例如表5-23。

表5-23　三级子目录（二十三）

目　录

序号	文件名称/内容	页码
1	××市××区社区戒毒社区康复社工服务项目督导培训统计表	1-16
2	2018年××市禁毒社工继续教育培训	17-29
3	全市禁毒社工毒品毛发检测专业培训	30-45
4	2018年××市禁毒社工职业防暴露培训	46-57
5	××市禁毒工作案例写作技能培训	58-69
6	××市社会工作人才培育扶持办法	70-73
…	……	…

“社会力量广泛参与（社会组织）”的三级子目录示例如表5-24。

表5-24　三级子目录（二十四）

目　录

序号	文件名称/内容	页码
1	市、区两级禁毒协会登记证书扫描件	1-2
2	××市禁毒协会单位会员、个人会员名单	3-10
3	××市××区禁毒协会单位会员、个人会员名单	11-20
4	××市禁毒协会简报及图片汇总	21-52
5	××市××区禁毒协会工作简报及图片汇总	53-81
6	对群众性禁毒工作中涌现出的先进社会团体和模范个人进行表彰的活动总结和新闻照片	82-96
…	……	…

“专职人员配备情况（禁毒志愿者）”的三级子目录示例如表5-25。

表5-25　三级子目录（二十五）

目　录

序号	文件名称/内容	页码
1	全市禁毒志愿者花名册	1-10
2	××市禁毒志愿者队伍管理制度	11-15
3	禁毒志愿者参与禁毒志愿服务图片合集	16-55
4	优秀禁毒志愿者事例	56-75
…	……	…

（六）社区戒毒社区康复执行巩固率

该项考察各地社区戒毒社区康复工作执行落实情况，通过比较各地的报到率与巩固率，按分档排名计分，总分值为4分。各地在准备佐证材料时，需要整理全市社区戒毒社区康复报到率、巩固率有关标准文件、图表等佐证材料。此外，地方还应整理有关提高报到率与巩固率的措施台账文件，如关于社区戒毒社区康复工作机构做好信息采集、跟踪监控、帮扶救助、宣传教育等工作的戒毒康复人员信息表格文书材料；对已报到、建档的社区戒毒社区康复人员落实吸毒检测和家访、谈话、管控的制度措施；加强对戒毒康复人员的信息化管控，确保不漏管、不失控的工作措施文件。

为提高社区戒毒社区康复人员执行巩固率，很多地方都采取加强戒毒康复人员的就业帮扶工作，通过帮助戒毒康复人员进行就业指导、职业技能培训等措施，提高其就业成功率。因此，台账内容中还可以增加已出台的就业帮扶救助工作方案、工作指南，戒毒康复人员就业安置基地建设方案及实景图片，社会面阿片类戒毒康复人员就业安置率统计表等。

该小项台账内容可按创建工作考评细则中的具体内容打分要求进行分类，并相对应增添地方落实社区戒毒社区康复管控措施的台账资料，可分为国标和市标。

国标：

1. 社区戒毒社区康复执行情况（报到率）；

2. 社区戒毒社区康复执行情况（巩固率）。

市标：

1. 社区戒毒社区康复执行情况（管控措施）；

2. 社区戒毒社区康复执行情况（就业帮扶）；

3. 社区戒毒社区康复执行情况（……）。

其三级子目录及台账资料示例如图5-21。

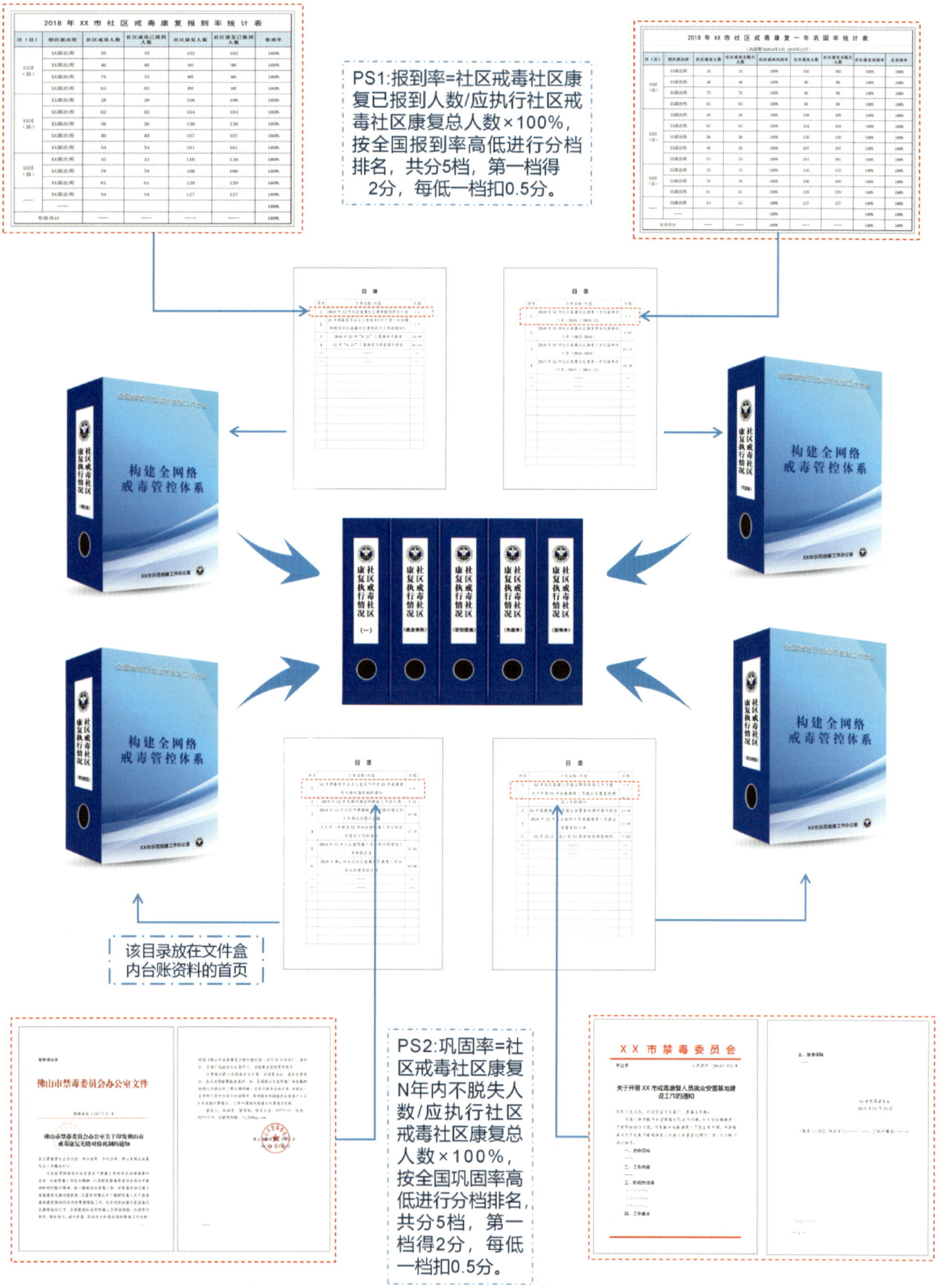

图5-21　台账资料（十七）

“社区戒毒社区康复执行情况（报到率）”的三级子目录示例如表5-26。

表5-26 三级子目录（二十六）

目 录

序号	文件名称/内容	页码
1	2018年××市社区戒毒社区康复报到率统计表	1-2
2	××市禁毒委员会办公室转发《关于进一步加强和规范社区戒毒社区康复执行工作的通知》	3-9
3	2018年××市“8·31”工程推进月报表	10-58
4	××市“8·31”工程推进月通报情况报告	59-121
…	……	…

“社区戒毒社区康复执行情况（巩固率）”的三级子目录示例如表5-27。

表5-27 三级子目录（二十七）

目 录

序号	文件名称/内容	页码
1	2018年××市社区戒毒社区康复一年巩固率统计表（2018.1—2018.12）	1-5
2	2018年××市社区戒毒社区康复两年巩固率统计表（2017—2018）	6-10
3	2018年××市社区戒毒社区康复三年巩固率统计表（2016—2018）	11-15
4	2017年××市社区戒毒社区康复一年巩固率统计表（2017.1—2017.12）	16-20
…	……	…

“社区戒毒社区康复执行情况（管控措施）”的三级子目录示例如表5–28。

表5–28 三级子目录（二十八）

目 录

序号	文件名称/内容	页码
1	××市禁毒委员会办公室关于印发××市戒毒康复无缝对接机制的通知	1–8
2	2018年××市无缝对接出所解戒人员统计表	9–12
3	2018年××市各区开展解戒人员无缝对接出所工作简讯及图片汇编	13–56
4	关于进一步规范××市社会面吸毒人员分类分级管控工作的通知	57–70
5	2018年××市社会面吸毒人员分类分级管控工作考核办法	71–82
6	2018年佛山市各区社区戒毒社区康复人员分类分级情况统计表	83–90
…	……	…

“社区戒毒社区康复执行情况（就业帮扶）”的三级子目录示例如表5–29。

表5–29　三级子目录（二十九）

目　录

序号	文件名称/内容	页码
1	××市各区戒毒人员就业帮扶救助工作方案	1–8
2	关于开展××市戒毒康复人员就业安置基地建设工作的通知	9–12
3	××市戒毒康复人员就业安置基地建设情况报告	13–56
4	2018年××市社会面阿片类戒毒康复人员就业安置率统计表	57–70
5	××市××区（县）赵××帮扶救助典型案例	71–82
…	……	…

第四节　地方经验

一、禁毒工作社会化的先行者——上海

21世纪初，上海由毒品过境地区转变为以毒品消费为主的地区，禁毒形势日益严峻，由此带来的一些社会治理问题日益凸显。资料显示，1999年至2002年间，上海市在册吸毒人数增幅达94.7%。而市禁毒办干部仅有2名，区（县）禁毒办人员仅有37名，且还是兼职的。

形势倒逼机制，2003年，上海市委、市政府提出“政府主导推动、社团自主运作、社会多方参与”的工作原则，采取“自上而下”的方式探索禁毒工作走社会化、专业化道路。上海市委政法委牵头成立了首家专业从事禁毒社会工作的民办非营利性社会组织——自强社会服务总社，由市禁毒办作为其业务主管单位并采用政府购买服务的方式，委托其专门开展针对社区药物滥用人员的服务，以及协助政府职能部门落实有关管理等工作。由此，上海开启了禁毒工作社会化之路。

上海在明确建立市、区（县）、街道（镇）三级禁毒办体制，充实街道（镇）禁毒专职干部的基础上，注重扶持社会组织，配强专业社工、志愿者，并逐步完善禁毒社会工作者的配备比例、招聘选拔、职业进阶、薪资标准、目标管理等一系列制度。政府积极与学界沟通合作，不仅邀请高校教授参与到工作制度设计中，在工作试点运行，全市铺开各环节中，学界智囊团也提出不少建议与支持。华东理工大学社会与公共管理学院院长曾担任上海市自强社会服务总社董事长，并带领其他高校教师为社工提供督导培训，确保禁毒社会组织的队伍稳定和良性发展。

2007年以来，上海部分地区开始探索成立区域内的禁毒社会组

织，逐渐形成了浦东新区的“中致社”、奉贤区的“思齐社”、松江区的“茸平社”和长宁区的“禁毒妈妈工作室”等一批禁毒社会组织品牌项目。通过运用个案、小组、社区工作方法，禁毒社工协助服务对象解决实际困难，进一步加强了对特殊人群的管理工作。其中，形式多样的小组活动是工作中的一大亮点，通过组织服务对象及其家属参与各式有助于戒毒康复、家庭关系修复的活动，既能发掘服务对象的兴趣爱好，还可以帮助其建立自信，不会终日无所事事。在多年探索的过程中，自强社会服务总社形成了不少品牌项目，如“拾星者同伴辅导计划”、“毒来不独往”危机干预项目、“美宁湾”小组工作（面向美沙酮服药人员的支持性小组）等。2016年，上海政府购买禁毒社工服务标准已提高至平均每名社工不低于每年11.32万元。2017年上半年，上海共有1 100名左右禁毒社工仍坚持为吸毒人员提供社区戒毒社区康复服务。

此外，上海通过培育多领域的禁毒志愿者队伍、广覆盖的社区平安志愿者队伍，与专业禁毒社工一道，形成助推社区戒毒社区康复工作的强大合力。

二、社区戒毒社区康复工作的后起之秀——佛山

广东省佛山市地处珠三角腹地，经济发达、交通便捷，不可避免地出现了毒品违法犯罪问题。佛山市禁毒委按照上级领导的指示精神和国家禁毒委“8·31工程”要求，印发《佛山市加强社区戒毒社区康复工作意见》，并按照统一基层禁毒机构建设、统一全市禁毒社工体系、统一戒毒康复工作规范、统一目标考核体系等“四统一”原则，推动全市社区康复社区戒毒工作。建立集动态管控、戒毒治疗、心理矫治、帮扶救助、就业指导、宣传教育等“六位一体”功能的社区戒毒社区康复服务中心，实现建设标准化、工作规范化、服务精细化、效能优质化的要求，扎实推进工作、努力创建打造全国禁毒示范

城市。

统一工作场地规范。根据广东省禁毒办《关于进一步加快乡镇街道戒毒康复工作领导小组建立的通知》精神，全市各镇街全部成立社区戒毒社区康复工作领导小组，由镇街党委副职领导任组长，综治、公安、卫计、民政、司法、人社、教育等部门负责人为成员。依照《关于加快推进全市社区戒毒社区康复工作站（启明星驿站）建设工作的通知》（佛禁毒办［2017］10号）和《关于规范全市社区戒毒社区康复工作站规范化服务及公示上墙内容的通知》（佛禁毒办［2017］40号）规定，全市32个镇街统一社区戒毒社区康复工作站（启明星驿站）建设，落实设备、经费等保障。启明星是黎明之前最亮的一颗星，有指引光明的意义。代表着在社工的指引和帮助下，吸毒人员摆脱毒品的黑暗世界，迈向健康阳光新生活的愿景。该设计采用公安蓝做背景色，寓意公安为禁毒工作的坚强后盾；暖色板块作为社工和社会的温暖力量，寓意社会组织发挥专业帮扶作用。因此，佛山市将各区、各镇街社区戒毒康复联众社工工作站统一命名为“启明星驿站”，达到了去标签化的目的。

统一引进专业社工服务。按照佛山市委常委会议纪要的有关要求，五区切实加强社区戒毒康复专职队伍建设。各区政府通过公开招投标的形式，向四家社工机构购买禁毒社工服务，共配备禁毒社工254名，全市禁毒社工持证率达43.15%。为规范行业发展，佛山政府按照“四有”原则（即社工机构有监管、对服务内容有跟进、对服务质量有评估、对财务状况有审计）对社工机构进行监督评估，以确保社工服务开展公开化、透明化，专业化。

分类分级管控，精准个性化帮扶。根据国家、省《社会面吸毒人员风险分类评估管控办法》的通知精神，联众社工配合各区禁毒办全面启动全区社会面吸毒人员的风险评估，禅城、顺德两区已全面完成了全区社会面吸毒人员的风险评估，并且每半年评估一次，为分类管控奠定了基础。区禁毒办、街镇禁毒办根据各区社会面吸毒人员风险分类评估结果，对高、中、低三种风险级别分别按照《社会面吸毒人员风险分类评估管控办法》制定了相应的管控措施并落实到民警、社工等责任人进行跟踪访谈、情况掌握。根据不同的级别采取不同的管控和干预、服务，确保无肇事肇祸、暴力事件的发生。在帮扶工作中，社工对社区戒毒社区康复人员的身体健康状况、精神健康状况、心理状况、家庭状况、就业状况、社会支持状况、社会交往、社会责任、戒毒操守、行为操守等九大指标进行评估，为科学、有针对性地制订服务和帮扶计划提供依据。充分摸清社区戒毒康复人员的戒毒康复、心理行为矫治、家庭关系、社会支持、生计发展、就学就业等需求，制订详细的服务计划，并在实施中不断评估，在评估中工作、在工作中评估，以确保服务成效。

通过依法禁毒、科学禁毒的实施，社区戒毒社区康复人员操守率保持良好。如顺德区禁毒办数据显示，2016年6月，顺德社区戒毒康复执行率不足60%，但联众社工介入工作后，现已跃升至100%；2017年上半年，戒毒康复人员的复吸率低于6.48%，创下此项工作的历史新纪录。顺德治安持续向好，2018年前10月，有218天“两抢”零发案；而在2018年10月，单日刑事警情仅5宗，创下40年以来新低纪录。2017年2月，国家禁毒委副主任、禁毒办主任刘跃进到顺德区考察调研，实地参观了顺德区社区戒毒社区康复工作站和病残吸毒人员收治场所，对顺德区禁毒工作给予了高度评价，并勉励顺德区要努力创建社区戒毒社区康复工作的“顺德模式”。2018年2月，顺德区禁毒委更被国家禁毒委评为“2017年度国家级社区戒毒康复示范单位”。

三、吸毒人员网格化管理工作模范——宜昌

在我国，网格化管理实践最早始于2004年。北京市东城区在全

国范围内率先推出城市社区网格化管理改革创新举措。从2005年起，全国各地逐渐开始探索这种网格化管理方式。2008年，浙江省舟山市创新推出“网格化管理，组团式服务”管理模式。从2013年起，全国各地开始探索“网格化管理，组团式服务”的管理模式，主要工作方式是：成立组织机构、人员整合、划分网格、信息收集、报告重大事项、协助防控、下沉社会服务。

湖北省宜昌市以网格化服务管理为基础，以社区自治为重点，突出社区关爱，建立了社区戒毒、社区康复、社区关爱“三位一体”的吸毒人员网格化服务管理新体系，基于“街巷为界、规模适度、无缝覆盖、动态调整”的原则，把城区121个社区划分为1 110个网格，每个网格包含大概300户居民。[1]每个网格配备一名网格员，构建起市、区、街道、社区、网格“五个阶梯”的管理体系。宜昌市通过建设“数字网格”和“电子地图”，使得各式各样的社会资源能在网格上整合呈现，以网格化管理为基础，形成全方位、动态式、便捷高效的社会服务管理体系。社区网格管理员主要负责公安、民政、综治、城管、人社、食品安全等六项工作的信息收集和便民服务，通过社会服务进小区、进家庭，实现网格化管理全覆盖。宜昌网格化管理工作的优势主要有三大方面。

一是构建社区网络化管理信息系统，实现信息共享。为了整合管理信息，宜昌市的社区网格化管理信息系统囊括了四个基础信息系统和两个运用信息系统。四个基础信息系统以人口信息和房屋信息为核心，包括人口信息系统、法人信息系统、城市房屋信息系统、城市部件信息系统。两个运用信息系统以服务信息为核心，分为综合服务管理信息系统和专业服务管理信息系统。综合服务管理信息系统包括了

1　郑泽金，张国祥. 城市网格化管理拓展研究——以宜昌市网格化管理为例［J］. 湖北行政学院学报，2014（4）.

网格管理、地理信息、电子政务和电子监察等内容，专业服务管理信息系统则包括人口管理、法人管理、特殊人群管理、社会组织管理、城建管理、房屋管理、社会矛盾化解、社会诚信监管、食品安全监管、公共服务、社会服务、国防动员和公共资源配置等内容。社区网格化管理信息系统运用数字城市技术有效地整合了政府职能部门各自独立、互不关联的管理信息，形成了稳定的信息支持系统，为不同部门的协调合作提供了技术支持。

二是推进扁平化管理、协同式治理，提高管理效率。政府在社会管理工作中利用网格技术联结行政科层组织，实现了现代网联网与行政组织的深度融合，推动了组织结构的自我革新，分散了管理权限，增强了管理部门的决策自主性，减少了由条块分割所导致的部门之间的相互依赖和协作成本，提高了行政组织的协同效能。以社区为轴心的扁平式组织体系，减少了管理层级，提高了行政效率。网格化管理系统搭建起社区事务协同管理体系，实现了社区与部门之间的联动，提高了行政部门的协同效率。

三是推动精细化管理，提高社会管理的精确性。通过网格管理信息系统，宜昌市将社会管理单元精确到社区网格，把社会管理的主体与客体信息化，清除了社会管理的盲区与死角，实现了社会管理的全方位覆盖。通过网格管理信息系统，管理信息动态采集，即时更新，政府对社区网格内的各类社会管理问题进行实时末梢管理，社会管理主体协同联动解决社会管理问题，使社会管理问题的处理更加迅速、高效，提高了社会管理的精确度。[1]

以宜昌枝江市为例，利用网格平台，采取资源整合的方式，针对每名吸毒人员组建由村（社区）书记任组长，责任区民警、网格员为

1 李见顺.宜昌市网格化社会管理的经验、问题与对策［J］.湖北民族学院学报（哲学社会科学版），2015（3）.

成员的核心3人小组，由公安、民政、人社、卫计、教育、农业等帮扶力量选择性参与的“3＋N”工作小组。市政府出资成立扶持吸毒人员发展产业贷款担保基金，在市综治办主导下，由信贷部门实地勘查，对符合条件的吸毒人员，一周内即可发放款项到位；民政部门将吸毒人员的低保救助审批权限下放到各镇（街道），对符合条件的只需进行备案和复核，发放救助资金由原来规定的一个月缩短为现在的5个工作日；人社部门积极开展职业技能培训，村（社区）组建关爱小组，关爱帮扶吸毒人员。各部门的主动参与，改变了过去公安部门单打独斗的工作局面。

为充分发挥党员先锋作用，当地党员积极组织发动社会工作师、农民专业合作社、党员中心户、志愿者、本地企业和吸毒人员家属等“熟人”开展帮扶转化工作，消除吸毒人员心理隔阂。将吸毒人员纳入“两学一做”党员“领岗认亲”活动帮扶对象，逐人建立辖区民警、村党员干部、网格员、吸毒人员家属（亲属）、禁毒志愿者“五包一”的帮教小组，着力帮助吸毒人员回归正常生活。

通过组建“枝江禁毒网格化”和“禁毒网格督办通报”工作群，公安部、省公安厅、宜昌市领导、禁毒专家可在工作群里实时对此项工作进行指导，帮助解决疑难问题。当地还积极开展“无毒村”“无毒社区”“无毒单位”创建工作，调动各级单位工作积极性。

枝江市利用光纤到村入户、4G网络全覆盖优势，打造了“三个平台”，不断提高服务管理吸毒人员效能。一是打造“大数据”管理平台。开发“枝江市吸毒人员网格化服务管理系统”，与全国吸毒人员动态管控系统对接，实现市镇村三级联网，吸毒人员信息一键到村。依托电子政务专网，实现基层需求网上反馈、工作任务网上交办、工作流程网上传递、工作痕迹网上可查、工作效果网上评价。二是打造“公众号”宣教平台。建立“无毒有我”枝江禁毒微信公众号，定期推送禁毒法律法规、毒品常识、戒毒成功案例等，开通禁毒知识在线问答、有奖竞猜等栏目，成为禁毒宣传和吸毒人员服务管理的重要阵地。三是打造“微互动”服务平台。建立“无毒有我”微信关爱群1 211个，每个吸毒人员加入一个由关爱小组成员组成的关爱群，服务管理人员及家属运用“分享位置”功能随时获知吸毒人员所在位置，通过“视频聊天”随时掌握吸毒人员活动范围和思想动态，及时调整心理干预计划，确保对吸毒人员管控到位。

第六章 构建全链条缉毒打击体系

目前，经过公安部的领导和全国各级公安机关的努力，我国缉毒工作科技、侦查等手段取得长足进步，警力不断充实，装备水平不断提高，缉毒工作取得瞩目成绩。但我们必须清楚地认识到，毒品犯罪形势依然严峻，屡打不绝，屡禁不止。构建全链条缉毒打击体系在这次全国禁毒示范城市创建考评工作中更占据不可或缺的成分，因此要认真总结，积极参考优秀经验，逐步加强禁毒队伍建设，因地制宜建立有效机制，进一步提高缉毒打击工作绩效，提高创建示范城市工作得分率，扎实稳步开展禁毒工作。

第一节　创建内容

一、毒品犯罪形势背景

毒品犯罪是与非法种植、生产、贩卖、运输、提供、持有麻醉药品和精神药物等有关的一类犯罪行为的总称。该类犯罪的滋生和蔓延，不仅极大地威胁着人类的生命和健康，而且对国际社会的良好秩序和共同利益造成了强烈冲击和严重危害，因而被称为“社会公害”“世界瘟疫”。在我国，毒品犯罪活动呈现出集团化、隐秘化、有组织化和跨国化等复杂特征，境内外社会环境、贩毒集团和执法者之间存在着彼此交错的关系，使得缉毒斗争面临着严峻的形势和挑战。截至2017年，全国法院判处五年以上有期徒刑、无期徒刑至死刑的毒品犯罪分子2.1733万人，重刑率为21.93%，高出同期全部刑事案件重刑率7.89个百分点。[1]

1　参见《最高法公布2016年至2017年毒品犯罪审判数据报告》，中国警察网，2018年6月27日。

最高人民法院公布的2016年—2017年《司法大数据专题分析报告之毒品犯罪》显示，毒品犯罪案件发案数量2017年较2016年同比下降3.97%，已结案件数同比下降3.74%；2017年新收毒品犯罪被告人数下降8.55%，2017年生效判决文书认定的犯罪人数为9.93万人，同比下降14.32%。在毒品案件特征方面，2017年，武装贩毒案件和大宗毒品贩毒案件有所上升，网络毒品犯罪发案量在2017年增长速度较快；2017年累犯、再犯人数在全部毒品犯罪被告人数中的占比较2016年略有上升。其中，在毒品犯罪案件类型方面，罪名集中在"走私、贩卖、运输、制造毒品罪""容留他人吸毒罪""非法持有毒品罪"等三种，共计占比98.38%，走私、贩卖、运输、制造毒品罪为占比最高的罪名，达64.78%。[1]据了解，毒品犯罪案件数量在2015年达到最高值后，近两年有所回落，但仍处于高位。因此，在《创建全国禁毒示范城市考评细则》文件中，构建全链条缉毒打击占据20分的高分。深入剖析当前禁毒工作存在的短板和问题，将工作任务层层分解、细细落实，最大限度推动各项禁毒工作进度；各市各部门要按照考评细则的相关要求，对照任务清单，做好交叉督导检查，突出问题导向，找准薄弱环节，主动跟踪成效，确保圆满完成各项禁毒考评任务，才能拿到应该拿的分数，增添能多拿的分数。

二、得分说明

为了让大家清楚了解得分形式，下面我们会根据《全国禁毒示范城市创建工作考评细则》的文件，围绕构建全链条缉毒打击体系模块内容，用表格与文字的形式帮大家进行梳理。

（一）构建全链条缉毒打击体系的第一条，缉毒打击效果得分要求

百名吸毒人员对应抓获毒品犯罪嫌疑人数达到全国中等水平

1　参见《毒品犯罪大数据：武装贩毒案件有所上升》，新浪看点，2018年6月27日。

以上的，最高得10分，其他依次换算得分（百名吸毒人员对应抓获人数在全国中等水平以下的，或者新发现吸毒人员同比上升且抓人数同比下降的，该项均不得分。全国中等水平，即全国所有城市数据从大到小排列的中位数）。根据上述内容，做出以下得分表（见表6-1）。

表6-1 百名吸毒人员对应抓毒品犯罪嫌疑人数在全国情况得分情况

<table>
<tr><th>市</th><th>毒品犯罪嫌疑人</th><th>在册吸毒人员数</th><th>每百名吸毒人员对应抓获毒品犯罪嫌疑人数</th><th>水平线</th><th>水平以上得分，以下不得分</th><th>备 注</th></tr>
<tr><td>A</td><td>284</td><td>9 778</td><td>2.9</td><td rowspan="5">如：全国每百名吸毒人员对应抓获毒品犯罪嫌疑人数中等水平是“4.2”</td><td>不得分</td><td rowspan="5">新发现吸毒人员同比上升且应抓人数下降均不得分</td></tr>
<tr><td>B</td><td>914</td><td>13 821</td><td>6.6</td><td>最高得10分</td></tr>
<tr><td>C</td><td>900</td><td>16 019</td><td>5.6</td><td>最高得10分</td></tr>
<tr><td>D</td><td>71</td><td>2 268</td><td>3.1</td><td>不得分</td></tr>
<tr><td>E</td><td>145</td><td>4 642</td><td>3.1</td><td>不得分</td></tr>
</table>

参考表6-1，如全国每百名吸毒人员对应抓获毒品犯罪嫌疑人数中等水平是“4.2”，A、D、E市每百名吸毒人员对应抓获毒品犯罪嫌疑人数分别在全国水平线之下，所以不得分；而B、C市因在水平线之上所以可得分，得分数按照高出水平分的比例计算，最高可得10分。如果新发现吸毒人员同比上升且应抓人数下降均不得分。

（二）构建全链条缉毒打击体系的第二条，禁毒专业队伍打击效能评分细则要求

公安禁毒专业队伍抓获毒品犯罪嫌疑人数和缴毒数（含毒品、毒品原植物和易制毒化学品，下同）分别占战果总量的比例为禁毒专业队伍打击效能。以前三年全国平均水平为参照，设定禁毒专业队伍打击效能的基准线为：抓获毒品犯罪嫌疑人数占战果总量的30%，缴毒数（按比例折算后）占战果总量的45%。达到基准线的各得最高分2

分，打击效能在基准线以下的按比例换算得分。该项考核分值最高为4分，无战果计0分。根据上述内容，做出以下得分明细（见图6-1表6-2）。

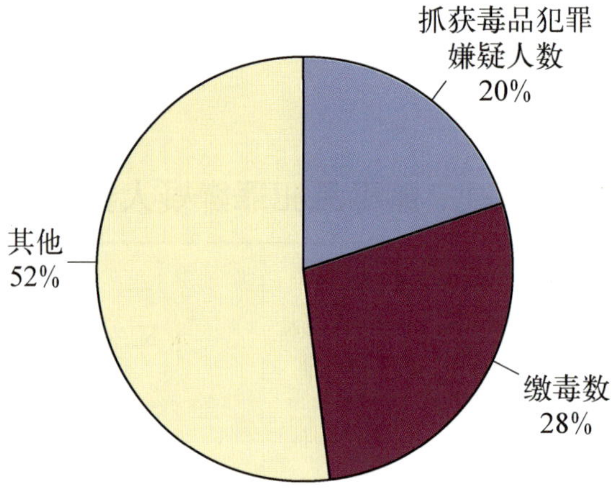

图6-1　B市禁毒专业队伍战果分布

表6-2　禁毒专业队伍打击效能得分情况

基准线	高于	低　于	无战果	最高得分
抓获毒品犯罪嫌疑人数占战果总量的30%	2分	按比例换算得分	0分	4分
缴毒数占战果总量的45%	2分			

1. 打击效能。根据图表所示，B市抓获的毒品犯罪嫌疑人数和缴毒数分别占全市的战果总量的20%和28%，所以他们的比例就是禁毒专业队伍的打击效能。

2. 得分计算。考评细则提到，以前三年设定为全国平均水平基准线。

第一条基准线，抓获毒品犯罪嫌疑人数占战果总量的30%。如B市抓获的毒品犯罪嫌疑人数占战果总量的20%，在基准线以下。根据得分表显示，低于基准线按照比例得分。其中抓获毒品犯罪嫌疑人数最高得分是2分。按照公式换算得出，B市得1.3分。

公式：

$$\frac{A\text{市打击效能}}{X}=\frac{\text{基准线}}{\text{最高得分}}$$

第二条基准线，缴毒数（按比例折算后）占战果总量的45%。如B市的缴毒数打击效能是50%，高出全国平均水平基准线，所以直接得2分。

该项考核抓获毒品犯罪嫌疑人数和缴毒数分别占2分，合计最高可得4分，无战果得0分。

（三）构建全链条缉毒打击体系的第三条，毒品目标案件办理质量评分细则要求

破获部级目标案件的个案质量平均分，要求达到全国地市级单位的前100名（共有335个地市级单位。低于100名的不得分，100名以上的，最高得3分，其他依次换算得分）。

按照上述，目标案件质量得分可根据《公安部毒品目标案件考核办法》文件得分要求计算，并在全国进行排名。全国部级目标案件第一名能得3分，同理，100名以下不得分，所以最低排名100名可得0.03分。其他排名得分依次换算。

第二节　重点难点

从上文可知，构建全链条缉毒打击体系占分比重不低，特别是缉毒打击，在各执法部门相互密切配合的同时，还要充分运用多种手段，始终保持对涉毒违法犯罪活动的高压态势。在这前提之下，各地市更需要逐步完善禁毒专业队伍建设。保证队伍的攻坚能力，逐步提升禁毒工作绩效，健全个案质量评分机制，提高破获案件质量。目标

案件在达到量的同时，队伍的力量、案件的质量水平，才是得分的重要成分。

一、完善缉毒专业队伍

目前，由于多种原因，多地的缉毒专业队伍建设不完善，缉毒专业队伍人员配备不足，业务素质不高。在中央编办、国家禁毒办印发的《关于加强禁毒队伍建设的意见》（禁毒办通［2016］61号）的文件提到，加强禁毒队伍建设是做好禁毒工作的根本保证。习近平总书记等中央领导同志也多次作出指示，明确要求加强禁毒队伍建设，提高禁毒工作能力。各地方各级单位更要坚持立足当前、着眼长远坚持因地制宜、分类指导，以完善管理制度、加强教育训练为基础，以充实队伍力量为重点，全面提升禁毒队伍的正规化、专业化、职业化水平，努力建设一支信念坚定、执法为民、敢于担当、清正廉洁的禁毒队伍。

（一）全面完善我国公安禁毒专业队伍建设的前提，需要有健全的办事机构，确保禁毒工作正常开展。一是加强禁毒委员会建设。进一步健全省、市、县三级禁毒委员会，推动乡（镇）人民政府、城市街道办事处建立禁毒工作协调机制。二是进一步充实地方各级禁毒委员会办公室人员力量，根据实际需要应当配备与形势和任务相适应的工作人员，推动禁毒工作开展。

（二）健全专业队伍。适应打击毒品犯罪形势的需要，大力加强公安禁毒专业队伍建设。当前，省和市以及登记吸毒人员百人以上和制造毒品、易制毒化学品流失、毒品走私入境、毒品中转集散、外流贩毒等问题突出以及被国家和省级禁毒委员会列入毒品问题重点整治的县（市、区、旗）要进一步建立健全公安禁毒专业队伍，完善机构设置，配备与形势任务相适应的专业力量。上文也说到，毒品犯罪涉及范围甚广，单靠禁毒部门是难以遏制的。所以铁路、交通、民航、林业公安机关和海关缉私部门也要加强禁毒专业力量建设，并纳入禁毒整体力量中统筹规划。营造多警种合成作战，环环相扣让毒贩无所遁形。

（三）提升实战能力。社会不断发展的同时贩毒集团的反侦查、反情报能力在不断加强，贩毒手段在不断更新，贩毒方式在不断变换，武装、暴力程度也在不断加强。因此，强化公安禁毒队伍的专业职能迫在眉睫。积极深入开展特殊人才招录工作，及时补充警务技术、情报侦查等急需紧缺人才。加强与军队、武警部队的协同配合，共同打击毒品犯罪活动。加快推进省和地市级公安禁毒部门在毒品查缉、情报研判、专案侦查等方面的实战能力建设。

（四）推动内部挖潜。积极争取地方党委、政府支持，综合使用现有编制，坚持走结构性挖潜、内涵式发展之路。人员力量不足的，立足于内部调剂解决。拓展禁毒人员编制来源渠道，通过精简机关、充实一线、合理调整、优化配置的方式，促进不同警种、领导机关与基层一线之间的编制流动，充实禁毒人员力量。鼓励、支持各地统筹考虑政法部门的编制配备和职能任务等情况，探索跨系统、跨领域调剂编制资源，充实禁毒专业力量。

（五）禁毒专业队伍不仅要根据工作任务和工作量的变化及时充实专业缉毒队伍力量，更要努力加强缉毒专业队伍的政治思想和专业素质建设，积极开展经常性的思想政治和安全保密教育，努力提升缉毒专业队伍的安全保密意识，通过强化思想政治教育，坚持以中国特色社会主义理论体系和习近平总书记系列重要讲话精神为指导，加强思想政治、理想信念、核心价值观和职业道德教育。认真学习实践“三严三实”积极开展“两学一做”学习教育，进一步坚定理想信念，加强党性修养，改进工作作风，确保对党忠诚、自身干净、勇于担当，形成风清气正、干事创业的良好风气。

（六）加大教育训练力度。在缉毒打击面前，个人的实战能力关乎着自身的安全，更是突破敌人防线的中坚力量。坚持“一切面向实战、一切为了实战”。积极推进禁毒专业训练教材和师资建设，完善重点领域专业训练教官库，搭建网上教育训练平台，建立符合禁毒实际、具有禁毒特色的教育训练工作体系。积极支持公安院校禁毒学科专业建设，按需培养实战化禁毒专业人才。认真落实《公安机关人民警察训练条令》，通过集中训练、岗位练兵、考核比武等方式，加强禁毒民警专业训练和警务技战术训练，不断提升禁毒队伍的专业素养和实战能力。

（七）严格队伍管理制度。毒品问题日益严重，追根究底是因为从事毒品生产和贩运能产生巨额利润。而生产、贩运之间都会与外界产生千丝万缕的关系。贿赂是毒品业发展的首要手段。前线的缉毒人员，长时间与毒品来往，难免受到很多诱惑。正因如此，在管理禁毒队伍实战能力的同时，加强禁毒队伍作风建设必不可少。根据禁毒岗位特点和任务，建立健全禁毒队伍管理制度，推进禁毒执法规范化建设，加强对毒品、毒资和缉毒罚没收入等容易发生问题的关键环节管理，防止发生违纪违法问题。

（八）完善职业保障制度。依照有关规定，落实人身意外伤害保险、工伤保险、因公负伤民警医疗待遇和抚恤优待等政策，保障禁毒干部的心理和身体健康。发挥禁毒基金会的作用，做好英烈民警、因公伤亡民警及家属、生活特别困难民警家庭的慰问和关爱帮扶工作，努力解除禁毒干部的后顾之忧。

二、积极提高毒品目标案件申报量及个案质量

公安部毒品目标案件是公安部禁毒局集中、整合、调度和指挥各地公安机关对跨国，跨境，跨省（自治区、直辖市）毒品犯罪

线索立案开展专案经营，对重大毒品犯罪团伙和网络实施有效打击的重要手段和长效工作机制。为加强和规范部级毒品目标案件管理工作，公安部禁毒局分别制定了《公安部毒品目标案件管理办法》《公安部毒品目标案件考核办法》，和公安部禁毒局关于规范公安部毒品目标案件侦办程序和严肃工作纪律的通知（公禁毒传发［2015］67号）文件。为了能让大家清楚了解相关程序，文章已罗列出相关的确立条件和规范，各市严格按照要求，积极申报和经营部级目标案件，才能增加得分机会。相关要求及规范如下。

（一）目标案件的申报与规范

1. 申报方法

通过"公安部毒品目标案件管理分析系统"拟申请上报部级毒品目标案件的省级目标案件，经公安部禁毒局的批准，升级为部级毒品目标案件。

2. 目标案件的确立与规范

（1）符合《公安部毒品目标案件管理办法》第六条的规定，涉案团伙网络层级达4层（或者10人）以上或者涉案毒品数量达到5公斤（广东、云南、四川、广西、福建20公斤）以上，案件尚处于侦查经营阶段的，可以从优选择上报为目标案件。

（2）公安厅毒品目标案件应当是跨设区市的重大贩卖、运输、制造毒品案件，或非法买卖制毒物品案件、重大涉毒洗钱犯罪案件，以及其他重大毒品犯罪案件。

（3）公安厅毒品目标案件由立案单位通过"公安部毒品目标案件管理分析系统"逐级申报。省公安厅禁毒总队自受理之日起，3个工作日之内作出确立或不确立的决定。

（4）省级公安禁毒部门作为目标案件的第一责任单位，要统筹全省（自治区、直辖市）申报案件的数量和质量，选择优质案件从严把关上报。

（5）对于撤销的目标案件，如具备一定条件的，应当列为省级目标案件进行管理；各地撤销、降级的案件数，每年不能超过目标案件总数的10%。

（6）在跨国、跨境以及重大部级毒品目标案件侦查经营期间，遇有重大进展、破案收网等节点，必须第一时间上报禁毒局，并在禁毒局的指挥下开展相关工作；对已破获的部级毒品目标案件，必须在72小时内上报禁毒局，并在禁毒局的协调和指导下开展外宣工作，未经禁毒局批准不得擅自协调媒体对外宣传。经禁毒局同意并经中央媒体宣传报道的部级毒品目标案件，新闻通稿和外宣材料须经禁毒局负责目标案件和宣传工作主管处审核后，才能供媒体使用。

（二）建立毒品目标案件的个案质量审核机制

当前，有关毒品个案质量考评机制能作为范例的地方不多，甚至有多地还没有意识到毒品个案质量审核的重要性。在毒品犯罪问题日益蔓延、缉毒斗争形势越发严峻的情况下，一个好的机制更能有效全面提升执法人员的办案水平，缩短破案时间。各地应贯彻落实公安部《公安厅毒品目标案件管理考核办法》文件精神，为进一步提高执法质量，规范公安执法，增强民警的工作责任心，各地可将经法制部门审核的所有行政、刑事等毒品目标案件列入案件质量评判范围，并制定切实可行的评分标准，下发至各办案单位和办案民警学习。制定个案质量评判实施办法、奖惩机制，对各地个案质量评判情况，及时分析原因，落实整改措施，开展执法指导，规范执法环节，进一步促进公安执法个案质量的提高，有效提升目标个案质量在全国的排名。

第三节　本章台账建立

构建全链条缉毒打击体系，构建多部门、多警种参战和跨区域协作机制，需要建立大数据驱动打击工作的多种捆绑联动机制，对制毒犯罪源头实施源头打击，打击体现的是一个城市的攻坚力量，拥有不可或缺的位置，台账的建立是把一年里的绩效汇集成案，体现的是对于创建示范城市付出的努力，也体现了为城市的安定和平做出的贡献。

一、一级子目录

图6-2　一级子目录

二、二级子目录

构建全链条缉毒打击体系模块中共有四部分，其中市标建设一个禁毒情报研判系统是本章台账的亮点（见图6-3）。

国标：

1. 缉毒执法打击效果；

2. 禁毒专业队伍打击效能；

3. 毒品目标案件办案质量；

4. 涉毒资产查处效能。

市标：

1. 建设一个禁毒情报研判系统。

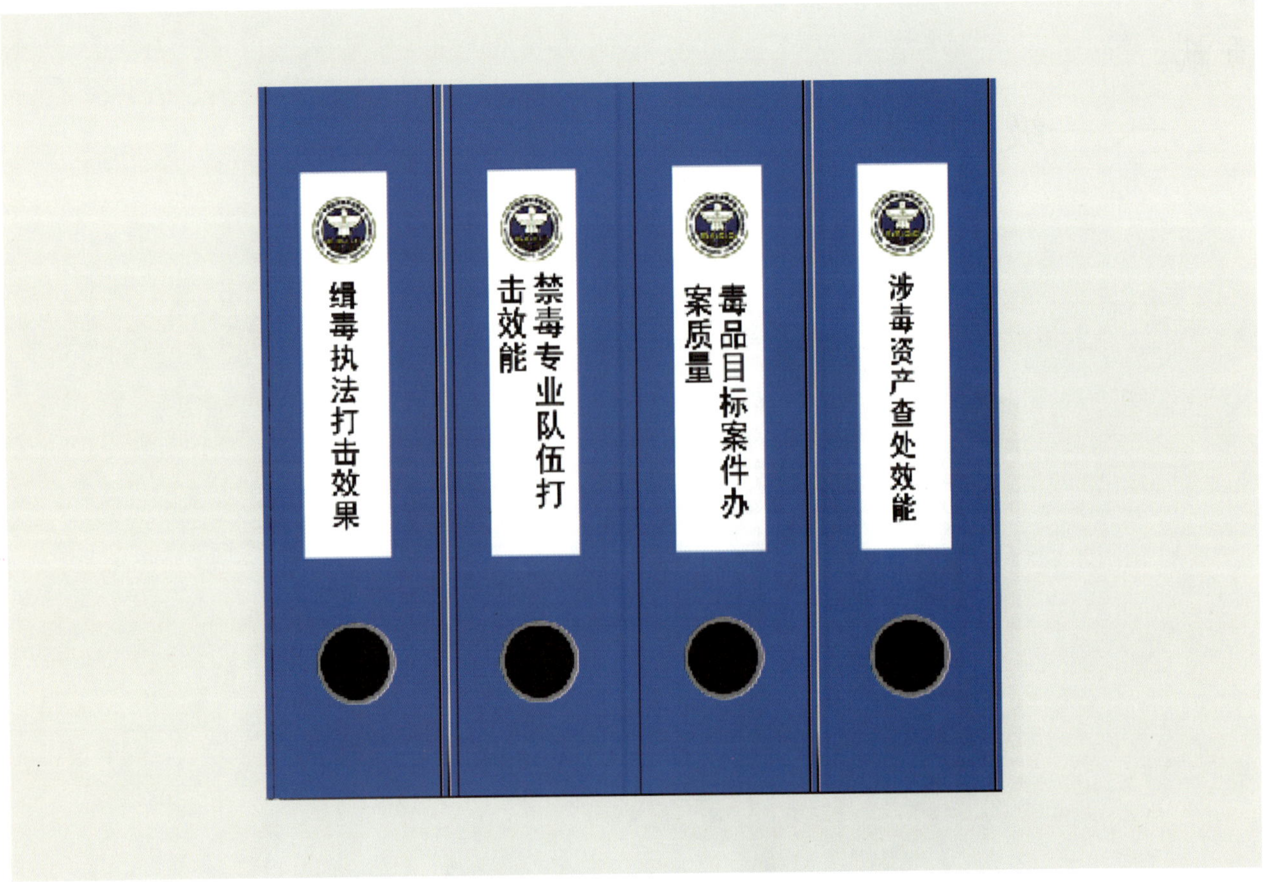

图6-3　二级子目录

三、三级子目录及台账内容示例

构建全链条缉毒打击体系的三级目录详细演示如下。

（一）根据《细则》缉毒执法打击效果，得分说明

百名吸毒人员对应抓获毒品犯罪嫌疑人数达到全国中等水平以上的，最高得10分，其他依次换算得分（百名吸毒人员对应抓获人数

在全国中等水平以下的，或者新发现吸毒人员同比上升且抓获人数同比下降的，该项均不得分。全国中等水平，即全国所有城市数据从大到小排列的中位数）。以下根据打分说明按照台账整理规范，运用流程图进行演示，如图6-4。

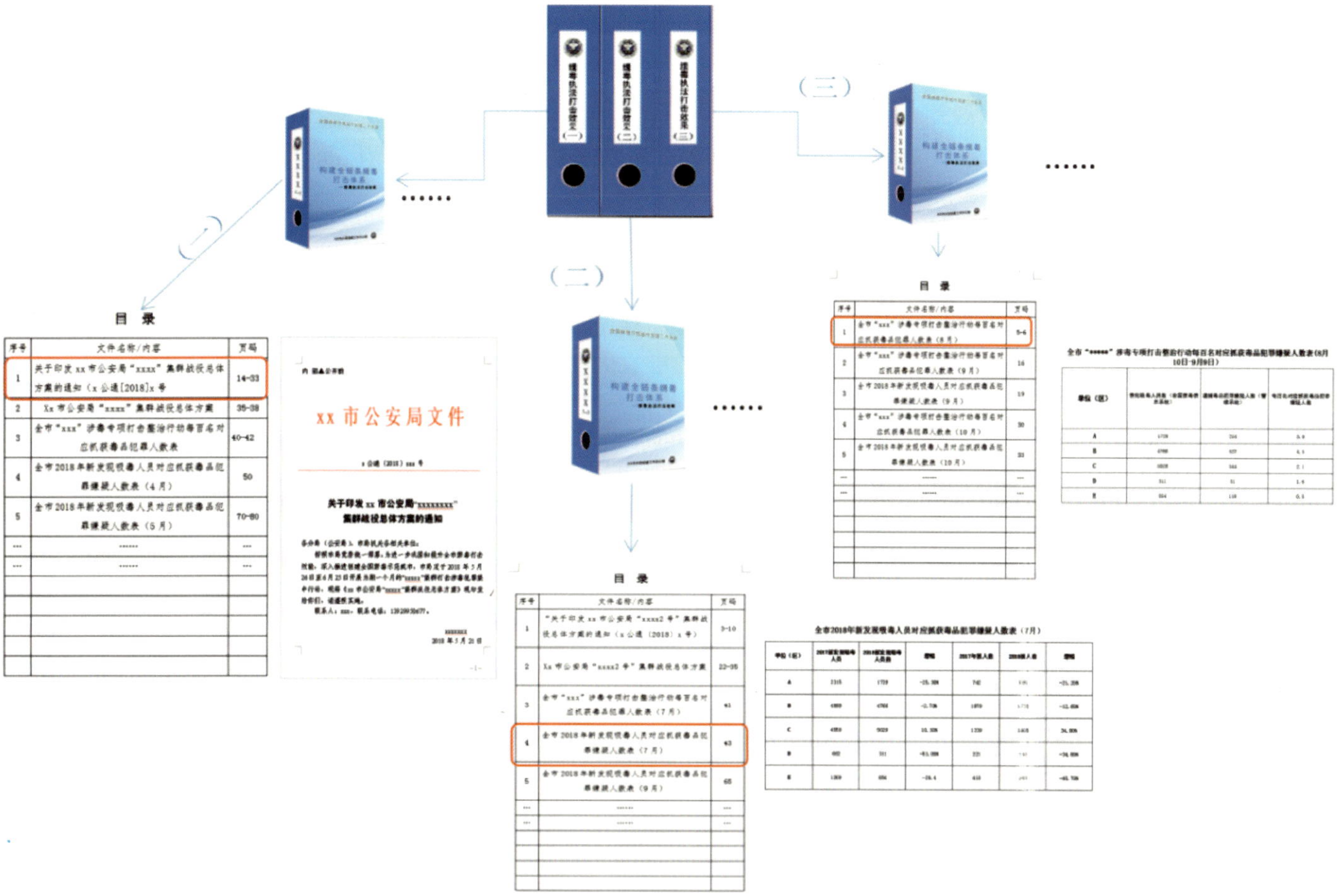

图6-4　台账资料（一）

缉毒执法打击效果目录一示例如表6-3。

表6-3 三级子目录（一）

目 录

序号	文件名称/内容	页码
1	关于印发××市公安局“××××”集群战役总体方案的通知（×公通［2018］×号	1-33
2	××市公安局“××××”集群战役总体方案	34-38
3	全市“×××”涉毒专项打击整治行动每百名对应抓获毒品犯罪人数表	39-42
4	全市2018年新发现吸毒人员对应抓获毒品犯罪嫌疑人数表（4月）	43-69
5	全市2018年新发现吸毒人员对应抓获毒品犯罪嫌疑人数表（5月）	70-80
…	……	…

缉毒执法打击效果目录二示例如表6-4。

表6-4　三级子目录（二）

目　录

序号	文件名称/内容	页码
1	关于印发××市公安局“××××2号集群战役总体方案的通知（×公通〔2018〕×号）	1-10
2	××市公安局“××××2号”集群战役总体方案	11-35
3	全市“×××”涉毒专项打击整治行动每百名对应抓获毒品犯罪人数表（7月）	36-42
4	全市2018年新发现吸毒人员对应抓获毒品犯罪嫌疑人数表（7月）	43-64
5	全市2018年新发现吸毒人员对应抓获毒品犯罪嫌疑人数表（9月）	65-79
…	……	…

缉毒执法打击效果目录三示例如表6-5。

表6-5　三级子目录（三）

目　录

序号	文件名称/内容	页码
1	全市“×××”涉毒专项打击整治行动每百名对应抓获毒品犯罪人数表（8月）	1-6
2	全市“×××”涉毒专项打击整治行动每百名对应抓获毒品犯罪人数表（9月）	7-16
3	全市2018年新发现吸毒人员对应抓获毒品犯罪嫌疑人数表（9月）	17-19
4	全市“×××”涉毒专项打击整治行动每百名对应抓获毒品犯罪人数表（10月）	20-30
5	全市2018年新发现吸毒人员对应抓获毒品犯罪嫌疑人数表（10月）	31-33
…	……	…

（二）禁毒专业队伍打击效能

细则要求说明，公安禁毒专业队伍抓获毒品犯罪嫌疑人数和缴毒数（含毒品、毒品原植物和易制毒化学品，下同）分别占战果总量的比例为禁毒专业队伍打击效能。以前三年全国平均水平为参照，设定禁毒专业队伍打击效能的基准线为：抓获毒品犯罪嫌疑人数占战果总量的30%，缴毒数（按比例折算后）占战果总量的45%。达到基准线的各得最高分2分，打击效能在基准线以下的按比例换算得分。该项考核分值最高为4分，无战果计0分。作为台账内容，必须将每项得分结果制成文件、数据表格、图片等方式进行展示。以下根据打分说明按照台账整理规范，运用流程图进行演示，示例如图6-5。

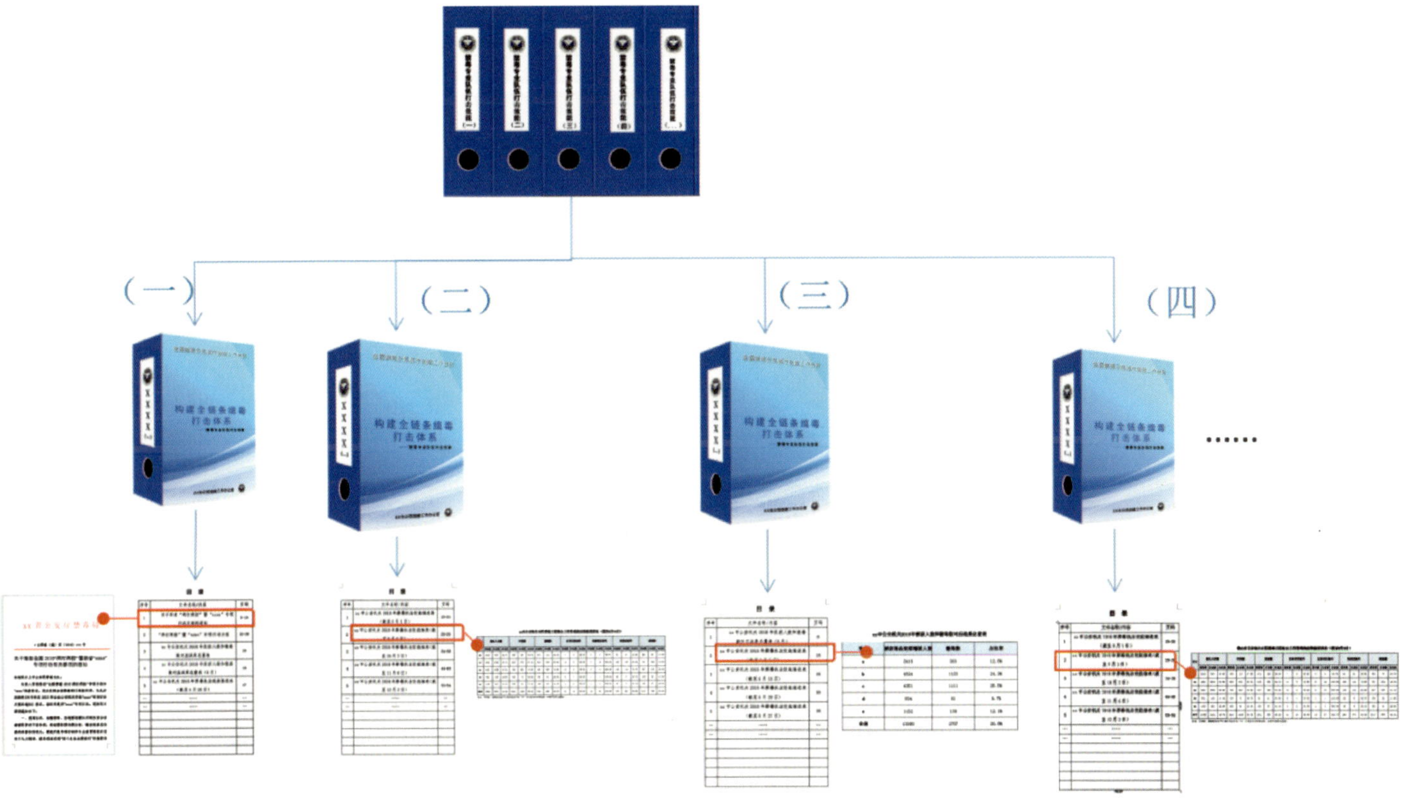

图6-5　台账资料（二）

禁毒专业队伍打击效能目录一示例如表6-6。

表6-6　三级子目录（四）

目　录

序号	文件名称/内容	页码
1	关于印发“两打两控”暨“××××”专项行动方案的通知	1-19
2	“两打两控”暨“××××”专项行动方案	20-30
3	××市公安机关2018年抓获人数和缴毒数对应战果总量表	31-38
4	××市公安机关2018年抓获人数和缴毒数对应战果总量表（4月）	39-40
5	××市公安机关2018年禁毒执法效能推进表（截至4月25日）	41-47
…	……	…

禁毒专业队伍打击效能目录二示例如表6-7。

表6-7　三级子目录（五）

目　录

序号	文件名称/内容	页码
1	××市公安机关2018年抓获人数和缴毒数对应战果总量表（5月）	1-8
2	××市公安机关2018年禁毒执法效能推进表（截至5月6日）	9-15
3	××市公安机关2018年禁毒执法效能推进表（截至5月13日）	16-19
4	××市公安机关2018年禁毒执法效能推进表（截至5月20日）	20-24
5	××市公安机关2018年禁毒执法效能推进表（截至5月27日）	25-37
…	……	…

禁毒专业队伍打击效能目录三示例如表6-8。

表6-8　三级子目录（六）

目　录

序号	文件名称/内容	页码
1	我局联合××警方成功打掉一个特大制贩毒团伙	1-6
2	××市公安机关2018年禁毒执法效能推进表（截至7月3日）	7-10
3	××市公安机关2018年禁毒执法效能推进表（截至7月10日）	11-13
4	××市公安机关2018年禁毒执法效能推进表（截至7月17日）	14-20
5	××市公安机关2018年禁毒执法效能推进表（截至7月24日）	21-24
…	……	…

禁毒专业队伍打击效能目录四示例如表6-9。

表6-9　三级子目录（七）

目　录

序号	文件名称/内容	页码
1	××市公安机关2018年禁毒执法效能推进表（截至8月1日）	1-20
2	××市公安机关2018年禁毒执法效能推进表（截至9月5日）	24-29
3	××市公安机关2018年禁毒执法效能推进表（截至10月2日）	30-38
4	××市公安机关2018年禁毒执法效能推进表（截至11月6日）	39-48
5	××市公安机关2018年禁毒执法效能推进表（截至12月2日）	49-54
…	……	…

（三）毒品目标案件办理质量，考评细则得分台账内容说明

破获部级目标案件的个案质量平均分，要求达到全国地市级单位的前100名（共有335个地市级单位。低于100名的不得分，100名以上的，最高得3分，其他依次换算得分）。根据打分说明按照台账整理规范，运用流程图进行演示，示例如图6-6。

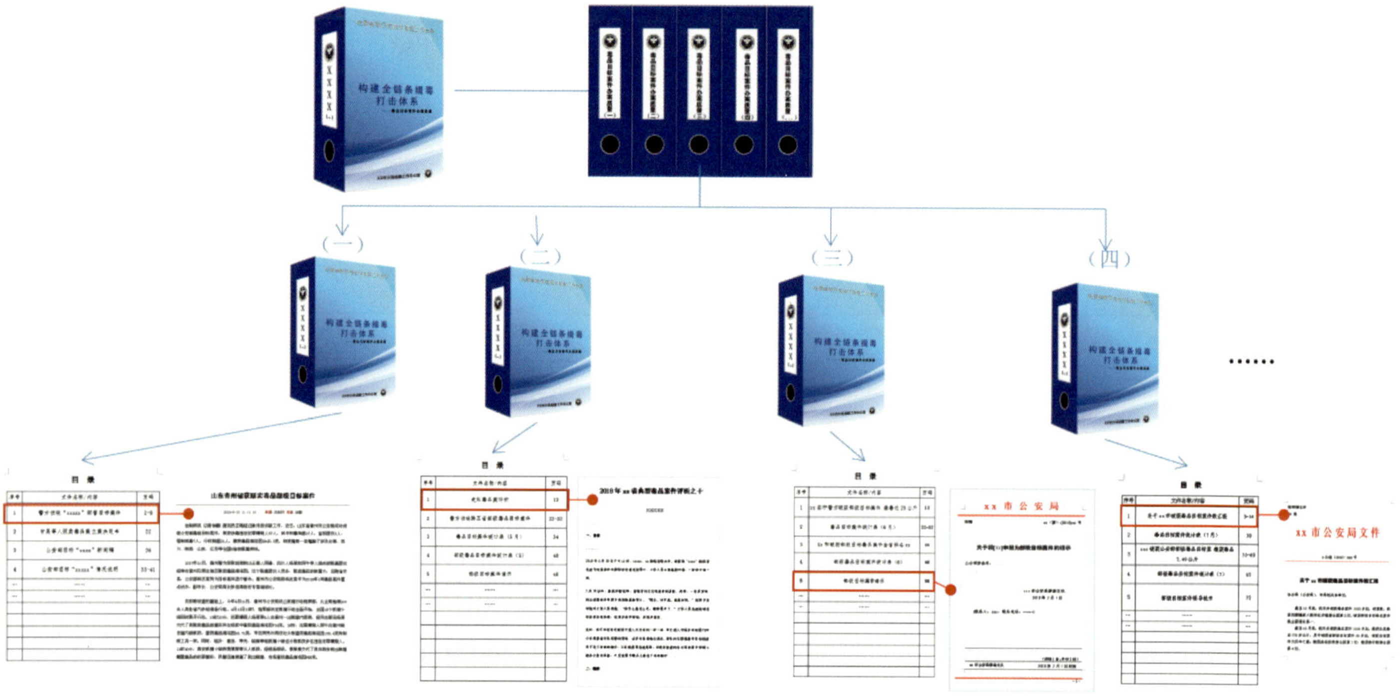

图6-6　台账资料（三）

毒品目标案件办理质量目录一示例如表6-10。

表6-10 三级子目录（八）

目 录

序号	文件名称/内容	页码
1	警方侦破“×××××”部督目标案件	1-9
2	甘某等人贩卖毒品案立案决定书	10-22
3	公安部目标“××××”新闻稿	23-26
4	公安部目标“×××××”情况说明	27-41
…	……	…

毒品目标案件办理质量目录二示例如表6-11。

表6-11 三级子目录（九）

目 录

序号	文件名称/内容	页码
1	走私毒品案评析	1-13
2	警方侦破跨五省部级毒品目标案件	14-32
3	毒品目标案件统计表（5月）	33-34
4	部级毒品目标案件统计表（5）	35-40
5	部级目标案件请示	41-46
…	……	…

毒品目标案件办理质量目录三示例如表6-12。

表6-12 三级子目录（十）

目 录

序号	文件名称/内容	页码
1	××安宁警方破获部级目标案件 缴毒近25公斤	1-13
2	毒品目标案件统计表（6月）	14-32
3	××市破获部级目标毒品案件全省排名××	33-44
4	部级毒品目标案件统计表（6）	45-46
5	部级目标案件请示	47-58
…	……	…

毒品目标案件办理质量目录四示例如表6-13。

表6-13　三级子目录（十一）

目　录

序号	文件名称/内容	页码
1	关于××市破获毒品目标案件数汇报	1-14
2	毒品目标案件统计表（7月）	15-30
3	×××破获公安部部级毒品目标案　缴获毒品2.49公斤	31-60
4	部级毒品目标案件统计表（7）	61-62
5	部级目标案件领导批示	63-72
…	……	…

（四）涉毒资产查处效能，考评细则得分台账内容说明

开展涉毒资产调查，扣押、冻结、查封相关资产并成功提交检察院，资产价值折合人民币100万元以上的，每案得1分，100万元以下20万元以上的每案得0.5分。破获涉毒洗钱案每案得1分，破获窝藏、转移、隐瞒毒脏案，掩饰、隐瞒毒品犯罪所得案等毒品下游犯罪每案得0.5分。以上同一案件不重复计分，以各城市提供的2018年检察院公诉书或法院判决书认定情况为评分依据。该项最高得3分。根据打分说明按照台账整理规范，运用流程图进行演示，示例如图6-7。

图6-7 台账资料（四）

涉毒资产查处效能目录一示例如表6-14。

表6-14　三级子目录（十二）

目　录

序号	文件名称/内容	页码
1	××市人民政府办公室关于印发××市涉毒资产追缴工作方案的通知	1-15
2	关于开展涉毒资产追缴认定工作的培训	16-25
3	关于规范涉毒资产取证工作操作的通知	26-44
…	……	…

涉毒资产查处效能目录二示例如表6-15。

表6-15　三级子目录（十三）

目　录

序号	文件名称/内容	页码
1	××禁毒委印发《关于我市开展建立涉毒资产联合追缴工作机制的通知》	1-15
2	×××涉毒资产突出问题专项整治方案	16-25
3	关于我市开展建立涉毒资产联合追缴工作机制成效	26-44
…	……	…

涉毒资产查处效能目录三示例如表6-16。

表6-16　三级子目录（十四）

目　录

序号	文件名称/内容	页码
1	××省××市××区人民法院刑事判决书	1-20
2	××市公开近三年涉毒资产案件情况	21-32
3	2018年涉毒资产案件统计表格	31-52
…	……	…

市标：

全国有109个城市参与评选，评分内容大同小异，这时本地需要添加自己城市的特色亮点，充实台账内容，让城市具有闪光点。如建设一个禁毒情报研判系统，要求说明提供情报研判信息表，得1分。根据打分说明按照台账整理规范，运用流程图进行演示，如图6-8示例。

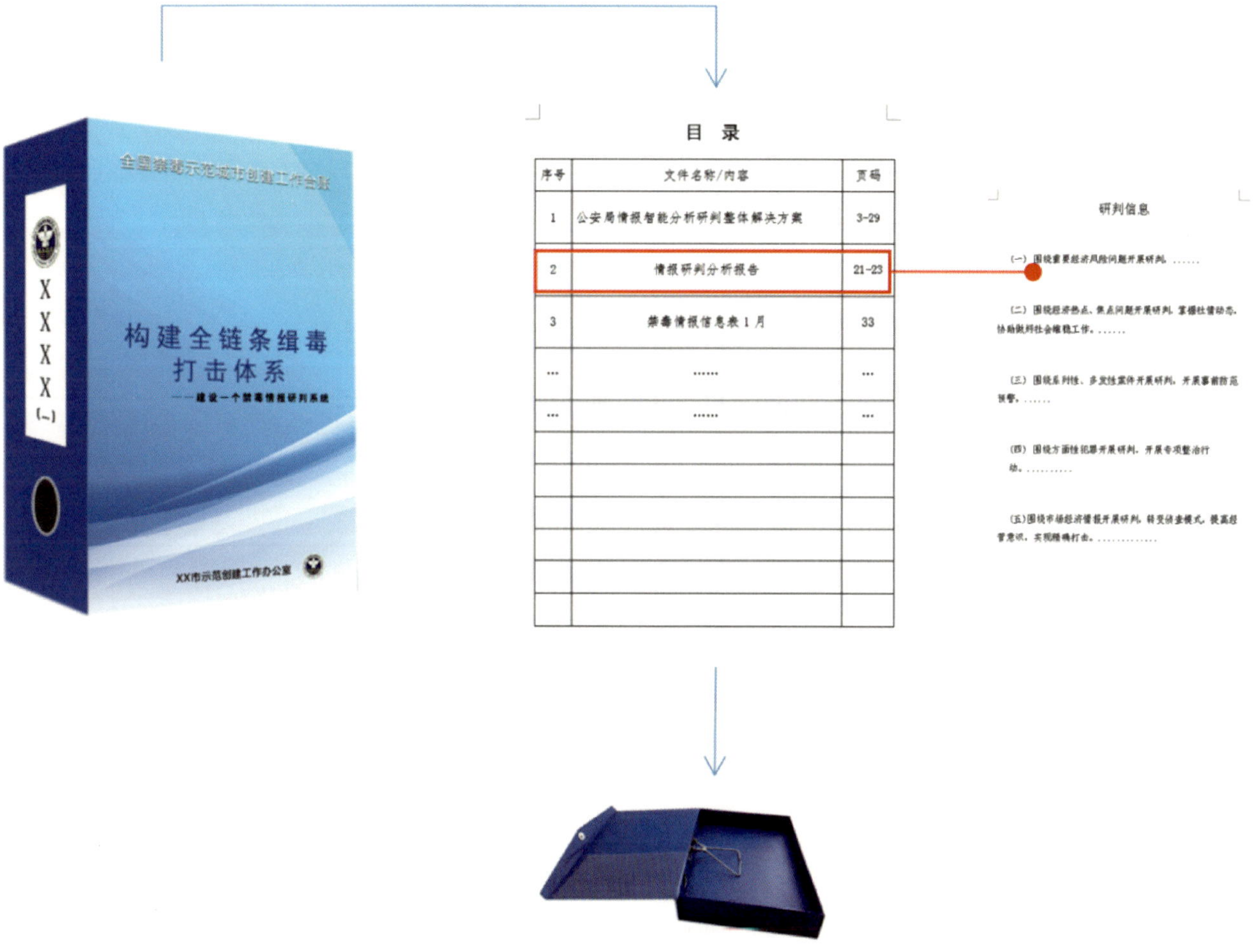

图6-8　台账资料（五）

建设一个禁毒情报研判系统目录示例如表6-17。

表6-17　三级子目录（十五）

目　录

序号	文件名称/内容	页码
1	公安局情报智能分析研判整体解决方案	1-29
2	情报研判分析报告	30-33
3	禁毒情报信息表1月	34-39
…	……	…

第四节　地方经验

一、绵阳市执法质量考评机制

2013年以来，绵阳市三台县公安局不断创新执法监督机制、提升整体执法质量，并推行“一案一评”考评机制，全面提升执法办案水平和执法公信力，并且成效显著。截至目前，全局共审核、考评刑事案件736件，移送起诉1 121人，起诉率达98.3%；审核、考评行政处罚案件1 731件，涉案2 260人，均做到了“定性准确、程序合法、裁量适当”，未发生一起行政复议被撤销、行政诉讼败诉案件，县局连续三年被省厅评为“县级公安机关执法质量优秀单位”。

具体做法有如下三种。

一是注重从办案源头把握案件质量。把个案考评得分纳入单位季度绩效考核、把个案中存在的问题上网通报、把优（劣）质案件直接上网“晾晒”，使执法质量“一案一评”的考评机制既成为“执法问题整改平台”，又成为“执法问题曝光平台”和民警“执法培训平台”；既充分发挥了法制部门的法律监督审核职能，又及时整改了执法办案的瑕疵，更在第一时间对民警进行了实战化执法培训，取得了一举数得的工作实效。

二是创新工作方法。对公安执法工作提出新标准、高要求，县局要更新理念、创新举措，以深化执法过程实时监督指导为重点，以考评为根本，全面落实刑事（行政）案件“一案一评”的考评机制，强化考评结果的合理化运用，实行考评结果与绩效考核无缝对接，切实增强执法质量考评在季度、年度绩效考核中的权重，促使办案单位提升执法质量的紧迫感和重视度。

三是明确考评目标。将各办案单位侦、查办的所有刑事、行政案件纳入考评范围。明确规定刑事案件以移送审查起诉为考评环节，行政案件实行当月集中考评上月办结的案件。制定相关案件个案质量考评标准，切实增强考评的时效性和全面性。对移送审查起诉和呈报审批的所有刑事、行政案件，法制民警要在认真审核案件事实、证据、程序的同时，逐案制作《案件审核记录》，如实记录存在的问题，并按个案质量考评标准进行实时评分。每周一、每月初、每季末对考评结果给予通报晾晒，对存在的突出性、普遍性和倾向性问题进行分析总结，制定整改措施，督促承办单位和主办民警整改。还明确了考核时限，明确要求刑事案件移送审核起诉必须在法定期限届满前5日内送审，对不按送审时限要求送审的案件，在个案考评中将予以加重扣分，确保审核人员和办案民警有充足的审核、整改时间。

以上案例，虽不是针对毒品目标案件的，可当地对案件质量审核的做法却值得我们思考。总结所犯的错误，总结可提升的手段，在缉毒打击面前尤显重要，因为他们是用生命与犯罪分子做斗争，善于总结经验才能有效减少伤亡。

二、打击案件例子（以佛山市追捕A级大毒枭为例）

要观察一个地方办案机制成熟与否，禁毒专业队伍建设是否完善，就要参考当地大型的毒品目标案件。本范例中的案件横跨佛山、深圳，涉及范围广。案发时间在2016年的大年初五，正值锣鼓喧天、张灯结彩时节，人们皆沉浸在春节的欢腾氛围之中。与此同时，在陆丰的港口边、佛山、深圳的闹市里，有一群身影正在严阵以待，等待着正义的号令。接近凌晨时分，时机成熟，省公安厅指挥部正式对各小组下达命令，立即对经营两个月之久的“1124特大海上走私贩毒案”实施收网。经过两天一夜的持续行动，各小组都基本完成了抓捕任务，共抓获生产、组织、运输等环节的犯罪嫌疑人20多人，缴获毒品冰毒成品两吨、制毒工具一批及作案船只一艘，查封不动产等涉案财物千万余元。然而，一个更大的挑战却不期而至，该案中从生产到贩运全程组织参与的一号目标李俊鹏因在收网前觉察异常，竟设计脱离了深圳警方的监视，并通知其涉案的胞弟李俊栋也弃家逃亡。如此关键的主犯未能归案，是整个专案组都始料未及的，后广东省公安厅将该案主犯李俊鹏列为2016年涉毒头号通缉犯（公安部将其列为A级通缉犯），李俊栋也被列为追逃目标。追捕两名涉毒主犯人员，对于执法人员来说是一次更大的考验。

本案中的两个通缉犯，反侦查意识极强，在逃期间基本不使用手机、微信等通信工具，甚至足不出户。工作开展两个月后，专案推进陷入了瓶颈，现有的线索核查无果，又无法找到新的线索，沉重地打击了办案民警的信心。但追逃民警在一次次的扑空中，依然凭着坚韧的意志持续开展了半年之久的工作，其间不断收集各种信息进行分析。

省厅专案组排查出相关线索后，立即将涉及地佛山市公安局定为追逃组主要参战单位，由省厅提供信息资源支持，佛山利用属地优势具体落实。两级公安机关的无缝对接，保证了侦查和行动期间指令的绝对畅通，真正做到有线必核和统筹有力。

重大涉毒逃犯与一般逃犯的一个明显区别是，他们在案发前往往挥金如土，贪图享受，很难像一般逃犯那样跑到举目无亲的地方隐姓埋名打工度日，所以往往会选择较为熟悉的地方作为藏身之所，以保证关系人对自己物质供给的及时方便。同时，为逃避追捕，他们一般不使用通信工具，甚至不出门，日常起居饮食都依赖自己绝对信任的人。只要能找到其中的“关系人”，以“关系人”为线头展开侦查，就可能发现逃犯的踪迹。据此分析，专案组假设“何松光”就是“关系人”，民警伪装成“村民”潜伏在村中，以何松光为切入点展开侦查。其间，办案民警准备了多套适应不同场合的衣物，构思了万一被问起的应对方案，且在村里的每一次停车每一次走动都极为考究，尽可能减少不必要行动，以免暴露。通过一系列自然细致的跟踪，侦查员成功在村里“隐身”，并发现了许多有价值的情况。

案中侦查阶段专案组又依靠图侦方法、时空推演等手段方法开展作战，成功掌握犯罪人员的活动轨迹，并发现有名所谓的“侄子”。尽管看不清此人长相，但这个发现已足够刺激办案民警的神经：其一，这些模糊的外貌在日后发现可疑人员时可以用作比对；其二，假设这个人是李俊鹏，虽有一定乔装，但其所进入的超市是其案发前住处的楼下，有值得他冒险前往附近的理由吗？其三，走路“压胸”是军人在训练时养成的职业习惯，而李俊栋曾经在武警服役。找到两兄弟其中一个，就有机会发现另一个。不出所料，警方就在他们吃饭放松警惕时，以对象出门的瞬间做近距离的快速辨认，证实“侄子”就是李俊栋。并据此推测出李俊鹏极有可能藏身在深圳。

收网阶段，专案组把侦查范围缩小到何松光的落脚点一带。并进行长时间的蹲守和侦查，不放过一丝一毫。结合近20天的侦查分析，初步确立李俊鹏的藏身地区。随后利用李俊鹏有所关联的人，顺藤摸瓜一步一步与已被抓获的家人做DNA比对，顺利将目标人物锁定，迅速因地制宜在外围寻找观察点，根据现场情况的变化实时调整警力部署，点、线、面都配置机动警力，灵活机动地选择抓捕时机和地点。除此以外，攻击小组也对门窗等结构进行研究和预演，决定攻击方法，以确保万无一失。在抓捕时，远距离观察点也发挥了重要作用：一是确认目标对象全部在屋内；二是在“骗门”或“破门”过程中，屋内人员的反应和有无持械反抗等迹象均可第一时间告知攻击小组，在抓捕过程中时刻掌握先机，最大限度地保障抓捕安全。

此案的成功告破，意义不仅在于缴获大宗毒品，更在于禁毒部门主动应对毒品犯罪新形势新变化，通过大案攻略的实施积累了经验，开拓了思路，优化了模式，提高了能力，并在抓捕中成功实现了禁毒、刑侦、行动技术等多部门和多警种的合成作战，有效发挥了侦研协同的整体作战威力。

第七章 构建全环节禁毒监管体系

2018年6月，国家禁毒委员会在山东省潍坊市寿光市召开了全国易制毒化学品管制工作会议。会议上总结了近五年来易制毒化学品管制工作取得的成效和经验。尽管我国对易制毒化学品采取了严格的管制措施，易制毒化学品的管制问题仍然层出不穷。很大一部分原因是我国易制毒化学品企业数量众多、规模小等，造成管制覆盖面不够全，容易出现漏洞。药用精麻药品和非药用精麻药品管制更是监管的重点。在2015年，成瘾物质的种类接近翻了一番，达到483种（2012年为260种）。不仅如此，《2017年世界毒品问题报告》指出，新型精神活性物质（NPS）呈现继续发展状态。现今所面临的不只是全国性的监管问题，更涉及进出口国际性问题。[1]

第一节 创建内容

本章内容将围绕问题所在，更针对《全国禁毒示范城市创建工作考评细则》（以下简称《细则》）提到的易制毒化学品和精麻药品监管得分要求进行分析。

《细则》得分要求：

根据《全国禁毒示范城市创建工作考评细则》文件，构建全环节禁毒监管体系共有六部分。分别是：基础情况掌握、日常监管工作、流失追溯情况、发挥行业协会作用和加强企业内部自律、药用

1 参见联合国毒品与犯罪办公室在2017年6月22日发布的《2017年世界毒品问题报告》。

精神药品、麻醉药品监管、非药用精神药品和麻醉药品监管，合计15分。

（一）基础情况掌握得分要求。根据管理系统和实地核查，每漏管1家第一类、第二类、第三类易制毒化学品从业单位，分别扣1分、0.5分、0.2分，总分3分，扣完为止。提供佐证材料：市禁毒办、经信局、环保局、交通运输局、商务局等相关部门根据管辖范围内，提供单位底数、情况清单、系统资料、管理工作方案、规范、实施细则、工作动态、图片等佐证材料（标准文件、统计表格、实景图片等）。

按照得分要求进行以下说明：如全国易制毒化学品管理信息系统（以下简称“管理系统”），是由公安部禁毒局、金盾办组织，中科软科技股份有限公司开发建设，利用现代信息科学技术，依托计算机网络管理系统，实现对企业生产、销售、购买、运输、使用、仓储、进口、出口等环节的管理。而《管理系统》或检查组在实地核查时发现，如企业没有完成系统登记、企业管理没有规范开展，按照企业涉及哪一类易制毒化学品进行扣分。

（二）日常监管工作得分要求。根据案件系统核查，因监管不力导致流入非法渠道的，第一类、第二类、第三类易制毒化学品每案分别扣1分、0.5分、0.3分，总分3分，扣完为止。提供的佐证材料：易制毒化学品监管日常动态检查监管材料，含机制、监督管理规范、系统数据（标准文件、统计表格）以及工作中的联席会议通知、会议纪要、照片（规范文件、实景照片）等。

按照得分要求进行以下说明：如A企业作为易制毒化学品购买使用单位，没有建立完善的监管制度，导致犯罪人员将易制毒化学品转移，利用运输、快递等方式流入其他非法渠道。发现相关案件，根据类别进行扣分。

（三）流失追溯情况得分要求。查清流失环节并对相应企业予以处罚的不扣分，否则每案扣0.5分，总分2分，扣完为止。佐证材料：建立易制毒化学品流失追溯制度，对流入制毒渠道或非法生产制毒物品的易制毒化学品开展来源倒查工作机制等相关佐证材料（规范文件）。

按照得分要求进行以下说明：如企业出现易制化毒品流失情况，公安机关能立即展开追溯，查清源头，并根据《易制毒化学品管理条例》对失责企业给予相应处罚，但不扣分。

（四）发挥行业协会作用和加强企业内部自律得分要求。成立易制毒化学品企业行业协会加0.5分，开展企业等级管理、定期培训、设立安全员、规范企业内部管理、按照协会章程要求召开会议等有一项加0.1分，最高得1分。设立信息员队伍加0.5分，信息员常态化开展培训宣传，及时报告易制毒化学品违法犯罪可依情况加0.5分，最高得1分。此项最高得2分。佐证材料：提供设立易制毒化学品行业协会发挥应有作用的材料；易制毒化学品企业内控制度健全，措施有力，设立易制毒化学品信息员，履行相应管理及举报可疑交易等职责的相关佐证材料，含行业协会成立有关文件、章程、开展企业等级管理、定期培训、设立安全员、规范企业内部管理、按照协会章程要求召开会议、设立信息员队伍、信息员常态化开展培训宣传等相关佐证材料，及时报告易制毒化学品违法犯罪可疑情况案例等（标准文件、活动图片）。

（五）药用精神药品和麻醉药品监管得分要求。外地公安机关主侦案件发现的涉及本地药用类精麻药品从合法渠道流失的，每发现1起扣0.2分，扣完为止；本地主动破获药用类精麻药品案件较少，而药用类精麻药品滥用人数较多，比例低于1 ：100的，最高扣0.5分，其他依次换算扣分。此项共2分。提供佐证材料：按照《麻醉药品和精神药品管理条例》的规定，对麻醉药品和精神药品生产、运输、经营、使用各环节进行管理；卫计局、食药监局、工商局、海关等部门，提供含有关工作方案、工作动态、推进该项工作有关措施，成效，实景图片等。

（六）非药用精神药品和麻醉药品监管得分要求。掌握辖区生物医药化工企业底数并录入管理系统，加1分。外地公安机关主侦发现的涉及本地非法生产非药用精麻药品案件，每发现1起扣1分，扣完本项得分为止。本地公安机关主侦发现的涉及本地非法生产非药用精麻药品案件，每发现1起加1分。此项最高得3分。提供佐证材料：管理机制、管控措施、相关企业名册、核磁共振波普仪管控工作情况等，含录入系统数据情况（标准文件、统计表格）。

第二节　易制毒化学品监管体系

一、现有法律法规基础

我国自1989年加入《联合国禁止非法贩运麻醉药品和精神药物公约》以来，国家有关部门十分重视进行打击涉毒犯罪的法律法规建设，并不断加强和完善对易制毒化学品的相关立法，相继颁布了《刑法》《易制毒化学品管理条例》（简称《条例》）《药品类易制毒化学品管理办法》《非药品类易制毒化学品生产、经营许可办法》《易制毒化学品购销和运输管理办法》《易制毒化学品进出口管理规定》《易制毒化学品进出口国际核查管理规定》《中华人民共和国禁毒法》等一系列法律法规，从制度层面加强了易制毒化学品的法制管理。由此可见，我国已初步建立了以《刑法》《中华人民共和国禁毒法》《条例》为主体，相关管理办法和规定相配套的易制毒化学品的管制法律体系。[1]但是由于相关法律法规的滞后性，通常不能对新增的易制毒化学品加以规定，导致仍有部分易制毒化学品犯罪活动游离于法律之外。

二、易制毒化学品介绍及情况

2018年全国易制毒化学品管制工作会议在山东省寿光市召开，会议深入学习贯彻习近平总书记关于禁毒工作的重要指示精神，同时，也强调了境内外制毒问题持续蔓延，使得易制毒化学品管制工作更加严峻。易制毒化学品是指国家规定管制的可用于制造毒品的前体、原料和化学配剂等物质，它既广泛应用于工农业生产和群众日常生活，又可用于加工提纯毒品和制造合成毒品，具有合法性和非法性的双重特性。目前，我国列管的易制毒化学品主要包括三大类，共28个品种。第一类易制毒化学品包括：麻黄素、3-4-亚甲基二氧苯基-2-丙酮、1-苯基-2-丙酮、胡椒醛、黄樟脑、异黄樟脑、醋酸酐。第一类主要是指用于制造毒品的原料，既广泛应用于工农业生产和群众日常生活，流入非法渠道又可用于制造毒品。第二类易制毒化学品包括：苯乙酸、醋酸酐、三氯甲烷、乙醚。第三类易制毒化学品包括：甲苯、丙酮、甲基乙基酮。其中，第二、第三类都主要是指用于制造毒品的配剂（见图7-1）。

实际上，没有易制毒化学品就没有毒品，管控好易制毒化学品，避免其流入不法分子手中，就相当于遏制住了毒品生产的源头。然而，我国是化学品生产大国，内地现有易制毒化学品的生产企业高达16万余家，难以对企业的生产、经营、使用、运输等进行有效管控，导致易制毒化学品被不法分子用于制造合成毒品的情况时有发生，易制毒化学品的缉查和管控面临非常严峻的形势。

1 张光利，郝凤龙，王青.易制毒化学品查缉管控现状及系研究［J］.警察技术，2016（4）.

图7-1　易制毒化学品的分类和品种目录

三、易制毒化学品的犯罪手法

（一）由于易制毒化学品犯罪的巨大利益诱惑，并且易制毒化学品获取相对容易，隐蔽性强，合法与非法只有一步之遥。因此，易制毒化学品的犯罪手法也不断变化，犯罪方式多种多样。不法分子直接购买并利用易制毒化学品制造毒品。2011年10月，四川、贵州两省公安机关一举捣毁制度和加工制毒原料窝点6处，抓获易某（四川人）、李某（内蒙古人）等犯罪嫌疑人54名，缴获各类毒品8.37千克、麻黄碱345.4千克（其中液态麻黄碱300千克）、麻黄草233.5吨，查扣涉毒车辆6辆及制毒工具和化学原料一批。该团伙以每吨3 600元至4 500元的价格从内蒙古自治区赤峰市购入麻黄草，在四川和贵州设点提炼麻黄碱制造冰毒。

（二）从境内走私易制毒化学品原料、药物出境，在境外加工毒品的案例。2010年1月，北京市公安局昌平分局查获未拆箱新康泰克32箱、已拆箱新康泰克355盒。该案缴获麻黄碱类复方制剂新康泰克共计183.3千克，毒资69万元。经查，自2004年以来，该案犯罪嫌疑人大量购买新康泰克，夹藏在洗衣机、大理石茶几桌面夹层中从天津塘沽报关走私至新西兰。此外，这些在境外加工的毒品一部分又流回境内。

（三）随着我国的对外开放、国际化程度不断加大，也出现外籍人士在我国直接参加有关毒品犯罪的案例。2010年7月，浙江省公安禁毒部门根据美国通报线索，成功破获“7·26”特大醋酸酐走私案件，抓获犯罪嫌疑人加纳斯·汉（Janas Khan，巴基斯坦籍）、邹某（浙江人）等人，缴获醋酸酐15.8吨。经查，2010年4月，犯罪嫌疑人加纳斯·汉与国内犯罪嫌疑人邹某等人相勾结，非法购买醋酸酐30吨，并将其中的13.8吨以“塑料画框、玻璃制品”的名义走私出境。

（四）利用互联网贩卖易制毒化学品。在网络时代，利用网络犯罪是一种新的犯罪形式，利用网络贩毒就是这种新型犯罪形态之一。2011年1月，江苏省盐城市公安局发现犯罪嫌疑人吴某（江苏省淮安市人）涉嫌在互联网上从事非法买卖盐酸羟亚胺的犯罪活动。经侦查发现该案涉及13个省的20个地级市，涉案成员达30余名。盐城市公安局在江苏省公安厅禁毒总队的指挥协调下，与苏州、南通、浙江、广东和山东等地警方密切协作，跨区域作战，成功破获特大制贩盐酸羟亚胺和氯胺酮案件，摧毁犯罪团伙4个，抓获犯罪嫌疑人58名，捣毁盐酸羟亚胺加工厂2个、制毒窝点3个，缴获盐酸羟亚胺6.625吨、毒品氯胺酮38.79千克，扣押毒资600万余元、涉案汽车

14辆。[1]

四、重点难点

当前，国际国内毒品形势发生了深刻变化，境内外制毒问题持续蔓延，制毒原料需求不断增加，国内制毒物品违法犯罪活动更加活跃，呈现出国产与进口、境内与境外双向流失的局面。

近五年来，全国共破获制毒物品犯罪案件3 200多起，缴获易制化学品2万余吨。制毒物品可选择性和替代性强，其流失品种、环节不断发生变化。制毒物品品种更新换代和非列管制毒物品流失，制毒的潜在风险持续增大。制毒物品犯罪呈现生产、交易异地实施，一体化组织的产业链条，制造工艺得到改进，生产能力不断提升。同时，制毒物品的贩运手段也越来越高超，利用互联网贩卖制毒原料配剂、传播制毒原料和毒品加工工艺等违法犯罪活动日益突出。

因此，易制毒化学品管制工作需要更加科学的理念和思路，健全体制机制，总结多方面的方法经验，争取得到党委政府的重视和支持，联合有关部门齐抓共管，形成打防管控多策并举的工作局面，为深入推进易制毒化学品管制工作奠定良好基础。

（一）易制毒化学品全环节监管措施

易制毒化学品管制是一项源头性、基础性的禁毒工作，是遏制制毒化学品的重要环节。根据《中共中央、国务院关于加强禁毒工作的意见》（中发［2014］6号）和《关于全面加强易制毒化学品管制工作的意见（征求意见稿）》的文件精神，为全面加强易制毒化学品管制工作，狠抓生产、经营、购买、运输、仓储、使用、进口、出口“八个环节”，加快推进易制毒化学品管制体系和管制能力的现代化进

1 姚利.我国易制毒化学品的犯罪与管制［J］.中国药物滥用防治杂志，2015（5）.

程，从源头上防范制毒犯罪、减少毒品来源，并针对《全国禁毒示范城市创建工作考评细则》的加分要求作以下分析。

1. 加强易制毒化学品管制队伍建设

首先，在各级建立一支由公安、药监、安监、工商、交通、环保等多部门共同组成的易制毒化学品缉查管控队伍，不断吸收具有相关专业知识和熟悉相关法律法规的专业人才加入其中。其次，公安、安监、食药监、商务等职能部门应当设置专职管制人员（专管员），负责行政审批和日常监管、信息核查，专管员名单列入各部门“双随机一公开”执法人员库。

2. 完善易制毒化学品基础情况管制

为了各辖区能清楚掌握易制毒化学品从业单位的底数情况，落实规范各环节工作制度，并按照条块结合、以块为主的原则深入细致地开展调查摸底工作，全面摸清本地易制毒化学品相关企业的基本情况，同时要注意与工商、安监、药监海关外的经贸与税则，进一步明确相关部门的工作职责，落实各自的监管责任，建立起共同议事的协调机制，并与他们掌握的有关数据相互印证，切实做到底细清、情况明，形成齐抓共管的格局。

3. 全面推进部门之间的数据信息共享

食药监、安监、商务部门要将易制毒化学品信息化监管模式系统，掌握易制毒化学品的生产、经营、购买、进出口信息并通报公安部门。辖市（区）公安部门尤其是派出所在开展基础调查时，要把易制毒化学品管理内容纳入调查范围，随时了解企业生产经营状况，要建立三级台账制度，即建立县（区）公安禁毒部门的办证登记和管理台账，并在此基础上落实公安机关内部专管机构和专职人员积极开展业务培训、完善专用印章用印及保管制度，不断推进内部管理规范化。建立跨区域、跨部门的信息核查机制，严格督促各级公安机关落实日常监督检查制度。

4. 各环节具体实施措施

（1）易制毒化学品的生产、经营环节的监管。食药监、安监部门每年对本部门许可、备案的易制毒化学品生产、经营单位至少检查一次，并将检查情况通报同级公安部门。对非法生产、经营问题严重的单位，要依法从严查处直至吊销生产、经营许可证或备案证明。易制毒化学品生产、经营单位销售前必须查验购买许可证或备案证明，如不具备查验条件的，应报公安机关查验；销售后应及时进行出库报备。

（2）易制毒化学品购买、运输管制，企业实地监督检查，督促易制毒化学品购买、运输单位进行出入库登记，并在购买、运输活动结束后及时对证书进行核销。

（3）易制毒化学品仓储管制，储存点要安装有符合国家规定或者技术标准的防盗设施、防火系统、视频监控系统，第一类易制毒化学品储存仓库还要安装与公安机关联网的入侵报警系统。对于注册地与实际仓储、使用地不一致的，由注册地公安机关向实际仓储、使用地公安机关发送委托监管函，实际仓储、使用地公安机关接收异地仓储情况后，要对实际仓储、使用地进行实地走访检查，与仓储企业、使用企业签订安全管制责任状，落实仓储企业、使用企业易制毒化学品管制责任。实际仓储、使用地公安机关及时将检查情况反馈注册地公安机关，注册地公安机关要以实际仓储、使用地公安机关反馈信息作为审批管制工作的参考依据。未进行委托管制的，有关监管问题由注册地公安机关负责。

（4）易制毒化学品进出口管制。公安、商务部门要严格落实国际核查制度，对出口易制毒化学品开展国际核查；对进口易制毒化学品实行“事前申请资质核查和事后化学品入库核查”的双核查工作机制。公安、商务、海关等部门要定期开展易制毒化学品进出口数据比对，尤其是加强进口易制毒化学品数据比对，严格核查其用户和用途，并建立异地核查和流向追踪的工作机制。

（5）易制毒化学品的使用管制。监督使用单位要落实易制毒化学品安全管理制度、使用出库报备制度，对其投料、产出情况进行信息研究判断，严防发生易制毒化学品被盗、被抢或被挪作他用。易制毒化学品使用单位因停产、破产等特殊原因需要对本单位第二、第三类易制毒化学品进行转让的，应由受让单位事前向公安机关申请调剂证明，并按规定办理运输许可、备案证明。

（二）加强管控手段措施，把控流失追溯

1. 针对易制毒化学品运输的重要通道、出口的重点口岸、流失的主要品种等，加强查缉管控力度，防止易制毒化学品流入非法制毒渠道。邮政管理、交通运输、公安等部门要建立寄递业和物流业联动的缉查机制。邮政管理、公安等部门要督促寄递企业全面落实“实名收寄、收寄验视、过机安检三个100%”，加强对国际寄递协议客户的核查，防止寄递协议客户账号被外部人员利用进行国际寄递活动。交通运输部门要建立物流运输行业“实名收件、物品验视、证件核验”制度，督促物流运营单位全面落实。物流寄递运营单位应当实行客户身份、物品信息登记制度，并对登记信息建档留存三年备查；对于不实名登记、化学品包装标识不清、易制毒化学品物证不符的，不得承运、寄递，并立即向公安机关报告。

2. 大力强化网上侦控，加大对重点化工平台、即时通信群组、社交网站、微博客等的巡查监控，及时发现、删除易制毒化学品违规发布的信息，并对异常行为和可疑线索落地查控，网络运营者应当予以配合。互联网化工平台要对用户进行实名认证，及时将用户信息报告公安部门，并根据公安部门指导对包括可用于制毒的非列管化学品、新精神活性物质在内的各类化学品信息进行收集报告。重点品种、重点环节、重点区域，分析易制毒化学品流失的新方式、新手法，掌握最新的违法犯罪动态。

3. 创新易制毒化学品信息化监管模式。推进云计算、大数据、物联网、移动互联网、人工智能等新技术新手段在易制毒化学品监管中的应用，探索在互联网建设集行政审批、供求交易、支付结算、仓储物流、系统报备于一体的易制毒化学品流通管理平台，推进易制毒化学品信息化追溯体系建设，实现对易制毒化学品流转活动全环节、全要素的闭环监管。

4. 加强易制毒化学品基础排查工作。政府相关职能部门要对易制毒化学品单位开展网格化基础排查工作，全面掌握易制毒化学品，非列管的可制毒化学品以及反应釜、离心机、氯化氢气体钢瓶、氢气钢瓶等设备使用情况，着力推进易制毒化学品单位全面纳入管控。要重点排查医药化工单位、小作坊、三无厂点、废弃厂矿、养殖场、无人村落等场所部位，发现涉及化学品生产活动的，要掌握其涉及的化工原料和产品等情况。对出租、转让生产经营场所、闲置厂房和设施设备用于化工医药产品生产、储存等情况要加强检查，督促相关企业或者个人及时将承租人或者受让人相关信息、主要用途等情况向当地安监和公安部门报告。

5. 建立易制毒化学品流失追溯制度。从制毒案件倒查入手，建立易制毒化学品来源追查制度，深入摸清易制毒化学品的管理漏洞、非法流向和贩卖手法，坚决打击易制毒化学品违法犯罪活动。另外，要在各地举报毒品犯罪有功人员奖励办法中增加对易制毒化学品违法犯罪行为的举报奖励，同时将各级公安机关打击整治易制毒化学品犯罪活动取得的重大战果，纳入缉毒破案奖励的范畴内。

（三）发挥行业协会作用和加强企业内部自律

1. 设立行业协会的意义

全国及各省市登记在册的易制毒化学品生产、经营、使用单位众多，规模大小有别，涉及种类繁杂，自身管理模式多样，因不懂法、不守法企业违规违法开展业务活动的情况时有发生，这不仅严重影响易制毒化学品企业的行业形象，也严重干扰了易制毒化学品企业的正常经营秩序，更造成易制毒化学品流入非法渠道、用于制造毒品的严重隐患，成立协会有助于企业在有关政府业务部门的监督指导下开展工作，以强化该行业自身规范管理为重点，主动接受执法部门监管，积极协助配合相关职能部门开展各项执法活动，进而在会员单位和政府职能部门之间搭建起沟通与联系的桥梁，会员单位之间相互交流的平台，实现政府管理和企业发展的双赢，有效遏制易制毒化学品流入非法渠道。

2. 加强易制毒化学品企业内部管理

充分发挥行业协会服务管理优势，更好地促进企业自律，提升管理效能。根据国务院《易制毒化学品管理条例》、公安部《易制毒化学品购销和运输管理办法》等法律法规建立相关考核制度。组织开展易制毒化学品单位安全风险评估，判定安全风险等级，实行分级分类监管。

（1）设立易制毒化学品信息员

信息员既是协会聘用的从事易制毒化学品管理的专家，根据协会章程，指导、帮助会员单位提高内部管理水平；又是公安禁毒部门管理易制毒化学品行业的辅助力量，协助公安禁毒部门对单位的易制毒化学品管理工作进行监督检查。易制毒化学品单位要指定易制毒化学品信息员，负责本单位易制毒化学品管制及信息报送，及时向公安禁毒部门反映违规违法情况，该企业信息员还要兼顾对从业人员开展法制教育和岗位技术培训，配合省级政府相关职能部门，每年联合组织一次易制毒化学品专管员业务培训。经考核合格的人员都会颁发易制毒化学品监管资格证书。政府相关职能部门要对易制毒化学品单位的主要负责人、信息员开展管制业务培训。

（2）内部管理措施

为增加企业的积极性，提高企业内部自律，对易制毒化学品单位实施安全监管实施等级评定工作。安全监管等级评定工作建议每年评定一次。评定手法：易制毒化学品单位安全监管等级评定可分为三级，即A级、B级和C级。A级为安全监管优秀单位；B级为安全监管良好单位；C级为安全监管合格单位。

奖惩措施。增加奖励措施，推动企业管理自律性，增强企业间的良性对比竞争。严格按照公安部《易制毒化学品购销和运输管理办法》，针对A、B、C三级，进行奖惩程度划分。对高级别的单位，在严格遵守法律法规的前提下，给予多种优待政策，提高易制毒化学品单位自律管理的积极性。对低级别的单位，加强实地核查，定期对该单位核实每笔易制毒化学品的用途和流向。

第三节　药用精麻药品和非药用精麻药品监管体系

《2017年中国毒品形势报告》显示，截至2017年底，全国现有吸毒人员255.3万名，滥用合成毒品人员153.8万名，占比60.2%。其中，滥用阿片类毒品人员占39.2%，较上年上升1.8个百分点。最让人关注的还有新精神活性物质，目前在全球不断泛滥，情况愈演愈烈，危害严重，是近年来国际禁毒领域最为棘手和突出的问题，导致毒品贩运活动持续高发多发，《药用精麻药品》和《非药用精麻药品》监管工作面临着严峻的挑战。

一、精神药品、麻醉药品的概念

（一）药用精神药品和麻醉药品定义

1. 麻醉药品，是指对中枢神经有麻醉作用，连续使用、滥用或者不合理使用，易产生身体依赖性和精神依赖性，能成瘾癖的药品。常用的麻醉药品有盐酸吗啡、盐酸哌替啶、阿片膏等。麻醉药品是一把双刃剑，合理、合法、正确使用则是救人治病的药品；非法滥用或流弊它就会成为毒品。因此加强麻醉药品的安全管理，尤其是运输过程中的安全管理，评估运输过程中潜在的风险，强化运输过程的管控能力，对保护人民用药安全、社会稳定等具有极其重要的作用和意义。

2. 精神药品，是指作用于中枢神经系统，能使制兴奋或抑制，连续使用能产生精神依赖性的药品，通常药品标签为白底绿字，标志明显。依据精神药品使人体产生的依赖性和危害人体健康的程度将其分为第一类和第二类，第一类精神药品比第二类精神药品更易产生精神依赖，且毒性和成瘾性较强。

（二）非药用精神药品和麻醉药品的定义

按照国家禁毒办公室以公通字〔2015〕27号印发《非药用类麻醉药品和精神药品列管办法》的定义，非药用类麻醉药品和精神药品，是指未作为药品生产和使用，具有成瘾性或者成瘾潜力且易被滥用的物质。其范围包括我们日常所说的新精神活动物质，也包括以往麻醉药品和精神药品目录中已列管的非药用类品种，如冰毒、海洛因、大麻等。

二、重点难点

随着经济全球化和国际贸易的发展，国际间麻醉药品、精神药品非法贸易活动也泛滥起来，许多国际制贩毒犯罪集团在国家间走私毒品，甚至建立起跨国的毒品运销网络，或者利用国际贸易的渠道获得并用作加工制作毒品的原料和配剂。在这样的情况下，麻醉药品和精神药品的管理，就成为防止其流入非法渠道，遏制国际毒潮泛滥的重要环节。

（一）有效管控精麻药品流失问题

严格按照麻醉药品和精神药品相关生产、经营、使用的管理办法，制订管理制度，不断地完善管理内容，逐步使用新信息和新技术来提高运输、生产、经营、使用等过程中的安全防范能力。同时建议出台精麻药品相关管理细则，要全面覆盖各流程的每一个环节，避免出现局部漏洞。要加强多方位的监管措施，不要只凭一张“证明”来管控一切。要建立对责任单位的监督和制约机制，保证责任部门能更好地为精麻药品服务管理，发现问题及时向公安机关反馈。公安机关与航空、铁路、公路等相关管理部门保持紧密配合，达成信息跨部门、跨区域交流。建立管控信息网，遏制精麻药品流失问题。

（二）加强针对性管理

近年来，非药用类麻醉药品和精神药品制贩、走私和滥用问题日益突出，对非药用类麻醉药品和精神药品的列管工作非常严峻。为防止非法生产、经营、运输、使用和进出口等有关违法犯罪活动的发展蔓延，《关于印发〈非药用类麻醉药品和精神药品列管办法〉的通知》（公通字〔2015〕27号）》强调，各级禁毒部门要完善日常监管机制，掌握非药用类麻醉药品和精神药品的情况，是禁止任何单位和个人生产、买卖、运输、使用、储存和进出口的必要手段。因科研、实验需要使用非药用类麻醉药品和精神药品，在药品、医疗器械生产、检测中需要使用非药用类麻醉药品和精神药品标准品和对照品，以及药品生产过程中非药用类麻醉药品和精神药品中间体的管理，按照有关规定执行。必须明确掌握辖区内相关生物、医学、化工企业的情况，明确掌握并及时将信息录入管理系统。

善用先进技术。犯罪人员在犯罪过程中，会将毒品进行“扮装”，造成非法药品流失。执法人员对于未知毒品要积极使用核磁共振波谱仪，不容错过一丝漏洞。核磁共振波谱仪是指研究原子核对射频辐射的吸收，是对各种有机和无机物的成分、结构进行定性分析的最强有力的工具之一，有时也可进行定量分析。未知毒品、毒物、微量物证检验、鉴定工作等用于执法办案中作科学证据。善于使用技术帮助，提高全面管控能力。

（三）加大宣传力度

增强《麻醉药品和精神药品管理条例》的宣传培训，提高经营企业的法制观念和自律意识；结合“6·26”国际禁毒日，与学校、企业、社区合作，举行多样性宣传活动，大力普及相关法律法规及滥用麻精药品的危害和防范常识，将宣传常态化、全面化、长效化，提高全社会的禁毒意识。

第四节　本章台账建立

在构建全环节禁毒监管体系中，涉及基础情况掌握、日常监管工作、流失追溯情况以及发挥行业协会作用和加强企业内部自律等工作的开展，强调对易制毒化学品购买、运输许可情况要做到底细清、情况明的管理要求。对于审批后的材料要存档备查，明确对易制毒化学品使用环节的监管程序，并且要建立易制毒化学品流失追溯制度，对流入制毒渠道或非法生产制毒物品易制毒化学品开展来源倒查，确保不发生易制毒化学品流失。日常工作中要针对主管部门行业管理分工不同，结合本地市实际情况，进行台账整理。

一、一级子目录

图7-2　一级子目录

二、二级子目录

构建全环节禁毒监管体系模块共有六部分，其中市标作为本章台账亮点（见图7-3）。

国标：

1. 基础情况掌握；

2. 日常监管工作；

3. 流失追溯情况；

4. 发挥行业协会作用和加强企业内部自律；

5. 药用精神药品和麻醉药品监管；

6. 非药用精神药品和麻醉药品监管。

市标：

1. 加强部门联动执法；

2. 加强对易制毒化学品知识的宣传教育。

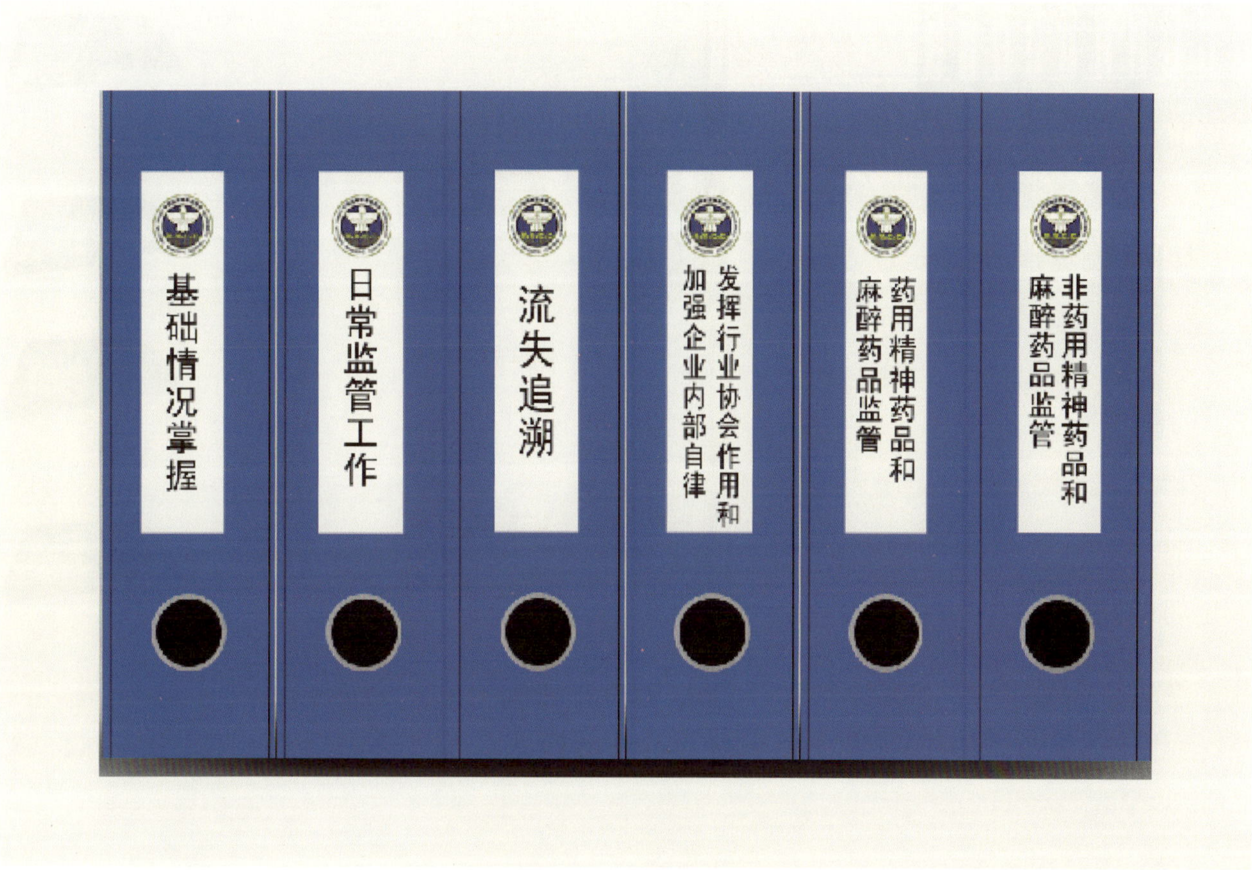

图7-3　二级子目录

三、三级子目录及台账内容示例

以下内容，每一个模块，以导向图进行台账整理演示。

（一）基础情况掌握

细则得分内容说明，根据管理系统和实地核查，每漏管1家第一类、第二类、第三类易制毒化学品从业单位，分别扣1分、0.5分、0.2分，总分3分，扣完为止。易制毒化学品监管涉及多个部门联合，所以要展现易制毒化学品的基础情况，更需要到各部门进行绩效展示。收集相关部门工作台账，结合成体，才能完整展现全市针对易制毒化学品的监管运作。以下根据打分说明按照台账整理规范，运用流程图进行演示，如下示例（见图7-4、7-5）。

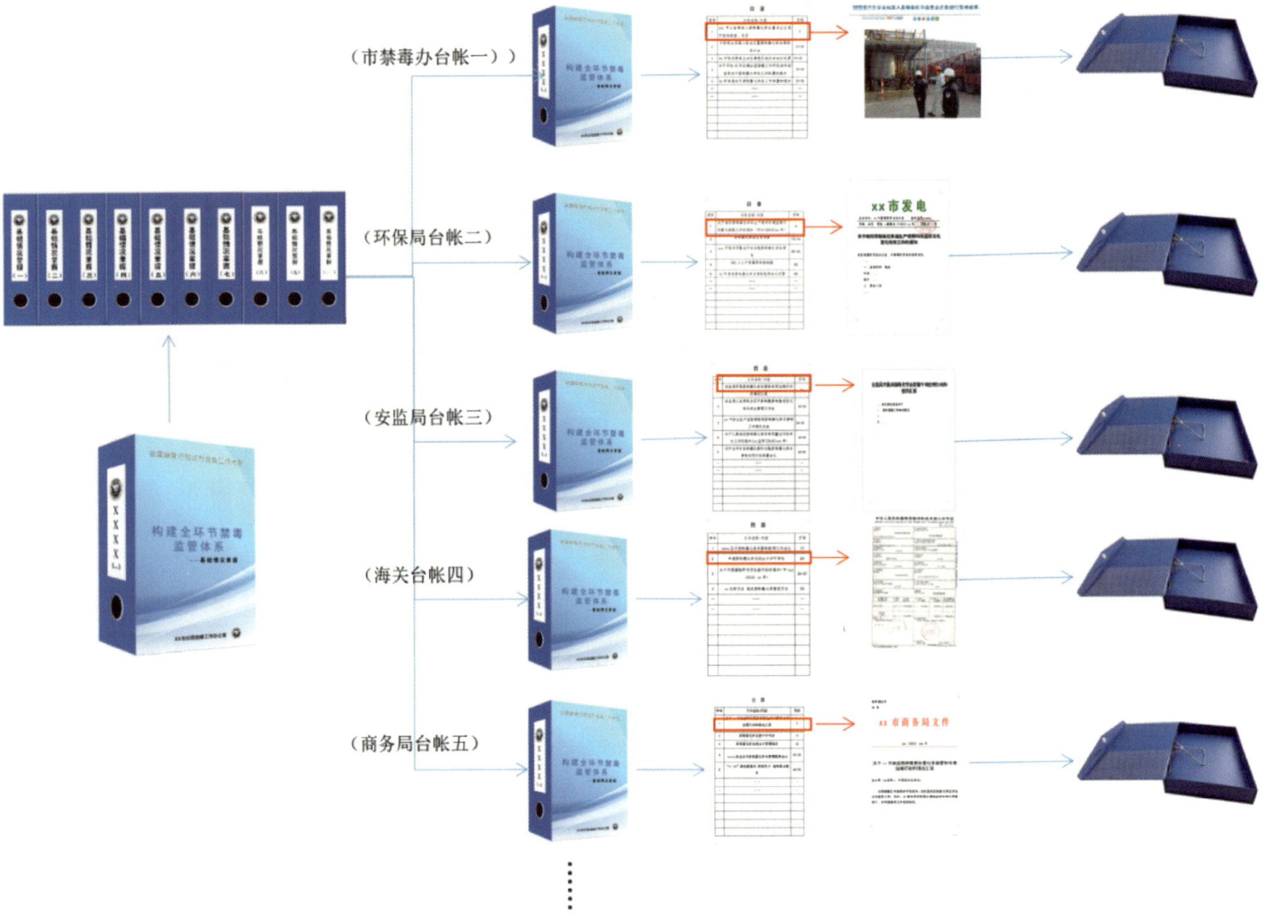

图7-4　台账资料（一）

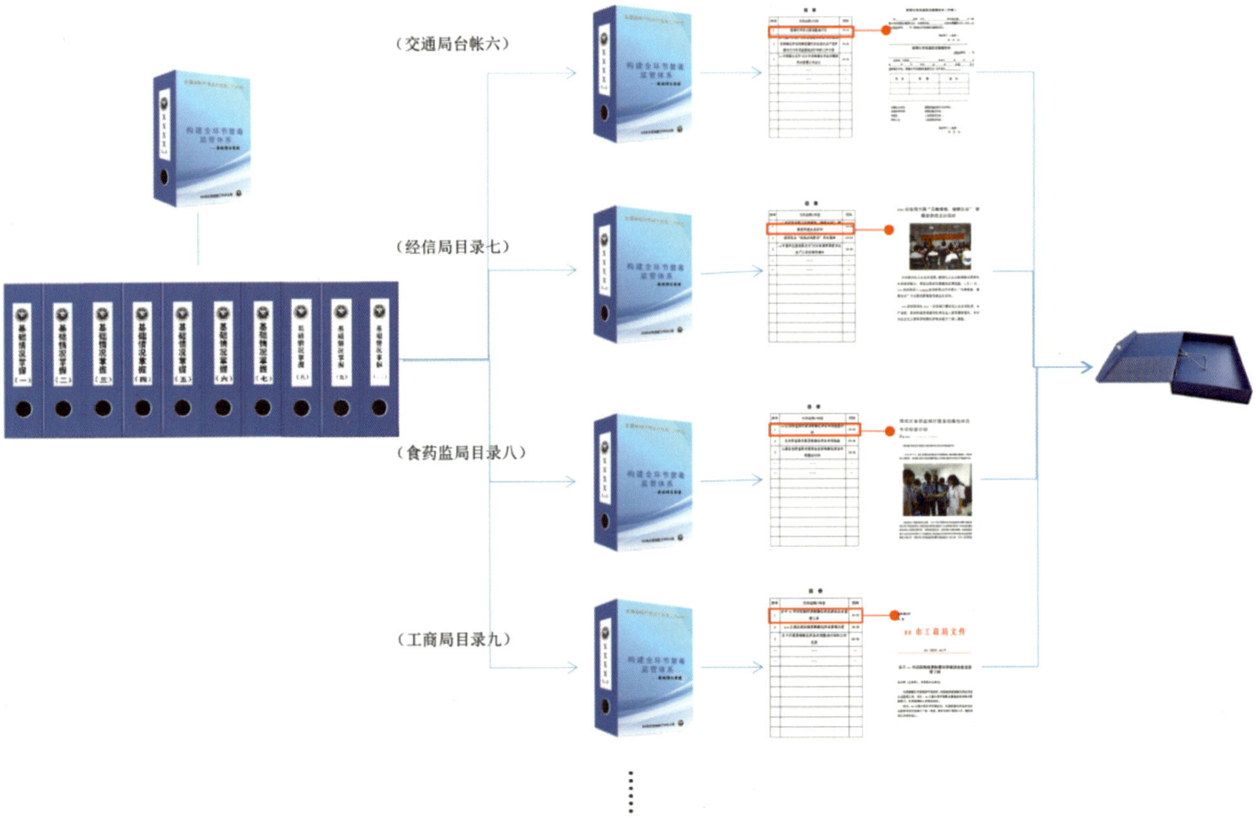

图7-5　台账资料（二）

市禁毒办台账目录一示例如表7-1。

表7-1　三级子目录（一）

目　录

序号	文件名称/内容	页码
1	×××市公安局深入易制毒化学品重点企业进行实地核查、走访	1-5
2	中欧联合后续小组会议暨易制毒化学品管制研讨会	6-16
3	××市物流寄递立法征集意见座谈会会议纪要	17-22
4	关于印发××市创建全国禁毒工作示范城市经信局关于易制毒化学品工作部署的通知	23-26
5	××环保局关于易制毒化学品工作部署的通知	27-36
…	……	…

环保局台账目录二示例如表7-2。

表7-2　三级子目录（二）

目　录

安监局台账目录三示例如表7–3。

表7–3　三级子目录（三）

目　录

序号	文件名称/内容	页码
1	安监局开展易制毒化学品管制专项治理行动的情况汇报	1–11
2	安监局公安局联合召开易制毒易制爆危险化学品安全管理工作会	12–20
3	××市安全生产监督管理局易制毒化学品管制工作情况总结	21–26
4	关于认真做好易制毒化学品专项整治行动有关工作的通知（××监字［2018］×××号）	27–35
5	召开全市打击制毒犯罪和加强易制毒化学品管制专项行动部署会议	36–45
…	……	…

海关台账目录四示例如表7–4。

表7–4　三级子目录（四）

目　录

序号	文件名称/内容	页码
1	××××召开易制毒化学品管制联席工作会议	1–17
2	申请易制毒化学品进出口许可审批	18–24
3	关于开展醋酸酐专项检查行动的通知（市×××〔2018〕××号）	25–27
4	××创新方法　推进易制毒化学管控方法	28–55
…	……	…

商务局台账目录五示例如表7–5。

表7–5　三级子目录（五）

目　录

序号	文件名称/内容	页码
1	关于××市安监局开展易制毒化学品管制专项治理行动的情况汇报	1–2
2	易制毒化学品进口许可证	3–21
3	易制毒化学品进出口管理规定	22–24
4	×××××协会召开易制毒化学品管理联席会议	25–36
5	“6·26”国际禁毒日：持续发力　遏制毒品蔓延	37–53
…	……	…

交通局台账目录六示例如表7-6。

表7-6 三级子目录（六）

目 录

序号	文件名称/内容	页码
1	剧毒化学品公路运输通行证	1-20
2	关于集中开展严厉打击危险化学品、非药品类易制毒化学品和烟花爆竹非法违法生产经营建设行为专项监察执法行动的工作方案	21-29
3	××市禁毒办召开2018年易制毒化学品和精麻药品管理工作会议	30-38
…	……	…

经信局台账目录七示例如表7-7。

表7-7　三级子目录（七）

目　录

序号	文件名称/内容	页码
1	×××经信局开展“无毒青春，健康生活”禁毒宣传进企业活动	1-20
2	国家机关“谁执法谁普法”责任清单	21-29
3	××市××区经信局关于2018年第四季度安全生产工作安排的通知	30-38
…	……	…

食药监局台账目录八示例如表7-8。

表7-8　三级子目录（八）

目　录

序号	文件名称/内容	页码
1	××区食药监局开展易制毒化学品专项检查行动	1-20
2	区食药监局开展易制毒化学品专项检查	21-29
3	上蔡县食药监局开展药品类易制毒化学品专项整治行动	30-38
…	……	…

工商局台账目录九示例如表7-9。

表7-9　三级子目录（九）

目　录

序号	文件名称/内容	页码
1	关于××市切实做好易制毒化学品涉业企业监管工作	1-22
2	×××工商分局加强易制毒化学品管制力度	23-39
3	关于开展易制毒化学品专项整治行动的工作总结	40-59
…	……	…

（二）日常监管工作，细则得分内容说明

根据案件系统核查，因监管不力导致流入非法渠道的，第一类、第二类、第三类易制毒化学品每案分别扣1分、0.5分、0.3分，总分3分，扣完为止。该项内容涉及易制毒化学品日常工作流程，台账内容可在贴近易制毒化学品的检查、购买、运输、进出口等方面进行详细收集，紧密贴近三类易制毒化学品的监管范围，体现监管严密规范。以下根据打分说明按照台账整理规范，运用流程图进行演示，示例如图7-6。

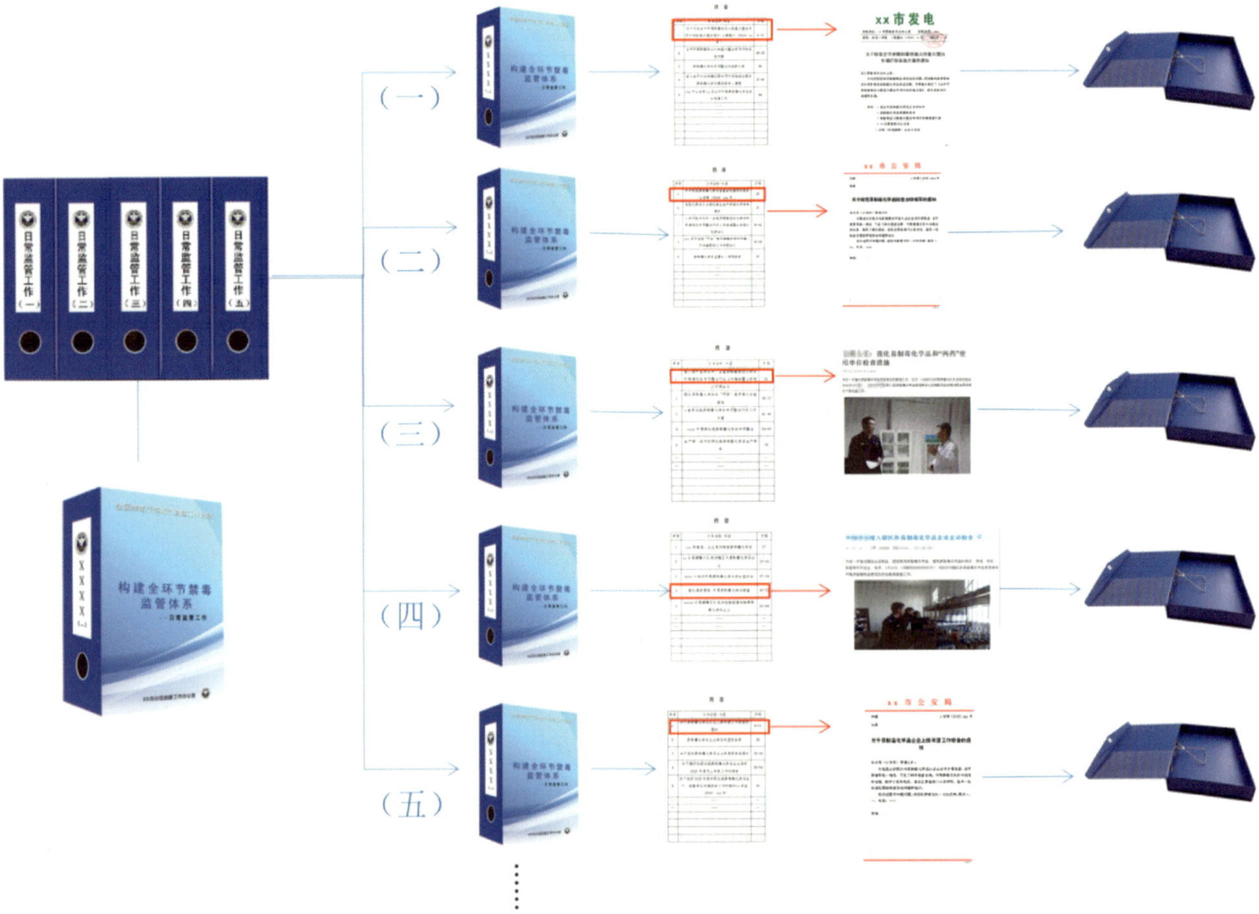

图7-6　台账资料（三）

日常监管工作台账目录一示例如表7-10。

表7-10　三级子目录（十）

目　录

序号	文件名称/内容	页码
1	关于印发全市开展制毒物品大排查大整治专项行动实施方案的通知（×禁毒办〔2018〕××号）	1-13
2	全市开展制毒物品大排查大整治专项行动实施方案	14-33
3	易制毒化学品专项整治行动统计表	34-36
4	省公安厅打击制毒犯罪专项行动推进会要求易制毒化学品要安排专人管理	37-41
5	×××市公安局××派出所开展易制毒化学品安全检查工作	42-54
…	……	…

日常监管工作台账目录二示例如表7-11。

表7-11 三级子目录（十一）

目 录

序号	文件名称/内容	页码
1	关于规范易制毒化学品检查台账填写的通知（×安禁〔2018〕×××号）	1-25
2	危险化学品从业单位安全生产标准化评审申请书	26-27
3	公安厅组织召开了全省易制爆危险化学品和寄递物流专项整治行动工作推进暨业务培训视频会议	28-41
4	×××召开全国“两会”期间禁毒安保和吸毒人员排查管控工作专题会议	42-48
5	易制毒化学品监管出入库明细表	49-63
…	……	…

日常监管工作台账目录三示例如表7-12。

表7-12　三级子目录（十二）

目　录

序号	文件名称/内容	页码
1	省公安厅组织召开了全省易制爆危险化学品和寄递物流专项整治行动工作推进暨业务培训视频会议	1-21
2	强化易制毒化学品和“两药”使用单位检查措施	22-37
3	×省药品类易制毒化学品专项整治行动工作方案	38-46
4	××××开展药品类易制毒化学品专项整治	47-59
5	生产第一类中的药品类易制毒化学品生产审批	60-78
…	……	…

日常监管工作台账目录四示例如表7-13。

表7-13　三级子目录（十三）

目　录

序号	文件名称/内容	页码
1	×××街道深入企业走访排查易制毒化学品	1-17
2	××分局禁毒大队走访辖区内易制毒化学品企业	18-24
3	××××大走访开展易制毒化学品安全座谈会	25-29
4	强化落实管控　开展易制毒化学品排查	30-52
5	×××××分局禁毒支队走访检查经营运输易制毒化学品企业	51-84
…	……	…

日常监管工作台账目录五示例如表7-14。

表7-14　三级子目录（十四）

目　录

序号	文件名称/内容	页码
1	关于易制毒化学品企业上报年度工作报告的通知	1-11
2	易制毒化学品企业单位年度报告表	12-28
3	关于做好易制毒化学品企业年度报告的通知	29-38
4	关于提示非药品类易制毒化学品企业做好2018年度网上年报工作的通告	39-54
5	关于做好2018年度非药品类易制毒化学品生产、经营单位年度报告工作的通知（×安监〔2018〕×××号）	55-86
…	……	…

（三）流失追溯情况，细则得分内容说明

查清流失环节并对相应企业予以处罚的不扣分，否则，每案扣0.5分，总分2分，扣完为止。提供有关流失追溯完善制度或开展来源倒查工作机制文件。以下根据打分说明按照台账整理规范，运用流程图进行演示，示例如图7-7。

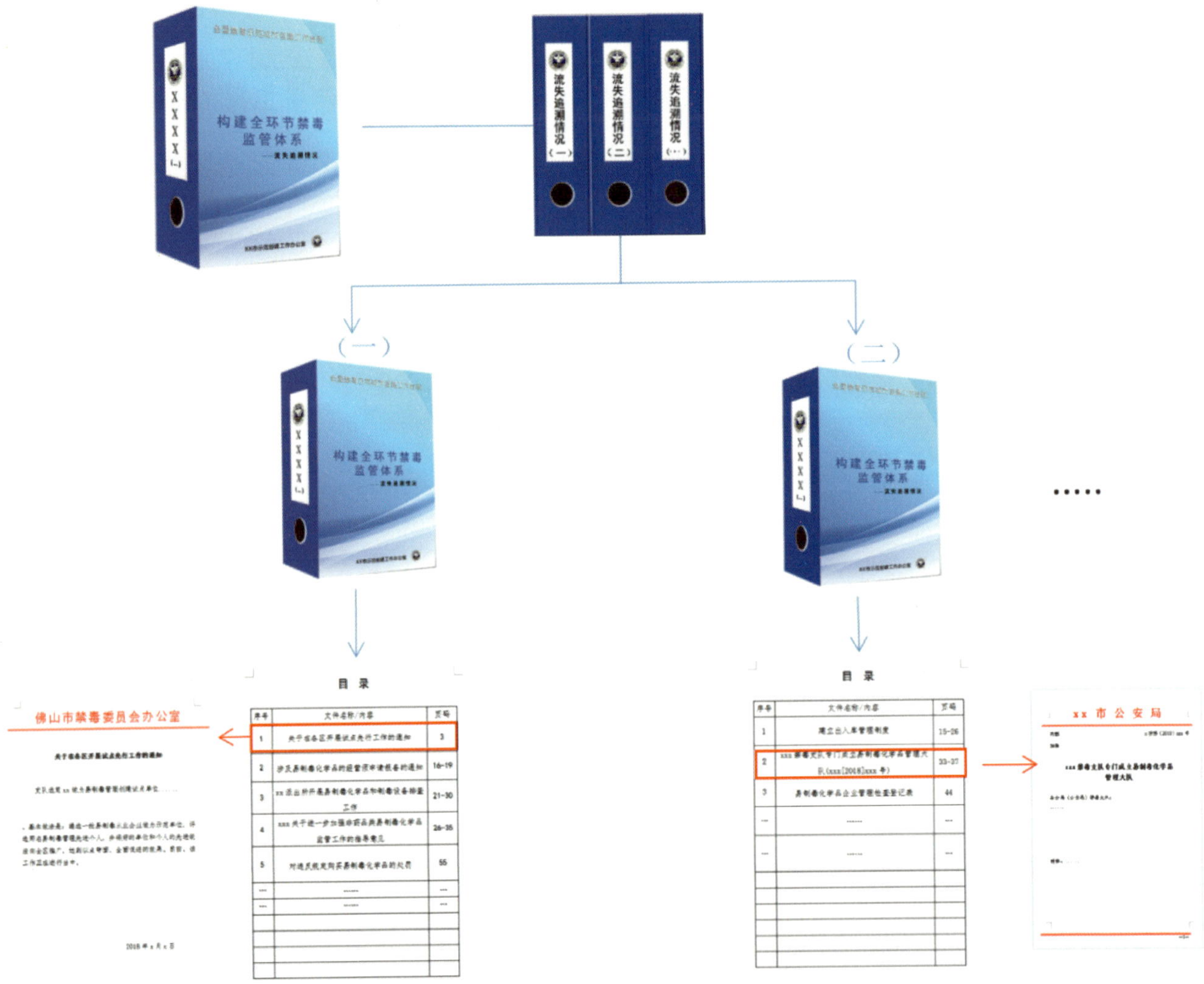

图7-7　台账资料（四）

流失追溯情况台账目录一示例如表7-15。

表7-15 三级子目录（十五）

目 录

序号	文件名称/内容	页码
1	关于在各区开展试点先行工作的通知	1-3
2	涉及易制毒化学品的经营须申请报备的通知	4-19
3	××派出所开展易制毒化学品和制毒设备排查工作	20-30
4	×××关于进一步加强非药品类易制毒化学品监管工作的指导意见	31-35
5	对违反规定购买易制毒化学品的处罚	36-55
…	……	…

流失追溯情况台账目录二示例如表7-16。

表7-16　三级子目录（十六）

目　录

序号	文件名称/内容	页码
1	建立出入库管理制度	1-26
2	×××禁毒支队专门成立易制毒化学品管理大队（×××［2018］×××号）	32-37
3	易制毒化学品企业管理检查登记表	38-44
…	……	…

（四）发挥行业协会作用和加强企业内部自律，细则得分台账内容说明

成立易制毒化学品企业行业协会加0.5分，开展企业等级管理、定期培训、设立安全员、规范企业内部管理、按照协会章程要求召开会议等有一项加0.1分，最高得1分。设立信息员队伍加0.5分，信息员常态化开展培训宣传，及时报告易制毒化学品违法犯罪可疑情况加0.5分，最高得1分。此项最高得2分。整理规范文件、新闻动态、实地图片，逐项完成得满分。以下根据打分说明，按照台账整理规范，运用流程图进行演示，示例如图7-8。

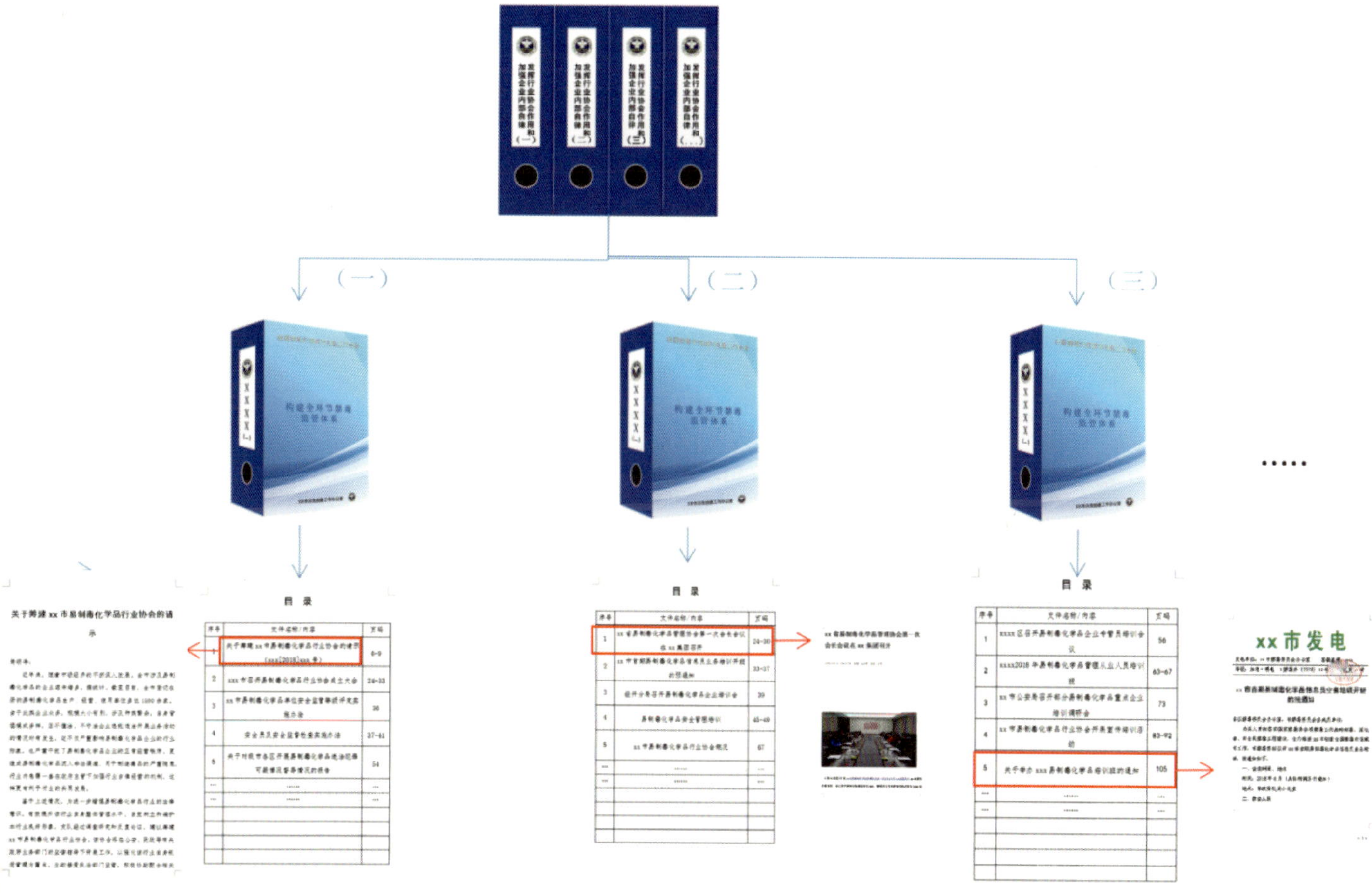

图7-8　台账资料（五）

发挥行业协会作用和加强企业内部自律台账目录一示例如表7-17。

表7-17 三级子目录（十七）

目 录

序号	文件名称/内容	页码
1	关于筹建××市易制毒化学品行业协会的请示（×××［2018］×××号）	1-9
2	×××市召开易制毒化学品行业协会成立大会	10-33
3	××市易制毒化学品单位安全监管等级评定实施办法	34-36
4	安全员及安全监督检查实施办法	37-41
4	关于对我市各区开展易制毒化学品违法犯罪可疑情况督导情况的报告	42-54
…	……	…

发挥行业协会作用和加强企业内部自律台账目录二示例如表7-18。

表7-18　三级子目录（十八）

目　录

序号	文件名称/内容	页码
1	××省易制毒化学品管理协会第一次会长会议在××集团召开	1-30
2	××市首期易制毒化学品信息员业务培训开班的预通知	31-37
3	经开分局召开易制毒化学品企业培训会	38-39
4	易制毒化学品安全管理培训	40-49
5	××市易制毒化学品行业协会概况	50-67
…	……	…

发挥行业协会作用和加强企业内部自律台账目录三示例如表7-19。

表7-19　三级子目录（十九）

目　录

序号	文件名称/内容	页码
1	××××区召开易制毒化学品企业专管员培训会议	1-56
2	××××2018年易制毒化学品管理从业人员培训班	57-67
3	××市公安局召开部分易制毒化学品重点企业培训调研会	68-73
4	××市易制毒化学品行业协会开展宣传培训活动	74-92
5	关于举办×××易制毒化学品培训班的通知	93-105
…	……	…

（五）药用精神药品和麻醉药品监管，细则要求说明

外地公安机关主侦案件发现的涉及本地药用类精麻药品从合法渠道流失的，每发现1起扣0.2分，扣完为止；本地主动破获药用类精麻药品案件较少，而药用类精麻药品滥用人数较多，比例低于1∶100的，最高扣0.5分，其他依次换算扣分。此项共2分。积极收集多部门台账资料，包含体现本地市药用精神药品和麻醉药品监管的规范、制度完善等措施。以下根据打分说明，按照台账整理规范，运用流程图进行演示，示例如图7-9。

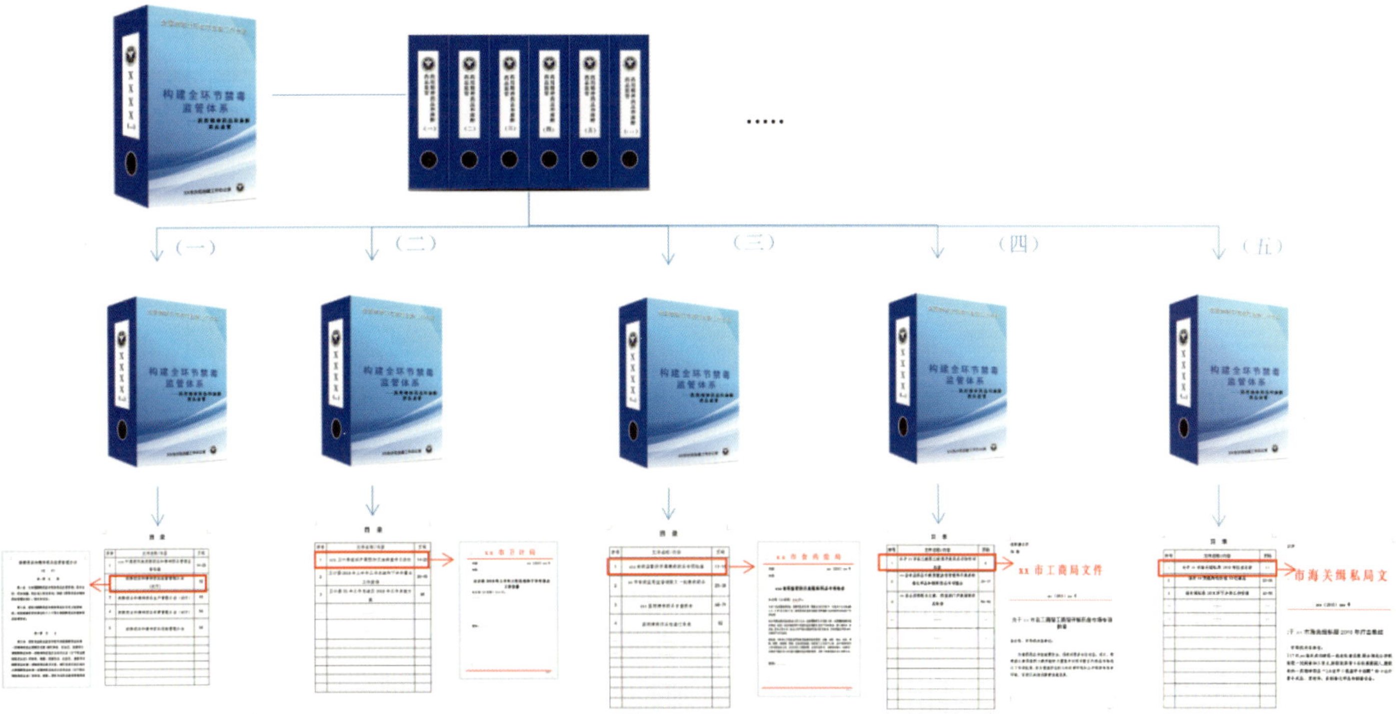

图7-9　台账资料（六）

药用精神药品和麻醉药品监管台账目录一示例如表7-20。

表7-20　三级子目录（二十）

目　录

序号	文件名称/内容	页码
1	×××开展药用类麻醉药品和精神药品管理监督检查	1-25
2	麻醉药品和精神药品经营管理办法（试行）	26-32
3	麻醉药品和精神药品生产管理办法（试行）	33-44
4	麻醉药品和精神药品邮寄管理办法（试行）	45-56
5	麻醉药品和精神药品运输管理办法	57-59
…	……	…

药用精神药品和麻醉药品监管目录二示例如表7-21。

表7-21　三级子目录（二十一）

目　录

序号	文件名称/内容	页码
1	×××卫计局组织开展预防艾滋病宣传日活动	1-25
2	卫计委2018年上半年工作总结和下半年重点工作安排	26-45
3	卫计委××年工作总结及2018年工作实施方案	46-68
…	……	…

药用精神药品和麻醉药品监管目录三示例如表7-22。

表7-22　三级子目录（二十二）

目　录

序号	文件名称/内容	页码
1	×××卫计局组织开展预防艾滋病宣传日活动	1-25
2	卫计委2018年上半年工作总结和下半年重点工作安排	26-45
3	卫计委××年工作总结及2018年工作实施方案	46-68
…	……	…

药用精神药品和麻醉药品监管目录四示例如表7-23。

表7-23　三级子目录（二十三）

目　录

序号	文件名称/内容	页码
1	关于××市县工商局开展药品市场专项检查	1-6
2	××县食品药品工商质量监督管理局开展易制毒化学品和精麻药品专项整治	7-37
3	××县公安局联合工商、药监部门开展精麻药品检查	38-56
…	……	…

药用精神药品和麻醉药品监管目录五示例如表7–24。

表7–24　三级子目录（二十四）

目　录

序号	文件名称/内容	页码
1	关于××市海关缉私局2018年打击总结	1–22
2	海关××焚烧两吨价值10亿毒品	23–26
3	海关缉私局2018年下半年工作安排	27–55
…	……	…

（六）非药用精神药品和麻醉药品监管，细则要求说明

掌握辖区生物医药化工企业底数并录入管理系统，加1分。外地公安机关主侦发现的涉及本地非法生产非药用精麻药品案件，每发现1起扣1分，扣完本项得分为止。本地公安机关主侦发现的涉及本地非法生产非药用精麻药品案件，每发现1起加1分。此项最高得3分。注意提供管理机制、管控措施、相关企业名册、核磁共振波普仪管控工作情况等资料，并含录入系统数据情况表格。以下根据打分说明，按照台账整理规范，运用流程图进行演示，示例如图7-10。

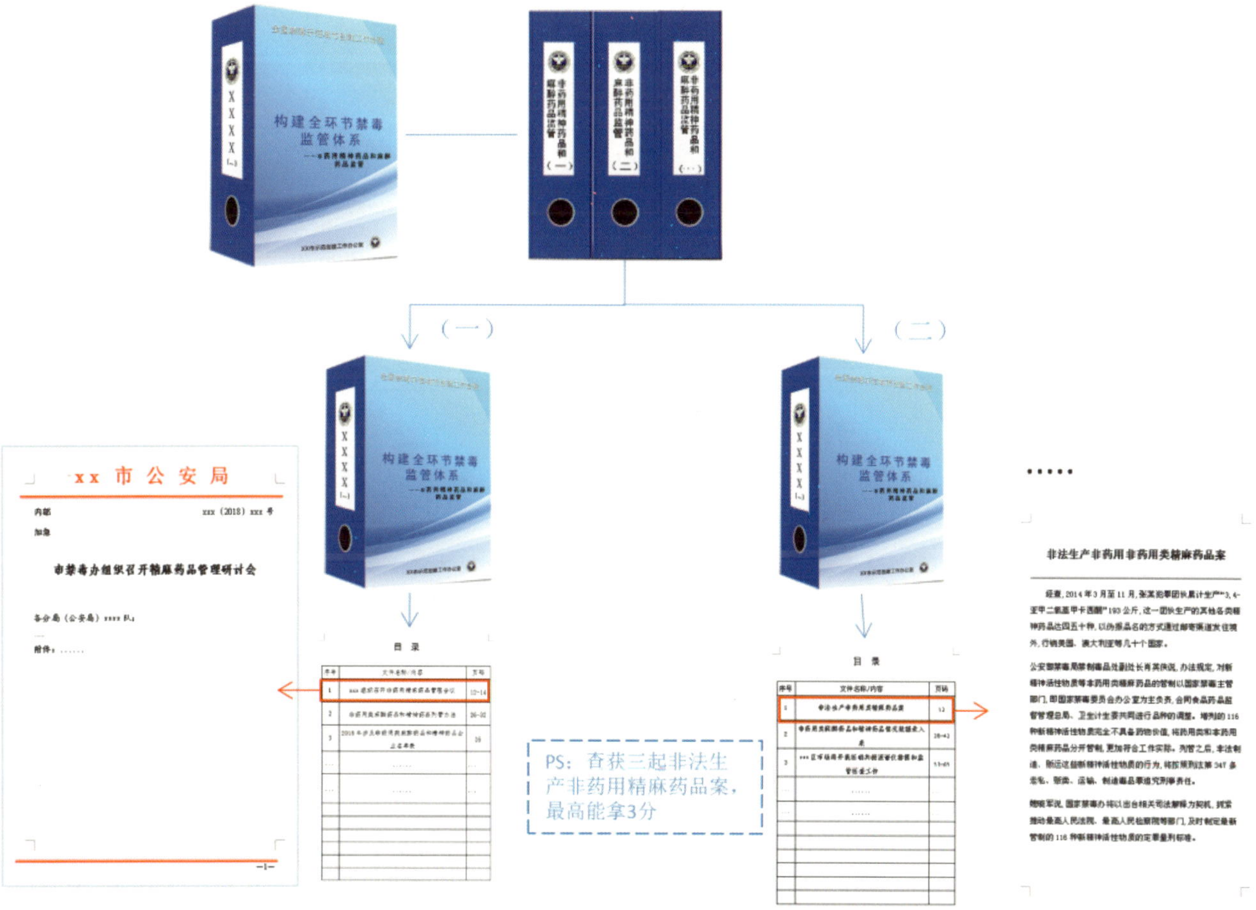

图7-10　台账资料（七）

非药用精神药品和麻醉药品监管目录一示例如表7-25。

表7-25　三级子目录（二十五）

目　录

序号	文件名称/内容	页码
1	×××组织召开非药用精麻药品管理会议	1-14
2	非药用类麻醉药品和精神药品列管办法	15-32
3	2018年涉及非药用类麻醉药品和精神药品企业名单表	33-35
…	……	…

非药用精神药品和麻醉药品监管目录二示例如表7-26。

表7-26　三级子目录（二十六）

目　录

序号	文件名称/内容	页码
1	非法生产非药用类精麻药品案	1-19
2	非药用类麻醉药品和精神药品情况数据录入表	20-42
3	×××区市场局开展核磁共振波谱仪排摸和监管核查工作	43-65
…	……	…

市标：以佛山为例

台账亮点一：以加强部门联动执法为年内全市要查处精麻药品及罂粟壳相关案件20宗，其中南海、顺德各6宗，禅城4宗，高明、三水各2宗。总分得1分。各区树立目标，同时，提高工作热情，增加评判印象分。以下根据打分说明按照台账整理规范，运用流程图进行演示，示例如图7-11。

图7-11　台账资料（八）

加强部门联动执法为台账目录一示例如表7–27。

表7–27　三级子目录（二十七）

目　录

序号	文件名称/内容	页码
1	××市禁毒办联合成员单位监督销毁过期精麻药品	1–14
2	××市安全生产监督管理局关于邀请参加重点易制毒化学品联合检查的函	15–32
3	全市各辖区结案信息统计表（4月）	33–35
…	……	…

加强部门联动执法为台账目录二示例如表7-28。

表7-28 三级子目录（二十八）

目 录

序号	文件名称/内容	页码
1	全市各辖区结案信息统计表（5月）	1-21
2	全市各辖区结案信息统计表（6月）	22-23
3	全市各辖区结案信息统计表（7月）	24-27
…	……	…

台账亮点二：加强对易制毒化学品知识的宣传教育，是以开展《易制毒化学品管制条例》等法律法规的宣传教育为重点，通过咨询、发放宣传资料等方式，大力开展对易制毒化学品知识的宣传教育，增强社会对易制毒化学品的认识。主要得分要求：1. 提供活动文件，得0.5分；2. 提供报道统计表格得0.5分。整理成规范台账，示例如图7–12。

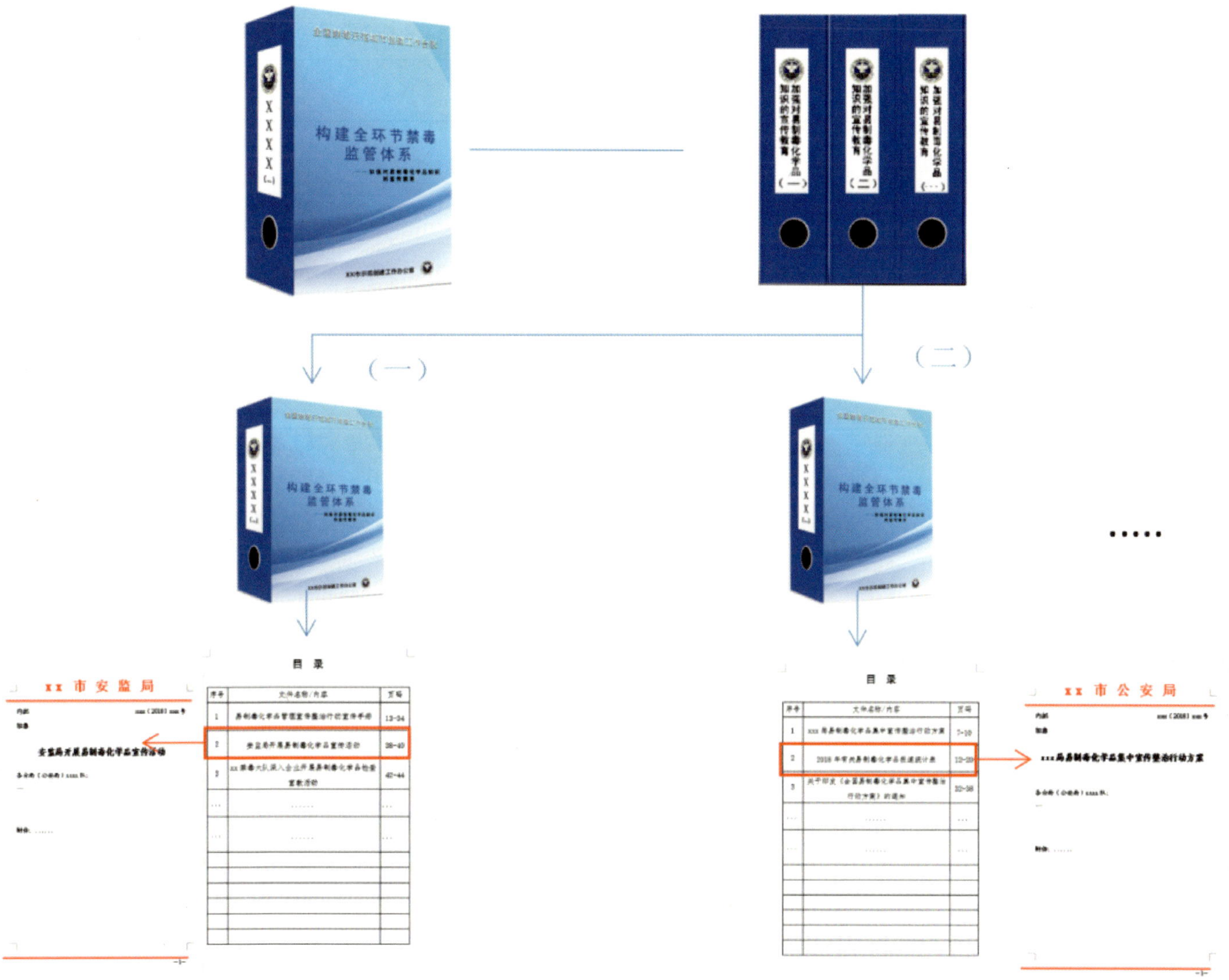

图7–12　台账资料（九）

加强对易制毒化学品知识的宣传教育目录一示例如表7-29。

表7-29　三级子目录（二十九）

目　录

序号	文件名称/内容	页码
1	易制毒化学品管理宣传整治行动宣传手册	1-34
2	安监局开展易制毒化学品宣传活动	35-40
3	××禁毒大队深入企业开展易制毒化学品检查宣教活动	41-44
…	……	…

加强对易制毒化学品知识的宣传教育目录二示例如表7-30。

表7-30　三级子目录（三十）

目　录

序号	文件名称/内容	页码
1	×××局易制毒化学品集中宣传整治行动方案	1-10
2	2018年有关易制毒化学品报道统计表	11-20
3	关于印发《全国易制毒化学品集中宣传整治行动方案》的通知	21-38
…	……	…

第五节　地方经验

一、协会案例（以山东易制毒协会为例）

山东省易制毒化学品企事业单位已达2.3万家，易制毒化学品年均流通量超过6 000余万吨，总量居全国前列，管理任务艰巨繁重。协会成立后，进一步发挥易制毒化学品企业的阵地控制作用，有效遏制了易制毒化学品流入非法渠道，对缩减毒品生产起到了积极作用。

山东省易制毒化学品管理协会是全国第一家省级易制毒化学品管理协会。主要职责是督促会员单位规范生产、购销、运输管理，建立健全易制毒化学品管理规章制度，健全安全检查员队伍，开展常态化禁毒宣传、知识培训和安全检查等。

通过制定、推广易制毒化学品生产、经营、使用、储存、运输行业准则和管控机制，建立健全信息平台，为企业提供法律、信息和其他服务；通过组建全省易制毒化学品技术专家团队，为执法机关勘查制毒现场、销毁制毒物品、涉毒诉讼等提供技术支持，依法维护会员单位的合法权益；通过协会管理，切实加强联动共治，督促会员单位发现和举报涉毒违法犯罪线索，协助主管部门开展行业调查、资质审核、公信证明、风险预警等工作。作为省级易制毒化学品管理协会，其管理模式相比市级更加完善。各地市可组织前往学习，吸收优秀经验，再结合自身特点建立特色型管理协会。

二、云南省易制毒化学品信息核销经验

云南省易制毒化学品信息管理系统在公安端设置了购买、运输许可（备案）证明的“撤销”功能。“撤销”功能的主要作用是：企业（或个人）在办理了易制毒化学品购买、运输许可（备案）证明以后，且该证明尚未使用之前，因企业停产、停电、车辆故障等特殊原因导

致所办理的购买或运输许可（备案）证明不再需要使用，申请企业可以告知办证的公安机关对该证作“撤销”处理。

公安机关在第二级审批（领导审批）中，打开需要“撤销”的证书，点击“撤销”即可完成。已作“撤销”处理的购买、运输许可（备案）证明不能做有效证明使用。在云南省易制毒化学品信息管理系统查询时，该证明无公文号，且在右上角用红色字体显示“该证书已撤销”。

企业对打印后作“撤销”处理的购买、运输许可（备案）证明，应由申请企业在已经打印的购买、运输许可（备案）证明的显著位置注明：作废，已作撤销处理。

如果是在“公共客户端”办理的购买备案证明，企业申请要求“撤销”时，应将已经办理的购买备案证明交回办证的公安机关，办证的公安机关经核对无误后对该证作“撤销”处理，并在已经打印的购买备案证明的显著位置注明：作废，××公司已申请撤销。

购买、运输许可（备案）证明的“核销”。云南省易制毒化学品信息管理系统在企业端设置了“核销”功能。“核销”可以有效地防止报备时的错误，以及预防购买、运输许可证明被他人冒用。“核销”是指：企业对本单位所办理的，已经使用过的购买、运输许可（备案）证明，在不需要继续使用的情况所做的处理。“核销”后的购买、运输许可（备案）不可再次使用。

“核销”后的购买、运输许可（备案）证明，系统在原购买、运输许可（备案）证明的顶端用红色字体显示“已核销”。企业核销后的购买、许可（备案）证明所剩余的审批数量不能继续使用，“核销”后的购买、运输许可（备案）证明也不能再作“数据报备”，企业应在“核销”前完成“数据报备”。

企业对已经到期、购买、运输数量已经使用完毕的购买、运输许可（备案）证明应及时对其进行“核销”。“核销”后的购买、运输许可（备案）证明，企业应按要求及时根据实际购买、运输的品种、数量进行签注，并保存2年以作备查。

更换运输车辆时应重新办证。企业在办理了运输许可（备案）证明以后，系统将自动计算扣除相对应的购买备案证明的审批数量，下一次，企业申请的运输数量将不能超出剩余的审批数量。如果在该运输许可（备案）证明尚未使用前，因车辆故障等特殊原因导致需要更换车辆（更换车辆，应更换运输许可［备案］证明）的，因信息管理系统现阶段还未设置撤销运输证，恢复购买证数量的功能，企业只能重新办理购买证后，再次办理运输证，否则，系统不予认可重新办理的运输证。

第八章 构建全方位毒情监测体系

评估是指评价、估量、测算。毒情评估一般也指毒情宏观形势的评估，它包含对毒情局势的综合描述、国家治理政策下毒情的变化情况等。毒情评估是衡量一个地区毒情形势的重要依据，是禁毒部门规划和制定禁毒政策和决策部门禁毒工作部署的重要参考，因此真实、有效、客观、全面、科学的毒情评估就显得尤为重要。2016年国家禁毒办召开禁毒工作座谈会，专题研究建立完善毒情评估和禁毒工作绩效考评体系。2018年国家禁毒办下发2018［9］号文，明确指出构建全方位毒情监测体系是创建禁毒示范城市的评选条件之一。我国各地纷纷探索建立当地毒情监测体系，制订毒情评估办法。

第一节　构建全方位毒情监测体系

我国构建毒情监测体系包含制订本地毒情评估办法，开展毒情分析评估；撰写综合类毒情报告和各种专题类毒情报告，例如年度综合类毒情报告、年度毒情价格监测报告，反映毒品问题、毒品来源、价格变化、滥用危害及隐性吸毒人员规模等专题类报告。

一、建立毒情监测机制

目前我国毒情评估方案类型，有各地禁毒部门自我制订毒情评估方案、购买第三方调查公司进行评估两种方式。禁毒部门根据辖区内禁毒部门状况和当地毒情状况决定采用哪种评估方法。无论采用哪种办法，当地禁毒部门都应当构建当地的全方位毒情监测体系。

（一）建立健全毒情监测通报制度

当地禁毒部门可在辖区内设立毒情监测站点，由专人负责进行毒情监测，并将监测到的内容汇总后以《××地××周毒情监测报告》《××地××月毒情监测报告》《××地××季毒情监测报告》《××地××年毒情监测报告》的形式向上级禁毒部门汇报，遇到紧急和新情况可随时向上级部门汇报。监测报告内容应含有文字叙述和数据表格，数据表格内容应具有连贯性，记录标准统一，可整合运用于多种分析工作。

（二）深入开展毒品检验检测工作

建立毒品检验监测团队，提升毒品检验检测能力，对禁毒工作进行有力支持。例如，设立毒品监测检验实验室，开展吸毒人员毛发检测、城市污水毒品含量检测等，真正为禁毒工作提供要有力支持。

（三）建立完善的禁毒情报分析研判机制

毒情研判人员需具备熟练的数据挖掘、统计分析能力，熟练掌握常用的统计分析软件等。团队人员能够依托禁毒监测通报信息和毒品检验检测信息，综合禁毒部门打击和治理信息，开展毒情情报分析研判工作。毒情分析研判工作应按照固定的时间节点（如周、月、季、年）上报分析研判结果，遇到紧急或新情况应及时上报分析研判结果，充分应用毒情研判结果提升应用毒情情报破获案件占比，深入推进禁毒信息化建设，为禁毒工作提供有力支持。

二、制订本地毒情评估办法

（一）选择毒情评估方案

1. 禁毒部门自行制订毒情评估方案

禁毒部门自行制订毒情评估方案一般需建立健全毒情监测通报机制，深入开展毒品检验检测工作，建立完善禁毒情报分析研判机制，整合监测毒情信息，提高禁毒工作应用水平，为禁毒工作提供有力支持。该方案适用于当地禁毒部门资源充足、组织领导力强、信息化水平高、毒情监测手段成熟的地方。一般由禁毒部门自行组织安排人员收集毒情，然后根据禁毒工作需要作出各种综合性或专业性的毒情评估。例如，浙江省公安厅禁毒处设立毒情监测直报站、哨点和分哨点进行毒情监测，并根据监测内容撰写毒情评估报告，及时服务禁毒工作。

2. 购买第三方调查公司进行评估

禁毒部门购买第三方调查公司的毒情评估是近年来我国禁毒委倡导的毒情评估方法。禁毒部门购买第三方调查公司的毒情评估服务，由第三方调查公司设计毒情评估方案，然后实施方案并给出评估结果。例如，江苏省无锡市采用购买第三方调查公司进行调查评估。

（二）确立毒情评估内容

毒情评估内容根据涵盖信息的全面性可分为综合类和专项类，根据评估内容与国家政策的关系又可分为反映毒情状况类和反映政策效用类。具体进行何种毒情评估，需要根据各地禁毒部门实际需求来决定。下面就常见的毒情评估内容进行分类列举说明。

1. 反映毒情状况类

评估内容根据毒情监测评估需求而定，并不固定、统一，分为综合类和专题类。它包含毒品犯罪打击情况、毒品价格监测情况、吸毒人员戒毒康复治理情况、公众对禁毒工作满意度状况等一切可以反映毒情状况和严重程度的评估内容。例如，可以是某地年度毒情报告、某地某时段内毒品来源、价格变化、某地某种毒品滥用危害、某地某时段隐性吸毒人员规模、某地某时段毒品违法犯罪新情况等。

2. 国家治理政策下毒情变化评估

此类毒情评估有利于反映当下治理政策的有效性，便于根据毒情治理效果及时调整毒情治理政策或措施。此类毒情报告一般注重时间跨度上的变化，尤其是对政策实施前后的毒情对比，既可作综合类毒情评估，亦可作专题类毒情评估。例如，某市实施“6·27工程”前后的毒情变化，据此可以判断某市对“6·27工程”的实施效果，间接反映“6·27工程”的有效性。

（三）制订本地毒情评估办法

制订本地毒情评估办法是创建禁毒示范城市必不可少的环节。制订本地毒情评估办法的关键点是设立符合当地实际需求的评估办法。由于各地毒情情况不一，尤其是西北地区、西南边境地区、广东沿海地区等地区各有特点，在吸毒人群、毒品种类、毒品价格、制贩运毒的特点、毒品打击力度和治理方式等方面存在较大差异。各地在制订毒情评估标准的时候需要参考各地情况，制订出符合当地毒情特点的评估办法。目前制订毒情评估办法有禁毒部门自行评估和购买第三方调查公司进行毒情评估两种方式，下文列举毒情监测评估的内容，仅作参考。

1. 确定毒情评估范围

一般是参考行政辖区范围。

2. 制定监测评估内容

（1）毒品市场情况；

（2）毒品犯罪情况；

（3）毒品打击治理情况；

（4）毒品预防教育情况；

（5）毒情新情况、新特点等。

3. 监测评估

确定监测评估主体，是禁毒部门还是第三方调查机构。

确定具体监测评估问题及对应监测指标。例如，评估三年内毒品打击情况，需要监测三年内打击毒品种类、数量等指标。

4. 对监测数据进行处理

根据评估需求对监测数据进行处理。一般包含基础数据整理、更新、存档；对数据进行筛选分析，根据历史数据，建立数据模型；根据数据模型评估当前数据，并预估未来数据走势。

5. 对评估结果进行跟进处理

（1）确立信息评估结果呈现方式。一般以图表加文字说明的方式。

（2）规定上报评估结果时间。建议每月度、季度、年度上报一次，重大问题随时上报。

6. 监测评估标准要求

（1）数据真实、有效、客观、全面、科学；

（2）监测评估标准中的具体指标要随着毒情需求及时更新；

（3）评估标准和结果要规范，具有纵向历史可比性和横向区域可比性。

三、撰写毒情报告

撰写毒情报告是开展毒情监测评估的结果环节，也是创建全国禁毒示范城市的重要内容之一。毒情报告是毒情监测的结果展示，也是检验之前禁毒成果的依据，更是部署下一步禁毒工作的重要参考内容。毒情报告依据涵盖范围的大小可分为综合类毒情报告和专题类毒情报告，依据毒情报告的具体内容划分又可分为毒品治理状况类、毒品来源类、毒品价格类等。下面是毒情报告的简单分类，仅供参考。国内毒情报告可参考《常州市2016年第三季度毒品形势报告》《2017浙江毒情形势报告》。

1. 综合类毒情报告内容

综合类毒情报告一般涵盖面较广，监测内容复杂，耗费投入较大，例如《2017年中国毒情形式报告》《2017年浙江省毒情形势报告》。下面列举了我国毒品滥用情况和国内毒品治理情况这两大类综合类毒情报告。

（1）我国毒品滥用情况

我国毒品滥用情况包含毒品滥用种类、数量、分布区域、危害等，尤其是合成类毒品的滥用情况和新型毒品更新迭代情况。不同毒品滥用人群规模，滥用人群的职业、年龄、性别、家庭情况、朋辈群体状况等结构特征及变化等。

（2）国内毒品治理情况

国内毒品治理情况包含破获毒品刑事案件数量，打击制贩毒团伙和窝点数量，抓获毒品犯罪嫌疑人数量，缴获各类毒品数量，查获有吸毒行为的人群数量（含强制隔离戒毒、社区戒毒、社区康复、自愿戒毒数量），打击跨境贩毒组织情况、互联网贩毒交易情况、物流寄送贩运毒品情况、制毒物品流入渠道情况等。

2. 专题类毒情报告

专题类毒情报告有多种，现有的主要围绕各地可结合当地情况作出符合当地实际情况的专题报告。例如，《来宾市2015年毒情通报》《浙江省乐清市新型毒品滥用状况调查》等。本文依据毒情报告专题类型列举以下几个方面，供参考。

（1）毒品问题；

（2）毒品来源；

（3）毒品价格变化；

（4）毒品滥用危害；

（5）隐形吸毒人员规模；

（6）禁毒预防教育宣传；

（7）青少年毒品预防教育类专题；

（8）社区戒毒社区康复工作开展状况；

（9）禁毒工作满意度、知晓率类。

第二节　重点难点

建立毒情监测体系的重难点是对毒品的价格进行监测。由于毒品价格的变动直接反映着当地毒品市场的变化，是进行毒品打击和治理的重要依据，同时也间接反映着当地毒品治理的效果，所以对毒品价格进行监测是毒情监测体系中的重要部分。由于毒品种类的多样性、价格的变动性、毒品价格获悉渠道的隐匿性等因素，导致对毒品价格的监测相对困难。所以对毒品价格的监测成了建立毒情监测体系，开展毒情评估的难点。

一、监测毒品价格的难点

（一）毒品种类多，新增快，别名多

我国毒品种类多，毒品的别名纷繁复杂，毒品种类新增速度快，这些因素给毒品价格监测带来了相当大的难度。截至2018年9月1日，我国共列管新精神活性物质（俗称“毒品”，是毒品的部分种类）多达170种，其中2015年有116种，2017年新增8种，至2018年9月国家禁毒办又新增32种。被列管的很多毒品均有自己的别名，据网友不完全统计，仅冰毒的别名就有：冰、麻古、吃嘎嘎、啄兜兜、嫖麻、吹壶壶等28种之多，而海洛因的别名也多达22种，K粉有21种别名，其他常见毒品也均有多个别名。对这些不断增长又有多种别名的大量毒品进行价格监测，是一件重要而又艰难的工作。

（二）毒品价格的变动性

我国毒品价格变化敏感，影响毒品价格变化的因素多。当地市场毒品的供应量和需求量是影响毒品价格的关键因素。因此，所有对毒品供应和需求产生影响的因素都会影响到价格。例如，禁毒部门的打击活动，在捣毁某地制毒窝点的时候，可能会引发当地出现“断炊效应”，导致价格产生较大的波动。当地禁毒部门对吸毒人员的打击也会影响价格变化。此外，外来毒品的流入、新型毒品的出现、毒品销售网络的变化等因素均会影响毒品价格的变化。

（三）国际毒品价格的影响

随着国际毒品市场的发展和渗透，近年来，我国查获的国际毒品

走私案件逐年上升，国际毒品市场对我国的影响逐渐增大。国家三大毒源地的产量和对我国的毒品走私贩运量对我国的毒品价格影响也逐渐增大。尤其是我国广西云南边境地区、广东沿海地区、西北边境等地区，受国际毒品走私活动影响较大，毒品价格受国际市场影响不容忽视。

（四）毒品买卖的隐匿性

毒品交易属于非法行为，毒品交易一般均隐藏在暗处进行，因此毒品交易价格很难被毒圈外的人获知。现有的一些毒品价格一般来自禁毒部门抓获的毒品犯罪人员的供述、公安线人、网络毒品交易明细等。但通过这些渠道获知的毒品价格信息有限，且大宗毒品交易价格和零售价格相差较大。因此，毒品价格的获知较为困难。

二、价格监测的几点建议

监测毒品价格意义重大，任务艰巨。对毒品价格进行专项监测则显得日益重要。目前开展当地毒品价格监测可以尝试从以下几个方面着手。

（一）建立毒品价格专项监测机制

目前国际毒品价格影响国内毒品价格，国内各地毒品价格又相互响应，变化多端。想要准确及时把握当地毒品价格少不了对国际毒品价格和国内毒品价格及当地毒品价格的关注。因此，建立毒品价格专项监测机制是开展当地毒品价格监测的可行方法。

1. 建立毒品价格监测专业技术团队

由于价格的持续变化性、隐匿性等特点，需要专人负责价格监测。专人需具备在网络上搜寻毒品价格的甄别能力，拥有探知暗网毒品交易价格的技术和能力。专业团队负责还有利于保障线下监测价格人员的安全性。

2. 撰写毒品价格监测报告

撰写毒品价格监测年度报告是创建全国禁毒示范城市的重要内容

之一。长久而持续的毒品价格监测数据是撰写毒品价格监测年度报告不可或缺的信息。年度价格监测报告是对一年禁毒工作的总结，更是下年禁毒工作部署的重要依据。

价格监测报告内容上应能反映当地毒品种类及各自名称和新增情况，毒品价格及变化趋势，各种毒品价格之间的影响，当地禁毒工作开展情况与对毒品价格变化的关系等内容。

价格监测报告应包含图表和文字，定期上报相关禁毒部门，建议以月度、季度、年度上报，发现新问题和新情况可随时上报。

（二）价格监测参考

目前我国暂时没有完整成熟的毒品价格监测报告，仅在部分与禁毒相关的文章中有零星的关于毒品价格的监测内容。

例如，从南昌市地下毒品市场获悉，2012年海洛因市场价格保持缓步上升状态，按照每位海洛因吸食者每天0.5克的标准算，2012年每天需要支付280元，到了2013年则每天需要支付284元，每月费用至少在8 000元以上。反观新型毒品，以麻古为例，大多数成瘾者每2—3天使用一次，每次1—2片，在2012年每月平均花费大约2 000元，2013年每月花费约2 100元。下面是南昌市毒品价格表（见表8-1）。[1]

表8-1　2012—2013南昌毒品价格

毒品价格	毒品零售价格（元/克）				毒品进价（元/克）			
毒品种类	海洛因	冰毒片剂	晶体冰毒	氯胺酮	海洛因	冰毒片剂	晶体冰毒	氯胺酮
2012年12月底	560	100	300	90	360	40	220	60
2013年12月底	568	105	310	94	370	48	225	65

1　王利荣、揭萍.毒品消费与供给关系的实证研究——以江西省毒情为分析样本［J］.法学纵横，2016（1）.

第三节　本章台账建立

构建全方位毒情监测体系有利于地方通过各种监测手段获取监测结果，这些监测结果对开展制毒窝点查处、毒品犯罪打击和新精神活性物质预警等工作具有较高参考价值。该章要求各地制订毒情评估方法并开展本地毒情分析评估工作，多开展不同类型的调研活动，如毒品价格监测等专题类或年度毒情分析等综合类调研。随着犯罪手段的不断改变，禁毒工作也需积极引进新技术，加强产学研合作，用更新更科学的手段，更好地服务毒品打击和预防工作。

一、一级子目录

图8-1　一级子目录

二、二级子目录

以考评细则中“小项内容”一栏的内容作为二级目录标题内容，即本章二级子目录为：开展毒情评估。该章台账资料可按创建工作考评细则中具体内容的打分方法进行分类，可分为如下三个方面（见图8-2）。

1. 开展毒情评估（评估办法）；

2. 开展毒情评估（监测报告）；

3. 开展毒情评估（调研报告）。

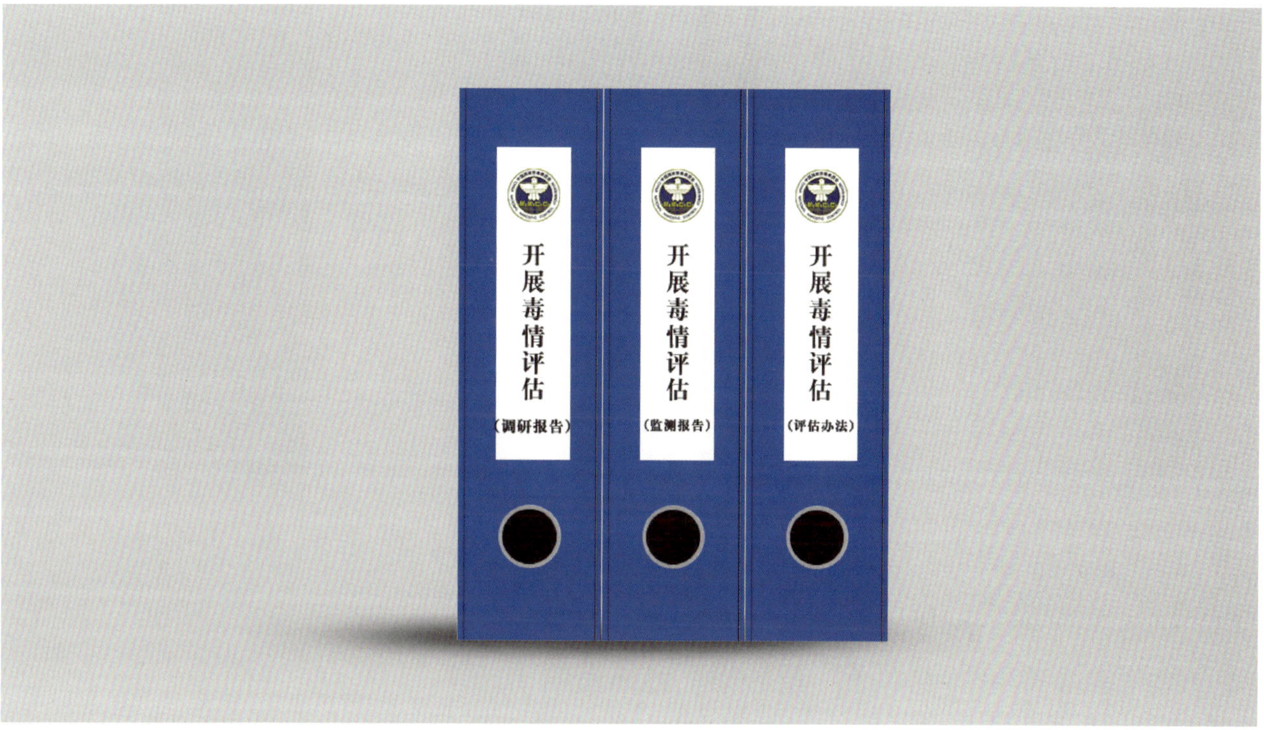

图8-2　二级子目录

三、三级子目录及台账内容示例

本章主要考察各地对辖区毒情监测工作的开展情况，包括是否制订毒情评估办法与相关监测报告和各类调研报告成果，总分值为5分。其中，制订本地毒情评估办法计2分，有撰写本地毒品价格年度监测报告计1分。综合类或专题类毒情调研报告每篇计0.5分，满分为2分，即至少需有4篇相关调研报告作为台账内容。因此，在准备台账资料的时候，需准备的资料包括：

1. 本地毒情评估办法；

2. 年度监测报告；

3. 综合类或专题类毒情调研报告（不少于4篇）；

……

其三级子目录及台账资料示例如图8-3、8-4、8-5、8-6。

图8-3　台账资料（一）

图8-4　台账资料（二）

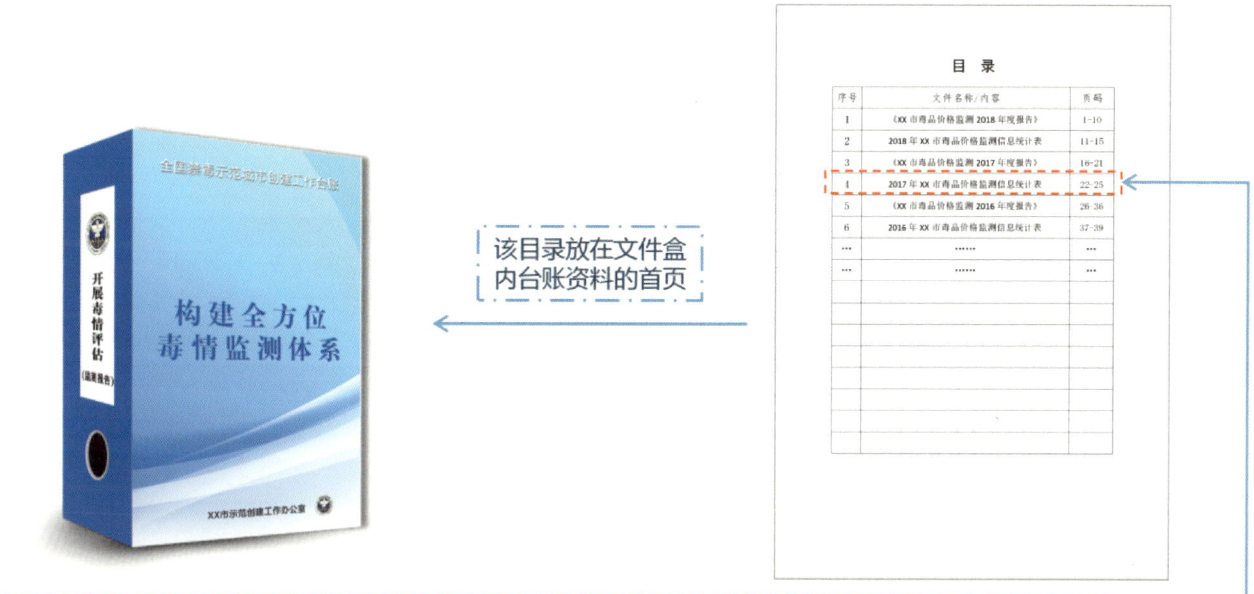

目 录

序号	文件名称/内容	页码
1	《XX 市毒品价格监测 2018 年度报告》	1-10
2	2018 年 XX 市毒品价格监测信息统计表	11-15
3	《XX 市毒品价格监测 2017 年度报告》	16-21
4	2017 年 XX 市毒品价格监测信息统计表	22-25
5	《XX 市毒品价格监测 2016 年度报告》	26-36
6	2016 年 XX 市毒品价格监测信息统计表	37-39
···	······	···
···	······	···

x市x区毒品价格监测统计表

监测时间	所属辖区	监测单位	监测站点	监测人	监测渠道	毒品名称	毒品类型	毒品作用	毒品价格（元/克）	毒品其他名称备注
2017/1/1	L市M1区	xx禁毒办	Q1监测站	张三	线人提供	K粉	新型毒品	致幻、兴奋	20	奶茶、king，打K
2017/1/1	L市M1区	xx禁毒办	Q1监测站	张三	暗网标注	冰毒	新型毒品	致幻、兴奋	18	冰、麻古、麻果、果子
2017/1/1	L市M1区	xx禁毒办	Q1监测站	李四	抓获毒犯	海洛因	传统毒品	镇静、阵痛	15	小海、黄皮、青皮、料子
· · ·										

图8-5　台账资料（三）

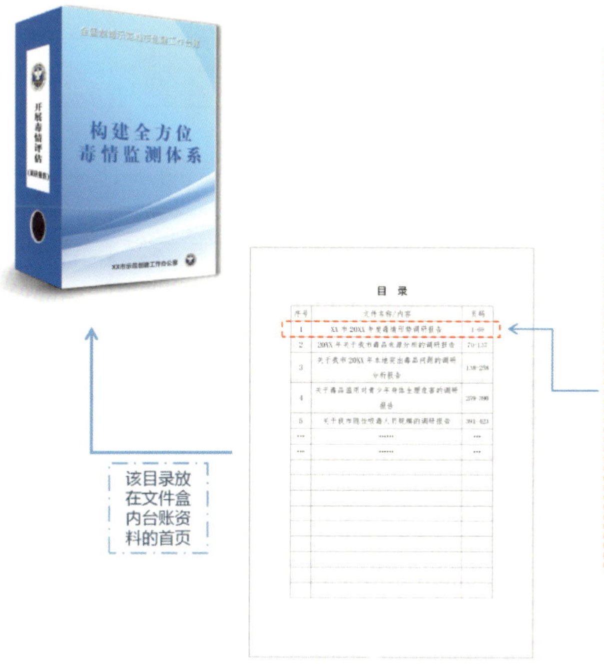

XX 市 20XX 年度毒情形势调研报告

经过持续开展禁毒人民战争，我市毒情形势保持稳定，毒品蔓延势头总体可控，没有发展成为影响社会大局稳定和人民群众安居乐业的重大社会问题。近年来，我市涉毒犯罪呈现低龄化、隐蔽化、智能化的新特点，我局坚持深挖扩线追溯至发源地、集散地，进而实现源头打击，结合本年度打击工作成果，现将当前毒情形式分析如下：

一、毒品滥用

（一）毒品滥用规模

······

（二）毒品滥用种类

······

（三）毒品滥用人群

······

（四）毒品滥用危害

······

二、毒品来源

（一）市外来源

······

（二）市内制造

1、市内制造毒品状况

······

2、市内制造毒品设备和原料

······

三、毒品贩运

（一）跨市贩运情况

······

（二）交易方式

······

（三）运输特点

······

四、总结

······

图8-6　台账资料（四）

“开展毒情评估（评估办法）”的三级子目录示例如表8-2。

表8-2　三级子目录（一）

目　录

序号	文件名称/内容	页码
1	关于印发《××市毒情监测评估暂行办法》的通知	1-2
2	《××市毒情监测评估暂行办法》	3-14
3	《××市毒情监测信息统计表》	15-18
…	……	…

“开展毒情评估（监测报告）”的三级子目录示例如表8-3。

表8-3　三级子目录（二）

目　录

序号	文件名称/内容	页码
1	《××市毒品价格监测2018年度报告》	1-10
2	2018年××市毒品价格监测信息统计表	11-15
3	《××市毒品价格监测2017年度报告》	16-21
4	2017年××市毒品价格监测信息统计表	22-25
5	《××市毒品价格监测2016年度报告》	26-36
6	2016年××市毒品价格监测信息统计表	37-39
…	……	…

“开展毒情评估（调研报告）”的三级子目录示例如表8-4。

表8-4　三级子目录（三）

目　录

序号	文件名称/内容	页码
1	××市20××年度毒情形势调研报告	1-69
2	20××年关于我市毒品来源分析的调研报告	70-137
3	关于我市20××年本地突出毒品问题的调研分析报告	138-258
4	关于毒品滥用对青少年身体生理危害的调研报告	259-390
5	关于我市隐性吸毒人员规模的调研报告	391-423
…	……	…

示例范文一：

××市价格监测 2017 年度报告

一、全市毒品价格总体情况

（一）××市毒品种类及增减变化

1. 全市毒品种类及增减变化

……

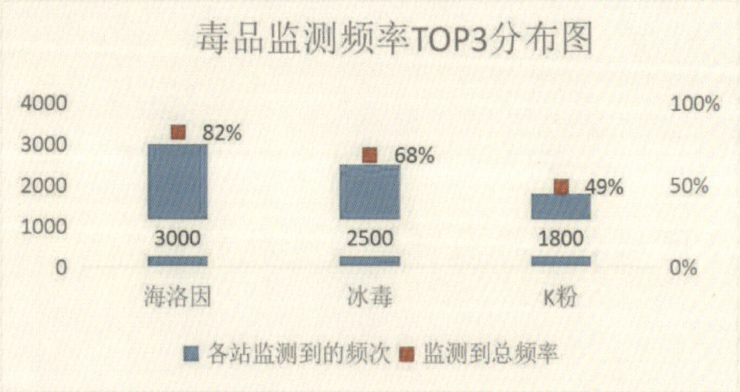

2. 各区域毒品种类及增减变化

……

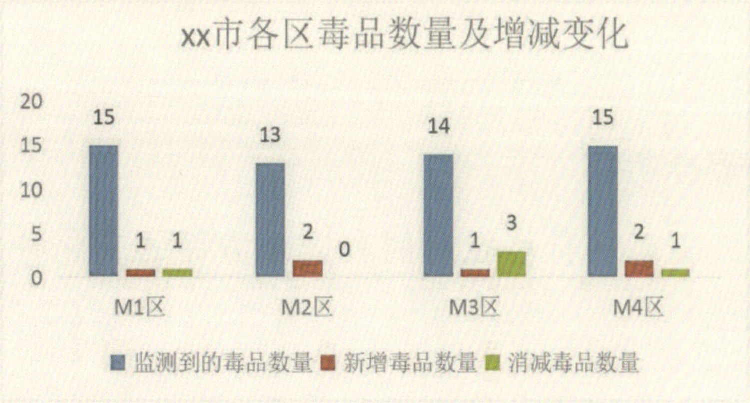

3. ……

……

（二）xx市毒品价格变化

……

1. 全市各类毒品价格及变化趋势

……

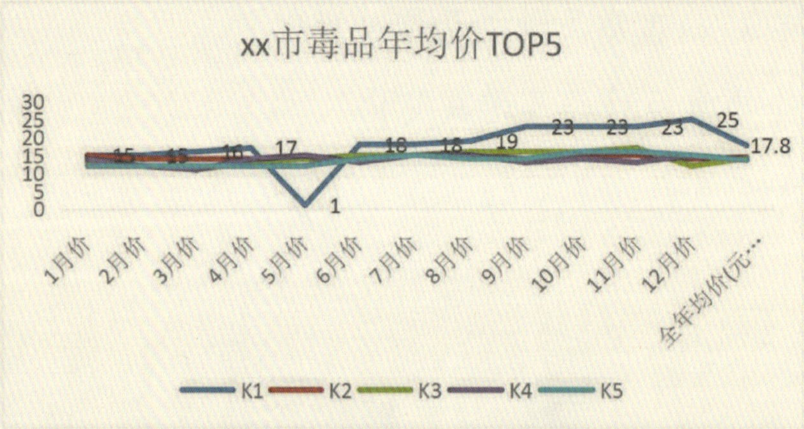

2. 各区域各类毒品价格及变化趋势

……

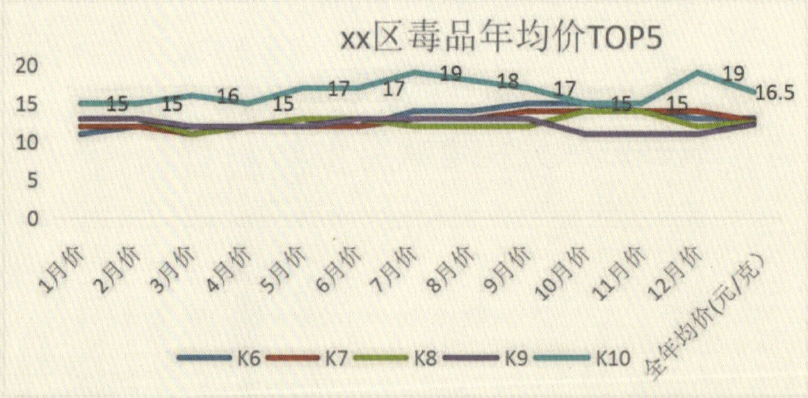

二、内容分析

（一）毒品价格在时间和区域方面的变化特点

……

（二）影响毒品价格变化因素

1. 国家推行的毒品治理措施……

2. 本地毒品打击力度……

3. 当地毒品制造情况……

……

（三）毒品价格变化的影响

1. 影响其他毒品价格……

2. 影响当地及附近制毒产量……

3. 影响贩毒路线……

……

三、毒品价格变化的应用性总结

（一）反映当地毒情形势特点

……

（二）为部署毒品治理方案提供参考

……

（三）协助破获毒品要案、大案等各种专案

……

附件 1：毒品价格监测基本信息注解

附件 2：××年×站×月每日监测毒品价格表

附件 3：××年×站各月监测毒品均价表

示例范文二：

关于我市毒品来源分析的调研报告

一、讲述×市毒品来源

……

（一）毒品内流情况

……

（二）本地制造情况

……

二、阐述打击毒品内流和制造的工作成效

……

（一）针对毒品内流和制造的工作推进

……

（二）取得的效果

……

三、分析治理毒品内流和制造的工作难点和问题

……

四、给出建议和意见

……

示例范文三：

关于我市 20XX 本地突出毒品问题的调研报告

一、讲述本地毒情概况和特点，引出突出问题

……

（一）本地毒情概况和特点

……

（二）本地毒情突出问题

……

二、讲述针对突出问题采取的工作方案和措施

……

三、评估工作成效

……

（一）打击成效

……

（二）居民满意度

……

（三）其他可以说明的实验类、监测类等信息说明

……

四、归纳出工作过程中存在的难点和问题

……

五、总结及建议

……

示例范文四：

关于毒品滥用危害的调研报告

一、毒品滥用大背景

……

（一）国内毒品滥用状况

……

（二）调查研究本地毒品滥用状况的必要性

……

二、针对毒品滥用危害的研究设计

……

三、阐述本地毒品滥用危害

……（分别从危害范围、危害对象、危害内容、危害程度等几个方面阐述毒品滥用的危害）

四、预防和减少毒品滥用危害工作中的困难和不足

……

五、建议和总结

……

示例范文五：

关于XX市隐性吸毒人员规模的调研报告

一、调查研究背景

……

（一）研究吸毒人员规模的经验和结果

……

（二）本地吸毒人员规模和危害

……

（三）开展本地关于隐性吸毒人员规模研究的目的和意义

……

二、研究设计

……

三、调查研究内容

……

（一）本市显隐性吸毒人员数据

……

（二）吸毒人员显隐性数据建模

……

（三）估算本市隐性吸毒人员规模

……

四、调查研究结果

……

（一）建立并完善本市吸毒人员显隐性数据模型

……

（二）预估本市未来一段时间内吸毒人员群体规模

……

五、建议

（一）根据预估结果调整毒品治理部署

……

（二）完善毒品治理过程中的不足

……

（三）其他

……

示例范文六：

XX市XX年毒品价格报告

一、毒品价格变动的大背景

……

（一）国际毒品价格变化

……

（二）国内和本地毒品价格变化

……

二、对毒品价格进行调研的必要性

……

（一）毒品价格变化对吸毒群体的影响

……

（二）毒品价格变化对毒品市场的影响

……

（三）毒品价格变化对禁毒工作的影响

……

三、开展本市毒品价格监测调研的内容

……

（一）调研的方法

……

（二）调研的内容

1.毒品的种类……

2.毒品的价格变化……

3.影响毒品价格变化的因素……

四、调研结论

……

（一）毒品价格变化的规律

……

（二）利用毒品价格变化完善现有禁毒工作

……

第四节　地方经验

一、制订评估办法示例

浙江省制订本省毒情评估办法

各市及监测直报站在每季度第一个月10日前，将毒情监测评估综合情况，形成书面《××市（县、市、区）毒情监测评估报告》，通过省厅禁毒处网页“情况报送”栏，上报省厅禁毒处。

为准确及时掌握全省毒情实况和发展态势，建立健全毒情监测评估工作机制，科学合理地决策禁毒工作，采取针对性措施，提高禁毒工作水平和实效，特制定本办法。

一、监测评估的范围

省和各市及登记在册吸毒人员千人以上的县（市、区）。

二、监测评估的内容

（一）毒品犯罪情况

1. 破获的毒品犯罪案件总数及与去年同期、上季度同比的增降幅度。

2. 破获的100克（粒）以上毒品海洛因、摇头丸、氯胺酮等毒品犯罪案件数及占总毒品犯罪案件数的比率。

3. 抓获本省、外省籍涉毒犯罪嫌疑人员数和涉及本省县（市或区）、外省所辖市分别占据前3位的具体地区及人数。

4. 100克（粒）以上、100克至10克（粒）、10克（粒）以下的海洛因、摇头丸、氯胺酮等毒品价格及与去年同期及上季度同比升降情况。

5. 破获摇头丸、氯胺酮等新型毒品犯罪案件数及占总案件数的比率。

（二）涉毒违法活动情况

1. 新增吸毒人员数及与去年同期、上季度同比增降幅度。

2. 新增吸食新型毒品人员数及与去年同期、上季度同比增降幅度。

3. 新增本省、外省籍吸毒人员数和涉及本省县（市或区）、外省所辖市的分别占据前3位的具体地区和人数。

4. 查处的涉毒场所数、业主数、从业人员数。

5. 异地吸毒、群体吸毒、大专文化以上人员吸毒情况。

（三）在查获的涉毒违法犯罪嫌疑人员中，兼有其他违法犯罪的人员数，所占总数比例及典型案例。

（四）毒品违法犯罪活动出现的新情况、新问题、新手段、新特点。

三、监测评估的方法

1. 省厅禁毒处在杭州市西湖区、慈溪市、乐清市、嘉善县、德清县、绍兴县、金华市婺城区、龙游县、舟山市定海区、三门县、丽水市莲都区设立毒情监测直报站。各市在所辖县（市、区）选择毒情现状具有代表性的重、中、轻地区设立若干毒情监测哨点（被列为直报站的县市区除外）。吸毒人员千人以上的县（市）选择若干乡镇（街道）设立毒情监测分哨点。省、市、县三级同时进行毒情监测。

2. 对监测信息进行分析对比，即通过与去年同期数据的横向比较和与上季度数据的纵向比较，现实状况与以前情况相比较，综合评估研判毒情现状及发展趋势。

3. 通过公开调查和秘密调查相结合，个案分析和类案分析相结合，审讯收集和秘密力量情况反映相结合，揭示毒品法犯罪活动新情况，新问题及规律特点。

4. 利用禁毒信息系统经常性检索有关涉毒违法犯罪信息，掌握面上情况。

5. 对要情要案、大案新案进行收集和分析，预测毒品问题可能出现的趋势特点。

四、监测评估信息的处理

1. 毒情监测评估信息，采用文字和图表的形式，每季度上报一次，重大情况随时上报。

2. 直报站监测评估信息，直接上报省厅禁毒处；将哨点、分哨点情况上报所在市、县汇总。

3. 各市及监测直报站在每季度第一个月10日前，将毒情监测评估综合情况，书面形成《××市（县、市、区）毒情监测评估报告》，通过省厅禁毒处网页情况报送栏，上报省厅禁毒处。

4. 厅禁毒处每季度汇总综合，形成《全省毒情监测评估情况反映》，通报全省毒情信息，预警毒品违法犯罪情况，提出针对性工作对策和措施。

五、毒情监测评估的要求

1. 要及时、客观地收集毒情信息，如实统计、汇总、上报。

2. 各毒情评估监测站和哨点在采集、汇总各类信息、数据的同时，要注意发现、收集及上报反映毒情的新情况、新特点及发展动态、趋势。

3.《××市（县、市、区）毒情监测评估报告》要做到有情况、有数据、有分析、有趋势预测，并提出针对性措施和工作建议意见。

4. 要确定专人负责，按时保质、保量完成毒情监测评估工作。

本办法自2004年4月开始执行，执行中遇到的问题请及时向禁毒处侦查科咨询。

二、价格监测示例

（一）江苏省第三方评估示例

1. 评估机制落地

国内常见的是公安局通过招标或者邀标的方式请第三方调查公司进行毒情调查评估。例如，2018年无锡市公安局禁毒部门面对毒情分析缺乏指导意义，工作评价缺少理论支持，隐性问题不能显性化的毒情形势和毒情评估工作中存在的问题，无锡市公安局打破“打击成果=毒情评价”的思维定式，引入了第三方评估调查，无锡市公安局委托上海市某调查公司作为第三方开展调查研究，将禁毒工作相关数据作为毒情评估的重要依据，确保毒情评估的公正、客观、可信性。实现毒情和工作评估从“自拉自唱”向“戏外循环”的理念转型。

2. 评估内容

第三方调查公司与公安禁毒部门经过反复沟通，确立调查评估的目的是作出毒情分析和禁毒工作评估。第三方调查公司利用公安禁毒部门的禁毒部门业务培训、禁毒工作基础数据、禁毒资源，开展全市毒品滥用规模测算、禁毒工作重点难点分析和禁毒经验标杆开展研究。调查评估内容涉及三方面。一是吸毒群体的信息，包括吸毒人群规模、隐性吸毒人群特征、毒品消费特征；二是有关毒品的信息，如合成毒品市场基本情况、毒品市场变化趋势等；三是民众对毒情的认知态度等。

评估功能拓展。第三方调查公司利用收集到的信息，探索建立毒情调查客观衡量体系。调查公司利用所获数据，根据不同人群对毒品的认知、吸贩毒现象感知、禁毒工作满意度等情况，逐步完善毒情评估标准，建立毒情评估标准。调查公司运用科学的调查方法和专业的统计方法，通过多次反复的测验和调查，测算出当地的吸毒人群总体规模，计算出海洛因使用者和合成毒品使用者的显隐性比。调查公司还利用先进的认知行为疗法、短暂干预、鼓励性访谈等方式，对吸毒人员进行心理疏导、社会技能培训，提升了对社区戒毒社区康复人员干预的科学性和有效性。

（二）禁毒公安自评

1. 建立评估机制

浙江省禁毒办为了准确及时掌握全省毒情实况和发展态势，建立健全毒情监测评估工作机制，科学合理地决策禁毒工作，采取针对性措施，制定本省《毒情监测评估暂行办法》。

浙江省厅禁毒处在重点市区和县城设立毒情监测直报站。各市在所辖县（市、区）选择毒情现状具有代表性的重、中、轻地区设立若干毒情监测哨点（被列为直报站的县市区除外）。吸毒人员千人以上的县（市）选择若干乡镇（街道）设立毒情监测分哨点。省、市、县三级同时进行毒情监测。

毒情监测直报站负责收集毒情信息，在每季度第一个月的10日前，将毒情监测评估综合情况，书面形成《××市（县、市、区）毒情监测评估报告》，通过省厅禁毒处网页“情况报送”栏，上报省厅禁毒处。

2. 评估方案

确定评估范围。参考评估范围：有登记在册的吸毒人员的省市县，登记在册吸毒人数达到一定数量的省、市、县。

制定监测评估内容。监测评估内容包含四方面。一是毒品犯罪及打击情况。例如毒品案件类型及数量、查获毒品种类、数量及变化趋势、毒品价格变化等。二是涉毒违法活动人员情况。例如吸毒人员特征及数量变化、新增吸毒人员特点等。三是涉毒人员犯案与其他类型案件交叉情况。例如，涉毒人员犯案类型、数量、占比。四是毒品违法犯罪活动的新特征、新问题。

监测评估方法。由省、市、县各级监测站同时进行毒情监测，对监测信息进行整理和分析，由各级监测直报站在规定时间内（例如以季度、月度为时间单位），将毒情监测评估综合情况，书面形成《××市（县、市、区）毒情监测评估报告》，通过省厅禁毒处网页情况报送栏，上报省厅禁毒处。厅禁毒处每季度汇总综合，形成《全省毒情监测评估情况反映》，通报全省毒情信息，预警毒品违法犯罪情况，提出针对性工作对策和措施。

监测评估要求。各级监测上报单位应统一监测标准，客观、真实、全面地上报区域内毒情，要注意发现新问题、新情况并及时上报。各级单位要根据毒情报告预测并部署下一步禁毒工作。整个毒情监测要做到专人负责，如有问题可咨询禁毒处侦查科。

第九章
禁毒保障

第一节　创建内容

当前，在毒品问题全球化的背景下，世界范围毒品泛滥对中国构成重大威胁和严重影响。毒情形势严峻复杂，加强禁毒工作，治理毒品问题，对深入推进平安中国、法治中国建设，维护国家长治久安，保障人民群众健康幸福，实现“两个一百年”奋斗目标和中华民族伟大复兴的中国梦，具有十分重要的意义。因此，禁毒专业力量不断加强，各项保障更加有力，法律法规日益完善，才能切实掌握禁毒斗争主动权。本章根据我国禁毒工作的发展趋势，认真贯彻《中华人民共和国禁毒法》精神，按照《全国禁毒示范城市创建工作考评细则》要求，进一步进行思考分析。

根据《全国禁毒示范城市创建工作考评细则》，禁毒保障模块共有两部分：经费保障和基础设施。其中分别有三项得分项。

将禁毒经费纳入财政预算并足额保障。提供佐证材料：禁毒经费纳入财政预算并足额保障的佐证材料（有关文件、预算请示、预算批复等规范文件），评审方会根据你提供的材料进行评分。得分要求：市级财政纳入预算，得1分；全部县级财政纳入预算，得2分；80%以上县级财政纳入预算，得1分，80%以下的，不得分。最高可得3分。

以广东佛山为例，全市要建设7个毒品检查站，经费预算全部纳入市级财政，得1分。其中达到80%以上的县级财政纳入预算才能得分。按照占比，以基础设施建设数量计算，县级要达到4个有关禁毒工作的基础设施纳入预算，才能拿到县级财政的分数。

已建成的毒品检查站、禁毒情报中心（站）、毒品实验室等禁毒基础设施情况。提供佐证材料：毒品检查站、毒品情报中心、毒品实验室等禁毒基础设施情况佐证材料（名册、数量、情况说明等规范文件、统计表格），评审方会根据你提供的材料进行评分。得分要求：达到3个的，得0.5分，达到5个的，得1分。最高可得1分。

新建的毒品检查站、禁毒情报中心（站）、毒品实验室等禁毒基础设施情况。提供佐证材料：新建的毒品检查站、毒品情报中心（站）、毒品实验室等禁毒基础设施情况（立项批复等标准文件），评审方会根据你提供的材料进行评分。得分要求：2018年取得本级发展改革部门立项批复，每取得1个，得0.5分。最高可得1分。

第二节　重点难点

明确了得分的要点，我们就要系统化地去认识禁毒保障。禁毒保障包含着政策、人、机构等多种因素，层层分解才能深入开展相关工作。

一、禁毒保障的意义

近年来，国家各层面高度关心和支持禁毒工作，中共中央总书记、国家主席、中央军委主席习近平更是指出，禁毒工作是事关人民幸福安康、社会和谐稳定的一项重要工作。为进一步贯彻习近平总书记对禁毒工作的重要批示以及严格落实中共中央、国务院印发《关于加强禁毒工作的意见》（中发〔2014〕6号）文件精神，要采取有力保障措施做好禁毒工作，保护群众身心健康，维护社会和谐稳定。禁毒保障工作是禁毒工作的重要组成部分，具有重要的基础性、支撑性作用。通过制订地方法规、协调发展改革、财政联合发文等形式，明确和细化保障政策，建立与本地财政支出相适应的经费增长机制，构建"机制投入"的保障模式，使禁毒工作得到稳定、长久的充分保障。

二、健全禁毒保障机制，提升保障水平

我国缉毒打击工作一直保持着令世界瞩目的成绩，但毒品贩运活动持续高发多发，贩毒活动呈现出组织化、网络化、职业化、暴力化等特点，犯罪手法越发复杂。因此，我们要紧跟步伐，强化力量建设，建立与毒情形势和禁毒任务相适应、职能配置完善、岗位设置科学的禁毒机构和队伍。完善禁毒工作保障机制，加强禁毒法制建设，加大禁毒科技攻关力度，完善禁毒基础设施建设，不断提升保障水平，使禁毒工作得到充分的保障。

（一）落实法制保障建设

抓住认真贯彻实施《中华人民共和国禁毒法》的有利契机，推动解决一些长期困扰禁毒工作的体制性、机制性、保障性问题。推动县级以上地方各级人民政府按照《中华人民共和国禁毒法》的规定，把禁毒工作纳入国民经济和社会法制规划中。逐步完善禁毒工作中的队伍建设、禁毒科技力量等，让禁毒工作得到顺利的开展。

（二）加强对禁毒工作的组织领导

各地方各级党委和政府对本地区禁毒工作负总责，要把禁毒工作纳入当地经济社会发展总体规划，摆上重要议事日程，列入全面深化改革、社会治理和公共服务的重要内容。建立禁毒工作考评和责任追究制度，将禁毒工作纳入党政领导班子和领导干部政绩考核内容。并且，要加强对本地区禁毒工作的组织、协调和指导，认真落实同级禁毒委员会的部署要求，加强禁毒对策研究、沟通协调和督导考核。

（三）普遍建立禁毒机构

积极推进禁毒委员会办公室实体化运作，明确禁毒办为常设机构。县级以上禁毒办原则上设置不低于同级政府部门的二级机构；县级以上各级人民政府普遍成立禁毒委员会及办事机构，使组织、协调、指导同级禁毒委员会成员单位和行政管辖区域内的各级人民政府

开展禁毒工作具有权威性。

（四）完善禁毒队伍建设

禁毒队伍不只是长期在前线的缉毒队伍，还有我们后方推动禁毒工作的禁毒社工队伍和志愿者队伍，各方力量相辅相成，缺一不可。队伍建设是禁毒工作顺利发展的重要保障：一是要重视禁毒专业队伍人才的培养，作为禁毒工作中缉毒的主力军，更需要具备时代性、控制能力。加强改进禁毒业务培训，全面提高禁毒民警的综合素质和战斗力，努力建设一支政治坚定、业务精通、作风优良、执法公正和忠于党、忠于国、忠于人民、忠于法律的禁毒专业队伍，成为刺向毒品犯罪的一把利剑。二是培养壮大禁毒社会工作专业人才和志愿者队伍。加强禁毒社会工作者队伍建设，是增强禁毒工作专业力量、完善禁毒工作队伍结构、推进禁毒工作社会化的重要途径；是健全禁毒社会服务体系、创新禁毒社会服务方式、提升禁毒社会服务水平的有力手段；禁毒志愿者队伍是动员社会各阶层力量共同参与禁毒整治的有效形式，对调动和激励广大人民群众共同参与禁毒工作的积极性，使禁毒工作能深入开展具有深远意义。禁毒专业队伍的发展，是打击毒品犯罪的攻坚力量；禁毒社会工作专业队伍的完善和志愿者队伍的壮大，能有效引导全社会力量参与禁毒工作中，在社会树立抗争毒品问题的积极效果。禁毒战争不只需要你，还需要他们，团结一心才能战胜毒品，才能保证广大人民群众生活在健康的环境中。

（五）加大禁毒科技攻关力度

工欲善其事，必先利其器。全国毒品违法犯罪的信息化、科技化、智能化特点突出，侦查打击难度明显加大，给禁毒工作提出了新挑战。互联网技术的发展，境内外贩毒分子越来越多通过网络勾联、快递寄送等手段进行毒品走私活动，隐蔽性更强，查缉难度加大。加强禁毒科技研究，推进禁毒科技创新，是新形势下推动禁毒工作发展的必由之路。根据维护稳定、打击犯罪、反恐防恐等工作的技术需求，瞄准和跟踪世界先进技术，开展专项科技攻关。积极争取科技部等相关部门支持，不断加大禁毒科研投入，大力实施禁毒科研项目建设，组织科研机构开展科技攻关，提升禁毒工作科技含量和能力水平，为深入开展禁毒人民战争提供强有力的智力支持和科技支撑。

（六）落实经费保障

经费的落实能有效推进禁毒工作的持续深入开展。所以要主动向党委、政府汇报本地毒品问题和禁毒工作，争得党委、政府更有力的领导和支持，并严格按照《中华人民共和国禁毒法》的要求，认真落实关于禁毒经费保障的各项政策和规定，将禁毒工作经费列入本级财政预算，做好禁毒工作经费保障工作。明确禁毒经费的保障规定，确保禁毒工作有充足的经费保障。逐步完善经费管理：一是严格按照禁毒经费的使用范围和程序等做好经费的支出与管理工作，确保禁毒经费专款专用。二是切实建立和完善禁毒专项经费管理制度，切实提高禁毒资金使用效益，更好地为禁毒工作服务，为禁毒工作的顺利开展提供了坚强的财力保障。

值得注意的是，熟悉立项、资金申请等规则流程十分重要。机关单位涉及金钱来往都需要经过一整个细致、严谨的申报流程。为使禁毒工作适时顺利开展，必须熟悉当地的规则流程，以免延误推进工作。

如广东佛山：

400万以上项目的时间流程。采购人使用财政性资金采购装修工程和修缮工程，单项采购金额400万以下的，采购人原则上采用定点采购的方式进行采购；采购人使用财政性资金采购除装修工程和修缮工程外的其他工程，单项采购金额在100万以上400万以下的，采购人应按照政府采购相关法律、法规、规章等规定的竞争性磋商、竞争性谈判或者单一来源的采购方式采购；采购人使用财政性资金采购与工程建设无关的货物、服务，由本市原有政府采购政策执行。

400万以上项目流程需要时间（修缮类不含土建）：

1. 使用单位提出需求，由专业设计公司出初步方案、概算编制30天（现场复杂程度相应延期）。

2. 使用单位资金请示走项目管理系统呈批3个工作日。

3. 项目报市政府审批10个工作日。

4. 固定资产投资立项申请表报财局审批5个工作日。

5. 项目报发改委立项10个工作日。

6. 项目报财局审概算20个工作日。

7. 四价备案（概算备案）3个工作日。

8. 设计公司深化图纸出施工图7天。

9. 审图机构审核施工图纸14个工作日。

10. 工程造价咨询公司编制预算15个工作日。

11. 项目报财局审预算20个工作日。

12. 招标代理公司制作招标文件10个工作日。

13. 使用单位内部审核招标文件3个工日。

14. 四价备案（招标控制价备案）3个工作日。

15. 招标文件送财局、资管办审批备案7个工作日。

16. 招标代理挂网招标7个工作日（同步监理招标：监理费未达50万以上采用内部招标方式）。

17. 澄清招标文件5个工作日。

18. 公共资源交易中心安排开标时间为20个工作日（期间，投标公司制作投标文件）。

19. 第一中标候选人投标文件公示5个工作日。

20. 中标人公示1个工作日。

21. 拟定施工合同3个工作日。

22. 使用单位走项目管理系统审合同5个工作日。

23. 使用单位签订施工合同盖公章2个工作日。

24. 项目按合同约定时间施工。

以上流程，共计208个工作日。可见前期准备工作就要耗费半年多的时间。提前熟悉本地政策，合理安排时间，才能不处于被动状态，阻碍禁毒工作的开展。

（七）健全基础设施建设

2015年国家禁毒办组织召开的部分省区市“十二五”禁毒基础设施建设工作督导汇报会提及：截至当时，国家发改委共下达中央预算内投资22 450万元，建设规模投入117 497平方米，建设项目投入123个。但是，目前全国禁毒基础设施建设任务整体进展依然缓慢，项目获批率仅约35%，不仅影响了“十二五”禁毒基础设施建设方案整体的落实，而且严重影响了“十三五”禁毒基础设施建设的启动。禁毒基础设施建设工作是件打基础、利长远的大事，对夯实禁毒工作基础，深入推进禁毒人民战争具有重要意义。基础设施建设具有如下几点重大作用。

1. 毒品检查站点建设

加强毒品检查站点建设，切实加大“堵源截流”工作力度，是有效减少境内外毒品流动的重要举措。目前，针对当前我国境内外毒情发展的新趋势，毒品贩运的新渠道、新路径，陆续投入建设了一大批毒品检查站，有效减少了毒品走私入境和内流。一是严密毒品查缉网络，有效提升缉查堵截毒品的能力水平。面对境外毒品多头入境、全线渗透的严峻形势，禁毒部门在各地特别是邻境毒源地有关地区的重要公路、水运沿线、重要出入境口岸、火车站、航空港和码头等建成了一批毒品检查站，持续开展了打击毒品入境和跨区域贩毒的专项行动，有效遏制了毒品入境内流和易制毒化学品走私出境。二是可以提供多警种联合作战的枢纽和平台，增强禁毒工作合力。新的毒品检查站建成后，相关地区与海关、民航、铁路、交警、治安、刑侦、边防等部门可组成联合缉查队，建立多部门参与、多警种参战、整体联动、协同作战的毒品查缉机制。三是支持配合治安防范和反恐斗争，为维护社会治安稳定发挥重要作用。一些地区在充分发挥毒品检查站的作用，强化缉查毒品的同时，兼而发挥其治安检查、交通管理、边防检查等功能，据不完全统计，仅在世博安保、南京青奥会、纪念抗日战争胜利七十周年等重大活动期间，抓获网上追逃人员数百名，缴获各种危险品数千件，有力地配合支持了治安防范和反恐斗争，为维护社会治安大局稳定发挥了重要作用。

2. 加强毒品实验室建设，提升毒品分析检验能力

毒品实验室是开展禁毒技术情报研判、疑难刑事法庭物证鉴定的重要机构，是禁毒科学技术创新和发展的重要平台。随着一大批毒品实验室的投入使用，有效提升了毒品分析检验能力。一是积极开展毒品分析检验，为禁毒工作提供技术支持和服务。全国各级毒品实验室在国家毒品实验室的指导下，仅2014年累计搜集分析了1万余份毒品样品，并深入挖掘缴获毒品包含的情报信息，为重、特大毒品案件侦办，复杂毒品案件定性，定量分析和禁毒工作宏观决策提供了高水平的技术支持和情报服务。二是进一步强化毒检技术培训，进一步提升了毒品分析检验能力。相关地区以毒品实验室为阵地，成功举办多期毒品检测技术培训班，累计培训1 500人次；同时还与国家毒品实验室、司法部司法鉴定科学技术研究所联合开展年度能力验证（盲测）工作，有效提高了毒品实验室的检测能力和水平。三是进一步强化学术交流，有力推进禁毒国际合作。武汉、重庆、天津等地毒品实验室配合国家毒品实验室完成了“十二五”国家科技支撑计划多个课题的验收，实现了国家级科研课题零的突破，获得国内外专家的高度评价。同时与美国、欧盟、泰国等国家地区联合开展实验室技术人员研讨会，成为我国开展国际禁毒合作交流的重要窗口。[1]

3. 建立完善的情报信息系统

情报信息是打击毒品违法犯罪的生命线。但如果我们在禁毒情报信息网络的建设上没有下功夫，不少地方禁毒部门的情报线索来源则会非常狭窄，星星点点，各自为战，更遑论全国禁毒情报共享信息网络机制的完善。为此，有必要在情报信息的来源、收集、整理、分析、传递、共享上多下力气，加大投入，建立以情报信息系统为中心的打击毒品违法犯罪机制。毒品犯罪是网络化的、群体化的，必须以网络化的情报系统作对应，才能遏制毒品犯罪猖獗的势头。拓宽情报信息源，才能从吸毒人员社群中挖掘、从毒品犯罪嫌疑人中获取汇总信息。一些比较容易发现毒品违法犯罪的部门也应有义务收集提供给禁毒部门。如制毒需要耗费大量的水电且容易造成对环境的污染，那么供电部门、供水部门、环保部门在执法检查中若发现一些反常现象，则有义务向禁毒部门及时提供信息，尽力给予配合。再如贩毒需要大量的毒资，当前的毒品交易一般都要求现金，那么金融监管部门则容易从资金非法流动中发现疑点。对于境外毒品渗透的堵截则要加强和外国情报机关建立的良好合作关系，多层面地进行情报交流和分享。

4. 污水毒情监测

早在2005年，意大利科学家Ettore Zuccato等首次对污水进行检

1 黄圣铃，邹奥，李小双.禁毒基础设施在禁毒工作中的作用分析［J］.云南警官学院学报，2016（3）.

测，并估算了意大利多个城市的可卡因用量。2013年，欧洲毒品与毒瘾监测中心举办全球首届污水分析国际研讨会。而最早将这项“污水验毒”技术从实验室引入禁毒实务中的，则是中山市公安机关。目前世界上大部分国家只是把污水分析结果用于流行病学研究工作，并未应用到禁毒政策的实施中。

但“污水验毒”的新技术，在禁毒工作中很快凸显成效。2017年，中山公安利用污水采样数据分析结果，先后锁定了三个监测异常重点的小区，通过后续侦查，共从该三个小区破获涉毒刑事案件25起，查获吸毒等行政案件206起，抓获吸贩毒人员275名。“污水验毒”技术具有极高的毒品监测精度，“理论上说，5克毒品倒在与西湖相当体量的水里，都可以检测出来。”因此，只要在城市污水管网相应末端节点处测出微量毒品，即可认定上游有涉毒人员。从分支管道向主干管道开展污水验毒溯源，在每一个管网“分叉”节点处的污水进行化验检测，一步步缩小范围，结合其他侦查技术手段，警方即可锁定涉毒人员的精确位置，极大提升了警方精准打击的准确性[1]。

第三节　本章台账建立

有力的保障机制，是建立与毒情形势和禁毒任务相适应、职能配置完善、岗位设置科学的禁毒机构和队伍，加大禁毒科技攻关力度，加强禁毒基础设施建设和提升保障水平的重要基石，能有效推动禁毒工作建设，提升禁毒力量。

1　参见《中山污水验毒工作获国际权威学术期刊〈自然〉报道首次将“污水里的毒情”应用于禁毒实务》，南方日报，2018年8月2日。

一、一级子目录

图9-1　一级子目录

二、二级子目录

禁毒保障模块中共有两部分：

1. 经费保障；

2. 基础设施。

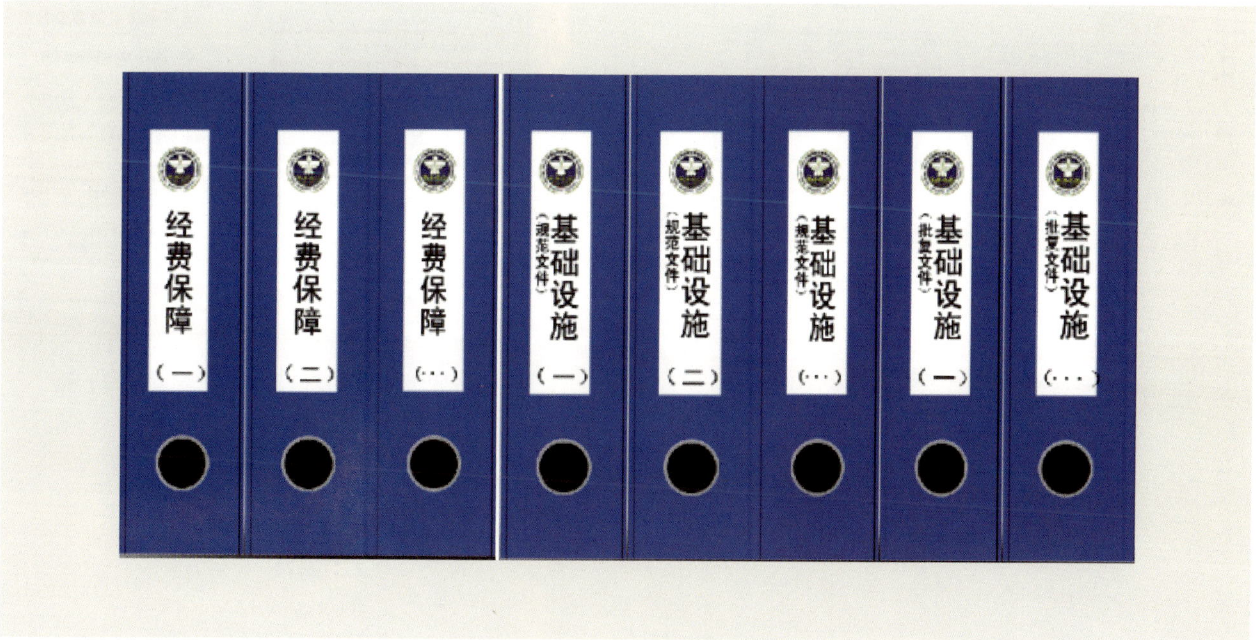

图9-2　二级子目录

三、三级子目录及台账内容示例

（一）经费保障，细则要求说明：市级财政纳入预算，得1分；全部县级财政纳入预算，得2分，80%以上县级财政纳入预算，得1分，80%以下的，不得分。最高可得3分。以下根据打分说明按照台账整理规范，运用流程图进行演示，示例如图9-3。

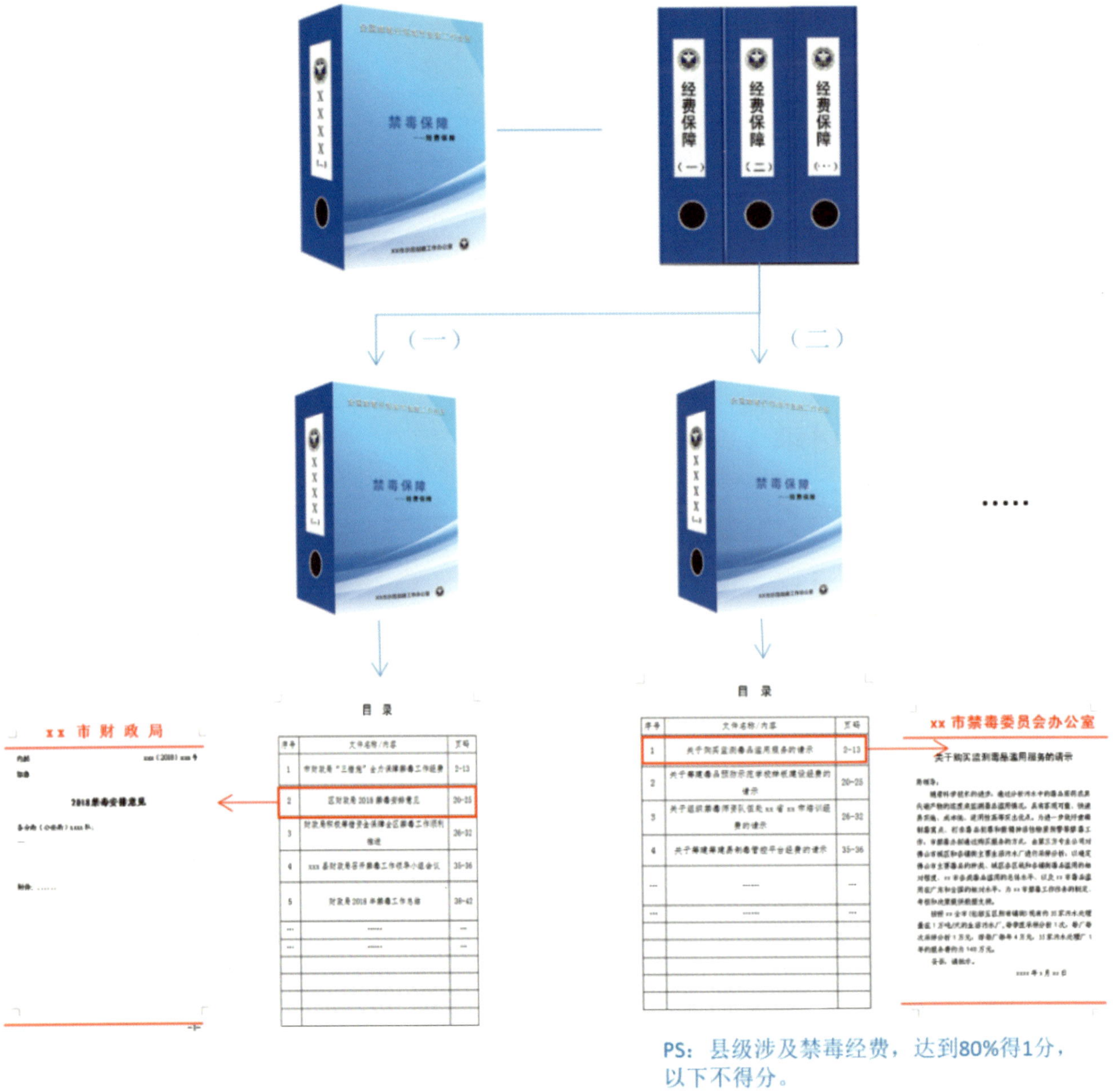

图9-3　台账资料（一）

经费保障目录一示例如表9-1。

表9-1　三级子目录（一）

目　录

序号	文件名称/内容	页码
1	市财政局“三措施”全力保障禁毒工作经费	1-13
2	区财政局2018禁毒安排意见	14-25
3	财政局积极筹措资金保障全区禁毒工作顺利推进	26-32
4	×××县财政局召开禁毒工作领导小组会议	33-36
5	财政局2018年禁毒工作总结	37-42
…	……	…

经费保障目录二示例如表9-2。

表9-2　三级子目录（二）

目　录

序号	文件名称/内容	页码
1	关于购买监测毒品滥用服务的请示	1-13
2	关于筹建毒品预防示范学校样板建设经费的请示	14-25
3	关于组织禁毒师资队伍赴××省××市培训经费的请示	26-32
4	关于筹建易制毒管控平台经费的请示	33-36
…	……	…

（二）基础设施，一是细则要求说明：达到3个的，得0.5分，达到5个的，得1分。最高可得1分。二是2018年取得本级发展发改部门立项批复，每取得1个，得0.5分。以下根据打分说明按照台账整理规范，运用流程图进行演示，示例如图9-4。

图9-4　台账资料（二）

基础设施目录一示例如表9-3。

表9-3 三级子目录（三）

目 录

序号	文件名称/内容	页码
1	我局毒品检查站正式投入运行	1-10
2	毒品检查站详细名册	11-15
3	毒品检查站项目建设方案	16-24
4	毒品检查站建设项目可行性研究报告	25-34
5	毒品检查站建设情况	35-40
…	……	…

基础设施目录二示例如表9-4。

表9-4　三级子目录（四）

目　录

序号	文件名称/内容	页码
1	××市禁毒办督导全市禁毒重点项目建设情况	1-8
2	××市禁毒重点项目建设数量表	9-17
3	××市召开“十二五”禁毒基础设施项目建设问题协调会	18-35
…	……	…

基础设施目录三示例如表9-5。

表9-5　三级子目录（五）

目　录

序号	文件名称/内容	页码
1	关于××市禁毒情报中心建设项目立项的批复×××〔2018〕××号	1-8
2	关于××市毒品实验室建设项目立项的批复×××〔2018〕××号	9-17
3	××市公安局毒品实验室建设采购项目中标公告	18-35
4	关于××市××区毒品实验室建设项目立项的批复×××〔2018〕××号	36-40
…	……	…

第四节 地方经验

一、四川省什邡市财政局“三措施”全力保障禁毒工作经费

（一）建立保障机制

四川省什邡市财政局对禁毒工作高度重视，对禁毒经费进行重点安排，通过上级资金和本级资金两种途径共给公安部门预算安排各类禁毒管理经费20万元，为做好禁毒工作提供了充实的财力保障。

（二）突出重点保障

一是全力支持禁毒宣传工作，让群众明白毒品对社会、家庭、个人的巨大危害性。二是严防制毒源头，禁毒经费向易制毒化学品管理工作倾斜。三是加强强制隔离戒毒管理工作经费保障。

（三）加强资金管理

一是严格按照禁毒经费的使用范围和程序等做好经费的支出与管理工作，确保禁毒经费专款专用。二是切实督促公安部门建立和完善禁毒专项经费管理制度，加强对禁毒经费使用的监督考核，切实提高禁毒资金使用效益，更好地为禁毒工作服务。

二、广东省汕尾市财政局“四项举措”做好禁毒经费保障工作

（一）落实经费预算安排

明确要求各级财政将禁毒工作所需经费列入本级预算，并不断加大投入力度。2013年以来，全市财政共安排禁毒经费9 526万元，其中，省级补助资金3 634万元，市级资金2 612万元，县级资金3 280万元。与2013年相比，2014年全市财政安排禁毒经费增长63%。

（二）加强禁毒经费管理

将禁毒工作经费作为专项资金管理，会同有关部门加强对禁毒经费的管理，确保资金使用安全有效。

（三）消除毒害，为做好新形势下禁毒经费保障工作，市财政局重点做好以下四个方面的工作。

一是加强保障能力建设。按照中央、省有关政策和要求，制定强制隔离戒毒经费保障标准，根据财力统筹安排，突出重点，全力保障。同时，督促各县落实经费安排，并进一步完善禁毒经费保障的预算管理和绩效评价机制，增强禁毒经费安排的科学性、针对性和有效性。

二是提升经费保障水平。并一步完善预决算管理，结合财政资金拨付流程和内部审批制度改革，做好资金统筹和安排工作，进一步提升禁毒经费保障水平。

三是严格经费使用管理。会同公安部门加强对经费使用的监督管理，使有限的资金发挥最大效益，更好地为禁毒工作服务。

四是拓宽经费来源渠道。积极探索引入社会资金、捐赠资金等参与禁毒教育、宣传与预防等工作。

第十章
创建成效及一票否决的情形与预防

本次全国禁毒工作示范城市创建活动提出了“四升四降”“五不发生”的最高要求，这是对长期禁毒工作成效的一种高难度综合检验。一个地方、一个城市，没有长期以来持续地、全面地重视禁毒工作各项任务、各个方面的全面开展，不可能实现这么高的要求和工作成效。

“四升四降”包括群众禁毒知晓率上升、社区戒毒社区康复执行率上升、戒断三年未复吸人员增幅上升和群众对禁毒工作满意率上升。要群众对禁毒的知晓率和对禁毒工作的满意率上升，需要多年禁毒工作持续投入、持续重视，坚持不懈，才能够让老百姓感受到改变；社区戒毒社区康复执行率和戒断三年未复吸人员增幅上升，则考验这个城市对社区戒毒社区康复工作持续深入的开展情况。2008年《中华人民共和国禁毒法》颁布实施，新增了社区戒毒和社区康复措施。2011年，国务院颁布的《戒毒条例》规定了社区戒毒社区康复的责任主体、执行措施，并且首次以法律的形式规定了三年未复吸可以对其撤销管控。

“四降”包括新滋生吸毒人员增幅下降、未成年人员占涉毒人员数量比例下降和外地抓获本地籍贩毒人员下降、吸毒人员引发的刑事和治安案件下降。前“两降”考查的是该地区长期以来禁毒预防教育的成效；第“三降”考验的是本地毒品法制教育的成效；最后“一降”考验的实际上是本地戒毒康复工作的扎实功夫，因为只有吸毒人员得到了很好的戒毒康复救治帮扶，因吸毒人员引发的刑事案件和治安案件才能够有效减少。

国家统计局对于经济数据和社会民生数据多采用三个基期进行统计分析，即同比、环比和定基比，前两者使用居多。与历史同时期比称为“同比”，例如2010年12月与2009年12月比；与上一统计周期比称为“环比”，例如2010年12月与2010年11月比（见图10-1）。环比不仅是月份比，还有不同的统计周期环比，比如日环比、周环比、月环比、年环比。环比数据可能还受到季节影响，所以一般关系到国民经济发展的正式发布的统计数据还要经过修正，国家统计局一般使用自回归移动平均模型（ARIMA模型）进行数据修正。

图10-1　同比、环比统计数据

“五不发生”是本次全国禁毒工作示范城市考评中最不可控的指标，考查的是当地长期以来的毒品社会问题的治理成效。一是不发生制造毒品案件或制造制毒物品案件；二是不发生大规模非法种植毒品原植物案件；三是不发生影响较为恶劣的吸毒人员肇事肇祸事件；四是不发生脱管失控吸毒人员引起的重大违法犯罪案件；五是不发生在校中小学生吸毒案件。

第一节　创建成效

一、“四升”创建工作

（一）群众禁毒知晓率上升

考察群众对禁毒的知晓率，可以采用同比数据，也可以采用环比数据或二者结合。统计周期越长，数据越有说服力。

例如：

××市近年群众禁毒知晓率调查和同比数据（见图10-2、10-3、10-4）。

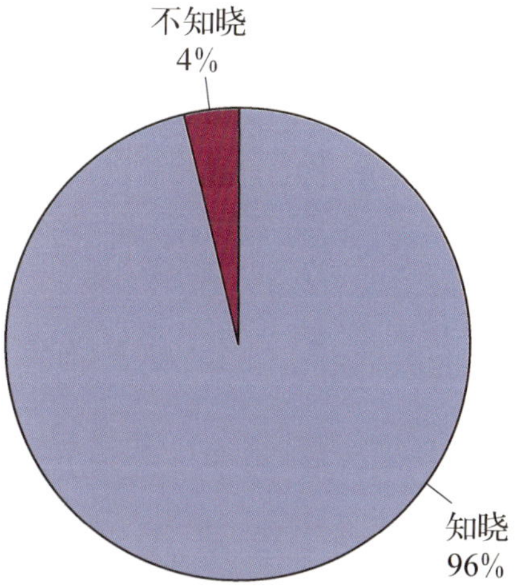

图10-2　2016年××市群众禁毒知晓率调查报告

数据来源：××大学社会调查中心

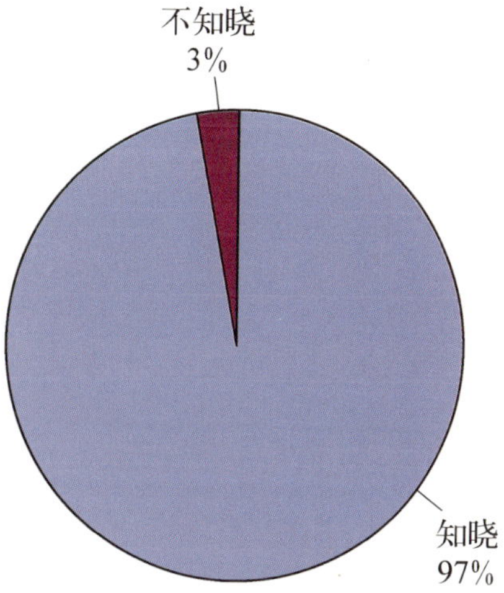

图10-3　2017年××市群众禁毒知晓率调查报告

数据来源：××大学社会调查中心

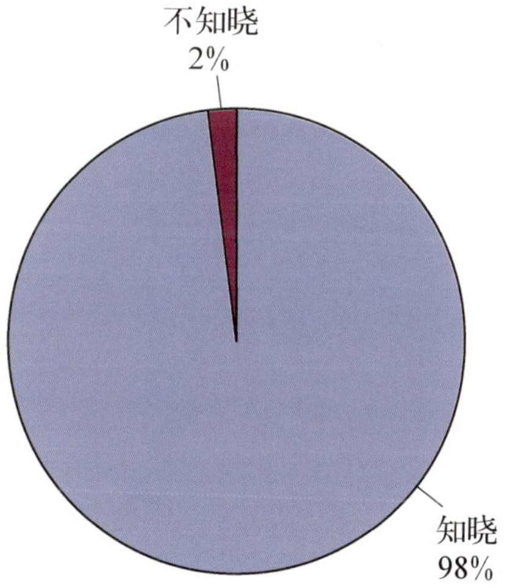

图10-4　2018年××市群众禁毒知晓率调查报告

数据来源：××大学社会调查中心

同比统计可以是绝对值比较，例如××市2017年6月禁毒知晓率为97%，2016年6月是96%，同比上升一个百分点；也可以统计同比增长率，即（97%−96%）÷96%×100%=1.04%。2018年6月禁毒知晓率为98%，2017年6月是97%，同比上升一个百分点；也可以统计同比增长率，即同比增长率为（98%-97%）÷97%×100%=1.03%。

（二）社区戒毒社区康复执行率上升

社区戒毒社区康复执行率是该行政区域已经执行的社区戒毒和社区康复人员与责令应该执行的社区戒毒社区康复人员总数比。由于责令社区戒毒社区康复的人员可能每天都在变化，执行情况也每天在发生变化，所以每天的执行率也跟随变化。广东省禁毒办每周对全省各市社区戒毒社区康复执行率情况进行统计通报，各地如佛山市又对区县执行率情况进行统计通报，区县又对乡镇街道执行率情况进行统计通报。通过每周的统计通报，层层落实责任，推动社区戒毒社区康复执行率的提升。

查询社区戒毒社区康复执行率，可在公安禁毒系统吸毒人员管控中查询统计。入口如图10-5所示。

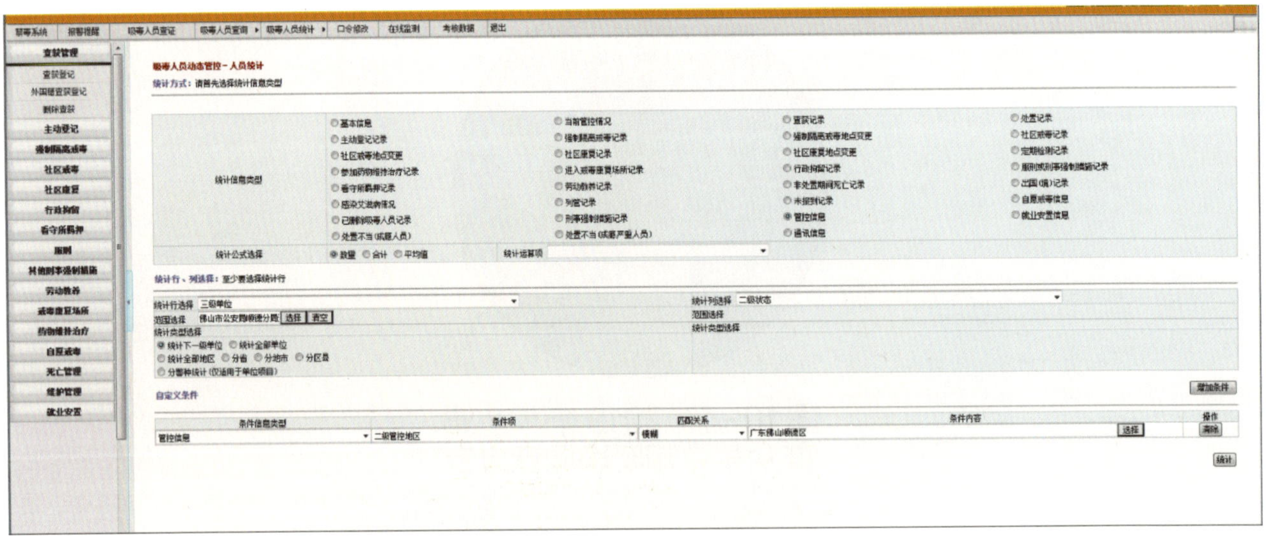

图10-5　戒毒社区康复执行率

查询每个时期的执行率后可作台账和数据分析。以广东省佛山市为例（见图10-6、10-7、10-8）。

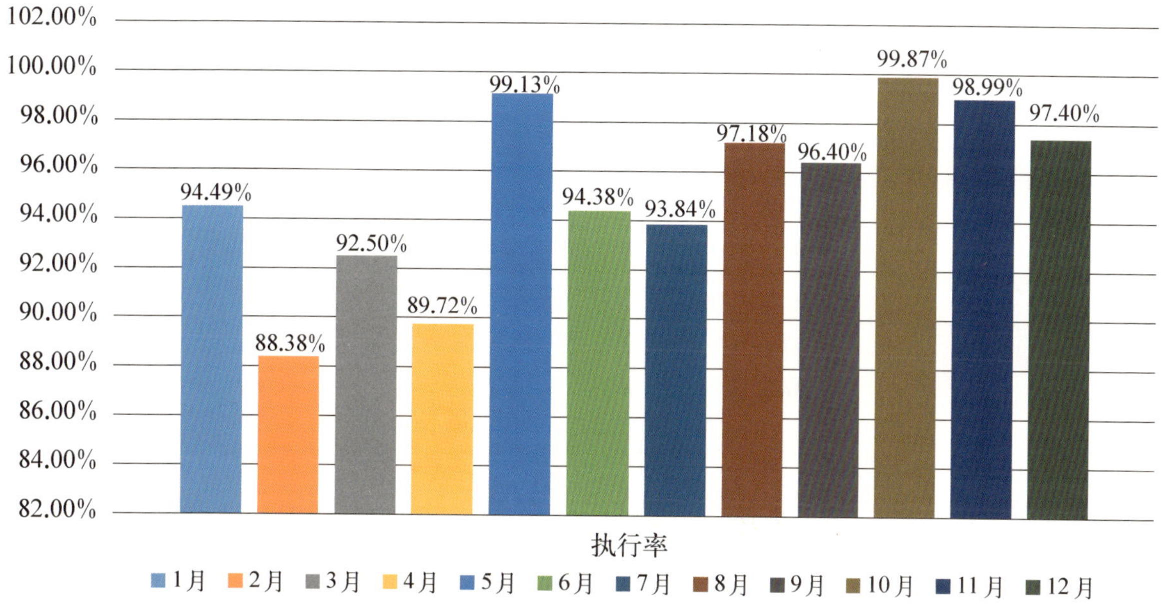

图10-6　佛山市2017年社区戒毒社区康复执行率

数据来源：广东省禁毒办每周通报

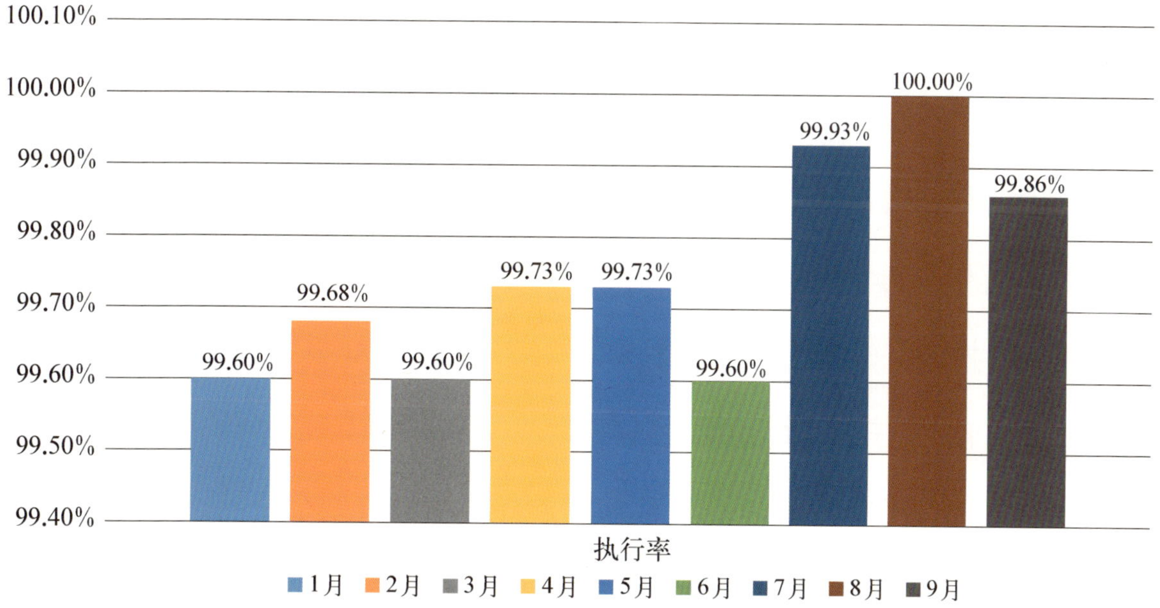

图10-7　佛山市2018年社区戒毒社区康复执行率

数据来源：广东省禁毒办每周通报

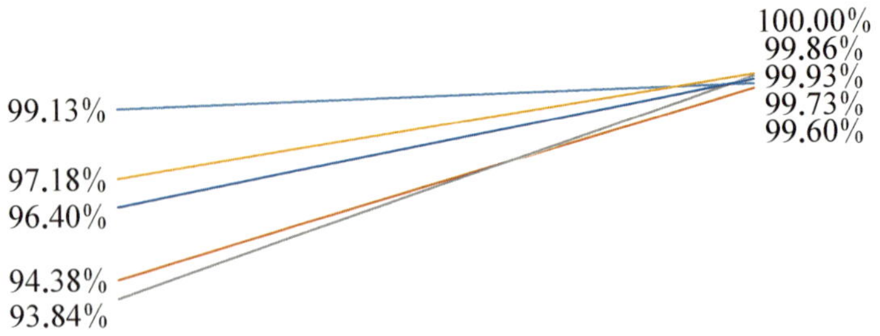

	2017	2018
5月	99.13%	99.73%
6月	94.38%	99.60%
7月	93.84%	99.93%
8月	97.18%	100.00%
9月	96.40%	99.86%

5月　6月　7月　8月　9月

图10-8　佛山市2018年5—9月社区戒毒社区康复执行率同比情况

数据来源：广东省禁毒办每周通报

（三）戒断三年未复吸人员增幅上升

《中华人民共和国禁毒法》和国务院《戒毒条例》规定，社区戒毒期限为三年，社区康复期限不超过三年。所以在对吸毒人员的管控中，以三年为界限，凡是三年以上未查获复吸的人员界定为戒断三年未复吸人员。对于戒断三年未复吸的人员，按照《戒毒条例》的规定，可以撤销其管控。

在以往的戒毒措施中，强制戒毒或劳教戒毒人员回到社区后，没有后续照管措施，由于自身毒瘾、社会歧视和吸毒亚文化圈子等的影响，成瘾者往往戒毒出所后很快就回到了原来的吸毒圈子，走上复吸的道路。《中华人民共和国禁毒法》新增社区戒毒和社区康复措施，使吸毒人员回到社区，有了后续照管措施，大大降低了复吸率。特别是2015年，国家禁毒委又联合了其他部委办制定了《全国社区戒毒社区康复工作规划（2016—2020）》（简称“8·31工程”）以来，全国各地不断推进“8·31工程”的落地，按照要求落实了场地、人员、经费等问题，使强制隔离戒毒成效得到有效巩固，大大提升了禁毒工作的整体成效。

例如，广东省佛山市2016年戒断三年未复吸人数为12 782人，2017年戒断三年未复吸人数为17 783人，2018年（截至4月30日）戒断三年未复吸人数已经达到19 132人，未复吸人数逐年增长，有效减少了社会对毒品的需求，带来了社会治安的持续好转，提升了整体禁毒成效（见图10-9）。

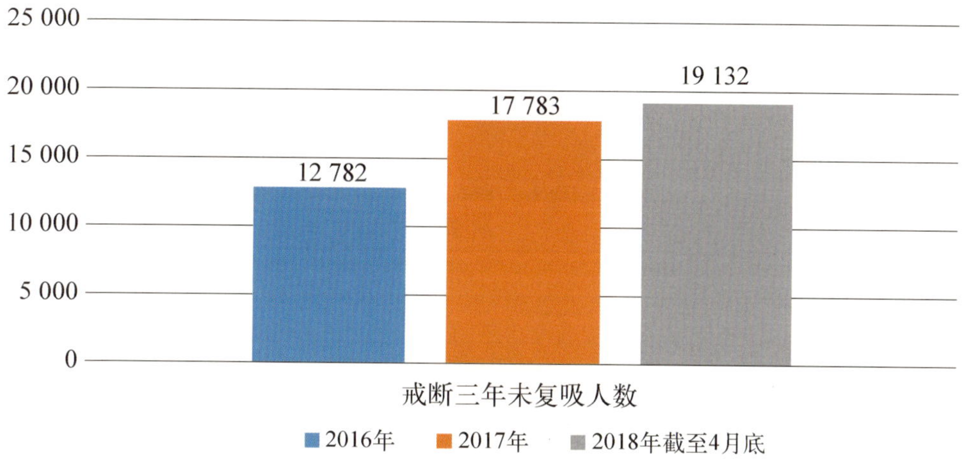

图10-9 佛山市戒断三年未复吸人数情况

（四）群众对禁毒工作满意率上升

群众对禁毒工作满意度调查属于一项社会调查，考察的是地方政府对禁毒工作的重视反射到人民群众的感受。

此项考察需要地方政府连年开展群众对禁毒工作的满意度调查。政府调查部门开展调查的需要有开展调查的文件，委托第三方调查机构开展调查的需要有合同，调查结果需要有调查报告。如何开展调查前面章节已有阐述。

二、“四降”创建工作

（一）新滋生吸毒人员增幅下降

新滋生吸毒人员是查获的新吸食毒品的人员，新查获吸毒人员按照国家对吸毒人员动态管控的要求，都要在动态管控系统中进行登记并处以15天以下行政拘留的处罚。在动态管控系统中可查询和统计某年度或某个时间段新增吸毒人员的数量，一般以年度进行统计，也可在年度内进行月度的比较统计。

例如：××市2016年新发现吸毒人员数为6 947人，2017年新发现吸毒人员数5 518人，同比下降21%（见图10-10）。

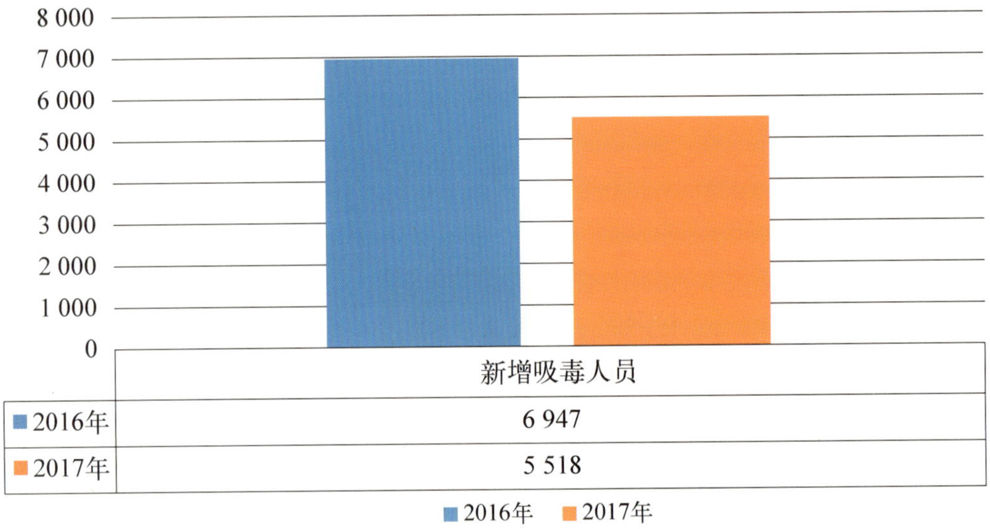

图10-10　××市2016年新发现吸毒人数

新增吸毒人员数量考核的是禁毒预防教育的成效，总体逻辑上是禁毒预防教育做得好的地区，新增吸毒人员呈下降趋势。禁毒预防教育是一项长期的工作，需要长期持之以恒，久久为功。

（二）未成年人员占涉毒人员数量比例下降

未成年人涉毒人数分两种，一种是未成年人吸毒违法行为及相关的容留他人吸毒等犯罪行为人数，一种是未成年人参与种植、制造、贩卖毒品的犯罪人数。

例如××市2017年全市共查处吸毒人员12 689人，与去年同期相比减少955人，同比下降7.0%，其中18岁以下未成年人21人，比去年同期减少5人，同比下降19%。2017年全市共刑拘毒品犯罪嫌疑人2 314人，与2016年相比减少1 006人，同期下降了30.3%，其中18岁以下未成年人参与的为2人，比去年同期减少2人，同比下降100%。

（三）外地抓获本地籍贩毒人员下降

本地区吸毒人员在外地从事贩毒活动，被外地侦破并抓获的贩毒人数，称为外流贩毒人员。有的地区外流贩毒问题严重，如四川省凉山州。近3年全国各地破获四川省凉山州籍外流贩毒案件2 368件，抓获外流贩毒人员3 000余人，缴获毒品1 987公斤。本项考核的是打击外流贩毒的成效。

（四）吸毒人员引发的刑事和治安案件下降

吸毒引发刑事案件和治安案件。Goldstein从三个层面将与毒品相关的犯罪进行了分类。第一种是精神药理的犯罪（Psychopharmacological crimes），即因为长期服用或短时间的大量服用毒品，直接受精神活性物质影响所导致的犯罪，其中新型毒品较为常见，如冰毒和甲卡西酮。第二种是毒资所迫的犯罪（Economic-compulsivecrimes），即以犯罪行为（抢劫、盗窃或卖淫）来维持自己购买毒品时所需的费用，以吸食传统毒品的成瘾者最为常见。第三种是毒品系统犯罪（systemic crimes），即指由于毒品市场的非法性，任何维持毒品市场运行的行为（制造和运输）都被视为严重的毒品犯罪，其中也包括贩毒组织因为占领毒品市场而产生的暴力犯罪。[1]通常官方数据中所指的毒品犯罪大致属于第三种类型。此项考核中所指的是除第三类型外，包括第一、第二类的其他刑事案件和治安案件，往往跟吸毒有关，所以真正考核的是该地区对吸毒人员的管控成效。

例如，在引入专业社工对吸毒人员开展管理和服务后，该地区的刑事案件和治安案件都会显著下降，社会治安持续好转。据广东省中山市东区公安分局提供的数据显示，自2013年引入专业禁毒社工服

1 Goldstein, P. J. The drugs/violence nexus: A tripartite conceptual framework. Journal of drug issues, 1985, 15(4).

务后，连续三年治安案件发案率每年下降30%；广东省佛山市顺德区自2016年全面引进专业禁毒社工服务后，2017年治安案件发案率降至近40年的新低。

第二节　一票否决的情形与预防

本次创建活动规定了一票否决的情形，即“五不发生、一不戴帽”属于一票否决考核内容。如果申报创建全国禁毒工作示范城市的地区发生以下情形之一，将不予创建。

一、不发生制造毒品案件或制造制毒物品案件

本项考核内容是指如果本地发生制毒案件或制造制毒物品案件被外地侦破，并且存在本地配合不力、故意隐瞒情况、未按照全链条打击的要求进行延伸打击的。

本项考核的关键点不是本地不能发生案件，是要主动打击、全力配合、全链条延伸打击。

申报全国禁毒工作示范市的地区在创建年度中有发生本地发生制毒案件或制造制毒物品案件被外地侦破的，并且存在本地配合不力、故意隐瞒情况、未按照全链条打击要求进行延伸打击的，该市示范创建活动一票否决。

二、不发生大规模非法种植毒品原植物案件

大规模非法种植毒品原植物案件是指被国家禁毒办发现的，非法种植罂粟或大麻数量构成犯罪的，或发生多个案件合计非法种植罂粟达到0.5万株或大麻5万株以上的，或因非法种植问题引起国家禁毒委领导高度关注并有批示的非法种植案件。

申报全国禁毒工作示范市的地区在创建年度中有发生大规模非法种植毒品原植物案件的，该市示范创建活动一票否决。

三、不发生影响较为恶劣的吸毒人员肇事肇祸事件

影响较为恶劣的吸毒人员肇事肇祸案事件是指因吸毒导致发生重大案事件致他人死亡、重伤或致使公共财产遭受重大损失构成犯罪的，或肇事肇祸引起国家禁毒委领导高度关注并有批示的吸毒人员肇事肇祸案事件。

申报全国禁毒工作示范市的地区在创建年度中有发生影响较为恶劣的吸毒人员肇事肇祸事件的，该市示范创建活动一票否决。

四、不发生脱管失控吸毒人员引起的重大违法犯罪案件

脱管失控吸毒人员引起的重大违法犯罪案件是指超期未报到或严重违反社区戒毒社区康复协议的脱管失控吸毒人员发生寻衅滋事等违法行为构成犯罪的，或滋事行为引起国家禁毒委领导高度关注并有批示的脱管失控吸毒人员引起的违法犯罪案件。

申报全国禁毒工作示范市的地区在创建年度中有发生脱管失控吸毒人员引起的重大违法犯罪案件的，该市示范创建活动一票否决。

五、不发生在校中小学生吸毒案事件

在校中（职）小学生吸毒案事件是指在全国禁毒部门查获的案件中，存在中（职）小学生吸毒人员的。

申报全国禁毒工作示范市的地区在创建年度中有发生在校中（职）小学生吸毒案事件的，该市示范创建活动一票否决。

六、下辖县区不被国家重点整治

国家级重点整治地区是指被国家禁毒委员会纳入挂牌整治、通报警示、重点关注名单的。申报全国禁毒工作示范市的地区在创建年度中有发生下辖县区被国家禁毒委纳入挂牌整治、通报警示、重点关注名单的，该市示范创建活动一票否决。

第三节 重点难点

一、持之以恒，方显成效

“四升四降”考核的是地区禁毒工作取得的成效。禁毒工作知晓度和满意度的上升不是办几场宣传活动就能达到的，而是要深入贯彻落实禁毒法及各级文件精神，坚持不懈地开展禁毒宣传活动和扎实开展各项禁毒工作，包括禁毒队伍的建设、社会的广泛参与、基础设施建设是否到位、经费是否有保障、打击是否有力度、对吸毒人员的管控服务是否到位和有效。

禁毒预防教育需要长久地坚持，更需要科学地开展。

二、变不可预测为可控

“五不发生”看似不可控，实则可控。

要不发生在校学生吸毒事件，首先肯定要做好禁毒预防教育。禁毒预防教育工作不能用短篇幅来赘述，无非是扎实落实各项措施，再就是要探索科学教育。在做好预防教育的同时，危机干预不可忽视。预防教育做得再好，也有危机发生的时候。当学生处于高危情境、出现高危行为，学校等教育部门不能把高危学生踢出校门以达到学校不发生的考核要求，而是要积极进行危机干预，把学生挽救回来，才能真正杜绝危机的发生。

要不发生吸毒人员恶劣肇事肇祸事件，就要做好吸毒人员的管控和服务工作。管控和服务一样都不能少。单有管控是行不通的，比如精神障碍的发生，单靠管控，没有积极治疗，是无法有效管控的。管服结合，才能有效预防恶性事件的发生。

各项工作做好了，一票否决就不会发生。单从事件看，好像有运气成分，实则是考核的全面基础工作。

第四节　本章台账建立

一、一级子目录

本章一级子目录分两部分，第一部分为“四个上升”，第二部分为“四个下降”。

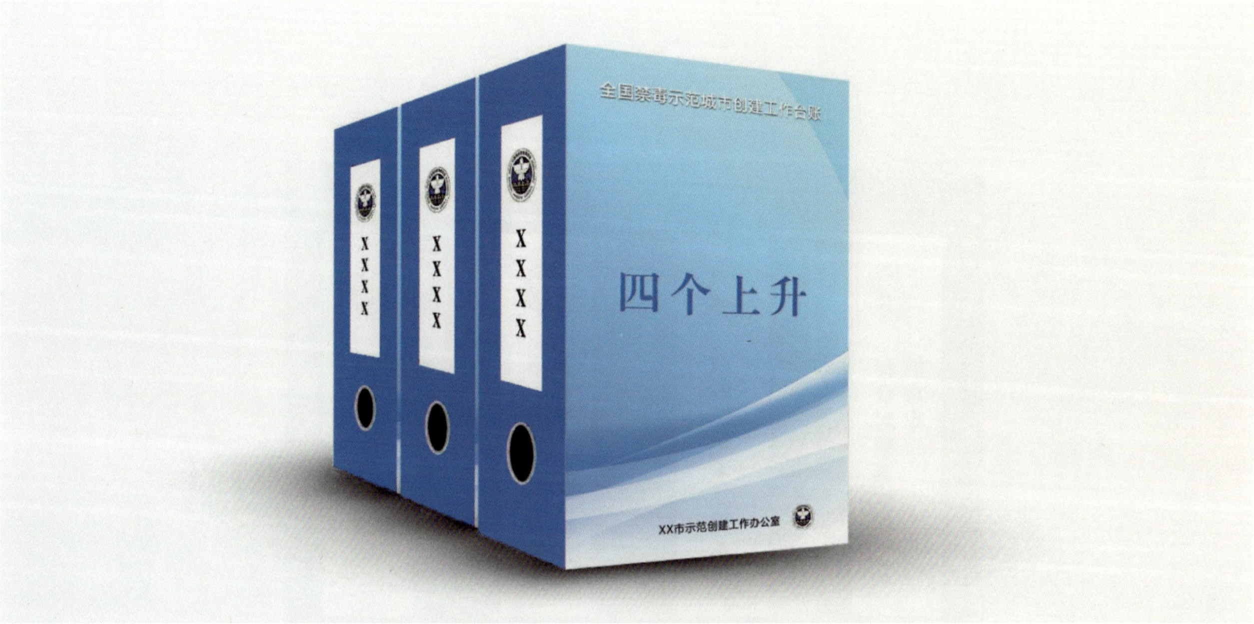

图10-11　一级子目录（一）

图10-12　一级子目录（二）

二、二级子目录

本章二级子目录分两部分，共八类。

第一部分为“四个上升”内容：

1. 群众禁毒知晓率；

2. 社区戒毒社区康复执行率；

3. 戒断三年未复吸人员；

4. 群众对禁毒工作满意率。

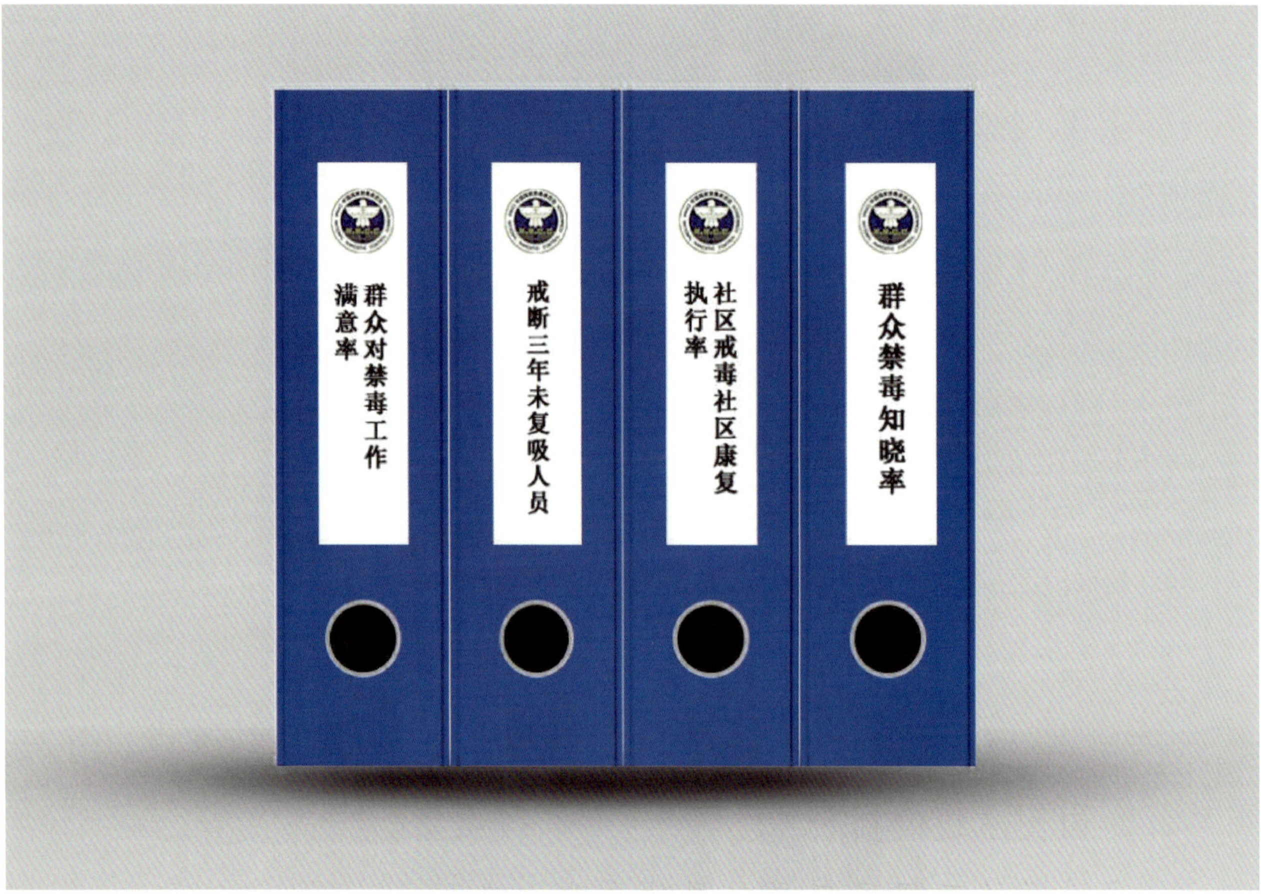

图10-13　二级子目录（一）

第二部分为“四个下降”内容：

1. 新滋生吸毒人员；

2. 未成年人员占涉毒人员数量；

3. 外地抓获本地籍贩毒人员；

4. 吸毒人员引发的刑事和治安案件。

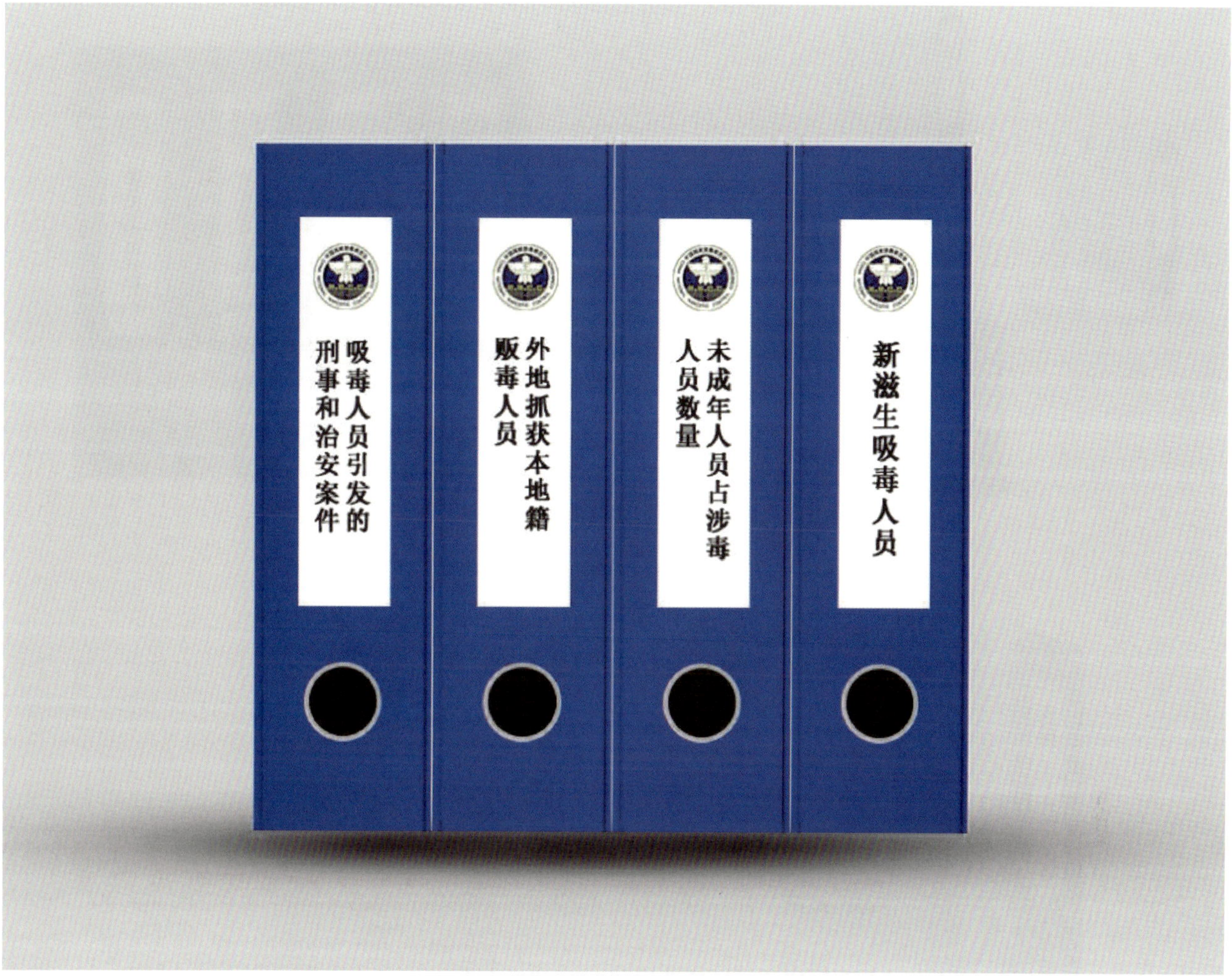

图10-14　二级子目录（二）

三、三级子目录及台账内容示例

三级子目录则需对应该文件盒中的台账资料，用表格形式清晰罗列盒中台账的文件名及页码。三级子目录应放在台账资料上面，或插在文件盒内侧左边的插袋中。

本章涉及的三级子目录其具体台账内容要求及示例如下。

（一）群众禁毒知晓率

该项考察全市群众禁毒知识知晓率的情况，可以采用同比数据，也可采用环比数据或二者结合。统计周期越长，数据越有说服力。因此该小项台账资料调查问卷，以及评估报告等佐证材料，以时间周期分类，便于进行周期性的数据对比。其三级子目录及台账资料示例如图10-15。

四个上升
群众禁毒知晓率
（……）
（201X年）
（2017年）
（2016年）
全国禁毒示范城市创建工作台账
四个上升
群众禁毒知晓率
XX市示范创建工作办公室
该目录放在文件盒内台账资料的首页
目 录
序号 | 文件名称/内容 | 页码
1 | XX市关于开展201x年全市群众禁毒知晓率调查的通知 | 1-6
2 | XX市201x年群众禁毒知晓率调查委托调查合同 | 7-12
3 | XX市201x年群众禁毒知晓率调查方案 | 13-84
… | XX市201x年群众禁毒知晓率调查报告 | …
… | … | …
XX市人民政府办公室
不公开
x府办函〔201x〕xxx号
XX市关于开展2015年全市群众禁毒知晓率调查的通知
为深入了解我市群众对相关禁毒知识的认知度，按照国家禁毒委的统一部署，xx市禁毒办在全市群众禁毒知晓率调查，为成功创建“全国禁毒示范城市”提供有力保障。相关事项通知如下：
一、调查内容
……
二、开展时间
……
三、调查方式
……

图10-15　台账资料（一）

二级子目录“群众禁毒知晓率（2016年）”的三级子目录示例如表10-1。

表10-1 三级子目录（一）

目 录

序号	文件名称/内容	页码
1	××市关于开展2016年全市群众禁毒知晓率调查的通知	1-3
2	××市2016年群众禁毒知晓率调查委托调查合同	4-10
3	××市2016年群众禁毒知晓率调查方案	11-70
4	××市2016年群众禁毒知晓率调查报告	71-79
…	……	…

二级子目录“群众禁毒知晓率（2017年）”的三级子目录示例如表10-2。

表10-2　三级子目录（二）

目　录

序号	文件名称/内容	页码
1	××市关于开展2017年全市群众禁毒知晓率调查的通知	1-3
2	××市2017年群众禁毒知晓率调查委托调查合同	4-15
3	××市2017年群众禁毒知晓率调查方案	16-78
4	××市2017年群众禁毒知晓率调查报告	79-101
…	……	…

二级子目录“群众禁毒知晓率（201×年）”的三级子目录示例如表10-3。

表10-3　三级子目录（三）

目　录

序号	文件名称/内容	页码
1	××市关于开展201×年全市群众禁毒知晓率调查的通知	1-6
2	××市201×年群众禁毒知晓率调查委托调查合同	7-12
3	××市201×年群众禁毒知晓率调查方案	13-84
4	××市201×年群众禁毒知晓率调查报告	85-99
…	……	…

（二）社区戒毒社区康复执行率

社区戒毒社区康复执行率是该行政区域已经执行的社区戒毒和社区康复人员与责令应该执行的社区戒毒社区康复人员总数比。因此该小项台账资料为各时段的社区戒毒社区康复执行率的统计表等佐证材料。其三级子目录及台账资料示例如图10-16。

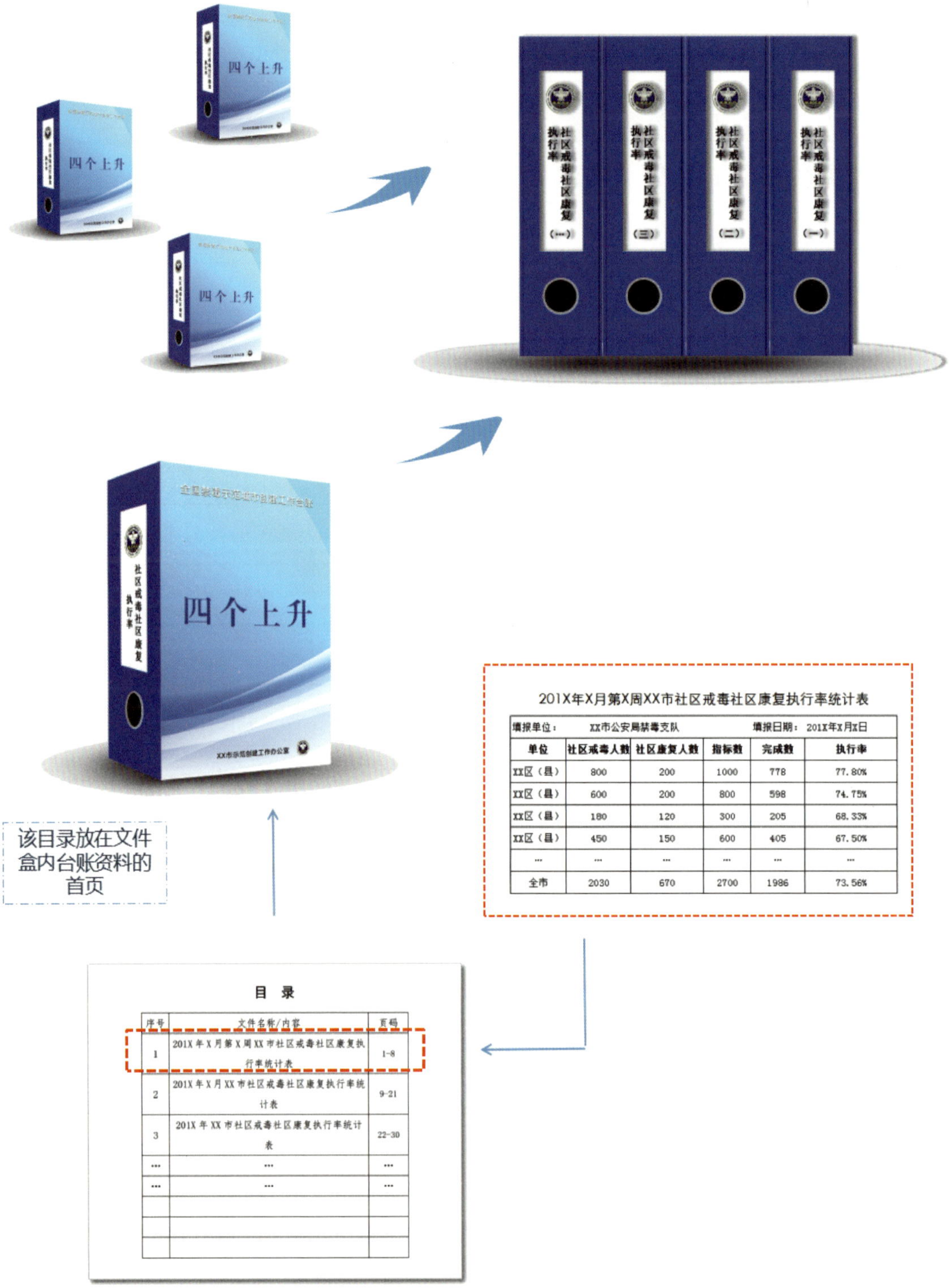

单位	社区戒毒人数	社区康复人数	指标数	完成数	执行率
XX区（县）	800	200	1000	778	77.80%
XX区（县）	600	200	800	598	74.75%
XX区（县）	180	120	300	205	68.33%
XX区（县）	450	150	600	405	67.50%
…	…	…	…	…	…
全市	2030	670	2700	1986	73.56%

序号	文件名称/内容	页码
1	201X年X月第X周XX市社区戒毒社区康复执行率统计表	1-8
2	201X年X月XX市社区戒毒社区康复执行率统计表	9-21
3	201X年XX市社区戒毒社区康复执行率统计表	22-30
…	…	…
…	…	…

图10-16　台账资料（二）

二级子目录“社区戒毒社区康复执行率（一）”的三级子目录示例如表10-4。

表10-4　三级子目录（四）

目　录

序号	文件名称/内容	页码
1	201×年×月第×周××市社区戒毒社区康复执行率统计表	1-8
2	201×年×月××市社区戒毒社区康复执行率统计表	9-21
3	201×年××市社区戒毒社区康复执行率统计表	22-30
…	……	…

二级子目录“社区戒毒社区康复执行率（二）”的三级子目录示例如表10-5。

表10-5 三级子目录（五）

目 录

序号	文件名称/内容	页码
1	2018年××市社区戒毒社区康复一年执行率统计表（2018.1—2018.12）	1-5
2	2018年××市社区戒毒社区康复两年执行率统计表（2017—2018）	6-10
3	2018年××市社区戒毒社区康复三年执行率统计表（2016—2018）	11-15
…	……	…

（三）戒断三年未复吸人员

该项考察市戒断三年未复吸人员的情况，可以采用同比数据，也可采用环比数据或二者结合。统计周期越长，数据越有说服力。因此该小项台账资料调查问卷，以及评估报告等佐证材料。其三级子目录及台账资料示例如图10-17。

目　录

序号	文件名称/内容	页码
1	201X年X月XX市XX区戒断复吸人员登记表	1-5
2	201X年X月XX市XX区戒断复吸人员登记表	6-22
3	201X年X月XX市XX区戒断复吸人员登记表	22-30
…	…	…
…	…	…

201X年X月XX市XX区戒断三年未复吸人员登记表

填报单位：	XX市公安局禁毒支队								填报日期：	201X年X月X日
	基本信息					社区戒毒社区康复情况				戒断三年未复吸
序号	姓名	性别	身份证号	户籍地	居住地	执行社区	责任派出所	起始日期	届满日期	撤管日期
1	…	…	…	…	…	…	…	…	…	…
2	…	…	…	…	…	…	…	…	…	…
3	…	…	…	…	…	…	…	…	…	…
4	…	…	…	…	…	…	…	…	…	…
…	…	…	…	…	…	…	…	…	…	…

图10-17　台账资料（三）

二级子目录“戒断三年未复吸人员（一）”的三级子目录示例如表10-6。

表10-6　三级子目录（六）

目　录

序号	文件名称/内容	页码
1	201×年×月××市××区戒断三年未复吸人员登记表	1-5
2	201×年×月××市××区戒断三年未复吸人员登记表	6-22
3	201×年×月××市××区戒断三年未复吸人员登记表	23-30
…	……	…

二级子目录“戒断三年未复吸人员（二）”的三级子目录示例如表10-7。

表10-7　三级子目录（七）

目　录

序号	文件名称/内容	页码
1	2018年××市社区戒毒社区康复三年未复吸人员统计表（2018.1—2018.12）	1-5
2	××市社区戒毒社区康复三年未复吸人员统计表（2017—2018）	6-10
3	××市社区戒毒社区康复三年未复吸人员统计表（2016—2018）	11-15
…	……	…

（四）群众对禁毒工作的满意率

该项考察内容为群众对禁毒工作满意程度的情况，根据由创建市委托专业机构开展的满意度调查，对所得的评估报告进行对比。因此，该项在准备台账资料的时候，需整理委托函、调查方案审核、调查问卷、满意度调查评估报告等佐证材料，并以时间周期分类，便于进行周期性的数据对比。其三级子目录及台账资料示例如图10-18。

图10-18　台账资料（四）

二级子目录“群众对禁毒工作满意率（一）”的三级子目录示例如表10-8。

表10-8　三级子目录（八）

目　录

序号	文件名称/内容	页码
1	××市关于开展2016年全市群众禁毒满意率调查的通知	1-3
2	××市2016年群众禁毒满意率调查委托调查合同	4-10
3	××市2016年群众禁毒满意率调查方案	11-70
4	××市2016年群众禁毒满意率调查报告	71-122
…	……	…

二级子目录“群众对禁毒工作满意率（二）”的三级子目录示例如表10-9。

表10-9 三级子目录（九）

目 录

序号	文件名称/内容	页码
1	××市关于开展2017年全市群众禁毒满意率调查的通知	1-3
2	××市2017年群众禁毒满意率调查委托调查合同	4-15
3	××市2017年群众禁毒满意率调查方案	16-78
4	××市2017年群众禁毒满意率调查报告	79-86
…	……	…

二级子目录“群众对禁毒工作满意率（三）”的三级子目录示例如表10-10。

表10-10　三级子目录（十）

目　录

序号	文件名称/内容	页码
1	××市关于开展201×年全市群众禁毒满意率调查的通知	1-6
2	××市201×年群众禁毒满意率调查委托调查合同	7-12
3	××市201×年群众禁毒满意率调查方案	13-84
4	××市201×年群众禁毒满意率调查报告	85-163
…	……	…

（五）新滋生吸毒人员

该项考察市新滋生吸毒人员的情况，可以采用同比数据，也可采用环比数据或二者结合。统计周期越长，数据越有说服力。其三级子目录及台账资料示例如图10-19。

目　录

序号	文件名称/内容	页码
1	201X年X月XX市XX区戒断三年未复吸人员登记表	1-5
2	201X年X月XX市XX区戒断三年未复吸人员登记表	6-22
3	201X年X月XX市XX区戒断三年未复吸人员登记表	22-30
…	…	…
…	…	…

201X年X月第X周XX市新滋生吸毒人员统计表

填报单位：XX市公安局禁毒支队　　填报日期：201X年X月X日

单位	查获吸毒人员数	有吸毒史人员数	新滋生吸毒人员数	新滋生吸毒人员占比
XX区（县）	56	22	34	60.71%
XX区（县）	10	7	3	30.00%
XX区（县）	13	11	2	15.38%
XX区（县）	29	18	11	37.93%
…	…	…	…	…
全市	108	58	50	46.30%

图10-19　台账资料（五）

二级子目录“新滋生吸毒人员（一）”的三级子目录示例如表10-11。

表10-11　三级子目录（十一）

目　录

序号	文件名称/内容	页码
1	2015年××市新发现吸毒人员统计表	1-3
2	2016年××市新发现吸毒人员统计表	4-10
3	2017年××市新发现吸毒人员统计表	11-15
4	2018年××市新发现吸毒人员统计表	16-32
5	本年度查出新增吸毒人员数量与近三年情况对比图	33-39
…	……	…

二级子目录“新滋生吸毒人员（二）”的三级子目录示例如表10-12。

表10-12　三级子目录（十二）

目　录

序号	文件名称/内容	页码
1	2018年年度××市新发现吸毒人员统计表（2018.1—2018.12）	1-3
2	2017年年度××市新发现吸毒人员统计表（2017.1—2017.12）	4-15
3	2016年年度××市新发现吸毒人员统计表（2016.1—2016.12）	16-78
…	……	…

（六）未成年人员占涉毒人员数量

该项考察市新滋生吸毒人员的情况，可以采用同比数据，也可采用环比数据或二者结合。统计周期越长，数据越有说服力。其三级子目录及台账资料示例如图10-20。

目　录

序号	文件名称/内容	页码
1	2015 年 XX 市未成年人员占涉毒人员数量统计表	1-3
2	2016 年 XX 市未成年人员占涉毒人员数量统计表	4-10
3	2017 年 XX 市未成年人员占涉毒人员数量统计表	11-15
…	2018 年 XX 市未成年人员占涉毒人员数量统计表	…
…	本年度查出未成年人员占涉毒人员数量与近三年情况对比图	…

201X年X月第X周XX市未成年人员占涉毒人员数量统计表

填报单位：	XX市公安局禁毒支队			填报日期：201X年X月X日
单位	查获吸毒人员数	有吸毒史人员数	未成年人员数	未成年人员占比
XX区（县）	56	52	4	7.14%
XX区（县）	10	10	0	0.00%
XX区（县）	13	11	2	15.38%
XX区（县）	29	25	4	13.79%
…	…	…	…	…
全市	108	98	10	9.26%

图10-20　台账资料（六）

二级子目录“未成年人员占涉毒人员数量（一）”的三级子目录示例如表10-13。

表10-13 三级子目录（十三）

目 录

序号	文件名称/内容	页码
1	2015年××市未成年人员占涉毒人员数量统计表	1-3
2	2016年××市未成年人员占涉毒人员数量统计表	4-10
3	2017年××市未成年人员占涉毒人员数量统计表	11-15
4	2018年××市未成年人员占涉毒人员数量统计表	16-19
5	本年度查出未成年人员占涉毒人员数量与近三年情况对比图	20-35
…	……	…

二级子目录“未成年人员占涉毒人员数量（二）”的三级子目录示例如表10-14。

表10-14　三级子目录（十四）

目　录

序号	文件名称/内容	页码
1	2018年年度××市未成年人员占涉毒人员数量统计表（2018.1—2018.12）	1-3
2	2017年年度××市未成年人员占涉毒人员数量统计表（2017.1—2017.12）	4-15
3	2016年年度××市未成年人员占涉毒人员数量统计表（2016.1—2016.12）	16-21
…	……	…

（七）外地抓获本地籍贩毒人员

该项考察市外地抓获本地籍贩毒人员的情况，可以采用同比数据，也可采用环比数据或二者结合。统计周期越长，数据越有说服力。其三级子目录及台账资料示例如图10-21。

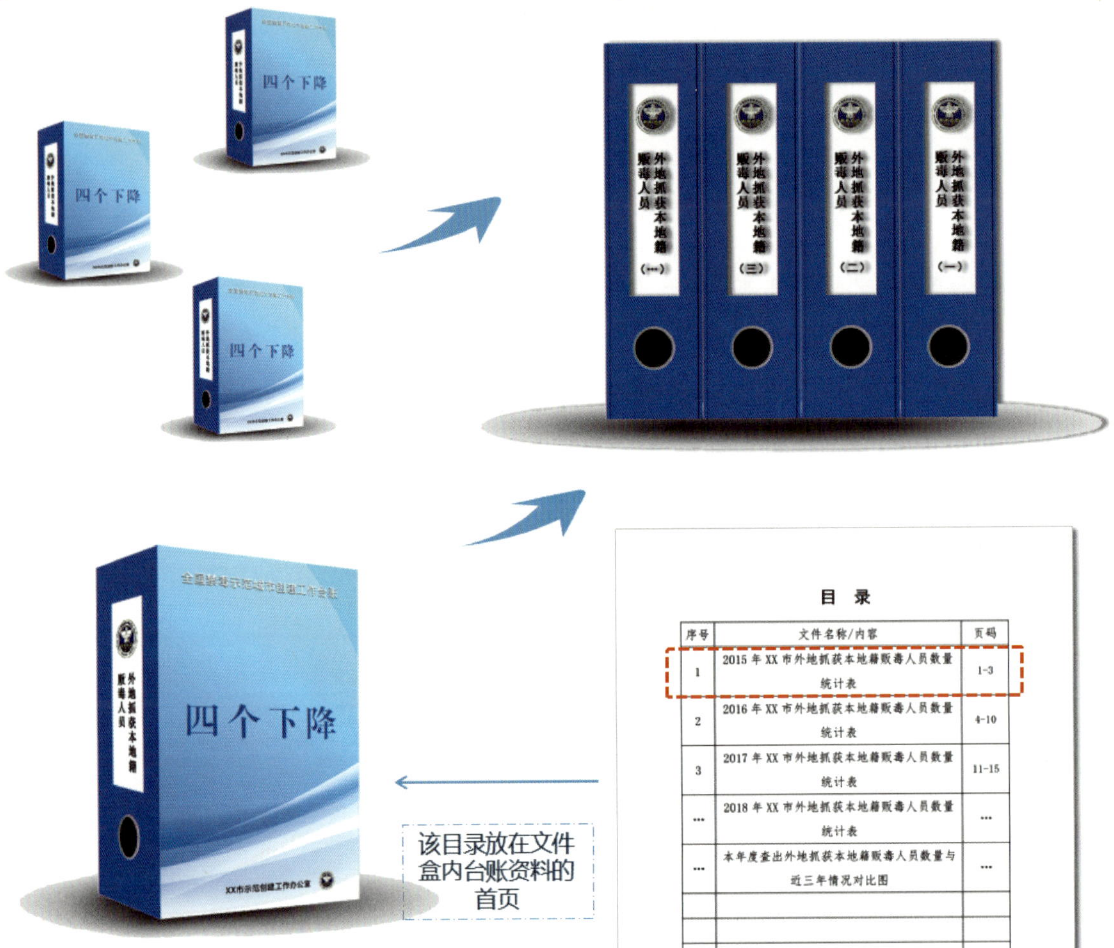

目 录

序号	文件名称/内容	页码
1	2015年XX市外地抓获本地籍贩毒人员数量统计表	1-3
2	2016年XX市外地抓获本地籍贩毒人员数量统计表	4-10
3	2017年XX市外地抓获本地籍贩毒人员数量统计表	11-15
…	2018年XX市外地抓获本地籍贩毒人员数量统计表	…
…	本年度查出外地抓获本地籍贩毒人员数量与近三年情况对比图	…

2015年XX市外地抓获本地籍贩毒人员数量统计表

填报单位：	XX市公安局禁毒支队			填报日期：	201X年X月X日
单位	查获吸毒人员数	本地查获吸毒人员数（本地籍）	本地查获吸毒人员数（外地籍）	外地查获吸毒人员数（本地籍）	外地查获吸毒人员数（外地籍）
1月	…	…	…	…	…
2月	…	…	…	…	…
3月	…	…	…	…	…
4月	…	…	…	…	…
…	…	…	…	…	…
全市	…	…	…	…	…

图10-21 台账资料（七）

二级子目录“外地抓获本地籍贩毒人员（一）”的三级子目录示例如表10-15。

表10-15　三级子目录（十五）

目　录

序号	文件名称/内容	页码
1	2015年××市外地抓获本地籍贩毒人员数量统计表	1-3
2	2016年××市外地抓获本地籍贩毒人员数量统计表	4-10
3	2017年××市外地抓获本地籍贩毒人员数量统计表	11-15
4	2018年××市外地抓获本地籍贩毒人员数量统计表	6-19
5	本年度查出外地抓获本地籍贩毒人员数量与近三年情况对比图	20-37
…	……	…

二级子目录“外地抓获本地籍贩毒人员（二）”的三级子目录示例如表10-16。

表10-16　三级子目录（十六）

目　录

序号	文件名称/内容	页码
1	2018年年度××市外地抓获本地籍贩毒人员数量统计表（2018.1—2018.12）	1-3
2	2017年年度××市外地抓获本地籍贩毒人员数量统计表（2017.1—2017.12）	4-15
3	2016年年度××市外地抓获本地籍贩毒人员数量统计表（2016.1—2016.12）	16-21
…	……	…

（八）吸毒人员引发的刑事和治安案件

该项考察市吸毒人员引发的刑事和治安案件的情况，可以采用同比数据，也可采用环比数据或二者结合。统计周期越长，数据越有说服力。其三级子目录及台账资料示例如图10-22。

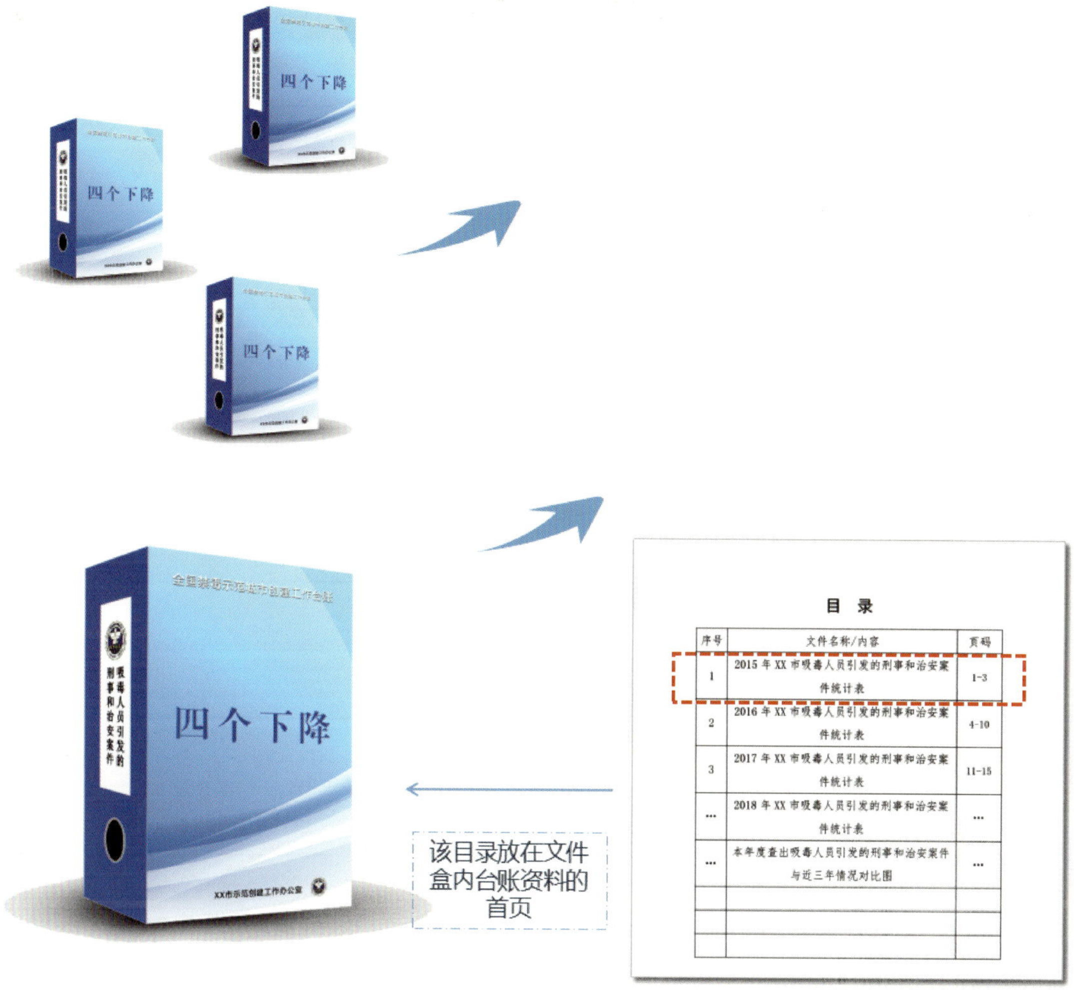

目 录

序号	文件名称/内容	页码
1	2015年XX市吸毒人员引发的刑事和治安案件统计表	1-3
2	2016年XX市吸毒人员引发的刑事和治安案件统计表	4-10
3	2017年XX市吸毒人员引发的刑事和治安案件统计表	11-15
…	2018年XX市吸毒人员引发的刑事和治安案件统计表	…
…	本年度查出吸毒人员引发的刑事和治安案件与近三年情况对比图	…

2015年XX市吸毒人员引发的刑事和治安案件统计表

填报单位： XX市公安局禁毒支队　　填报日期：201X年X月X日

时间	案件分类										作案成员有吸毒史人数	备注
	杀人	放火	爆炸	抢劫	强奸	盗窃	伤害	绑架	贩毒	其他		
1月	…	…	…	…	…	…	…	…	…	…	…	…
2月	…	…	…	…	…	…	…	…	…	…		
3月	…	…	…	…	…	…	…	…	…	…		
4月	…	…	…	…	…	…	…	…	…	…		
…	…	…	…	…	…	…	…	…	…	…		
全市	…	…	…	…	…	…	…	…	…	…		

图10-22　台账资料（八）

二级子目录“吸毒人员引发的刑事和治安案件（一）”的三级子目录示例如表10-17。

表10-17　三级子目录（十七）

目　录

序号	文件名称/内容	页码
1	2015年××市吸毒人员引发的刑事和治安案件统计表	1-3
2	2016年××市吸毒人员引发的刑事和治安案件统计表	4-10
3	2017年××市吸毒人员引发的刑事和治安案件统计表	11-15
4	2018年××市吸毒人员引发的刑事和治安案件统计表	16-19
5	本年度查出吸毒人员引发的刑事和治安案件与近三年情况对比图	20-36
…	……	…

二级子目录“吸毒人员引发的刑事和治安案件（二）”的三级子目录示例如表10-18。

表10-18　三级子目录（十八）

目　录

序号	文件名称/内容	页码
1	2018年年度××市吸毒人员引发的刑事和治安案件统计表（2018.1—2018.12）	1-3
2	2017年年度××市吸毒人员引发的刑事和治安案件统计表（2017.1—2017.12）	4-15
3	2016年年度××市吸毒人员引发的刑事和治安案件统计表（2016.1—2016.12）	16-21
…	……	…

第十一章
参考因素

第一节　禁毒队伍建设的创建内容

各市针对《全国禁毒示范城市创建工作考评细则》中的得分要求，细细研读，务求不遗漏一分。但大家也不要忘记无明确标示占分值的“参考因素”这一模块。它是隐藏得分的关键部分。当各城市在同一评分高度时，0.5分可能就是关键的0.5。而“参考因素”涉及的队伍建设和典型经验两个点，不仅涉及禁毒工作中的基层建设，还包括具有典型经验的内容，是凸显本地禁毒工作亮点模块，更能反应本地禁毒工作的扎实程度。本章内容将对队伍建设和引用某市的典型经验进行得分方式、创建内容的讲解。

一、队伍建设的理论背景

禁毒基层公安队伍的建设是加强禁毒公安队伍管理的必然趋势和根本要求，是提高禁毒民警综合素质的重要前提和必由之路。贯彻落实习近平总书记重要指示和《关于加强禁毒队伍建设的意见》（禁毒办通［2016］61号）文件精神，针对当前打击毒品犯罪形势的需要，公安禁毒专业队伍建设要进一步加强，使力量配备与禁毒工作任务相适应。一是省（自治区、直辖市），市（地、州、盟）以及登记吸毒人员百人以上和制造毒品、易制毒化学品流失、毒品走私入境、毒品中转集散、外流贩毒、非法种植毒品原植物等问题突出以及被国家和省级禁毒委员会列入毒品问题重点整治的县（市、区、旗）要进一步建立健全公安禁毒专业队伍，完善机构设置，配备与形势任务相适应的专业力量。二是强化公安禁毒队伍的专业职能，积极探索开展特殊人才招录工作，及时补充警务技术、情报侦查等急需急缺人才。三是充分发挥公安机关相关警种的合成优势和作用。加强与军队、武警部队的协同配合，共同打击毒品犯罪活动。在市级禁毒工作中，主要设立市级的禁毒支队，区（县）级设立禁毒大队或中队，队伍建设完善，各级各司其职，才能有效推动禁毒工作的顺利开展。

二、禁毒支队建设

禁毒支队的建设是根据各地禁毒工作需要进行职能配备，多下设综合科、一大队、二大队、三大队、禁毒协调科等正科级机构，并配备相应人员：禁毒支队长、副支队长、政委、专职副主任、大队长、教导员等公安禁毒专职人员。其部门的主要职责是负责全市公安机关禁毒缉毒工作；组织及指导对走私、贩卖、运输、制造毒品犯罪活动的侦查工作；研究分析毒品犯罪信息动态；负责对麻醉药品、精神药品、易制毒化学品的管理工作；负责组织全市禁吸、禁种毒品工作。

三、县区禁毒大队（中队）建设

县区禁毒大队按照禁毒工作任务的需要，下设一中队、二中队等职能部门，主要负责工作：1. 落实政府、办事处和上级关于禁毒工作的部署。2. 制订前期禁毒工作计划、方案和措施，并组织实施；负责辖区禁种、禁吸、禁贩、禁制工作，开展打击毒品违法犯罪活动，侦缉毒品案件。3. 掌握毒品违法犯罪动态，研究制订预防、打击对策。4. 深入开展禁毒宣传，落实禁毒工作措施，组织对辖区内重点场所、高危人群的毒品预防教育。5. 指导各社区（居）和有关单位开展禁毒工作，督促完成各项禁毒工作任务。了解掌握毒情形势，抓好辖区内吸毒人员的日常管理。组织社区开展调查工作，详细掌握吸毒人员的基本情况、现实表现、家庭状况和思想动态。6. 组织开展社区戒毒工作，指导各社区对吸毒人员和社区戒毒人员的谈话、帮教工作，建立好相关档案。加强对社区禁毒、戒毒工作业务培训，及时组织开展各项创建活动。7. 做好街道禁毒信息收集、数据统计和上报工作。完成街道和上级部门交办的其他工作。

四、得分方式

（一）参考因素共有两部分，分别是队伍建设和典型经验。其中，队伍建设中分成两个小点，为给大家提供参考，我们先根据市标的打分方式进行分析。

一是市级设立公安禁毒支队情况，县级设立禁毒大队或中队情况，全市（直辖市创建区）禁毒民警比例情况。其得分要求是：市级（直辖市创建区）设立县级禁毒支队的，县级全部设立禁毒大队或中队的，得0.5分；全市（直辖市创建区）禁毒民警占全部民警比例高于全国平均水平的，得0.5分。二是市级县级禁毒办设有专职工作人员情况。其得分要求是：市级（直辖市创建区）禁毒办设有专职工作人员，县级禁毒办全部设有专职工作人员的，得1分。根据得分内容，我们进行以下分析。

根据2014年《人民公安报》报道内容显示，全国禁毒民警共1.6万名，约占全国总警力的8%，由此界定8%为全国的水平线。以某个城市为例，全市民警为5 000名，其中禁毒民警100人，占全市警力的2%。（公式：禁毒民警/全市民警 ×100%）其占比相对全国的8%要低，所以不得分。相反得0.5分。

（二）后续只要市、县级全部按照规定设立相应的禁毒队伍，并配备齐全专职工作人员，就可以按照内容得0.5分，最高得1分。相关得分内容也会在台账建设中进行演示。

第二节　禁毒队伍建设台账

一、一级子目录

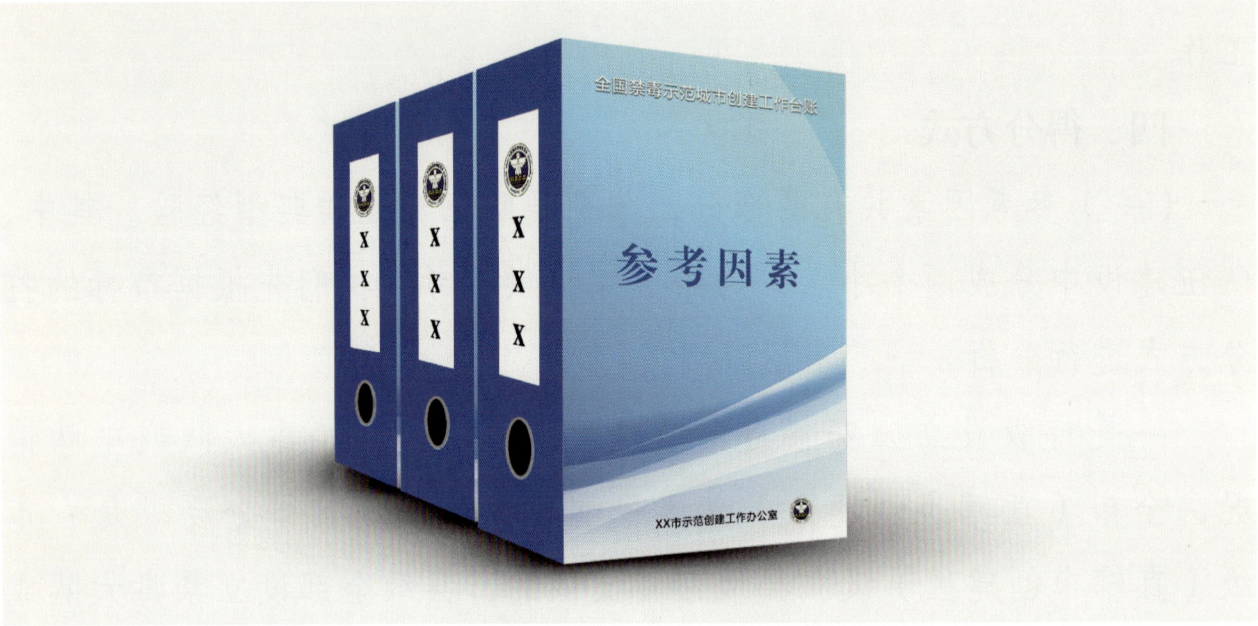

图11-1　一级子目录

二、二级子目录

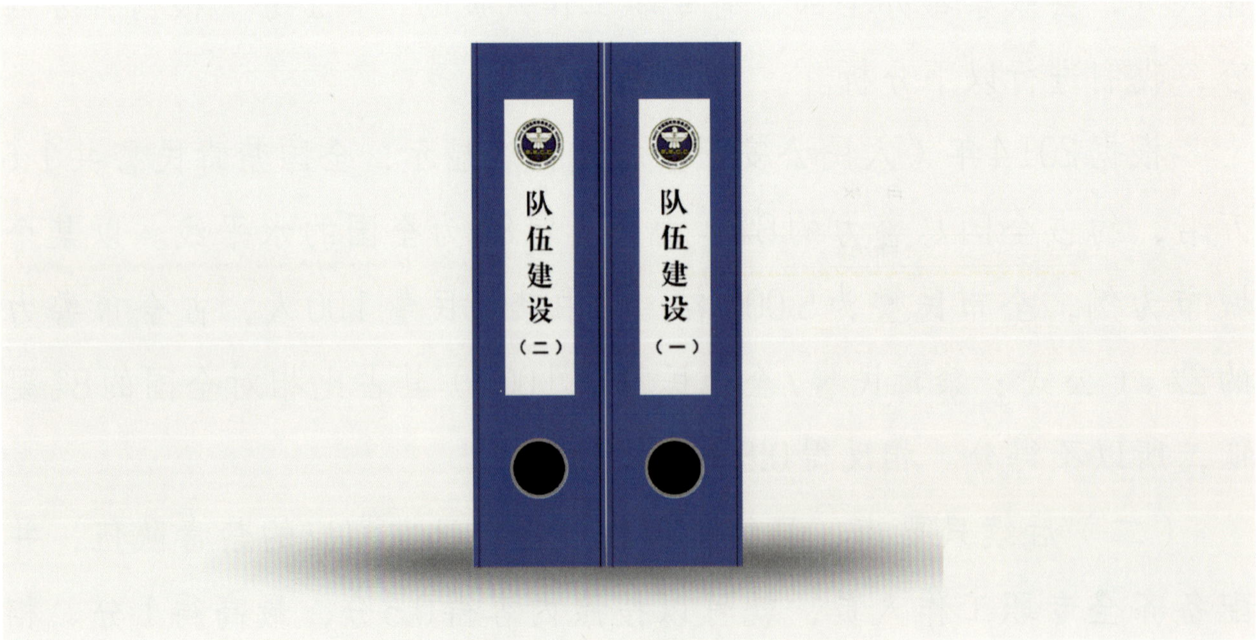

图11-2　二级子目录

三、三级子目录及台账内容示例

xx 市禁毒队伍情况报告

一、禁毒队伍基本情况

禁毒支队下设综合科、一大队、二大队、三大队、禁毒协调科共 5 个正科级机构，现有民警 46 人，政府聘员 8 人，到基层挂职民警 1 人，被抽调到市局打击办民警 1 人。全市禁毒民警 123 人，其中 xx 区 16 人、xx 区 20 人、xx 区 19 人、xx 区 11 人、xx 区 11 人。

……

二、队伍管理基本情况

我市禁毒队伍管理重视以人为本理念，树立"我是禁毒人"理念，多渠道打造忠诚、学习、专业队伍，激发民警的荣誉感和责任感。

……

xx 市公安局禁毒支队
2018 年 x 月 xx 日

目 录

序号	文件名称/内容	页码
1	xx 市禁毒队伍情况报告（8 月）	10-15
2	xx 市禁毒队伍情况报告（7 月）	20-27
3	全市禁毒队伍专职人员分配数	30
…	……	…
…	……	…

图11-3　台账资料（一）

“队伍建设（一）”的三级子目录示例如表11-1。

表11-1　三级子目录（一）

目　录

序号	文件名称/内容	页码
1	××市禁毒队伍情况报告（8月）	1-15
2	××市禁毒队伍情况报告（7月）	16-27
3	全市禁毒队伍专职人员分配数	28-30
…	……	…

“队伍建设（二）”的三级子目录示例如表11-2。

表11-2　三级子目录（二）

目　录

序号	文件名称/内容	页码
1	关于加强县（市）公安禁毒机构队伍建设的通知	13–15
2	区禁毒工作半年总结	26
3	区禁毒工作半年计划	27–49
…	……	…

第三节　典型经验介绍（以广东省佛山市为例）

一、禁毒预防教育

毒品的预防教育一直是全国上下非常重视的问题，推进全国禁毒示范城市工作，全国各省市工作开展得如火如荼。例如，广东省佛山市在2018年4月4日印发《佛山市创建毒品预防教育示范学校工作方案》（佛府办函〔2018〕263号），并提出：力争用两年的时间，创建全市300所省、市、区三级毒品预防教育示范学校。至2018年底，创建省、市示范学校各50所，要全面达到省毒品预防教育示范学校创建标准。至2019年底，创建区级毒品预防教育示范学校200所。随后，佛山市快速开展了一系列实践工作，成绩也是有目共睹。

一是打造佛山市禁毒师资专业队伍。佛山市公安局和各区分局从办公经费中专项拿出近200万元，组织全市300所创建示范学校德育校长和骨干教师到云南曲靖市进行为期一周的毒品预防专题培训，共开展了五期培训班，学习过程既有理论学习，又有实践教学。到今年6月底，佛山全市300所创建省、市、区毒品预防教育示范学校的校长，骨干教师共440人均已完成师资培训。同时，邀请相关专家，到相关创建示范学校进行专题讲座，受益面更加广泛。

二是打造样板禁毒园地。在全市选定三所学校，每间资助20万元，共计120万元用于毒品预防示范样板学校建设。在此基础上，全市各区也将参照市的做法，由区政府落实每间学校8万元经费，在本区范围的小学、初中、高中各选取一所以上建设示范样板学校，并规定在今年年底国家验收示范创建城市之前完成。后续，剩下的200所示范学校也逐步全面推进创建工作。

佛山市禁毒预防教育工作，不仅涉及范围大，而且在细节上说明了佛山对推进禁毒工作的态度果敢、风格迅速。

二、启明星驿站闪耀“8·31工程”

（一）亮点一：四个统一

在深入推进社区戒毒社区康复“8·31”工程建设的过程中，佛山通过严格落实管控措施、强化网格化管理、强化帮扶救助、加强戒毒药物维持治疗点建设、建立健全青少年毒品预防教育工作队伍建设等形式，深入推进社区戒毒社区康复，实现社区戒毒社区康复从管得住向管得好转变。

2017年，佛山市禁毒委印发《佛山市加强社区戒毒社区康复工作意见》，并按照统一基层禁毒机构建设、统一全市禁毒社工体系、统一戒毒康复工作规范、统一目标考核体系等“四统一”原则，推动全市社区康复社区戒毒工作。佛山将“执行率、管控走访达标率、已建档人员戒断率、在册吸毒人员新增率、就业安置率”作为检验2018年度工作成效的主要指标。

1. 统一基层禁毒机构建设

强化区禁毒委员会办公室实体建设，配备1名专职副主任、2～3名工作人员。镇（街）建立和完善禁毒协调机构，配备1名专职干部和工作人员。在市公安局禁毒支队增设情报大队，强化情报研判工作。

各镇（街道）要成立社区戒毒社区康复工作小组，下设办公室及工作站。办公室至少配备1名专职干部，统筹镇（街道）社区戒毒社区康复工作。通过政府购买社会组织服务方式实施吸毒人员管控。原则上工作站按照社会面实有户籍吸毒人员和社工30：1的比例配备社工。

2. 统一全市禁毒社工体系

在以往禁毒工作的实践中，我们对禁毒工作体系，特别是禁毒社工工作与培训体系的建设有所忽略，这导致了禁毒工作人才的断层，从而影响了禁毒工作的效果。因此，在禁毒形式日益严峻的今天，佛山市构建一个科学的禁毒社工体系，其中包括队伍建设、以社区为基础的工作制度、相关配套政策及设施建设等方面的内容。

加强推动培育符合当地实际的社区戒毒社区康复社工管理组织和队伍，鼓励和扶持禁毒工作人员积极参加“社会工作师资格考试”，探索建立社工考试经费补贴制度，逐渐提高禁毒工作人员中专业人员占比。建立戒毒康复工作评优评先制度，组织开展市级优秀禁毒社工组织和禁毒社工人员、禁毒社工案例评选工作，进一步提升禁毒社工人员的工作积极性和主动性。

3. 统一戒毒康复工作规范

统一社区戒毒社区康复工作站工作流程与工作规范。佛山市各级禁毒机构认真落实对社区戒毒社区康复人员的入所帮教、出所接管、签订协议、定期尿检、定期谈话、综合评估、关怀救助、就业安置等一系列措施，统一规范了社区戒毒社区康复工作的各个流程，并按照“一人一档”的原则，建立全面真实的管理档案开展戒毒康复工作，最大限度地帮助“社戒社康”的吸毒人员重返社会。同时，佛山市各区各镇街社工工作站均建立了统一的社区戒毒社区康复工作规范和相应的规章制度，环环相扣，严格操作，力争做到应列管人员100%纳入工作范畴。

统一社区戒毒社区康复工作站建设，统一外观标识、统一办公配置、统一工作制度、统一考核标准。社区戒毒社区康复工作站统称为

"启明星驿站"，是为了避免形成"××社区戒毒工作站"等标签化现象，使前来戒毒康复帮扶的学员进出大楼与普通人没有任何区别，才是人性化社区戒毒康复最完美的体现。"启明星驿站"寓意着黎明前最亮的一颗星，只要坚持，就能看到黎明的曙光，使学员们明白在真实的生命里，每件事都由信心开始，并由信心跨出第一步，才能破茧重生，绽放光明。

4. 统一目标考核体系

为贯彻落实国家、省禁毒委、市委和市政府有关禁毒工作部署的精神，进一步推动各级党委政府落实禁毒主体责任作用，深入治理辖区突出的毒品问题，全面提升佛山市禁毒工作的整体水平，各级禁毒委员会把社区戒毒社区康复工作纳入禁毒工作考核范围，严格落实责任。各区、镇（街道）统一禁毒工作考核体系，细化工作内容，深化机制，大力推进社区戒毒社区康复工作。

佛山市人民政府定期派出工作组赴各区、镇（街道）进行检查，检查情况将通报至区委区政府并报市委。其中，关于"8·31工程"的考核内容分别是：辖区吸毒人员底数清、情况明，社区戒毒社区康复工作站建成并投入使用，工作站至少配备一名专职干部，工作站按吸毒人员与社工30：1的比例落实政府购买吸毒人员管控服务，户籍吸毒人员"一人一档"，户籍吸毒人员社区戒毒社区康复执行率，社区戒毒社区康复人员就业率，戒毒康复人员到"佛山市戒毒康复基地"开展戒毒康复。

（二）亮点二：专业服务

为进一步贯彻落实中央、省市文件要求，按照"全员覆盖、全程跟踪、全面规范、全力转化"的"四全"工作方法和目标，推进佛山市社区戒毒社区康复工作，统一建立社区戒毒社区康复工作站（又称"启明星驿站"），由政府向第三方购买禁毒社工专业服务，这也是佛山社区戒毒社区康复的一大亮点。

“启明星驿站”是一个实现了“8·31工程”要求的“集动态管控、戒毒治疗、心理矫治、帮扶救助、就业指导、宣传教育”六位一体功能的标准化和示范性社区戒毒康复工作站。禁毒社工以各镇街的“启明星驿站”为据点，以点带面地开展全市禁毒社会化工作。

社会工作的专业价值观和专业方法的介入，以其鲜明的价值导向、独特的介入方法、显著的社会成效给传统禁毒工作带来了革命性变革。这种变革集中体现在，戒毒社会工作不仅仅只限于戒毒，而是以戒毒为起点，进一步引导吸毒人员的自我重建，最终达到吸毒人员的社会融入。禁毒社会工作成为继医学生物学干预、心理学干预、物理干预后，又一重要的干预手段。

随着各镇街“启明星驿站”的相继启用和专职社工的进驻办公，佛山市社区戒毒康复工作的开启了新篇章，实现了“三管、四有、五全”的戒毒康复工作新格局。“三管”是有人管、管得住、管得好；“四有”是有专职专业社工、有科学服务体系、有风险管控措施、有政府支持保障；“五全”是全数服务户籍戒毒康复人员、全程无缝对接各种管控状态、全面建立戒毒康复管理档案、全方位评估管控社会危害风险、全社会链接资源帮扶戒毒康复人员及家庭。

第四节　典型经验台账

一、一级子目录

图11-4　一级子目录

二、二级子目录

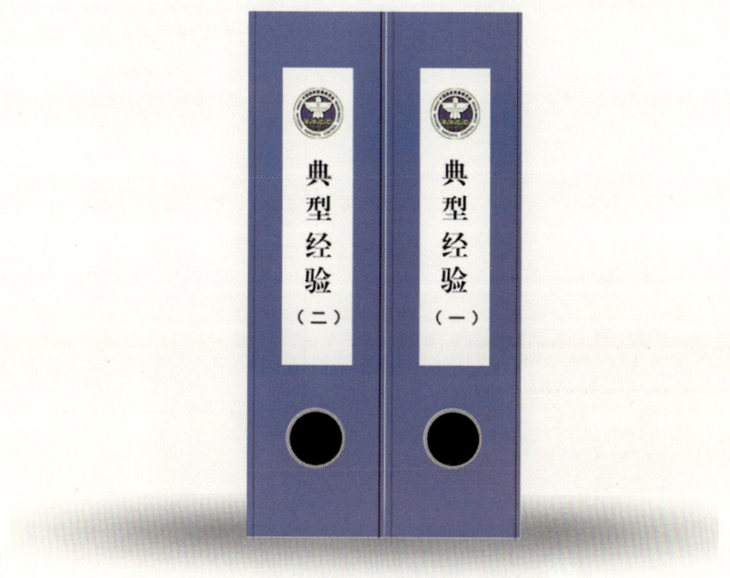

图11-5　二级子目录

三、三级子目录及台账内容示例

“典型经验”该项考察典型经验的具体内容，由典型做法、特色工作、创新举措，形成经验。其得分要求是：在示范创建工作中，推出具有本地鲜明特色的做法、创新工作举措、形成典型经验的，评分时予以酌情考虑加分。其三级子目录及台账资料示例如图11-6。

图11-6　台账资料（二）

"典型经验（一）"的三级子目录示例如表11-3。

表11-3　三级子目录（三）

目　录

序号	文件名称/内容	页码
1	关于××市2018年青少年毒品预防教育"6·27"工程工作开展情况的报告	1-38
2	627少年毒品预防教育示范学校创建工作情况通报	39-43
3	全市毒品预防示范学校创建师资队伍培训工作顺利完成	44-59
…	……	…

"典型经验（二）"的三级子目录示例如表11-4。

表11-4　三级子目录（四）

目　录

序号	文件名称/内容	页码
1	××市人民政府办公室关于开展政府购买吸毒人员管控服务工作的通知	1-4
2	关于规范××市社区戒毒社区康复工作站规范化服务及公式上墙内容的通知	5-9
3	关于开展××年禁毒重点整治检查验收工作的通知	10-14
…	……	…

第十二章 关于禁毒示范创建工作和考评的思考

本次全国禁毒工作示范城市的创建核心是“五个构建、两个着力”，即构建全覆盖毒品预防体系、构建全网络戒毒管控体系、构建全链条缉毒打击体系、构建全环节禁毒监管体系、构建全方位毒情监测体系；着力解决突出毒品问题、着力健全禁毒保障机制。“两个着力”是禁毒工作的基础性问题，从逻辑上说，只要是地方认真贯彻落实了《中华人民共和国禁毒法》《戒毒条例》等法律法规，认真贯彻落实了党中央国务院《关于加强禁毒工作的意见》，建立了地方健全的禁毒工作制度、设立了实体的禁毒工作办事机构、建立了专职的禁毒工作队伍、加强了经费保障和基础设施建设，人、财、物、制度都是有保障的，就不会出现突出的毒品问题，即使出现了突出毒品问题，被国家禁毒委挂牌整治、通报警示、重点关注的概率也非常小。而“五个构建”是要把毒品问题降到最低的示范创优的要求，其内容涵盖了毒品预防教育、打击毒品违法犯罪、戒毒康复和减低毒品危害。做好“五个构建”就能从联合国毒品犯罪与预防办公室提出的“减少供应、减少需求、减少危害”的三减策略，最大限度解决毒品问题，实现示范创优。

但是，从本次示范创优的考评细则来看，有些理念和内容还可以进一步优化。这也符合本次示范创建整体的设计意图：一年创建，长期守护。禁毒工作示范城市创建意图非常明显，就是要夯实地区禁毒工作的各项基础，并持之以恒、砥砺奋进、久久为功。所以从长远工作来看，示范创建地区要通过一年的创建活动，不仅是对标国家验收考评标准，还需要全面深入思考禁毒工作的真谛。

第一节　关于禁毒预防教育

在国家示范创建考评要求中，提出了构建全覆盖毒品预防体系的总体目标。具体考评细则设计了五项内容，包括一个基础设施建设，就是要在县区一级全部建设有禁毒教育基地以及要求在校学生在全国青少年毒品预防教育数字化平台上进行注册。这两项工作实现起来都不难，前面章节均有关于创建的阐述，至于效果如何我们暂且不谈。单就落实学校禁毒课程不少于4课时这一工作也不难，难的是谁来上这4课时的课、课的内容是什么、质量怎么样。这就需要弄清楚禁毒预防对谁教、教什么、谁来教、怎么教等问题。是仅针对在校学生，还是包括社会青少年的毒品教育问题。只有搞清楚了、回答好了、做到做好了这些问题，才能真正实现另外两个考评维度：禁毒知识知晓率超过95%、群众满意度超过95%。而是否知晓了禁毒知识就达到毒品预防教育的目的了呢，我们还有必要探讨预防教育的本质。

一、认知教育与毒品科学本真

（一）认知毒品绝不仅仅是认识毒品

认知学习理论认为，人的成长是一个习得的过程。认知决定态度、态度决定行为，行为习惯养成性格，性格决定命运。认知，是指人们对人、事、物所持有的一种认识与了解。认知的过程包括记忆、知觉、理解、领悟、计算、逻辑推理和联想等各项复杂的思考。人类由于经历不同的“学习历程”，个体因刺激类化原理的作用，会对相同的现象产生个别的差异情形，对人、事、物形成独特的解释。态度，是指人们对人、事、物所持有的一种持久而又一致性的行为倾向。态度是人格的一部分，具有持续性的特点。行为是人在内外部刺激下采取的行动，分为意志行为和潜意识行为等，意志行为是有动机和目的性的。

在毒品预防教育中，给予青少年怎样的毒品认知，决定了他们对毒品的态度，也决定了面临毒品时候他们所采取的行为。所以，毒品的认知教育绝对不仅仅是认识毒品品种，如果青少年不能正确理解毒品的科学本真，他们就不能领悟、计算、逻辑推理和联想毒品问题，就没有达到真正的认知毒品。

（二）毒品的科学本真是什么

1. 毒品是法律规定不能非法使用的药品

在所有毒品的属性当中，我们应该最先强调的是其法律属性，即吸毒违法，违法必定受到惩罚。尽管毒品的法律属性是因为其生物属性、社会属性、政治属性、经济属性等衍生而来，但是在后果上来说，我们应该首先宣传法律后果。单独从生物属性来看，毒品是能够使人形成瘾癖的麻醉药品和精神药品。也许从发现数目来看，具备这种属性的物质有800多种，而被我国列入麻醉药品和精神药品品种目录的只有200多种。但这800多种物质都是具有与麻醉药品和精神药品相同或相似的药理作用的物质，具有使人形成瘾癖这样的生物属性。

不管是麻醉药品还是精神药品，都对人类健康起到重要作用。所以，联合国国际麻醉药品和精神药品管制局有两个重要的职能，第一是要保障有需要的病人能够充足使用麻醉药品和精神药品的治疗，第二是要防止麻醉药品和精神药品被非医疗目的滥用。

2. 毒品具有使人形成瘾癖的生物属性

麻醉药品是作用于人的神经系统，产生麻醉作用、镇痛作用的一类物质。痛觉感知觉的一种，是人类保护自身机体系统、器官免受伤害的其中最重要的一种机制。机体受到侵害或发生病变，都会发出疼痛的信号，提醒机体预防伤害发生或对病变进行治疗。

机体抵抗刺激的作用来源于内源性镇痛系统，其中脑啡肽、内啡肽和强啡肽起主要作用。当刺激超过一定程度，身体就会发出疼痛的感受，刺激越大，疼痛程度越大，同时还会伴随情绪的反应，比如焦虑、恐惧。疼痛达到极限时会产生濒死感。所以中枢镇痛药都有镇静的作用，疼痛减轻了，恐惧、焦虑的情绪就会缓解。如果人需要一种超过承受极限的刺激，就必须借助外来物质的帮助，比如需要手术刀来切除病灶，没有外来物质的帮助，手术刀切割的刺激是机体承受不了的，使用足量麻醉药品后机体就能承受这种刺激而不产生疼痛的感觉。麻醉药品药效消退后，身体逐渐恢复正常状态。

在身体正常的状态下，非医疗目的使用麻醉药品，会产生极度恬静的心理体验，同时，由于外来的镇痛物质相较于内源性的镇痛物质，剂量可以随意增加，产生的作用远大于机体的内源性镇痛物质，久而久之，疼痛感受的刺激阈值越来越低，加上体内产生的内源性镇痛物质能力的衰退（脑成像发现纹状体变小），如果没有了外来的物质，哪怕是空气流动对机体的刺激，机体也会有疼痛、不适的感觉，这就是戒断反应。这时候就成瘾了。这种痛苦唯有寻找到同样药效的药物、同样药效的剂量才能解决，这就是强迫性觅药行为。这种成瘾的机制我们可以用三个字来形容，那就是“不得不”。这时候已经不是追求最初的恬静和美好体验了，而是急于要缓解没有毒品而产生的极度痛苦。

精神药品与麻醉药品成瘾的机制不一样。精神药品是作用于人的中枢神经系统，使之兴奋或抑制的一类物质。精神药品之所以被滥用，是因为人的自我奖赏系统。人类为了生存和发展，需要奖励自己去做有利于人类生存和发展的事情。比如“吃”，人类不吃就会灭亡，所以吃会使人产生愉悦的心境；比如升职加薪、竞技比赛获奖等社会活动都会产生愉悦的体验；性活动是保障人类繁衍生息的重要活动，所以性活动是最愉悦的一种自然奖赏体验。这些活动信息通过大脑皮层，经过多巴胺、五羟色胺、去甲肾上腺素等神经递质传递快乐信息，使大脑中枢神经产生兴奋。

而精神类药品是直接作用于中枢神经，刺激多巴胺等神经递质的大量分泌，产生强烈的刺激，使人极度兴奋。这种愉悦的心境体验又被长期或永久留在了大脑的海马区，产生了记忆。也就是说，有了这种体验记忆的存在，只要是条件允许，人就会冲破法律的约束、道德的约束、家人的约束，不顾对身体的伤害，想尽办法再次去尝试这种体验。这种成瘾的机理我们也可以用三个字来形容，那就是“还想要”。

一种是“不得不”，一种是“还想要”。当然，前者也有恬静的愉悦体验，即使在戒断后，仍然会“还想要”；后者在长期滥用后，一旦停药，也会有情绪低落等躯体症状，得到药物后躯体症状会暂时得到缓解，也有一定的“不得不”成分。

二、使用毒品可能导致的后果

（一）必然的法律后果

违法必定会受到法律的惩罚，是否被查获，有“运气”成分，也有规律性和必然性。根据联众社工两年间对某市初次查获被行政拘留的4 193例吸毒人员进行的访谈，有1 696例从第一次吸毒到被查获的时间间隔在1年以内，占比40.5%；而有1 591例从第一次吸毒到被查获时间集中在7—9年，占比38%。7—9年是除第一年就被查获外，最集中的一个时间段。分析其原因，是成瘾到了一定程度，已经顾不了法律的约束，会冒更大的险去使用药物了。成瘾严重程度越高，被查获的概率就越大。

（二）可能的健康后果

1. 药物作用导致机体功能改变

阿片类药物导致机体成瘾，停药即出现戒断症状，即使戒断症状消失后，还会长期出现疼痛、焦虑、失眠等不同程度的稽延性戒断症状。长期滥用精神类药品，停药可能会出现焦虑、情绪低落等症状，产生心理渴求。精神药品损害中枢神经，可能出现典型性和非典型性精神病，出现被害妄想等症状。氯胺酮（Ketamine，K粉）阻断大脑联络径路和丘脑向新皮层的投射，产生幻觉、兴奋感、意识混乱，与现实解离或是有所谓灵异旅行的经验，抑制整个中枢神经系统，使人产生亲近感。

2. 并发症与共病

长期滥用药物对机体系统器官均会造成损害。例如，长期使用海洛因会使牙釉质成片状脱落，出现海洛因牙；海洛因使胃肠平滑肌痉挛，蠕动减慢，还减少消化液的分泌，导致机体消化功能减退，可能出现消化系统疾病；海洛因使胆道奥狄氏括约肌痉挛，阻滞胆汁分泌，不但影响消化功能，还使胆汁长期淤积产生胆结石，出现胆囊炎，经常性上腹部不适等症状；海洛因作用于中枢神经系统产生镇痛、镇静、抑制呼吸、缩瞳等作用，长期滥用可能出现本体感觉异常、脑损害、白质脑病；作用于心血管系统可能导致体位性低血压、脑血管扩张、颅内压增高，严重的出现脑血管溢外；长期吸食海洛因可能出现咽炎，急、慢性支气管炎，肺炎，肺结核，抑制呼吸，导致长期慢性缺氧等呼吸系统并发症；海洛因可使男性睾丸酮分泌降低，导致性功能减退和性冷淡；女性黄体生成素、雌三醇、孕酮降低，出现月经紊乱、闭经或痛经。男女均出现生育能力降低。海洛因对机体的特异性免疫和非特异性免疫均能造成一定程度的损害，免疫力低下更容易感染病毒性肝炎和结核病等传染性疾病。

长期滥用氯胺酮可能出现精神病性障碍，主要表现为幻觉、妄想、易激惹、行为紊乱等症状。幻觉以生动、鲜明的视幻觉，听幻觉为主；妄想多为关系妄想、被害妄想，也可有夸大妄想等；行为紊乱主要表现为冲动、攻击和自伤行为等。少数病人可出现淡漠、退缩和意志减退等症状。也可有感知综合障碍，如感到自己的躯体四肢变形，感到别人巨大而自己变得非常矮小等。氯胺酮所致精神病性症状一般在末次使用4—6周后消失，也可能持续长达6周以上。反复使用可导致精神病性症状复发与迁延。滥用氯胺酮可能导致躯体损害、相关性泌尿系统损害和鼻部损害。泌尿系统损害是一种以下尿路症状（lower urinary tract symptoms，LUTS）为主要临床表现的全尿路炎性损害，机理不明。临床主要症状为排尿困难、尿频、尿急、尿痛、血尿、夜尿增多及急迫性尿失禁等，可伴有憋尿时耻骨上膀胱区疼痛感。同时，尿常规可发现白细胞和红细胞，尿细菌和抗酸杆菌培养阴性，可伴有不同程度的肾功能损害。尿动力学检测提示膀胱顺应性差，不稳定膀胱，可能出现功能性膀胱容量减少或膀胱挛缩。鼻部损害主要因鼻吸氯胺酮粉末所致，其他原因包括鼻吸管导致的机械性损伤或氯胺酮粉末中含有的其他物质粉末引起的损伤，或挖鼻等。可并发慢性鼻炎、鼻中隔穿孔和鼻出血等鼻部疾病。

苯丙胺类中枢神经兴奋剂的药理作用主要是兴奋中枢神经。作用于机体的还有溶解横纹肌、降低食欲、口腔重金属气味、口臭、体臭、兴奋器官组织肌肉等作用。长期滥用导致苯丙胺类精神病，主要表现为抑郁、乏力、渴求、幻觉、妄想等症状。

成瘾是一种反复发作的脑疾病。

（三）可能的公共卫生危害

海洛因注射传播艾滋病一直是吸毒给全球带来的严重公共卫生问题。随着新型合成毒品的滥用日趋严重，也带来不同程度的公共卫生问题，其中包括不安全性行为带来的艾滋病传播。苯丙胺类中枢神经兴奋剂滥用引发性冲动，氯胺酮滥用消除人际陌生感、增加亲近感，均导致滥用合成毒品后的不安全性行为高发。长期滥用各种毒品均会导致机体免疫力下降，易感染结核病和乙型病毒性肝炎、丙型病毒性肝炎等。

海洛因吸食过量死亡、苯丙胺类药物（冰毒或摇头丸）溶解心脏横纹肌导致心跳聚停死亡和骨骼肌兴奋运动过度死亡。

精神类药品滥用导致抑郁、焦虑、被害妄想症等精神障碍及精神病共病的发生，如苯丙胺类精神病。

因此，毒品的滥用会导致严重的公共卫生问题。

（四）可能的公共安全危害

如前所述，海洛因成瘾后如果停药会出现严重的戒断症状，躯体非常痛苦，需要寻找同样的足够剂量的药来解决身体的痛苦，如果出现家人阻止，或者缺乏毒资等因素，这种强迫性觅药行为可能引发伤害家人、朋友及阻止吸毒行为的人，这种激越行为会引发公共安全问题。

吸毒本身是违法行为，在为了获得毒品、逃避打击的过程中，也可能会出现因购买毒品产生的二次违法犯罪引发的公共安全问题。

精神药品引起的精神症状，如出现被害妄想等症状时可能出现的暴力行为或者毒驾等引发公共安全问题。

三、禁毒预防教育的现状和问题

（一）科学认知的毒品不是认识毒品

长期以来，全国大部分地区现有的毒品预防教育是从吸毒可能带来的个体伤害、家庭伤害、社会伤害角度出发的有害推论出发的。这样给被宣传者的认知是吸毒会枯瘦如柴、吸毒会染上艾滋病、吸毒会全身溃烂、吸毒会家破人亡、吸毒会灭绝人性伤害无辜等刻板印象。而被宣传者在日常生活中如果接触到了吸过毒的或正在吸毒的人，看到的并不是跟宣传的一致，他们的认知跟我们的宣传就发生了偏差，在特定环境下就有可能会怀疑这种宣传是否真实，导致更强的好奇心和侥幸心理。可能的伤害只是一种预估，并不是一定的结果，为什么不科学地呈现这种可能的预估，而那么肯定地去宣传一些最严重的个案呢？相反，吸毒是违法行为，违法必须受到法律的惩罚，这是确定性的结果，虽然或许会侥幸没被查获，但是就像杀人也有逃逸没有被抓获的罪犯一样，人们始终会相信“天网恢恢疏而不漏”。因此，我们建议禁毒预防教育要以宣传吸毒违法、必遭惩处为重点，加之科学呈现吸毒可能带来的伤害性后果，使得青少年科学地认知毒品问题，形成对毒品问题的正确态度，从而在拒绝毒品的行为上做出正确的选择。

此外，现在的禁毒宣传活动除了介绍什么是毒品、毒品有哪些种类，就是各种毒品的图片、模型，各种吸毒的场景，严重个案的图片，有全身溃烂的、有家破人亡的、有伤害无辜的。目前全世界发现具有毒品特性的精神活性物质有800多种，我国列管的麻醉药品有121种、精神药品有150种、新精神活性物质有170种，加起来也有441种之多，不用说中小学生，即使是国家毒品实验室的科研人员也未必全部认识这441种毒品。

（二）如何防止青少年受到毒品侵害

在防止青少年受到毒品侵害上，我们常常教育青少年“不要喝陌生人的饮料”“不要吃陌生人的东西”。所有陌生人都是毒贩子吗？这跟所有跌倒的人都是“碰瓷”有什么区别？我们认为，我们不需要要求所有青少年都认识所有441种毒品，不可以简单地宣传“不要喝陌生人的饮料”“不要吃陌生人的东西”。我们在做好认知教育的同时，要教会青少年识别吸毒的传播途径、识别吸毒的高危场景和高危行为。吸毒的传播途径包括分享文化、朋辈压力、越轨行为、好奇心理等，应该教育青少年如何去识别和避免上述传播途径。哪些是吸毒的高危场境呢？比如告诉青少年，吸毒是违法行为肯定是要秘密进行，毒品肯定没有合法生产厂家的、吸毒行为肯定是不符合常理的，犯罪分子可能会告诉你有特殊功效、告诉你不会成瘾等。

我们的宣传方式和途径。我们有没有研究我们毒品预防教育的受众，他们喜欢看什么、关注什么。不是我们关注的就是青少年关注的。例如，“禁毒吉林”微博，粉丝量有28万人，但是90%以上微博的阅读量为“0”，即无人阅读。即使是“中国禁毒”微信公众号，几个人口大省微信公众号订阅人数（如广东省订阅人数刚刚过百万人、河南省订阅人数80万人、四川省订阅人数58万人），均不到总人口的1%。全国总关注人数也就是1 546万人，刚刚过总人口的1%。大部分关于禁毒的新媒体平台推送都是禁毒工作者或者关心禁毒工作的人在阅读，而不是真正的宣传受众——青少年。例如，拥有1 500万粉丝的“中国禁毒”微信公众号，在2018年10月9日发出的三篇推文，首篇《为一夜暴富，包工头竟自驾2 100公里来“谋副业！结果人生全毁～”》阅读量有100 000+，但次篇《手机壳和招牌上也能发现贩毒线索？海归民警让毒贩一次又一次认栽》阅读量只有不到三万，第三篇《凤凰涅槃，为爱重生——戒毒康复人员帮扶案例纪实》阅读量仅有一万多一点。

在精准化、精细化细分市场的年代，我们应该可以做得更好。

（三）二级预防措施如何补位

如果遇到“我好像被人下了迷幻药，我现在该怎么办”这类问题时，我们会怎么解答或提供咨询？如果有专业人士或许会给出以下建议。

1．争取时间！因为一般精神类药品的药效会在30分钟内完全发挥作用，如果这一类药物被掺在酒精里，发作更快。如果发现得早，意识清楚，赶快喝大量的水催吐。如果已经出现头晕无力的现象，就不要再喝水催吐了，因为在意识不清的时候催吐，容易呛到，甚至窒息。此时你只有3分钟或更短的时间可以向可靠的人求助，为自己找安全的场所。

2. 求助不要怕丢脸！如果你觉得不对劲，你可以立刻打120，打电话给朋友，打电话回家请家人来接你，向服务生求助，告诉身边可信赖的朋友，甚至做一些动作引起他人的注意，千万不要坐在原地，什么事也不做，担心丢脸，结果反而可能会有更严重的后果发生。

3. 医院是最理想的“休息”场所！任何药物都有副作用，当你完全不知道被下药的剂量和成分时，所可能产生的副作用也是无法掌握的。医院有解药，可以让你安全地睡8小时不受侵犯，还可以提供必要的医疗照顾和检查。或许你会担心：“万一只是喝醉了酒，去医院会不会太小题大做了？”请注意，这1分钟的犹豫，只会让你冒更大的险。

4. 冷静、冷静、再冷静！若不幸，不管你醒来后发现多么的不愉快、多么的痛苦，你一定要保持冷静。只有保持冷静，才能保护自己，保留证据，做最好的处理。

5. 留下证据！证据分两种，一种是留在身体上的，一种是留在脑海里的，两种都很重要。不要洗澡，去医院验伤，是为了把留在身体上的证据留下来；此外，把脑海中残留的印象记下。回忆醒来之前发生过的事或许很困难、很痛苦或很模糊，但一定要尽快把还记得的事写下来，因为随时间的推移，记忆会越来越模糊，可能几小时后就会完全不记得发生过什么事了。

6. 你的选择权利！要不要报警处理，要不要告诉任何人都是你的选择。留下证据、留下记录，不代表一定要控告对方，无论将来下任何决定，能掌握的证据越多，就越有利。

这样的问题或许我们可以换成“如果我被人下了迷幻药，我该怎么办”在预防教育中教会青少年危机处理。但并不是你教了就每个人都会接受了、都掌握了。现实中，有很多时候是本人、家长遇到了关于毒品的问题，如高危情境如何处置？高危行为如何处理？我（我小孩）好像吸毒了，该怎么办？

在疾病的预防体系中往往分为三级预防措施，在毒品预防中我们也可以把预防教育作为一级预防措施，戒毒康复作为三级预防措施，而二级预防措施应该是尽早发现、尽早干预。也就是对高危人群采取筛查“体检”、咨询服务和危机干预措施。二级预防措施缺位了，怎么补位？作者认为应该建立尽早发现、尽早干预机制和咨询服务危机干预体系。各地应该建立一支专业的，有律师、医生、心理咨询师和社会工作师组成的队伍，建立多个渠道的便捷咨询服务平台，开展尽早发现、尽早干预机制和咨询、危机干预服务。

第二节　关于戒毒康复

一、戒毒康复的措施方法和手段

我国主要的戒毒康复措施有社区戒毒、强制隔离戒毒、社区康复、自愿戒毒、社区药物维持治疗、病残吸毒人员收治等。

其中，自愿性的措施有自愿戒毒和社区药物维持治疗。自愿戒毒是吸毒人员自行到具有戒毒医疗资质的医疗机构自费进行脱毒、并发症、精神障碍、精神病共病等医治；社区药物维持治疗是长期吸食阿片类毒品，且经过多次戒毒仍然复吸的，可自愿申请到国家开办的社区药物维持治疗点进行维持治疗的措施。我国采用阿片类维持治疗的药物是盐酸美沙酮口服液，所以社区药物维持治疗点又称为美沙酮门诊。在各种戒毒康复措施中，从理论上和国家政策上最先鼓励的是自愿戒毒。《戒毒条例》第九条规定，国家鼓励吸毒成瘾人员自行戒除毒瘾。吸毒人员可以自行到戒毒医疗机构接受戒毒治疗。对自愿接受戒毒治疗的吸毒人员，公安机关对其原吸毒行为不予处罚。

带有一定法律和政策约束性的措施有社区戒毒和社区康复。《戒毒条例》第十三条规定，对吸毒成瘾人员，公安机关可以责令其接受社区戒毒。社区戒毒是国家针对毒瘾较轻、吸毒时间不长的吸毒人员，按照有关法律和规定，在户籍地或所居住的社区进行戒毒的措施。一般是初次查获或者第二次查获吸毒，进行行政拘留处罚后，责令三年的社区戒毒。在社区戒毒期间，戒毒人员必须按照规定定期到城市街道办、农村乡镇及指定的地方报到、验尿、访谈。对于被解除强制隔离戒毒的人员，强制隔离戒毒的决定机关可以责令其接受不超过三年的社区康复。

对于拒绝接受社区戒毒的，在社区戒毒期间吸食、注射毒品的，严重违反社区戒毒协议的，经社区戒毒、强制隔离戒毒后再次吸食、注射毒品的，以及吸毒成瘾严重，通过社区戒毒难以戒除毒瘾的人员，由县级以上公安机关作出强制隔离戒毒的决定。怀孕或者正在哺乳自己不满一周岁婴儿的妇女吸毒成瘾的，不满十六周岁的未成年人吸毒成瘾的，可以不适用强制隔离戒毒，可责令社区戒毒。

对于患有艾滋病、肺结核等严重传染性疾病，以及其他严重疾病、残障吸毒人员，不适合强制隔离戒毒的，各地政府对其采取在专门的病残收戒医院进行收治。

二、戒毒资源分布及可获得性

全国共有公安部门和司法部门所属的强制隔离戒毒所床位约36万张。据国家禁毒委员会办公室发布的《2017中国禁毒报告》显示，2017全年共查处有吸毒行为的人员100.6万名，依法强制隔离戒毒35.7万人次。强制隔离戒毒所基本做到满员收戒。近年来，全国各地陆续推进病残收治医院的建设，逐步做到应收尽收。

在社区戒毒和社区康复方面，2016年全国实施了《全国社区戒毒社区康复工作规划（2016—2020）》（“8·31工程”），全面规范推进社区戒毒社区康复工作，配备专职工作人员和社会工作者对社区戒毒社区康复人员进行管控和服务。2017年全国共责令社区戒毒24.5万人次、社区康复5.9万人次。戒断三年未发现复吸人员增至141.1万人，社区戒毒社区康复取得良好成效。我国自愿戒毒曾经经历过繁荣时期，90年代全国有近千家自愿戒毒医疗机构、科室。中国药物滥用防治协会进行了全国性的调查显示，2016年全国32个省市、自治区的162所（个）自愿戒毒医疗服务机构及戒毒科中有20所（个）已停业，19所（个）暂停，123所（个）正常营业。戒毒专科医院为47所，戒毒治疗科为76个。其中，新疆建设兵团、宁夏未设立戒毒治疗科和戒毒医院。总编制床位数位于前三名的省份为别是湖北省（7 068张）、广东省（3 224张）、湖南省（2 845），实际开放床位数位于前三位省份的分别是湖北省（5 161张）、广东省（3 668张）、湖南省（2 628张）。在全国32个省市的123所正常营业的机构中，目前自愿戒毒医疗机构排名前三位的分别是湖北省（24所）、广东省（10所）、山西省（9所）。民营机构为38所，占31%；公立机构85所，占69%。隶属于公安司法系统的戒毒医疗机构为24所，占总数20%。2016年全国32个省市、自治区123所（个）正常营业的戒毒医疗机构编制床位数为6 041张，2016年门诊诊疗人数958 571人，总住院人次2016年达57 429人次。

三、问题与反思

（一）地区发展不平衡。在强制隔离戒毒方面，南方地区的强制隔离戒毒所基本是满员或超员收戒，而北方地区某些地方的强制隔离戒毒所利用率不足；在病残吸毒人员收戒场所的建设上，经济发达地区建设较好，欠发达地区很多地方没有专门的病残吸毒人员收戒医院。有的地方存在名不符实的现象，名为病残收戒医院，但在护士站的床头卡上却没有看到住有真正的病残吸毒人员。自愿戒毒医疗机构数量和床位都不足，资源分布不均，有的省份还没有自愿戒毒医疗机构。随着“8·31工程”的推进，大部分地方都在按要求配备社区戒毒社区康复专职工作人员，但基本都尚未达到国家规定的30：1的标准，以兼职人员代替的地方还很多。特别是其中的专业社工人数离国家规定的占专职人员30%以上的目标还很远。专业社工多集中在珠江三角洲和长江三角洲城市，内地城市既没有从事社区戒毒社区康复服务的社工机构，也缺乏专业社工。

总之，吸毒人员在戒毒康复中可获得的资源不均衡，东西差异、沿海发达地区与欠发达地区差异较大。建议解放思想，克服困难，加大戒毒管理和服务各项基础建设投入，为禁毒工作提供保障。

（二）专业人才匮乏。全国按照现有在册吸毒人员250.5万计算，强制隔离戒毒所床位总数也就只有36万，不算没被查获的药物滥用人群，都还有200万以上的在册吸毒人员在社会面上需要各种戒毒康复治疗、咨询、服务和管控。社会面上的吸毒人员的戒毒需要靠医护人员、心理咨询师、社会工作者和社区戒毒社区康复专职工作人员去满足，这些人才目前都十分匮乏。建议国家和地方禁毒部门会同相关部门制定相关文件、出台措施，加快各方面专业人才的培养。

（三）财政投入不足及不平衡。在强制隔离戒毒所和病残吸毒人员收戒医院的财政投入上不足，有些地方的强制隔离戒毒所财政拨款不足，场所拥挤，基础生活设施不够好，大部分地区还没有专门的病残吸毒人员收戒医院。很多地方舍不得花钱聘请或购买专职专业的社工和社区戒毒社区康复专职工作人员，上报兼职工作人员名单只是为了应付考核。缺少对自愿戒毒医疗机构的支持，美沙酮维持治疗门诊分布密度不够、服务人员不足。建议加大各项投入，特别是对社会力量参与戒毒康复工作的支持和投入，加大购买专业服务的力度。病残收戒医院、美沙酮门诊都可以尝试引入民营医院，只要加强监管、加大扶持，应该可以更好地解决人才问题。自愿戒毒医院投入大、投资者往往存在暴利思维、定位不准、过分宣传、吸食海洛因人员下降等原因导致市场萎缩。随着合成毒品滥用人数的增加，门诊需求量必然增加，政府应多投入在公立医院开设成瘾门诊，使戒毒资源可获得性增加。

第三节　关于降低危害

一、艾滋病防治与美沙酮社区维持治疗

注射使用海洛因的吸毒人员，因共用针具易传播艾滋病、乙肝和丙肝。最有效的预防方法就是替代维持治疗。全球都在使用社区美沙酮维持治疗方法，防止静脉使用毒品者传播艾滋病，并取得良好成效。全球有1 200万人注射毒品，其中160万人感染了艾滋病，610万人感染了丙肝，130万人同时感染了艾滋病和丙肝。我国有6万多人因注射吸毒感染艾滋病病毒。

我国从2002年8月成立社区药物维持治疗国家级工作组、2004年3月开设第一个社区美沙酮药物维持治疗门诊以来，到2017年底，已经有29个省市自治区共开设了762个美沙酮门诊、20辆流动服药车和400个延伸服药点。替代治疗开展以来取得了世界瞩目的成效，联合国副秘书长称赞中国开展了全球最大规模的美沙酮替代治疗，极大地降低了吸毒感染艾滋病的概率，中国新生儿艾滋病感染率已降低至接近零，称中国是世界抗击艾滋病成功的典型。

但是，从2014年最高峰的治疗人数20.84万人后开始逐年下降，2017年下降到了14.67万人。据吴尊友教授2017年针对江苏5个门诊1 636名脱失人员的调查显示，排在前三位的脱失原因被抓占38%，

疾病或怀孕占12.9%，交通不便或外出占8.4%。

在开展美沙酮替代治疗的过程中存在着认识不足、投入不足、服务不足、人手不足等问题。认识不足就是没有科学认识美沙酮替代治疗的作用，美沙酮社区维持治疗，除了防止艾滋病传播，还有效减少了毒品的消费、减少违法犯罪和恢复吸毒人员社会功能。甚至有的基层派出所需要申请入组美沙酮替代治疗的吸毒人员尿检为阴性，因无知而设置入组障碍。投入不足就是过于计算成本，门诊分布密度不够，导致很多服食人员一整天就把时间耗费在路上，没有达到恢复社会功能的作用。服务不足就是没有社工去宣传和跟进服务。人手不足就是从业人员待遇低，人员流失率高。有很多地方建设好了门诊因没有医务人员而闲置，或因医务人员流失而关门。

针对社区药物维持治疗存在的问题，政府应该加大宣传力度，科学宣传美沙酮替代治疗的好处，使无论是基层民警、阿片类滥用人群以及老百姓都要有科学认知，积极支持开展社区美沙酮替代维持治疗，更好地防止艾滋病的传播。在有需要的地方开设更多的美沙酮门诊，我们不能仅仅算经济账，还有算社会效益账。需要购买更多专业的社工进行服务，减少脱失率。在公立医院不愿意干、干不好的地区，可以考虑引进民营医院。

二、风险评估与病残收戒

2016年6月6日，公安部印发了《社会面吸毒人员风险分类评估管控办法》（禁毒办通〔2016〕37号），对社会面吸毒人员分高、中、低三种风险类别评估管控。对拒绝接受社区戒毒、社区康复或者严重违反社区戒毒、社区康复协议的；因吞食异物、自杀自残或者因严重病残暂时无法收押、收戒的；有精神障碍诊断或有精神异常、行为失控表现的；有因吸毒引发肇事肇祸前科或扬言报复他人、报复社会的；其他具有现实社会危害性，或者有肇事肇祸可能，需要纳入高风险类管控的等五种类型社会面吸毒人员列为高风险类。对正在执行社区戒毒、社区康复措施的；怀孕、正在哺乳自己婴儿的妇女等特殊情形暂时无法收押、收戒的；强制隔离戒毒期间所外就医的；被依法实行社区矫正或者刑满释放回社区未满三年的；解除强制隔离戒毒出所未满三年且未被责令社区康复的；其他存在潜在社会危害性，需要纳入中风险类管控的等六种类型的社会面吸毒人员列为中风险类。其余社会面吸毒人员，列为低风险类。

从管控视角来进行风险分类评估管控，《社会面吸毒人员风险分类评估管控办法》仅仅从管控状态和过往史的维度评估风险，而缺乏现实表现的维度来评估“现在”可能存在的风险程度。况且，即使是高风险类型中的病残吸毒人员，要行政拘留、执行强制隔离戒毒、刑事羁押和判刑入狱都有难度。有报道称重庆的“赵帮清”五次贩毒判刑也未能入狱服刑。而在现实中，病残吸毒人员很难实现应收尽收。有的地方建立了专门的病残吸毒人员收戒医院或科室，大部分地方还未能建立。即使有，很多也未做到应收尽收。

由于新建医疗机构需要政府多个部门审批，其耗费时间非常长，从启动项目到建成使用大概需要3—5年。此外，现有公立医院在自身精神科医生缺乏的情况下，也不愿意抽出人力来承担国家没有明确规定和指定需要承担的“额外”任务。民营医疗机构虽有动机和参与意愿，但也很难达到国家相关部门颁发的戒毒医院基本标准要求（每床至少配备0.88名卫生技术人员，其中至少50%的医师其执业范围为精神卫生专业）。全国医疗体系都缺少精神科医生，这种缺口也没有办法在短时间内得到改善。况且，现在也普遍存在精神科医生不会看成瘾疾病、成瘾医生不会看精神科疾病的现象，除了中国药物滥用防治协会组织一些培训课程外，没有相关的政府部门来组织相关的人才培养和技能培训，更没有文件来促进和规范。

无论是从《社会面吸毒人员风险分类评估管控办法》对于高风险社会面吸毒人员的类型，还是管控要求都能看出，病残吸毒人员在社会面上对公共安全和公共卫生都带来极高风险，应收尽收是对社会负责。监管场所干不了的可以医院干，公立医院不愿承担的可以向社会民营医院购买服务。总之，地方党委政府应该高度重视病残吸毒人员的收戒，为社会安定负责。

禁毒工作中打造亮点很容易，普惠性工作很难。有的事情，难也要做，而且要做好。

第四节　关于打击毒品违法犯罪

一、毒品与犯罪的关系

阿片类药物如海洛因属中枢抑制剂，除了由于戒断症状导致的越激行为，无暴力犯罪倾向。主要是由于其“不得不”的成瘾机理，成瘾者会不择手段获取毒资，从而获得药物，减轻痛苦。因此，骗取、偷盗财物、女子卖淫、以贩养吸是阿片类成瘾者常见的违法犯罪行为。精神类药品，特别是如苯丙胺类中枢神经兴奋剂和致幻剂，其中枢兴奋作用和致幻作用常常引发暴力事件。

毒品的种、制、贩、卖等犯罪除了一部分吸毒者以贩养吸外，多数跟吸毒人员关系不大，属于另一类犯罪人群。

吸食毒品是违法行为，不是犯罪行为。

二、考核工作如何处理矛和盾的关系

毒品问题治理最理想、最重要的措施当然在预防教育。当做足了预防教育时还有人吸毒，就是法律惩处和戒毒康复了。对惩处和戒毒失效的部分人群，最后兜底的是降低危害措施。减少毒品供应、减少毒品需求、减少毒品危害是联合国毒品控制和犯罪预防办公室

（U.N. Office for Drug Control and Crime Prevention—UNODC）倡导的长期战略。因此，通过对非法种植、制造、贩卖毒品的严厉打击，减少毒品的供应，降低毒品的市场可获得性，是禁毒工作的重要手段，这一点毋庸置疑。我们需要讨论的是禁毒工作中的另一方面打击工作，是对吸毒违法行为的打击与戒毒康复帮扶之间的关系。

吸毒违法，必遭惩处，毋庸置疑。《中华人民共和国治安管理处罚法》规定，对吸食毒品人员采取15天行政拘留的处罚措施。尽管《戒毒条例》规定了戒断三年未复吸可撤销管控，除此之外，我们认为，我国的吸毒登记制度和特殊人群管控制度对吸毒人员也是一种处罚，而且是长期的，甚至有的是终身的。

对于吸毒违法的惩处，我们从来都持积极支持的态度，既然法律有规定，必须依法处置，包括行政拘留、强制隔离戒毒等措施。特别是强制隔离措施，需要国家政府大量的财力、人力投入。法律是底线，是不可逾越的红线，而伦理要求的是“没有最好、只有更好”。包括所采取的行政拘留、强制隔离等措施，最终的目的都是为了使吸毒人员不再吸毒。

第五节　关于成员单位和社会力量参与禁毒工作

2001年1月5日，国务院办公厅印发的《关于转发国家禁毒委员会成员单位主要职责的通知》（国办发〔2001〕4号）指出，毒品泛滥祸国殃民，危害极大。禁毒是长期、艰巨、复杂的社会系统工程，关系国家富强、民族振兴和社会安定，是各级党委、政府和禁毒领导机构义不容辞的责任。国家禁毒委员会各成员单位要切实增强责任感和紧迫感，以对国家、民族和历史高度负责的精神，积极参与禁毒工作，切实履行职责，齐抓共管，通力协作，组织全社会的力量开展综合治理，为禁绝毒品而努力奋斗。并对国家禁毒委员会成员单位的职责进行了明确的规定，虽然有些已经过时，需要修改，比如司法部有关劳教戒毒的职责、比如民政部有关收容的职责。

然而，在禁毒工作中，禁毒委成员单位既然有明确的职责，理应进行尽责考核，最少在创建全国禁毒工作示范市的考评中未能明确体现对禁毒委成员单位的考评。例如在构建全环节禁毒监管体系中，没能体现对市场监督管理局、食品药品监督管理局、质量监督局、卫生健康委员会等相关成员单位的尽责考评；在预防教育中，虽然明确了教育部门的一些职责，但是在禁毒法中，对预防教育的责任规定已经非常清晰，涉及各个单位、各种场所。在此次考评中并没能够充分涉及包括共青团、妇联等单位的尽责情况。这里不再一一列举。

除了工青妇等群团组织，近十年来，社会组织在禁毒工作中发挥了越来越重要的作用，包括禁毒基金会、社会服务机构和志愿者组织。社会组织的主管部门是民政部门，民政部门也是禁毒委员会主要成员单位之一，在禁毒工作中，各地禁毒办应该注重培育发展禁毒社会组织，支持社会组织参与禁毒工作，真正实现全民禁毒。

第六节　关于毒情指数的设想

无论是在此次创建全国禁毒工作示范城市的考评体系中，还是年度禁毒工作考评中，多从工作开展和部分成效的角度，从主要禁毒职能部门的工作过程维度反映禁毒工作完成的情况。以某省2017年度禁毒工作考评为例，执法打击占50分，其余项占50分。在其余项中，禁毒预防教育14分、吸毒人员管理与戒毒康复20分、禁毒管理（麻醉药品和精神药品、易制毒化学品）11分，禁毒保障5分。而禁毒社会组织建设仅在加分项中加5分、经费保障和队伍建设也是在加分项中各加1分。没有经费保障、没有禁毒队伍，如何做好禁毒工作呢！禁毒工作不仅仅是政府的事，或是公安部门的事，禁毒社会化工作也是很重要的补充角色。没有社会组织参与就没有禁毒社会化工作，也就无法实现“全民禁毒”的愿景。因此，对一个地方的禁毒工作考评，绝对不能只是对政府禁毒职能部门的考评，而是需要多维度、全方位考评。

从考评的办法来看，工作考评只是禁毒工作的一部分，要客观反映一个地方的禁毒工作需要从多个维度评估当地的毒情情况。除了对禁毒工作考评，还应该从社会调查、数据分析、流行病学调查、污水监测等维度进行毒情评估。

如果对一个地方的毒情从多维度进行评估后，可以通过研究，建立毒情分析模型，得出一个该地方的毒情指数。这样建立的毒情指数，既可以客观反映当地的毒情情况，也可以考评当地的禁毒工作。这种毒情指数最好能通过社会权威机构来进行发布，以此促进地方政府真正的重视禁毒工作。